HEYNE BIOGRAPHIEN

Zum Autor

Marc Ferro

NIKOLAUS II.
Der letzte Zar

Wilhelm Heyne Verlag
München

HEYNE BIOGRAPHIE
12 / 232

Aus dem Französischen übersetzt
von Guy Montag und Eva-Liselotte Schmid

Titel der Originalausgabe:
NICOLAS II

Inhalt

Vorbemerkung der Übersetzer

Zur Schreibweise der russischen Familiennamen: Die Transkription der russischen Namen haben wir nach der Schreibweise des Duden vorgenommen, abgesehen von einigen Ausnahmefällen bei Namen und Begriffen, deren Schreibweise sich in der Sekundärliteratur anders eingebürgert hat.

Zu russischen Geschichtsdaten: In Rußland rechnete man noch bis 1923 nach dem Julianischen Kalender, d. h. nach ›altem Stil‹. Man blieb daher hinter dem Gregorianischen Kalender seit dem 1. März 1900 um 13 Tage zurück. (Der Julianische Kalender war im Mittelalter durch den von Papst Gregor XIII. im Jahre 1582 geschaffenen Gregorianischen Kalender abgelöst worden. Zunächst hatten ihn die katholischen Länder Europas eingeführt, später – nach 1700 – auch die protestantischen.)

Die bis 1923 angegebenen Daten der russischen Geschichte sind daher, wenn nichts Näheres gesagt wird, um 13 Tage vorzuverlegen. So hat beispielsweise die Oktoberrevolution von 1917 nach neuer, in der Sowjetunion heute allgemein gültiger Rechnung am 7. November, dem ›alten Stil‹ zufolge jedoch am 25. Oktober stattgefunden. Bei den geschichtlichen Daten Rußlands wird in der Literatur oft hinzugefügt, ob es sich um Angaben nach ›altem‹ oder ›neuem‹ Stil handelt. Wir haben es ebenso gehandhabt.

G. M. und E.-L. S.

Einleitung

Man schrieb das Jahr 1894. Als der junge Zarensohn Nikolaus Alexandrowitsch erfuhr, daß er die Thronfolge antreten mußte, brach er in Tränen aus. Was er auf der Welt am meisten gefürchtet hatte, war ihm nun durch Gottes Willen als Bürde auferlegt worden. »Sandro, Sandro«, klagte er seinem Cousin und Spielgefährten, »ich bin unfähig, Zar zu sein!« Und er begann erneut zu schluchzen.

Nikolaus' Wunschtraum war gewesen, Seefahrer zu werden, zu reisen, um die Welt zu segeln. Jetzt sollte es seine Aufgabe sein, an den Beratungen seiner Minister teilzunehmen, Rapporte zu lesen, Entscheidungen zu fällen, zu regieren, zu handeln.

Als Zarewitsch hatte er ein sorgloses Leben führen können. Er liebte die Zeremonien und Feste bei Hofe, die Galapremieren in der Oper, kurzum, das mondäne Leben, bei dem er im Mittelpunkt stehen konnte und seine untadelige Haltung, seine Diskretion, seine Heiterkeit und sein Charme zur Geltung kamen.

Jede ernsthafte Konversation jedoch war ihm ein Greuel, ganz besonders die endlosen Diskussionen über die Lage im Russischen Reich; dafür waren schließlich die Minister da. Seine einzige Aufgabe sah er darin, den Glanz des Zarenimperiums zu erhalten und uneingeschränkt die Rechte auszuüben, die ihm der Allmächtige verliehen hatte. Im übrigen vermied man im Familienkreis und bei Tisch, wo sein Vater Zar Alexander III. das Wort führte, auf diese Probleme einzugehen, und sprach vor allem nicht von Politik.

Im russischen Volk indessen hatte man nach den Reformen Alexanders II. an eine Erneuerung des Landes geglaubt, war dann aber von der unnachgiebigen Reaktion zutiefst enttäuscht worden, die nach der Ermordung des Zaren im Jahre 1881 eingesetzt hatte. Daß in den Jahrzehnten danach aber ein politischer Wille Gestalt gewann, davon zeugte eine unübersehbare Zahl von Projekten, Programmen und nicht zuletzt literarischen Werken, von denen jedes ein Zeichen setzte und eine Anklageschrift darstellte. Bakunin, Belinski, Tolstoi, Michajlowski, Tschernischewski, Dostojewski und Plechanow waren die Vordenker einer neuen Zeit. Auch die Künstler gehörten dazu. Ihre Ideen fielen bei der Generation des 1868 geborenen Zarewitsch Nikolaus Alexandrowitsch auf fruchtbaren Boden, der dreizehn war, als sein Vater Alexander III. Zar wurde und sechsundzwanzig Jahre zählte, als dieser starb. Von den europäischen Monarchen war sein Cousin, der deutsche Kaiser Wilhelm II., neun Jahre älter als er, während der Prinz von Wales, der spätere englische König Georg V., ihm altersmäßig drei Jahre voraus war.

Der neue Zar interessierte sich nicht für die aufrüttelnden neuen Ideen, die sein Reich in Aufruhr versetzten. Zwischen ihm und den gehobenen Schichten der Bevölkerung, sofern sie nicht der Hofkamarilla angehörten, herrschte tiefgreifendes Unverständnis, zumal Nikolaus spürte, daß die unter den Intellektuellen kursierenden Denkmodelle nicht das Hauptziel verfolgten, seine uneingeschränkte Macht zu festigen.

Seine Regierungszeit, die sich bereits als schicksalhafte Verpflichtung angekündigt hatte, wurde somit zum Alptraum: er sah sich zwei Revolutionen gegen seine Herrschaft ausgesetzt, erlebte Dutzende von Attentaten, die ihm nahestehende Personen hinwegrafften, führte den Vorsitz in der 1905 geschaffenen Duma, einer Volksvertretung mit beschränkten Rechten, deren Zustandekommen gegen seinen Willen erfolgt war, und mußte deren Sitzungen und den endlosen Beratungen seines Ministerrates beiwohnen. Darüber hinaus sah er sich genötigt, zweimal Krieg zu führen, ausgerechnet er, der sich geschworen hatte, als Vorkämpfer für den Frieden in die Geschichte einzugehen. Nach langer Haft im Anschluß an seine Abdankung wurde er von den Bolschewiken erschossen. Während seiner Regierungszeit und danach hatte er sich hauptsächlich um die Gesundheit seines Sohnes und Alleinerben gesorgt, der an der unheilbaren Bluterkrankheit litt.

Er erschien gleichgültig gegenüber allen aktuellen Problemen, denn seine Gedanken kreisten um ganz andere Dinge, etwa um die Frage, welche Galauniform er am Abend anziehen sollte, oder um die Primaballerina aus dem ›Schwanensee‹-Ballett, die ihn tags darauf auf die Jagd begleiten würde. Man hat behauptet, Nikolaus sei von Rasputin behext gewesen, nannte ihn weltfremd, schwach und unentschlossen und sprach ihm jede Charakterstärke ab. Trotzki verglich ihn später in einer berühmten Schrift mit Ludwig XVI. Im Unterschied zum französischen Monarchen sei Nikolaus allerdings weniger intelligent gewesen.

Dieses Bild des letzten Zaren ist nur zur Hälfte korrekt. Nikolaus II. ist im Vollbesitz politischen Spürsinns, als auf seine Anregung hin die erste Haager Friedenskonferenz (1899) zusammentritt, deren Zweck die Verhütung von Kriegen und die Milderung der Kriegführung ist, oder als Rußland 1904 den Krieg mit Japan vom Zaune bricht. Er ist auch ganz Herrscher aller Reußen, als er nach dem ›blutigen Sonntag‹ – dem 9. Januar 1905, an dem kaiserliche Truppen das Feuer auf eine Ansammlung von russischen Bürgern eröffneten, die sich eingefunden hatten, um dem Zaren eine Reihe von Bittschriften zu überreichen – »seinem Volk verzeiht, daß es sich gegen ihn erhoben hat«. Nikolaus ist sich ebenfalls voll seines Tuns bewußt, als trotz seiner Bemühungen um Frieden 1914 der Weltkrieg ausbricht. Verantwortungsbewußt handelt er, wie er glaubt, auch, als er 1905 Meutereien und Unruhen niederschlagen läßt und die Februarrevolution von 1917 im Keim erstickt. Nach seiner Abdankung äußert er Bedauern darüber, daß die provisorische Regierung trotz der Wiedereinführung der Todesstrafe diese nur in Ausnahmefällen verhängt.

Von 1894 bis zu seinem Tode 1918 enthüllt sein Verhalten einen konformistischen, traditionalistischen Menschen. All sein Tun, seine öffentlichen Erklärungen und privaten Bemerkungen verraten eine gleichbleibende Vorliebe für Ordnung, Ritus und Zeremoniell – die äußeren Merkmale unumstößlicher Größe der Autokratie. Er empfindet Haß auf alles, was diese Vormachtstellung aus dem Gleichgewicht bringen könnte: die

Intelligenzija, die Vertreter des Modernismus, die Juden, die religiösen Sekten. Er hat ein Herz von Stein gegenüber denen, die ihm zuwiderhandeln, während ein gütiger Blick diejenigen belohnt, die er liebt.

Nikolaus ist wie Ludwig XVI. in seinen Entscheidungen stark von seiner Gemahlin abhängig. Man hat ihm zwar den Beinamen ›der Blutige‹ angehängt, doch er ist keineswegs blutrünstig. Aufrichtig bedauert er die grausamen Auswirkungen der von ihm angeordneten Maßnahmen. Er findet einfach, daß er seine Pflicht getan hat. Er befiehlt Hinrichtungen aus Gewissenhaftigkeit.

Vor allem aber läßt er die Ereignisse auf sich zukommen, ist nie ihr Initiator. Die Geschichte beutelt ihn ohne Unterlaß. Nach seinem Dafürhalten ist es seine Pflicht, sich Veränderungen zu verweigern; er wünscht nichts sehnlicher, als daß man ihn nicht länger mit diesen Verfassungsvorhaben behelligt und ihn friedlich im Kreis seiner Familie leben läßt.

Tatsache ist aber auch, daß er an jenem Tag im Frühjahr 1917, als zwei Deputierte der Duma bei ihm erscheinen und ihn zur Abdankung drängen, um die Dynastie zu retten, nach etlichem Hin und Her ein entsprechendes Schriftstück unterzeichnet und sich widerspruchslos seinem Geschick ergibt, nachdem er zuerst den Versuch unternommen hat, in sanftem Ton und sich bis zur Hartnäckigkeit steigernd eine andere Regierungsform vorzuschlagen, die ihm den Thron belassen würde. Während auf dem Bahnhof der nordrussischen Stadt Pskow, der einstigen Hansestadt Pleskau, die Offiziere seiner Leibgarde nur mühsam ihre Tränen zurückhalten, grüßt Nikolaus II. sie, schreitet rasch davon und besteigt den bereitstehenden Sonderzug mit den Worten: »Jetzt kann ich endlich in Livadia leben!« Ein Zeuge berichtete später, der Zar habe unbekümmert vor sich hin gepfiffen, wie wenige Monate zuvor, als er von der Ermordung Rasputins erfuhr. Die Zarin sei in Tränen ausgebrochen, doch Nikolaus schien frohen Herzens den Thron aufzugeben. Augenzeugen beeilten sich später zu versichern, der Zar habe seine Gefühle gut zu verbergen gewußt.

»Ich ordne an, die in Kriegszeiten unzulässigen Unruhen sofort im Keim zu ersticken«, hatte er telegraphiert, als er am 25. Februar 1917 von den revolutionären Ereignissen in Petrograd erfuhr, wie St. Petersburg von 1914 bis 1924 hieß. Nach einem opulenten Frühstück hatte er dann seiner Gemahlin Alexandra* einen zärtlichen Brief geschrieben und sich besorgt nach ihrem Gesundheitszustand erkundigt. Dann hatte er den Sonderzug halten lassen, um einen kleinen Spaziergang im Wald zu machen und Pilze zu suchen.

Trotz allem lassen einige seiner Briefe erkennen, daß er sehr wohl begriff, hörte und zu beurteilen verstand, wie die Wirklichkeit um ihn herum aussah.

Am 2. März 1917 vertraute er seinem privaten Tagebuch an: »Um 1 Uhr Pskow verlassen, das Herz schwer angesichts all dessen, was passiert ist. Rings um mich nur Verrat, Feigheit, Betrug!«

Als rätselhafte Persönlichkeit gehörte Nikolaus II. zu jenen Potentaten, denen die ihnen auferlegte Aufgabe eine ein für allemal genau abgesteckte Verpflichtung bedeutete, die sie von der Welt trennte, selbst wenn diese sich unter ihren Augen zu verändern begann. Nikolaus II. war gegenüber den Vorgängen in seinem Reich zwar nicht blind, doch dadurch, daß er es strikt ablehnte, auch nur eine einzige Machtbefugnis abzutreten, glaubte er seinen Respekt vor der Vergangenheit und seine Demut vor Gott unter Beweis zu stellen. Nur durch Nötigung und Zwang hatten ihm 1905 Zugeständnisse abgerungen werden können. Jetzt wollte er lieber abdanken.

Die Geschichte kennt diese Herrscher, die unbeirrbar an ihrer vorgefaßten Meinung festhalten und die Warnungen der geschichtlichen Entwicklung in den Wind schlagen, zur Genüge. Für Nikolaus und seinen Hofstaat war der Feind in erster Linie gleichbedeutend mit den Terroristen und den anderen Nihilisten, aber auch jenen, die ihnen Unterstützung zuteil werden ließen oder ihnen zumindest Verständnis entgegenbrachten,

---

* Prinzessin Alice von Hessen-Darmstadt, die Verlobte von Nikolaus, war am 22. Oktober 1894 zum russisch-orthodoxen Glauben übergetreten und als Alexandra Fjodorowna in den Rang einer Großfürstin erhoben worden. Die Eheschließung mit dem Zaren fand am 14. November 1894 statt.

Nikolaus II., Zar von Rußland.

kurz: all jene, die in irgendeiner Form den neuen Ideen anhingen oder Änderungen begrüßten.

Zwischen den Sozialisten, die ihm fernstanden, und den Liberalen, die ihm näher waren, machte Nikolaus keinen Unterschied. Er weigerte sich, auf seine Minister und Berater zu hören, die die Einführung einer Verfassung befürworteten, um die politischen Gegner zu neutralisieren.

Als im Jahre 1905 die Streiks in Rußland von neuem aufflammten, obwohl er auf Anraten seines Ministerpräsidenten Graf Witte eine Duma ›bewilligt‹ hatte mit dem Ziel, die Gemüter zu beruhigen, rief der Zar aus: »Wie hat sich bloß ein intelligenter Mann wie er in diesem Punkt derart täuschen können?«

Und als ihm dann sein anderer bedeutender Minister Stolypin, der für seine Standhaftigkeit bekannt war, den Dialog mit der Duma empfahl, lehnte Nikolaus das rundweg ab. »Ich habe nur noch Vertrauen zu meiner Frau«, gestand er damals seinem Cousin und Jugendfreund Sandro. Und Alexandra wurde nicht müde, ihm vorzuhalten, daß er als Autokrat aus der Bedeutung dieses Begriffs heraus seine Macht nicht teilen dürfe.

Nikolaus II., ein Durchschnittsmensch, trug eine einzigartige Bürde, die ihn zu Boden drückte. Die Rätsel um seinen Tod waren gewissermaßen eine logische Konsequenz davon.

»Die Räder mit den Leichen, die Mordinstrumente, ja selbst die Schlitten, mit denen die zum Tode Verurteilten transportiert worden waren, wurden in Brand gesteckt. Nichts von Ihm sollte übrigbleiben. Schon bald wurde auch das Haus, in dem er gelebt hatte, in Schutt und Asche gelegt. Sein Name wurde ausgelöscht. Das nahe liegende Flüßchen benannte man um. Und um die Erinnerung an die Exekutionen für immer zu tilgen, wurden von nun an an gleicher Stelle rauschende Feste gefeiert, um der Freude über den Frieden Ausdruck zu verleihen, der dort eingetreten war.«

Diese Zeilen beschreiben nicht den Tod Zar Nikolaus' II. im Jahre 1918, sondern die Hinrichtung des Kosakenführers Pugatschow anno 1775 in Moskau. Es gibt merkwürdige Ähnlichkeiten zwischen beiden Ereignissen. Denn gut hundertvierzig

Jahre später passierte in Jekaterinburg, dem heutigen Swerdlowsk, genau dasselbe oder beinahe dasselbe.

Von den Toten ist keine Spur geblieben. Geschah das in der Absicht, ihre Existenz zu leugnen? Um sie daran zu hindern, zu neuem Leben erweckt zu werden? Aber sind sie *wirklich* tot, und sind sie *alle* gestorben?

An diesem Punkt, an dem die Legende auf die vermischten Nachrichten trifft und wo das bolschewistische Regime den Pomp des Heiligen Rußland nachahmt, bleibt, wie man sehen wird, ein Zweifel zurück.

1

Gesellschaft kontra Autokratie – Nikolaus ›der Pechvogel‹

Erste Begegnung mit der Geschichte

Der junge ›Nicky‹ ist gerade dreizehn, als er den Todeskampf seines Großvaters Alexander II. miterlebt, dessen Beine die Bombe eines Nihilisten zerfetzt hat. »Der Anblick des Zaren war schrecklich. Die Ärzte drängten sich aufgeregt an seinem Krankenbett, konnten aber eigentlich für ihren Patienten nichts mehr tun«, schilderte Großfürst Alexander (›Sandro‹), Nikolaus' Cousin, später die Szene. »Ich nahm ›Nicky‹ bei der Hand; er war totenblaß in seinem blauen Matrosenanzug mit dem weißen Kragen. Seine Mutter hielt noch die Schlittschuhe in der Hand, die man ihm gerade ausgezogen hatte. Der Blick des Sterbenden war auf uns gerichtet, aber seine Augen waren schon ausdruckslos.«

Dies war die erste Begegnung des Zarewitschs mit der Geschichte.

An jenem Tag, dem 1. März 1881, war die ganze Familie im Zimmer des mit dem Tode ringenden Alexander II. versammelt, darunter sein Sohn Alexander Alexandrowitsch, der künftige Zar Alexander III., und sein Enkel Nikolaus Alexandrowitsch, der spätere Zar Nikolaus II.

Als Alexander II. 1855 den Thron bestiegen hatte, hatte ihm sein Vater Nikolaus I. auf dem Sterbebett anvertraut: »Ich übergebe dir die Herrschaft über das Russische Reich nicht zu solch günstigen Bedingungen, wie ich es mir gewünscht hätte. Ich hinterlasse euch viel Kummer und Sorgen.«

Tatsächlich hatte die Regierungszeit Nikolaus' I. (1825–1855) mit einer Art gescheiterter Revolution begonnen: dem Aufstand der Dekabristen (›Dezemberleute‹), einer Gruppe junger adliger Offiziere, die von den Freiheitsideen der Französischen Revolution beseelt waren. Nikolaus I. hatte sich gezwungen gesehen, den Polenaufstand in den Jahren 1830/31 zu unterdrücken, und schließlich war seine Ära mit dem Krimkrieg zu Ende gegangen, der mit einer Niederlage für Rußland gegen Frankreich, England und die Türkei allen Beteiligten – selbst dem Zaren – die Grenzen eines absolutistischen Systems aufgezeigt hatte, das Illusionen weckte, die sich dann nicht erfüllten. Als ›Gendarm Europas‹ während eines Vierteljahrhunderts hatte Zar Nikolaus I. die Heilige Allianz, das 1815 zwischen Rußland, Preußen und Österreich geschlossene Staatenbündnis, mehr verkörpert als jeder andere Souverän. In der Blütezeit seiner Macht hatte er 1831 nach der Niederschlagung des polnischen Aufstandes den berühmt gewordenen Satz geäußert: »In Warschau herrscht wieder Ordnung!« Auch die Niederringung der Erhebung der Ungarn im Jahre 1848 gegen das habsburgische Joch, die Nikolaus als ›Gefallen‹ bezeichnete, den er seinem Cousin Kaiser Franz Joseph I. erwies, hatte den Zaren noch siegreich gesehen.

In der Innenpolitik hatte sich Nikolaus I., der sehr wohl begriff, daß die Ideen der Dekabristen den Arsenalen der Aufklärung entstammten und Elemente der napoleonischen Eroberungssucht enthielten, eilig bemüht, die Pforten seines Riesenreiches gleich dreifach zu verschließen. Das trug ihm den Spitznamen ›Don Quichotte des Absolutismus‹ ein. Seine brutalen Gesetze bewirkten jedoch das Gegenteil dessen, was sie beabsichtigten: sie beschleunigten das Heranwachsen einer revolutionären Bewegung.

Während indessen im übrigen Europa der Geist der Revolution überwiegend von republikanischem oder demokratischem Geist durchdrungen war, war er im zaristischen Rußland von den politischen Terroristen und Nihilisten geprägt.

Diese extremistische Bewegung gewann um so mehr an Anhängerschaft im ganzen Land, als sich die Reformen Nikolaus' I. im wesentlichen darauf beschränkten, das Los der

Bauern auf den zaristischen Gütern und Ländereien etwas zu verbessern. Doch die große Masse der Muschiks, der kleinen Landwirte, die nicht den Verwaltern des Zaren unterstanden, spürte dadurch um so verbitterter die Verlassenheit, der sie preisgegeben war. Eine zeitgenössische Karikatur zeigt *pomjeschtschiks*, Gutsbesitzer also, beim Kartenspiel. Als Einsatz dienen ihnen wie Spargel zusammengebundene Leibeigenenstiefel. Gogol hat diese Leibeigenen in seinem Roman ›Die toten Seelen‹ beschrieben, wie sie sich in den Fängen einer gnadenlosen Bürokratie befinden, die es ermöglicht, daß sie nach ihrem Tod, bevor dieser amtlicherseits registriert worden ist, von gerissenen Grundbesitzern an Spekulanten verkauft und von diesen weiterveräußert wurden.

Ein solcher Muschik ist nach den Worten des russischen Schriftstellers und Revolutionärs Alexander Herzen »ärmer als ein Beduine, erbärmlicher als ein Hebräer, denn er hat nichts, womit er sich trösten kann«. Darin liege das Geheimnis seiner revolutionären Berufung begründet, meint der Vater des Nihilismus. So wurde der Muschik zum Spielball zwischen Zarismus und Revolutionären.

Der Nachfolger Nikolaus' I., Alexander II. (1855–1881), erkennt das klar, und ihm gelingt es, den Pomjeschtschiks klarzumachen, daß sie »besser fahren, wenn die Reformen statt von unten von oben kommen«. Durch einen Ukas, eine direkt vom Zaren erlassene Verordnung, verfügt er 1861 die Aufhebung der Leibeigenschaft. Diese Bauernbefreiung ist sowohl auf das Humanitätsdenken des Zaren zurückzuführen als auch auf seine Absicht, einem neuen Bauernaufstand wie dem unter dem Kosakenführer Pugatschow in den Jahren 1773/74 zuvorzukommen.

Die Bauern konnten jetzt effektiv Eigentümer des Bodens werden, den sie bestellten. Sie mußten dafür nach Größe des Ackers gestaffelte Abgaben an den Staat leisten, der seinerseits die Großgrundbesitzer entschädigte. Für die Bauern bedeutete das eine Belastung, die sie kaum zu tragen vermochten. Alexander II. ging trotzdem als ›Befreiungszar‹ in die Geschichte ein.

Auch den gehobenen Kreisen machte der Zar Konzessionen:

er nahm teilweise der Presse den Maulkorb ab, d. h. er lockerte die Zensurbestimmungen, führte progressive Neuerungen im Erziehungswesen ein und gewährte den provinziellen Selbstverwaltungskörpern, den Semstwos, im eigentlichen Rußland eine gewisse Eigenständigkeit unter der Bedingung, daß sie sich ausschließlich mit lokalen Problemen beschäftigten.

Gemessen an der Vergangenheit war das sehr viel.

Rußland, der erste Polizeistaat der Welt*

Gemessen an den Erwartungen der gehobenen Schichten – Aristokratie, Verwaltungsbeamten und Intelligenzija – war dies jedoch gar nichts. Denn diese gebildeten Gesellschaftskreise konnten ihre Lage mit der im westlichen Europa vergleichen, wo trotz der Reaktion der Jahre 1815–1830 und 1850–1870 die Bevölkerung beispielsweise Frankreichs und Englands ebenso wie die Preußens und Piemonts über ein Parlament verfügte und politische Freiheiten genoß. Zweifellos hätte das Reformwerk Alexanders II. nach und nach eine Art Volksvertretung zugelassen, die sich nicht nur mit örtlichen oder regionalen Angelegenheiten befassen durfte. Daraus wurde jedoch nichts, denn die Fronde eines Teils der adligen Grundbesitzer, die Reformen feindlich gegenüberstand, dazu der neue politische Aufstand von 1863, der Widerstand einiger Minister und schließlich die Unentschlossenheit des Zaren selbst legten die Evolution lahm.

Gleichzeitig begannen die gebildeten Bevölkerungsschichten ungeduldig zu werden. Turgenjew hat in seinem Roman ›Väter und Söhne‹ dieses unerträgliche Warten der jungen Generation beschrieben, die von der Gestaltung der Zukunft ihres Vaterlandes ausgeschlossen war und ihren Eltern vorwarf, diese Situation widerspruchslos hingenommen zu haben. Dostojewski,

---

* Genaugenommen müßte man sagen, daß Rußland der erste Polizeistaat der westlichen Welt war, denn im indischen Großreich gab es im vierten und dritten Jahrhundert v. Chr. unter den Dynastien der Maurya und Guptas bereits eine ähnliche durch Überwachung der Bürger gekennzeichnete Staatsform.

der selbst als Nihilist in die Verbannung nach Sibirien geschickt worden war, hat ebenfalls die Forderungen dieser Generation von Nihilisten analysiert, die alles in Frage stellten – Staat, Familie und Moralbegriffe –, sie sogar in der Figur des Stawrogin im Roman ›Die Dämonen‹ mehr als lebensecht dargestellt. Wenig später sollten dann Pissarew, Bakunin und andere mit dem Anarchismus eine revolutionäre Bewegung ins Leben rufen, die die gewaltsame Beseitigung jeder staatlichen und rechtlichen Ordnung postulierte.

Allerdings wurde Alexander II. von der Polizei ›unterstützt‹, genauer gesagt von der berühmt-berüchtigten III. Abteilung der Privatkanzlei Seiner Majestät. Sie war dem Polizeichef des Zaren unterstellt und schnüffelte überall herum, öffnete willkürlich Briefe, drang in Privatwohnungen ein, schleuste allerorts Spitzel ein – kurzum, sie machte sich verhaßt und trug die Schuld daran, daß aus Nihilisten Terroristen wurden. Die Allgewalt machte diese Geheimpolizei zu einem schrecklichen Instrument, das unzählige Menschenleben mit einer Willkür auslöschte, wie sie die Geschichte nur selten gekannt hat.

Später unter dem Namen Ochrana dem Innenministerium unterstellt, verrichtete diese politische Polizei ihr Handwerk so wirkungsvoll, daß Rußland zum ersten Polizeistaat des Okzidents wurde.

Der französische Historiker A. Leroy-Beaulieu beschrieb um die Jahrhundertwende das Netz der Ochrana so: »Ihr unterstanden zahlreiche Einheiten der Gendarmerie, die von einer Vielzahl von Geheimagenten, festangestellten wie zeitweilig im Dienst genommenen, unterstützt wurden. Beim Militär spionierten Spitzel, die selbst Uniform trugen, den Offizieren nach. Alle Häuser in den Städten besaßen einen Hausmeister, und alle diese Portiers waren von der Polizei gekauft und erstatteten ihr täglich Bericht. Man konnte sich nicht einmal auf die Verschwiegenheit seines besten Freundes verlassen. Selbst die Briefe der Zarin entgingen nicht den wachsamen Augen der Dunkelmänner. Von der Memel bis zum Pazifik umschloß das enge Netz einer minutiösen Tyrannei die Bevölkerung. Ein knappes Jahrhundert unter diesem System hatte in den Russen einen Geist des Argwohns, des Mißtrauens und der Vorsicht geweckt. Eines Tages unterhielt ich mich in Monaco mit einem vom Don stammenden Exilrussen über seine Heimat. Wir waren dabei allein. Als sich uns plötzlich ein Fremder näherte, wechselte mein Gesprächspartner abrupt das Thema und sagte irgend etwas über ein Theaterstück oder ein Konzert. Er glaubte, wie er mir später verriet, einen Landsmann erkannt zu haben.«

Leroy-Beaulieus Werk ist ohne Zweifel der beste Spiegel des Zarenreichs in dieser Epoche. Geschrieben wurde es nicht im Rußland Stalins und auch nicht in dem Lenins, sondern zu Beginn der Herrschaft Zar Nikolaus' II.

Genauso wie in Frankreich die Übergriffe des Ancien régime den Geist der Revolution angestachelt hatten, besorgte in Rußland die Polizei unfreiwillig die Verbreitung der Lehren des Nihilismus. Die Ochrana war derart verhaßt, daß 1878 ein Gericht die Terroristin Wera Sassulitsch nach einem Bombenattentat auf den General Trepow, der einen politischen Gefangenen hatte auspeitschen lassen, unter dem Beifall des Publikums freisprach. Der Staat hatte eine Grenze überschritten mit dem Ergebnis, daß eine Kluft zwischen Regime und Gesellschaft entstanden war.

Auf diese Weise in gewisser Hinsicht ermutigt, trachteten Nihilisten und Terroristen nun dem Zaren nach dem Leben. Nach vier fehlgeschlagenen Versuchen gelang ihnen schließlich die Ermordung Alexanders II.

Das Attentat von 1881 bedeutete einen tiefen Einschnitt in das ›heilige‹ Band, das Zarenthron und gebildete Kreise miteinander verknüpfte. Die Söhne des Adels und des Großbürgertums hatten die Hand gegen den Zaren erhoben, nicht gegen den tyrannischen Nikolaus I., sondern gegen den ›Befreiungszaren‹. Das war ein Beweis dafür, daß ein nicht wiedergutzumachender Schaden entstanden war.

Der Sohn und Nachfolger des Ermordeten, Alexander III., hätte sich gern tolerant und reformfreudig gegeben. Doch das Schicksal seines Vaters ließ ihn seine Einstellung ändern. Dreizehn Jahre lang, von 1881 bis 1894, regierte er das Russische

Reich mit der Nagaika, der Kosakenpeitsche. Ohne Zweifel trug sein Hauslehrer (der später auch der Erzieher seines Sohnes, des Zarewitschs, sein sollte) Konstantin Pobjedonossew, der Generalverwalter des Heiligen Synod*, nachhaltig zu dieser Sinnesänderung bei, die sich bereits in den Jahren zuvor abzuzeichnen begonnen hatte. Das Attentat von 1881 diente dem Zaren eher als Vorwand, als daß es die eigentliche Ursache für seinen harten Kurs gewesen wäre.

Die aus dem westlichen Europa kommenden Ideen paßten nicht auf die Verhältnisse in Rußland, behaupteten die Minister. Der Zar müsse für das Volk denken und handeln und mit Hilfe der Bauern den Mythos des Zar Batjuschka, des väterlichen Beschützers, neu erstehen lassen, dessen Blut »von den Nihilisten und von der jüdischen Pest« vergossen worden sei. Waren die Pogrome, die nach der Ermordung von Zar Alexander II. einsetzten, von der Swjaschtschennaja Druschina, der Heiligen Gesellschaft, angestiftet und gesteuert? Es war dies eine Vereinigung, die 1881 ins Leben gerufen und der Ochrana unterstellt worden war. Sie wurde indessen bald aufgelöst, nicht wegen ihrer Übergriffe, sondern weil in den Augen der Dogmatiker der Autokratie der Zar zu seinem Schutz nicht einer geheimen, privaten Sondertruppe bedurfte, die Attentate mit eigenen Attentaten beantwortete. Die staatlichen Maßnahmen mußten dafür genügen. Alexander III. sollte gegenüber der Weltöffentlichkeit nicht wie ein europäischer Kaiser, sondern als russischer Zar auftreten, eine Rolle, die ihm auf den Leib geschneidert war.

»Ein Vater ohnegleichen«

Angesichts all dieser Reformen, Gegenströmungen, in Angriff genommenen und verworfenen Vorhaben konnte 1881 der Eindruck entstehen, man befinde sich am Vorabend eines neuen Revolutionsjahres 1789.

---

* Oberste Kirchenbehörde der russisch-orthodoxen Kirche im zaristischen Rußland.

In den revolutionären Kreisen Rußlands gärte es: Sollte man für den Fall eines Volksaufstandes mit den Massen marschieren, wie die These der Populisten lautete, oder sollte man dem Volk zuvorkommen, in seinem Namen handeln, um die unerwünschten Begleiterscheinungen, wie sie die Französische Revolution im Gefolge gehabt hatte, zu vermeiden, namentlich das Nacheinander von ›La Terreur‹, ›Thermidor‹ und Bonaparte?* Darüber hinaus lagen sich Befürworter und Gegner terroristischer Einzelaktionen in den Haaren und stritten über die besten Mittel und Wege, wie das Zarenregime zu stürzen war.

Da beschloß Alexander III., in der Erkenntnis, daß die Nihilisten die Dynastie der Romanows durch Terrorakte erschüttern wollten, die Romanows sollten ihrerseits die Nihilisten terrorisieren.

Historische Tatsache ist, daß Zar Alexander II. im Jahre 1881 kurz vor seiner Ermordung gemeinsam mit seinen Ministern Abasa und Loris-Melikow an einem Verfassungsvorhaben arbeitete, auf das die gehobenen Klassen warteten. Durch hartnäckige Obstruktion vermochte der ultrareaktionäre Berater des Zaren, Konstantin Pobjedonossew, den Thronfolger Alexander III. von dem liberalen Kurs abzubringen, der den allmählichen Übergang von der absoluten zur konstitutionellen Monarchie vorsah. Der Berater vollzog eine Art Staatsstreich en miniature, indem er die Haltung des neuen Zaren vollkommen umkehrte. Dies geschah so rasch, daß die beiden Minister Alexanders II., Abasa und Graf Loris-Melikow, sich am Vormittag schon als ›konstitutionelle‹ Minister wähnten und am Abend desselben Tages als Ex-Minister dastanden.

So kam es, daß Alexander III. Rußland mit Hilfe eines Schreckensregimes regierte. Er war dabei äußerst erfolgreich, nicht zuletzt dank der diabolischen Fähigkeiten seines Polizeiministers Plewe (der die Willkürherrschaft der Ochrana guthieß). Von 1883 an befand sich das Riesenreich somit in einem ›Zustand verstärkter Überwachung‹: sämtliche Freiheiten der Person

---

* Zeitabschnitte der Französischen Revolution: ›La Terreur‹ (›Das Schreckensregime‹) vom Sturz der Girondisten durch die Jakobiner am 31. Mai 1793 bis zum Sturz Robespierres am 9. Thermidor des Jahres II (28. Juli 1794) und dem Aufstieg Napoleons.

konnten aufgehoben, Zivilprozesse ohne Angaben von Gründen vor Militärtribunalen verhandelt, Bürger auf eine simple Behördenentscheidung hin zum Aufenthalt an einem bestimmten Wohnort gezwungen oder verbannt und jede für gefährlich erachtete Publikation verboten werden. Diese ›provisorische Gesetzgebung‹ wurde von Jahr zu Jahr verlängert. Bei der Thronbesteigung Nikolaus' II. im Jahre 1894 waren rund 5400 russische Untertanen des Landes verwiesen oder in die unwirtlichen Gebiete Sibiriens verbannt und mit Zwangsarbeit belegt worden. Man hielt insbesondere junge Frauen unter Beobachtung, denn unter den in Zusammenhang mit den Attentaten auf den Zaren verhafteten Personen hatten sich bis zu diesem Zeitpunkt 158 Mädchen und ledige Frauen befunden, etwa ein Viertel der festgenommenen Verdächtigen, gemäß einem Bericht von Innenminister Graf Pahlen.

Zu dieser Gesinnungsschnüffelei kam noch eine großrussische und religiöse Reaktion: an den politischen und baltischen Universitäten wurde Russisch zur einzigen Unterrichtssprache bestimmt, ein ähnlicher Prozeß wurde auch in Finnland eingeleitet. Auf Betreiben Pobjedonossews wurde ein antisemitischer Kurs eingeschlagen und offiziell sanktioniert, was zur Neuerstarkung der Orthodoxie beitrug. 1887 verfügte man einen Numerus clausus, um die Zahl der jüdischen Studenten an den Universitäten zu beschränken.»Wir dürfen niemals vergessen, daß es die Juden gewesen sind, die Unseren Herrn gekreuzigt haben!«betonte Alexander III. immer wieder und setzte es auch handschriftlich unter das Dekret für die Universitäten.

Die katholische Kirche in Polen und die Protestanten in den baltischen Ländern wurden ebenfalls von der Geheimpolizei überwacht, denn Klerus und Gläubige dieser beiden Konfessionen waren suspekt, wie schon die offizielle Bezeichnung verrät: ›Fremde Glaubensbekenntnisse‹ (›Inostrannija Ispowedenija‹). Zwar bestand in Rußland Religionsfreiheit für alle christlichen Kirchen, doch die Proselytenmacherei war gewissermaßen die Apanage der orthodoxen Kirche. Unter Alexander III. beklagte sich die Evangelische Allianz darüber und verlangte uneingeschränkte Freiheit der Religionsausübung für alle christlichen

Konfessionen. Zarenberater Pobjedonossew erwiderte darauf, diese Freiheit bestehe »ausgenommen die der uneingeschränkten Propaganda! Da Rußland sein Lebensprinzip auf den orthodoxen Glauben gesetzt hat, muß die Unversehrtheit dieser Kirche garantiert sein. Die Konfessionen des Abendlandes, weit entfernt, sich von ihren Forderungen nach Vormachtstellung losgesagt zu haben, sind ständig bereit, sich nicht nur kräftemäßig mit der russischen Staatsmacht anzulegen, sondern auch die Einheit unseres Vaterlandes zu bedrohen. Rußland wird niemals zulassen, daß man der orthodoxen Kirche ihre Kinder entreißt, um sie in fremde Glaubensbekenntnisse einzureihen!«

In den baltischen Provinzen ging man daran, die kirchlichen Einrichtungen zu verstaatlichen, um sie anschließend um so leichter russifizieren zu können. Natürlich galt diese argwöhnische Überwachung auch der Unierten Kirche in der Ukraine und der Armenischen Kirche, was als Angriff auf die nationale Identität empfunden wurde.

Diese religiöse Gegenströmung richtete sich naturgemäß auch gegen die Schismatiker, wie beispielsweise die sogenannten Altgläubigen, und gegen die Sekten, namentlich die Duchoborzen, eine im 18. Jahrhundert entstandene rationalistische Glaubensgemeinschaft, die das Übermaß an Ritualen ablehnte, die Gottesdienst und Sakramente der orthodoxen Kirche kennzeichnen. Sie nannten sich ›geistige Christen‹, ihr Name ›Duchoborzy‹ bedeutet »die um den Geist Ringenden« – und bekannten sich zur absoluten Gewaltlosigkeit. Das Priesteramt erkannten sie nicht an. »Die Schismatiker werden zum Richtblock geführt, weil sie das Kreuz nur mit zwei Fingern schlagen. Was uns betrifft, so bekreuzigen wir uns weder mit zwei noch mit drei Fingern, sondern streben danach, Gott besser zu erkennen.« Man schrieb den Duchoborzen die Maxime zu, die Regierungen seien nur für die bösen Menschen da. Sie erklärten, einzig und allein dem ewigen, vom Allmächtigen in ihre Herzen gepflanzten Gesetz gehorchen zu müssen. Sie befürworteten den gewaltlosen Widerstand gegenüber dem Unrecht.

Diese schlichten Gedanken und Vorstellungen finden sich bei Leo Tolstoi wieder, der ebenfalls in den Evangelien nach der

Wahrheit suchte und die ersehnte Umwälzung in Rußland herbeiführen wollte, aber einzig und allein mit Worten der Nächstenliebe. An den neuen Zaren Alexander III. richtete er 1881 den Appell, den Mördern seines Vaters das Leben zu schenken. »Um sie zu bekämpfen, müßt Ihr Euch in ihre Gedankenwelt versetzen und sie zu verstehen suchen. Ihre Ideale lauten allgemeines Wohlergehen, Gleichheit, Freiheit. Um den Sieg über sie zu erringen, ist es notwendig, das Ihr andere Ideale und Vorbilder hinstellt, solche, die die ihren übertreffen, die größer, die edler sind!«

Aber Tolstois Aufruf verhallt ungehört. Zumal ihn der Adressat, der Zar, gar nicht hören kann, denn Alexander III. ist, wie später sein Nachfolger Nikolaus II., von einem Kreis von Menschen – seiner Familie, dem Hofstaat und den Ministern und Beamten – umgeben, der ihn von der übrigen Welt völlig abschirmt. Diese Isolation ist so stark, daß die oft beschworene Allmacht des Zaren zum Teil fiktiv ist. Fürst Trubezkoi, Professor der Philosophie an der Universität Moskau und prominenter Semstwo-Deputierter, schrieb darüber um 1900: »Es gibt die Autokratie der Polizei, dann die der Gouverneure und schließlich die der Minister. Die Autokratie des Zaren existiert überhaupt nicht, denn er erfährt nur das, was ihn ein kompliziertes Filtriersystem erfahren läßt. Auf diese Weise ist dieser autokratische Zar angesichts seiner tatsächlichen Unkenntnis der Lage im Lande im Rahmen seiner Machtbefugnisse beschränkter als ein Monarch, der direkte Verbindung zu den gewählten Vertretern seiner Nation hat.«

Die Autokratie hat infolge ihrer Fortschrittsfeindlichkeit demnach zugleich den Terrorismus und die Gewaltlosigkeit ausgesondert. Unter der Herrschaft Alexanders III. lehnte es die politische Polizei, die Ochrana, ab, einen Unterschied zwischen beiden Strömungen zu machen. Die Anhänger der einen wie der anderen Richtung wurden verurteilt, exkommuniziert oder in die Straflager Sibiriens geschickt. Unter diesem Gesichtswinkel schien die Macht der Autokratie unbegrenzt zu sein.

Unter dem Einfluß seines Mentors Pobjedonossew zeigt sich Alexander III. empfindlich gegen alle Einflüsse, die das autokratische Prinzip aushöhlen könnten. Der Feind ist erkannt: es sind all jene Publizisten und Schriftsteller, die von den aus Westeuropa kommenden liberalen Ideen verseucht, deren Extremformen – Nihilismus und Sozialismus – übernehmen und sie mit der in Rußland üblichen Praxis, dem Terrorismus, verknüpfen. Von diesen Ideen wird selbst die Beamtenschaft, jenes »andere Abbild des Adels«, wie sie der Reformator J. F. Samarin genannt hat, durchsetzt. Samarin zufolge »ist der Beamte niemals etwas anderes als ein Adeliger in Uniform und der Adelige ein Bürokrat im Schlafrock!« Allerdings ist diese Beamtenschaft schon angesteckt, seit Alexander II. seine ›Reformen‹ durchführte.

1881, genau in dem Jahr also, da dieser Zar ermordet wird, erscheint das Wörterbuch V. Dahls, eines gelehrten Lexikographen ohne besondere Bindung an irgendwelche Interessengruppen. Es enthält zum ersten Mal das Stichwort ›liberal‹. Ein ›Liberaler‹ ist nach Dahl ein »Freidenker in der Politik; jemand, der große Freiheiten für das Volk und eine Form der Selbstregierung ersehnt«. Diese Definition kommt für Alexander III. und die Theoretiker der bedrohten Autokratie, K. Pobjedonossew, Graf D. Tolstoi, N. Katkow und V. Meschtscherski, der Begriffsbestimmung der Subversion gleich. Doch schon mit den Reformen Alexanders II. haben, wie bereits gesagt, diese liberalen Ideen im Beamtenapparat Widerhall gefunden, besonders im Reichsrat, dessen Mitglieder vom Zaren persönlich ernannt wurden und der zur Brutstätte der neuen Ideen wurde. In der Hierarchie der Institutionen im zaristischen Rußland ist dieser Rat die Körperschaft, die einerseits die zur Vorlage beim Zaren bestimmten Gesetzentwürfe, andererseits die von ihm gebilligten Gesetzesvorhaben passieren. Es ist eine Art Forum, auf dem man notwendigerweise über alle Probleme des Staates debattiert und zwar mit Sachkenntnis: von seinen Mitgliedern haben 46 Prozent ein Universitätsstudium absolviert.

Alexander III. ist der Auffassung, daß das ganze System vergiftet ist, weil die ihm am nächsten stehenden Instanzen beginnen, über alles und jedes zu diskutieren und zu disputieren. »Man müßte eine einzige Zeitung haben, die vorschreibt, was man denken soll!« scherzt Kosma Prutkow, eine Figur des Romanciers Alexej Tolstoi. Tatsächlich ist das Regime in einer Zwickmühle, schon allein durch seine Definition der Autokratie.

Der autokratische Souverän ist seiner Natur nach sein eigener Herr, ein Staatsoberhaupt, das nach seinem Dafürhalten von Gott in sein Amt berufen worden ist. Als Oberhaupt der Staatskirche ist er im Gegensatz zum katholischen Herrscher dieser keine Rechenschaft schuldig und braucht auch seine adlige Abstammung nicht ins Feld zu führen. Der Staat, in dem er die politische Macht uneingeschränkt ausübt, ist in gewisser Weise sein persönliches Eigentum. Er garantiert dessen gutes Funktionieren zum Wohle des russischen Volkes. Geht er darüber hinaus, ist er ein Despot wie der 1801 ermordete Zar Paul I. Soll er seine eigene Macht einschränken? Selbst wenn er daran dächte, wäre das keine Entscheidung, die man ihm von außen aufzwingen könnte.

Theoretisch wäre er dazu in der Lage, wie es sein Vater Alexander II. beinahe getan hätte.

Nikolaus II. seinerseits hält sich peinlich genau an die Prinzipien der Autokratie und ergreift zu keinem Zeitpunkt die Initiative, um seine Macht zu beschneiden. Zwar hat er 1905 unter dem Zwang der Ereignisse keine andere Wahl, doch zwölf Jahre später zieht er es vor, abzudanken, statt ein weiteres Mal nachzugeben.

Für den jungen Nikolaus war Alexander III., dieses strenge und grobe Familienoberhaupt, als »Vater die Zärtlichkeit in Person«. Während die Mutter sich in den Beziehungen zu ihrem Sohn mit dem begnügte, was das Protokoll verlangte, stieg der ›Brummbär‹ Alexander heimlich in das Zimmer von Nikolaus hinauf und herzte und küßte ihn. Und der kleine Nikolaus liebte diesen ›Knecht Ruprecht‹ glühend, der um sieben Uhr aufgestanden war, sich mit eiskaltem Wasser übergossen, eine Tasse Kaffee getrunken und einen Bauernkittel übergestreift hatte. Er war ein echter Russe. Und welche Kraft dieser Riese besaß! Zwischen Daumen und Zeigefinger konnte er einen Silberrubel verbiegen. Mit seinen Schultern stützte er das Dach des Speisewagens seines Sonderzuges, das einzustürzen drohte, als der Zug nach einem Sprengstoffanschlag von Nihilisten entgleist war. Seine Familie hatte er auf diese Weise gerettet, und doch schien er nach diesem Geschehnis nicht im geringsten bestürzt zu sein.

Für den Zarewitsch blieb Alexander III. das »Vorbild eines unvergleichlichen Vaters«. Bei dessen Tod 1894 an den Folgen einer Nierenentzündung, die ihn binnen weniger Monate dahinraffte, zählte Nikolaus gerade sechsundzwanzig Jahre.

Eine große Leidenschaft: die Oper; erste Liebschaften

Nikolaus hatte eine englische Erziehung genossen: Sport und lebende Sprachen; Sport und Anstandsunterricht, verbunden mit höfischer Etikette; wieder Sport, Tanz und Reitstunden – so sah der Stundenplan des Zarewitsch aus. Das Resultat: ein gesunder, durchtrainierter Körper und ein wenig belasteter Kopf. Sicher hatte ihm Kljutschewski, zweifellos der berühmteste russische Historiker, die Geschichte der Zaren nahegebracht, doch diese legendäre Vergangenheit wurde nicht mit der aktuellen Lage Rußlands in Verbindung gebracht. Was die Literatur angeht, so brauchte er sie nicht zu kennen, und er fand erst später daran Geschmack. Er erfuhr eine prinzliche Ausbildung, ohne indessen irgend etwas über sein künftiges Metier eines Monarchen zu lernen.

Die Jünglingsjahre mit ihren Erfahrungen begannen für ihn mit der Beförderung zum Schwadronschef des Preobraschenski-Regiments, einer Elite-Einheit der Kavallerie, die zur Leibgarde des Zaren gehörte. Sämtliche Offiziere dieses illustren Regiments konnten mit den höchsten staatlichen Ehrungen rechnen. Dem Historiker und Biographen Nikolaus' II., C. de Grunwald, zufolge unterschieden sich diese berittene Einheit und das zweite berühmte Reiterregiment, das der Leibhusaren, dadurch voneinander, daß die Saufgelage der Preobraschenski-Offiziere weniger spektakulär waren. Die Angehörigen dieses Regiments hatten nach dem Urteil von Kennern nur zwei Passionen: edle Pferde und schöne Frauen; sie galten für besonders pedantisch bei der Beachtung des Reglements und pflegten sich bei den Paraden stets durch tadelloses Auftreten auszuzeichnen.

Nikolaus fühlte sich in dieser Umgebung äußerst wohl. Er fehlte bei keinem dieser Soupers, bei denen der Champagner in Strömen floß und die unweigerlich am nächsten Morgen einen Kater zur Folge hatten.

Mit seinen Freunden vom Regiment besuchte er auch oft die Oper und das Ballett, Darbietungen, zu denen ihn seine Eltern schon als Kind mitgenommen hatten; er konnte sich deshalb als Kenner bezeichnen.

Als Heranwachsender war einer seiner Lehrer der Komponist César Cui gewesen, ein Vertreter der jungrussischen Schule, der an der Artillerieschule unterrichtete und seinen Schülern die eigene Begeisterung für die Harmonielehre einzuimpfen wußte. Zar Alexander III. hatte den Aufschwung der national-russischen Oper gefördert; er ehrte Peter Tschaikowski und ließ ihm bei seinem Tode 1893 ein Staatsbegräbnis bereiten und auch Michail Glinka ein Denkmal setzen. Die Opernleidenschaft der Russen steigerte sich während der Jugendjahre Nikolaus' II. gewaltig: um 1890 zählte Rußland mehr als sechzig Ensembles und Truppen.

Der junge Nikolaus schöpfte aus diesen Aufführungen ein bestimmtes Bild von der Monarchie, von seinem eigenen Souveränitätsanspruch, von der Grandeur der russischen Nation und von der Vaterlandsliebe der Bauern. In Glinkas Oper ›Das Leben für den Zaren‹ beispielsweise, die 1836 in Sankt Petersburg uraufgeführt worden war und die sich der Zarewitsch auch in späteren Jahren immer wieder ansah, spielt die gesamte Handlung in einem russischen Dorf und dessen Umgebung im Jahre 1613, zu Beginn der jahrhundertelangen Herrschaft des Hauses Romanow also. Die Polen werden aus Rußland vertrieben; den Muschiks gelingt es, einen polnischen Fürsten und sein Heer in einem Waldgebiet in einen Hinterhalt zu locken und niederzumachen. Sie verhindern damit, daß der Pole ihren jungen Gutsherrn Romanow vom Thron verdrängt.

Nikolaus II. als Kind.

Der Zarewitsch schwärmte für Glinka, Tschaikowski und Mussorgski. Sein Tagebuch*, das er bis zu seiner Abdankung führte, liefert den Beweis für seine Vorliebe für Opern.

Allein im Januar 1890 hat er sechzehnmal die Oper besucht und dabei u. a. folgende Aufführungen gesehen: ›Der Revisor‹, ›Dornröschen‹, ›Ruslan und Ludmilla‹, ›Boris Godunow‹, ›Eugen Onegin‹, ›Mephisto‹, ein weiteres Mal ›Dornröschen‹ und ›Die Aufrührerin‹.

Ballettsoireen schätzte Nikolaus ebensosehr wie das sachkundige Publikum in den Logen, im Parkett und auf den Rängen. So waren zum Beispiel Applaus, Zischen und Schweigen der Zuschauer im Marientheater in St. Petersburg Gradmesser für die Qualität der Russischen Schule des klassischen Bühnentanzes, der hier seine Geburtsstunde erlebte. Zu den Begründern zählte vor allem der französische Tänzer und Choreograph Marius Petipa, der das Petersburger Ballett zu einem der berühmtesten Ensembles der Welt machte und erst im hohen Alter (er starb 1910 mit 88 Jahren) 1908 seinen Posten aufgab, um Diaghilew und Isadora Duncan Platz zu machen. Er hatte es verstanden, eine eigenständige Schule des Russischen Balletts aus der akademischen Tradition und der Virtuosität des italienischen und französischen Tanztheaters zu schaffen und einen Stil zu kreieren, der bei so unterschiedlichen Ballettinszenierungen wie ›Dornröschen‹, ›Schwanensee‹ oder ›Coppélia‹ Bewunderung und Entzücken hervorrief.

Die vornehme Gesellschaft Sankt Petersburgs verfolgte atemlos die Premieren Petipas, Nikolaus zudem die Proben.

»Wenn Petipa auf die Bühne kam, war alles schon vorbereitet und jeder an Ort und Stelle, denn er liebte keine Improvisationen. Er sah seine Tänzer nicht an, wenn er ihnen Schritte und Sprünge vormachte und dabei seine Gesten in gräßlichem Russisch erläuterte und kommandierte: ›Ihr nach mir, sie nach euch, ich nach euch!‹ In zehn Jahren hatte er von der Sprache

---

* Nikolaus' Aufzeichnungen waren mehr als ein Tagebuch, eher ein Taschenkalender mit ausführlichen täglichen Eintragungen, deren Zusammenhanglosigkeit später nicht wenig dazu beigetragen hat, das Bild eines uninteressierten und charakterschwachen Zaren zu formen.

Tolstois nichts weiter gelernt als diese Worte! Bevor er die Rollen verteilte, suchte er indessen das Privatleben seiner Tänzerinnen und Tänzer kennenzulernen. So fragte er eines Tages eine seiner Ballerinen: ›Sie haben geliebt?‹ Das Mädchen erwiderte errötend: ›Ja!‹ Darauf er: ›Sie haben geleidet?‹ und sie lachend: ›Nein‹ – ›Dann Sie werden nicht tanzen Esmeralda, für sie muß man haben gehabt Libbesschmerz!‹«

Eine der prunkvollsten Galapremieren Petipas war jene, die Nikolaus II. zu Ehren des bei ihm auf Besuch weilenden deutschen Kaisers Wilhelm II. im Sommer 1905 in Szene setzen ließ. Sie fand auf Schloß Peterhof statt, der Residenz des Zaren, die ringsum von Seen umgeben, einem Klein-Versailles glich. Man hatte die Zuschauertribünen bogenförmig um einen der Seen errichtet und die Bühne direkt am Wasser aufgebaut. Das Orchester saß unweit davon in einem riesigen vergoldeten Käfig. Auf dem See war eine kleine Insel in Ufernähe mit Muschelwerk im Rokokostil geschmückt worden, in dessen Mitte eine ebenfalls künstliche Grotte zur Aufnahme des Ensembles diente. Die Gäste trafen in festlich ausgestatteten Barken ein, die – ein Ereignis für die damalige Zeit – mit elektrischem Licht illuminiert waren, was der Szenerie eine zusätzliche zauberhafte Atmosphäre verlieh. Bei der Ouvertüre zu dem Ballett ›Thetis und Peleus‹ von Léo Delibes entstiegen die Tänzerinnen der Grotte, wobei eine Reihe von raffiniert angebrachten Spiegeln das Publikum glauben ließ, sie tanzten auf dem Wasser. Der Verwunderung war kein Ende.

Bei einer Ballettaufführung hatte der junge Nikolaus auch fünfzehn Jahre zuvor seine erste große Liebe kennengelernt. Er wohnte mit seinen Eltern und seinen Onkeln dem Abschlußwettbewerb der Petersburger Ballettschule bei. Man schrieb den 23. März 1890. Die talentierteste Kandidatin war eine gewisse Mathilde Kschessinskaja, ein Mädchen, das aus einer Künstlerfamilie stammte. Sie hatte für ihre Vorführung den Pas de deux aus ›La fille mal gardée‹ von Ferdinand Hérold gewählt und war stürmisch gefeiert worden. Nach der Prüfung sollten traditionsgemäß dem Zaren nacheinander die Mitglieder der Jury, die Ballettmeister und die Eleven vorgestellt werden. Doch kaum hatte

Alexander III. das Foyer betreten, da erkundigte er sich mit Stentorstimme: »Wo ist die Kschessinskaja?« – »Man schob mich nach vorn«, erzählte die Ballerina später, »ich beugte mich zum Hofknicks vor Seiner Majestät und küßte, wie es die Etikette verlangte, der Zarin die Hand. ›Streben Sie danach, ein Kleinod zu sein und zum Ruhm des Russischen Balletts beizutragen!‹ sagte der Zar, zu mir gewandt. Offen gestanden, hielt ich das damals mehr für einen Befehl als für ein Kompliment, und ich knickste abermals.« Als es zu Tisch ging, winkte der Zar die junge Ballerina zu sich, ließ ein zu seiner Linken sitzendes Jurymitglied aufstehen und plazierte die errötende Tänzerin neben sich. Den Zarewitsch hieß er an der anderen Seite des Mädchens Platz nehmen und empfahl den beiden jungen Leuten mit einem Augenzwinkern: »Seid artig, ihr zwei! Keine Dummheiten!«

Nikolaus und Mathilde verliebten sich auf der Stelle ineinander.

Die Romanze dauerte mehrere Jahre. Dann mußte das Paar sich trennen, denn der Thronfolger war gehalten, ein ihm ebenbürtiges Mädchen, also eine Prinzessin, zu ehelichen.

Mit Wehmut nahm Nikolaus die Entscheidung seines Vaters hin und versicherte Mathilde mit schmerzerfüllter Stimme: »Wir können uns weiterhin treffen, und duzen sollst du mich auch weiter! Und«, so setzte er mit Tränen in den Augen hinzu, »du kannst dich selbstverständlich jederzeit an mich wenden, wenn du meine Hilfe brauchst. Was auch die Zukunft mir bringen wird, die Erinnerungen an die Tage mit dir werden die glücklichsten meines Lebens bleiben!«

In Rußland bedeutet eine Abschiedsszene einen denkwürdigen Augenblick, eine kostbare Erinnerung. »Wir beschlossen, uns ein letztes Mal an der Wolkomski-Chaussee zu sehen«, berichtete die berühmt gewordene Ballerina in ihren Lebenserinnerungen. »Treffpunkt sollte eine Scheune sein, die ein Stück von der Straße entfernt lag. Ich traf in einer Kutsche ein, und er kam zu Pferde. Wir konnten kaum Worte finden, so sehr war uns die Kehle zugeschnürt. Nikolaus verließ den Treffpunkt als erster. Ich schaute ihm nach, wie er davonsprengte. Er verschwand in der Ferne, ohne sich ein einziges Mal umzudrehen.«

Um die Liaison mit der Ballerina zu beenden und um Nikolaus ein Stück von der Welt sehen zu lassen, schickte ihn Alexander III. im selben Jahr 1890 auf eine große Reise um die halbe Erde, über Indien bis nach Japan. Doch ein Attentat in der alten japanischen Kaiserstadt Kioto brachte das abrupte Ende der Besichtigungstour: Ein Fanatiker verwundete Nikolaus mit einem Säbelhieb am Kopf. Die Zarin und Alexander III. erwarteten voller Sorge die täglich einlaufenden Depeschen über den Gesundheitszustand ihres Sohnes, der sich jedoch nach seiner Rückkehr als erstes zu seiner Geliebten begab. In Japan schien er sie beinahe vergessen zu haben, denn den Berichten der mit der diskreten Überwachung betrauten Geheimpolizisten zufolge verbrachten der Thronfolger und seine Begleitung ihre Abende »in solchen Etablissements, wie sie normalerweise nur von Matrosen aufgesucht werden«.

Nikolaus liebte die harmlosen Vergnügungen am meisten. So belustigte er sich einmal in Darmstadt anläßlich eines offiziellen Besuchs beim Großherzog von Hessen-Darmstadt damit, aus dem offenen Fenster den Leuten Äpfel zuzuwerfen. Oder er verbrachte einen ganzen Vormittag damit, seinen Hunden das Apportieren von Stöckchen beizubringen. Vor allem aber hatte es ihm die Jagd angetan. Sein treuer Kammerdiener Radzig unternahm mehrfach den – allerdings vergeblichen – Versuch, den Zaren davon abzubringen, wochenlang dem Waidwerk zu frönen. Die Arbeit ruhte dann, selbst die Rapporte des Innenministers stapelten sich ungelesen. Im Jahre 1901 kam es sogar einmal vor, daß der Zar mit seinem Innenminister Sipjagin zur Jagd fuhr und beide eine wichtige Sitzung des Reichsrates vergaßen. Nikolaus war nicht zu halten, wenn es um die Jagd ging. Ein Beweis dafür ist folgender Eintrag in sein Tagebuch:

»Um 8 Uhr fuhr ich mit Sergej im Schlitten los, um seine Jagdgäste abzuholen. Das Wetter war schier unübertrefflich: das Thermometer zeigte null Grad an, und es war praktisch windstill. Wir legten hinter dem Wildgehege zunächst auf Fasanen an; es war eine tolle Knallerei! Alle Pferche durchstreiften wir bis zum Gartenhaus von Lyssie Bugri, wo wir ein Frühstück einnahmen. Die Treibjagd ging erst nachmittags gegen 3 Uhr im Gorwitzer Wald zu Ende, als die Dunkelheit hereinbrach. Niemals zuvor habe ich eine solche enorme Anzahl von Auerhähnen auf einem Haufen gesehen. Es waren schätzungsweise 80 bis 100 Stück. Insgesamt betrug die Jagdausbeute 667 Stück Hochwild und Wild, die mit 1596 Büchsenschüssen erlegt worden waren. Ich für mein Teil hatte 17 Stück Vogelwild und 20 Hasen auf meiner Abschußliste. Nach der Rückkehr ins Schloß haben wir den Tee eingenommen. Mama ist nach Pawlowsk gefahren und von dort erst um 6½ Uhr zurückgekehrt. Zum Diner waren präsent die Scheremetjews, Mlle. de Lescailles, Kutusow und P. Tscherewanin.«

Die Jagdgesellschaften der Zaren fanden im Staatsforst von Pusska, russisch Beloweskaja Pusska, statt. Einer Tradition gemäß, die noch aus der Epoche stammte, in der diese Region den polnischen Königen gehörte, war dieser Urwald geheiligtes Territorium; um Waldfrevel auszuschließen, hatte Alexander I. 1803 durch einen Ukas bei Todesstrafe verboten, diese Waldungen mit einer Axt zu betreten. 1860 hatte sich Alexander II. dort einen kleinen Palast bauen lassen. 1889 wurde die Fauna dieses Gebietes aufgefrischt und ergänzt. Zur Erweiterung des Wildbestandes setzte man sibirische Hirsche aus, doch dafür wechselten die Elche das Revier, denn sie mochten den Dunst des Rotwildes nicht.

Das Jagdschloß war mit präparierten Auerochsenschädeln geschmückt. Hirschgeweihe zierten vor allem die Wände des hundertfünfzig Gäste fassenden Speisesaals. Das prächtigste Geweih stammte von einem bei einer der Zarenjagden erlegten Vierzehnender.

»Bei seinem Eintreffen im Jagdschloß hieß die Dienerschaft den Zaren jedesmal mit Brot und Salz willkommen, und die Zarin ritzte, einer anderen Tradition folgend, mit einem Diamanten das Datum der Ankunft in eine der zum Balkon hinausführenden Glastüren ein. Das Palais zählte vierzig Zimmer, hell und freundlich im Sommer, doch finster und ungemütlich in den Wintermonaten von Oktober an. Dazu war von draußen unablässig das Röhren der Hirsche und Geheul und Gebrüll von Tausenden von Tieren aller Art aus dem Urwalddickicht ringsum zu hören, was selbst den couragiertesten Jagdfreunden des Zaren den Schrecken in die Glieder trieb. Gewöhnlich traf der Zar im September zur Jagd ein, begleitet von seinem Generaladjutanten Fürst Galitzin (Golizyn) und dem Hofjägermeister. Man reiste in zweispännigen Kaleschen an. Nikolaus kam in späteren Jahren mit dem Automobil. Zu Beginn der Jagd, die meist als Treibjagd veranstaltet wurde, marschierten die Jäger einen Waldweg entlang bis zur Schußlinie, wo man sich trennte und jeder Schütze den ihm zugewiesenen, nach Nummern ausgelosten Posten einnahm. Der Zar bezog den Standort in der Mitte des Schußfeldes; ihm waren zur Linken und zur Rechten die beiden besten Jäger beigegeben. Lakaien, die als Gewehrträger fungierten, nahmen hinter den Jägern Aufstellung.«

Auf ein Handzeichen des Zaren hin eröffnete der Hofjägermeister mit einem Hornsignal die Jagd. Sogleich hallte der Wald von den Schreien der Treiber, dem Knacken der Zweige des Unterholzes und allen möglichen anderen Geräuschen wider. Die Treiber rückten reihenweise vor, während die Hetzjäger zu Pferde den korrekten Ablauf des Geschehens überwachten. Der Lärm kam allmählich näher, und Wildhüter schickten sich an, lange, aneinandergeknotete Seile, an denen in regelmäßigem Abstand Fähnchen befestigt waren, vom Waldboden hochzuziehen und heftig zu schwenken. Nach und nach eingekesselt, floh das Wild auf diese Weise in Richtung der wartenden Jäger. An dem Tag, den dieser Bericht beschreibt, kamen als erstes die Hirsche wie ein Wirbelwind dahergefegt, auf ihrer Flucht alle anderen Tiere des Waldes aufschreckend. Ihnen folgten im beschleunigten Gänsemarsch ganze Wildschweinfamilien, die laut schnüffelten.

»Dann vernahm man einen merkwürdigen Lärm. Ein einsamer Auerochse überquerte die Lichtung mit gesenktem Kopf, den Schweif erhoben, wie ein Blitz. Ihm folgten erst zwei, dann drei weitere dieser seltenen Wildrinder. Diesmal schoß man sie nicht ab, denn eine Epidemie hatte sie dezimiert, und vom Zaren war Anweisung gegeben worden, sie zu verschonen.«

Die Jäger hatten auf dieser Jagd Hirsche und Wildschweine zur Strecke gebracht. Nikolaus selbst, ein ausgezeichneter Schütze, hatte fünf Hirsche erlegt. Am Abend, nachdem man ein Glas Madeira getrunken hatte, wurden die Geweihe und Hörner der erlegten Tiere ausgebreitet und mit Tannengrün geschmückt. Dann wurde in zwei großen Behältern Pech angezündet, und der Hornist blies ein Musikstück für jede erlegte Wildart: eine fröhliche Weise zu Ehren der Hasen, eine getragene Melodie für die verschonten Auerochsen und ein reizvolles Volkslied für das Hirschwild.

Um den Erfolg der Jagdtage in Spala, einem anderen Revier, zu sichern, wurde ein militärisches Aufgebot dorthin abkommandiert, bestehend aus einem Regiment der Garde-Ulanen, den Husaren eines in Grodno in Garnison liegenden Regiments, einer Hundertschaft Kubankosaken sowie einem Bataillon der III. Garde-Infanteriedivision. Die Soldaten fungierten als Treiber. Niemand hätte es gewagt, gegen diesen Aufwand an Menschen und die Zweckentfremdung des Militärs zu protestieren. Er wäre beim Zaren sofort in Ungnade gefallen.

Ebensowenig, wie der Zarewitsch eine Jagd ausließ, versäumte er eine Parade. Er nahm stets fasziniert den Truppenaufmarsch an der Seite seines Vaters ab. Ein Leutnant erinnert sich später:

»Trompetensignale kündigen das Eintreffen des Zaren an. Wir sehen eine Gruppe von Personen in prächtigen Uniformen heranreiten, voran unser Monarch, der schon durch seine Statur herausragt und mit seinem edlen Pferd verwachsen zu sein scheint. Das ist der Mann, der die Macht Rußlands verkörpert, das große, mächtige Rußland in Person!

Der Zar verhält seinen Fuchswallach wenige Schritte von uns entfernt. Mit seinen hellen, leuchtenden Augen schaut er uns direkt in die Augen und schenkt uns ein Lächeln, das einer unschätzbaren Auszeichnung gleichkommt. Wir sind fast schwindelig vor Freude. Wir vernehmen seinen Gruß: ›Sdrawstwuitje Pawlowzy!‹ – ›Seid gegrüßt, Pawlowzy(dragoner)!‹ Wir antworten mit einem begeisterten ›Hurra!‹. Die Regimentskapelle intoniert ›Gott segne den Zaren‹. Wir brüllen, schreien unser

›Hurra!‹, sind von einer Ekstase befallen. Es wird von den anderen Einheiten aufgegriffen und pflanzt sich fort. Der Zar könnte jetzt beinahe alles von uns verlangen. Eine unbeschreibliche Begeisterung hat sich unser bemächtigt; wir würden auf seinen Befehl hin ohne zu überlegen in die Newa springen!

Ich glaube, an diesem Tage gab es keine glücklicheren Menschen als uns!«

Nach seiner Thronbesteigung verlieh Nikolaus diesen Paraden einen neuen Rahmen mit neuem Glanz. Die Auf- und Vorbeimärsche verankerten sich in der russischen Tradition als Ausdruck sichtbarer Verbundenheit zwischen dem Zaren und seinem Volk, denn die Verteidigung der Heimaterde stellte, zusammen mit dem Segen der Kirche, die doppelte Weihe seiner Rechtmäßigkeit als Herrscher dar.

Gewiß, diese Identifizierung des Zaren mit seiner Armee hatte ihre Kehrseite, wie sie die Gleichsetzung von Patriotismus und Liebe zum Zarenhaus ebenfalls mit sich brachte. Denn eine militärische Niederlage konnte ein Umdenken bewirken, eine Revolution auslösen, und auch der Haß der Bauern auf den langen, harten Dienst bei den Soldaten war imstande, eines Tages in Haßgefühl gegen den Zaren umzuschlagen. Unter der Herrschaft Alexanders II. wie Alexanders III. war jedes Mittel recht, um der Wehrpflicht zu entgehen. Dazu gehörten Selbstverstümmelungen aller Art, vor allem das Abhacken des rechten Zeigefingers, weil das der Finger war, der den Abzug beim Gewehr betätigte. Von Jahr zu Jahr wuchs die Zahl der Unglücklichen, die auf diesen Ausweg verfielen, obwohl sie wußten, daß ihnen Festungshaft oder Deportation und Zwangsarbeit drohten. Leo Tolstoi hat diese zum Militär eingezogenen Muschiks in seinem Roman ›Polikuschka‹ geschildert, der Vorlage eines der ersten großen russischen Stummfilme wurde, die nach der Oktoberrevolution entstanden. Er beschreibt das traurige Schicksal der Leibeigenen und ihrer von der Armee rekrutierten Söhne, deren Los vom ganzen Dorf als Schritt in Richtung Tod betrachtet wurde. »Breit ist die Straße in die Schlacht, schmal der Pfad, der wenige zurückgebracht«, sagt ein russisches Sprichwort. Zu Beginn der Regierungszeit Nikolaus' II. wurde das jahrhundertealte System der Aushebung als eine Art Naturkatastrophe, so etwas wie eine Krankheit angesehen, die ebenso wie eine Seuche eine Strafe Gottes bedeutete.

Für den Zaren indessen stellten die bei den Paraden vorüberziehenden Truppen ein Objekt des Stolzes und der eigenen Beliebtheit dar; wer hätte in jenen Jahren ahnen können, daß die Armee eines Tages ihre Fesseln sprengen würde, daß die Bilder dieser kraftvollen, im Gleichschritt vorüberziehenden Bataillone binnen vierundzwanzig Stunden durch die Bilder vom Februar 1917 ersetzt würden, die, von der französischen Wochenschau Pathé-Cinéma für die Nachwelt festgehalten, in allen Einzelheiten zeigten, wie sich bei den Soldaten die Freude über die gewonnene Freiheit Luft machte? Diese Aufnahmen zerstörten endgültig das Symbol des russischen Doppeladlers, der die Zusammengehörigkeit von Armee und Zar versinnbildlichte.

Welcher Herrscher hätte indes im Jahre 1895 diese Entwicklung voraussehen können? Der russische Adel machte sich gegenseitig die höchsten Kommandoposten in der Armee streitig, und noch bei Kriegsausbruch 1914 waren 87 Prozent der Generale Aristokraten, und das trotz der Bemühungen der Militärakademie, fähigen Offizieren ungeachtet ihrer sozialen Herkunft den Aufstieg in der Heereshierarchie bis ganz oben zu ermöglichen. Zwar war während der Regentschaft Nikolaus' II. der Anteil des Adels am Offizierskorps von 72 auf 51 Prozent zurückgegangen, doch 1914 hatte diese Auffrischung noch nicht die obersten Ränge erreicht. Zudem hatte der Zar unter dem Druck seiner Berater begonnen, die ›demokratische‹ Entwicklung innerhalb der Armee zu bremsen. Das Resultat war unter anderem, daß ein Teil des Offizierskorps mit liberalen Ideen liebäugelte, was nicht ohne Folgen bleiben sollte.

Amüsements aller Art wie die Jagd, die Abnahme von Militärparaden – einmal waren es sechzehn Aufmärsche in einem einzigen Monat! –, Diners in der Gesellschaft schöner Frauen – Nikolaus tat nichts lieber als all dies. Aber bald einmal begannen Gerüchte die Runde zu machen: der Vater habe den Zarewitsch nach Livadia auf der Krim-Halbinsel geschickt, weil Nikolaus nur seine Ballerinen im Kopf habe. Es wurde auch erzählt, der junge Mann wolle weder heiraten noch die Thronfolge antreten. Man behauptete sogar, der Zar habe seinen jüngeren Sohn, den Großfürsten Michail, auserkoren, sein Nachfolger zu werden.

Es wurde vielerlei geredet. Doch worüber zerreißt sich das Volk nicht das Maul!

Auch von Ludwig XVI. und Marie-Antoinette waren viele Gerüchte im Umlauf gewesen; man hatte das Herrscherpaar zum Gegenstand schlüpfriger Anekdoten gemacht und ihm zusammen mit dem Grafen von Artois pikante Abenteuer angedichtet. Es war ein Zeichen dafür, daß die Monarchie keinen Respekt mehr einflößte. So war 1890 bei der Rückkehr des Zarewitschs aus Japan auch gemunkelt worden, der Attentäter, der den Säbelhieb gegen Nikolaus geführt habe, sei ein aufgebrachter Ehemann gewesen, dessen junge Frau vom Zarensohn mit allzuviel Aufmerksamkeit bedacht worden sei.

Alexander III.: »Nikolaus? Ein Kind!«

Am 25. Februar 1892 vermerkte Nikolaus in seinem Tagebuch: »Vor zwei Tagen bin ich zum Mitglied im Finanzausschuß berufen worden; viel Ehre, aber wenig Vergnügen! Vor der Sitzung des Ministerrates habe ich sechs Vertreter dieses Gremiums empfangen, von dessen Existenz ich offen gestanden nichts ahnte. Wir haben lange getagt, ungefähr bis 3¾ Uhr, weswegen ich zeitlich in Verzug kam und nicht die Ausstellung besuchen konnte.«

Bei anderer Gelegenheit notierte er: »Unerträglicher Vormittag! Ich habe den schwedischen Gesandten und den japanischen Makaken* empfangen.« Bei letzterem handelte es sich um den diplomatischen Vertreter des Mikado. Nikolaus bezeichnete tatsächlich alle Japaner als Makaken. Er mißtraute den Polen, verachtete die Juden, baute jedoch auf die Ehrlichkeit und Treue der Muslime.

---

* Meerkatzenartige Affen

Sergej Witte, der Finanzminister Alexanders III., der den Versuch unternahm, die russische Wirtschaft zu modernisieren, hatte dem Zaren vorgeschlagen, einen Beitrag zur Ausbildung des Zarewitschs zu leisten, indem er ihn zum Präsidenten des Komitees für den Bau der Transsibirischen Eisenbahn ernannte.

»Wie bitte? Sie kennen doch den Zarewitsch. Haben Sie je ein einziges ernsthaftes Gespräch mit ihm führen können?« erwiderte der Zar.

»Nein, Majestät, ich hatte noch nicht das Vergnügen, eine solche Unterredung mit dem Thronfolger zu führen.«

»Aber er ist immer noch ein Kind, hat völlig kindliche Ansichten. Wie könnte er Präsident dieses Komitees sein?«

Der französische Literaturprofessor Gustave Lanson unterrichtete eine Zeitlang am Petersburger Hof den jungen Nikolaus in der französischen Sprache und Literaturgeschichte und konnte sich über seinen Schüler nicht beschweren, im Gegenteil. Der Zarewitsch fand sogar Gefallen an den französischen Klassikern, vor allem Molière, aber auch La Fontaine und Mérimée. Obgleich man sagen muß, daß die geistigen Voraussetzungen und die Aufnahmefähigkeit, die Grundlage für die Beherrschung von Fremdsprachen sind – und Nikolaus war begabt genug gewesen, um Französisch, Deutsch und Englisch zu erlernen –, nicht unbedingt auch das Verständnis für die Dinge des praktischen Lebens fördern. In diesem Punkt war Pobjedonossew der gleichen Meinung wie Alexander III.

Denn als der Zarenberater einmal den Versuch unternommen hatte, dem Zarewitsch das Funktionieren des Staatsapparates zu erklären, hatte dieser es »sich angelegen sein lassen, sich zu schneuzen«! Alle Hofbeamten und Minister machten dieselbe Erfahrung: Sobald die Sprache auf Regierungsangelegenheiten kam, wurde Nikolaus wie einst Ludwig XVI. urplötzlich von einer unbeschreiblichen Apathie befallen.

Trotzdem gelang es Pobjedonossew, dem Thronfolger ein paar seiner Ideen einzuhämmern, vor allem die, daß es die Pflicht eines autokratischen Zaren sei, seine Machtbefugnisse *unversehrt* auf seinen Erben zu übertragen.

Der Gegensatz zwischen dem Zarewitsch und dem Berater

seines Vaters hätte übrigens nicht größer sein können: hier der liebenswürdige, wendige, stets gepflegte und untadelig gekleidete Nikolaus und dort der Ratgeber, immer in Schwarz gehend, mit goldgerändeter Brille und Stehkragen, der geradewegs einem Roman von Dostojewski entstiegen zu sein schien. Nie erlosch in ihm die Flamme der Autokratie, und er trug seine Argumente mit solchem Geschick und derartiger Verve vor, daß sein ernstes Naturell förmlich aufblühte und seine feurigen Augen blitzten.

Pobjedonossew zu Nikolaus: »Frankreich ist ein Beispiel dafür, wohin die Demokratie führt!«

Die Thesen des alten kaiserlichen Beraters waren derart klar und zusammenhängend, daß jeder, der sie hörte, auch wenn er so geistesabwesend und uninteressiert war wie der Zarewitsch, zumindest das Wesentliche im Gedächtnis behielt.

Pobjedonossew widersprach mit Nachdruck all jenen, die von der Rückständigkeit Rußlands sprachen und versicherten, das Land sei noch nicht reif für die Demokratie. Ihm zufolge bedeutete in Wirklichkeit die Einführung demokratischer Praktiken eine Rückentwicklung. Anders ausgedrückt: Pobjedonossew stellte nicht das Tempo der Reformen in Frage, sondern die Reformen selbst.

Er übte vor allem Kritik am parlamentarischen System, nach seinen Worten »die größte Lüge unserer Zeit«. Denn, so argumentierte er, »die hehren Ideen unseres großen Jahrhunderts sind von der Elite hervorgebracht worden. Bei einem allgemeinen Wahlrecht hätte ihre Umsetzung von einer ungebildeten, pöbelhaften Mehrheit abgehangen.« Er führte gern das abschreckende Beispiel der französischen Nationalversammlung an, wie diese sich angesichts des aktuellen Skandals um den Bau des Panamakanals gerierte, um zu beweisen, daß »das Gemeinwohl, dem sich die gewählten Volksvertreter eigentlich verpflichtet hätten, nichts weiter als ein Vorwand für der Unter-

schlagung schuldige, unzurechnungsfähige Abgeordnete ist.«
Darüber hinaus laufe man beim Parlamentarismus Gefahr, daß
nicht die besten, sondern die demagogischsten Männer gewählt
würden. Das dritte Argument ließ sich speziell auf Rußland anwenden: in einem Land mit vielen Völkern würden die gewählten Repräsentanten immer nur die Interessen ihrer Volksgruppe
im Auge haben und jeder den größtmöglichen Vorteil herauszu-
schlagen suchen, während ein Monarch und nur er allein für
das Gesamtwohl aller Untertanen Sorge tragen könne.

In einer Epoche, in der sich die Parteipresse in schwindelerre-
gendem Tempo zu entwickeln begann, brandmarkte Pobjedonossew die Journalisten und bestritt ihr Recht, im Namen der
öffentlichen Meinung die Stimme zu erheben. Unter dem Deck-
mantel des öffentlichen Interesses suchten diese Leute vor allem
sich selbst in Szene zu setzen, auf die Gefahr hin, eine Gesell-
schaftsordnung aus dem Gleichgewicht zu bringen, mit der sie
nichts anzufangen wüßten. Die Journalisten handelten – so der
Zarenberater – auf diese Weise ebenfalls unverantwortlich und
ähnelten so den Abgeordneten und auch den Schulmeistern,
die zwar Unterricht im Lesen und Rechnen erteilen, »ihre Aufgabe jedoch nicht erfüllen, wenn sie (den Kindern) nicht auch
Vaterlandsliebe, Gottesfurcht und Respekt vor den Eltern bei-
bringen«.

Pobjedonossew, ein verkannter Theoretiker der abendländi-
schen Welt, war einer der Väter reaktionärer oder traditionalisti-
scher Ideen, die er geschickt mit zwei oder drei Themen zu ver-
flechten wußte.

All diese Ideen waren Nikolaus vertraut. Er hatte sie aufgeso-
gen und unbewußt zu einem Teil seiner Weltanschauung wer-
den lassen. Die Macht eines Zaren war heilig, weil sie ihm von
Gott verliehen war; das russische Volk war im Grunde gut; die
Intelligenzija flößte dem Volk das Böse ein, jenes Element des
Ungehorsams und der Auflehnung, das sich überall erhob.

Die Liebe verwandelt den unbeständigen Nikolaus

Zwei oder drei Jahre vor der Nierenentzündung, die ihn hinwegraffte, hatte Zar Alexander III. einen heftigen Streit mit seinem Sohn. Dieser hatte sich nämlich in die Schwester des deutschen Kaisers Wilhelm II. verliebt, die der Zar nicht ausstehen konnte. Er wollte Nikolaus mit Prinzessin Alice von Hessen-Darmstadt vermählen. Der Thronerbe sträubte sich jedoch: Alice war einen Kopf größer als er, der sehr empfindlich wegen seiner geringen Größe war – gering im Vergleich zu einigen Riesen aus seinem Gefolge (er war 1,70 m groß). Aber sein Verdruß verschwand urplötzlich, und Nikolaus verliebte sich in die großgewachsene Deutsche. Ein zusätzliches Hindernis war noch zu überwinden: Alice war Protestantin und obendrein sehr fromm. Um Nikolaus zu ehelichen, mußte sie zur orthodoxen Kirche konvertieren, wie es die Sitte verlangte. Wilhelm II. redete ihr zu, diesen Schritt zu tun. Er war an einer Verbindung zwischen Alice und Nikolaus interessiert, hoffte er doch dadurch, daß er das Wohlwollen des Zarewitschs gewann, die 1815 zwischen Preußen, Rußland und Österreich geschlossene Dreikaiserallianz, auch als Heilige Allianz bezeichnet, erneuern zu können, die Alexander gebrochen hatte. Durch diesen Schritt wollte Wilhelm II. zugleich das 1891 zwischen Alexander III. und dem französischen Staatspräsidenten Félix Faure geschlossene russisch-französische Bündnisabkommen untergraben. Schließlich gab Alice, wenn auch nicht ohne Zögern und koketten Widerspruch, nach.

Diese Verbindung der Eitelkeit und der Prüderie verwandelte den unsteten Nikolaus in einen Verliebten, der es mit der Treue hielt. Am Tag seiner Verlobung, dem 8. April 1894, vertraute Nikolaus seinem Tagebuch an:

»Prächtiger Tag, den ich mein Leben lang nicht vergessen werde – der Tag der Verlobung mit meiner geliebten, unvergleichlichen Alice! Nach 10 Uhr ist sie bei Tante Miechen eingetroffen, und nach einem Gespräch mit dieser haben wir uns unter vier Augen unsere Liebe gestanden. Allmächtiger, welche Bürde ist von meinen Schultern genommen; welch erfreuliche

Der russische Thronfolger und
seine Braut Alexandra, eine deutsche Prinzessin.

Nachricht für meinen lieben Papa und die liebe Mama! Ich bin den ganzen Tag wie in einem Traum herumgelaufen, ohne mir klar zu werden, was mit mir geschah. (Kaiser) Wilhelm war im Saal nebenan und wartete auf das Ende unserer Unterredungen mit den Onkeln und Tanten. Dann habe ich noch die Königin (von Dänemark – Anm. d. A.) aufgesucht und danach meine Tante Marie, und überall gab es Küsse und Umarmungen. Nach dem Frühstück wurde aus Dankbarkeit ein ›Tedeum‹ angestimmt. Am nächsten Morgen paradierten die Gardedragoner der Königin unter meinem Fenster vorbei und exerzierten nach ihrem Reglement – ein erhebender Anblick. Um 10 Uhr fuhr meine wundervolle Alice vor, und wir begaben uns gemeinsam zur Königin, um den Kaffee einzunehmen. Mit einem kleinen Wagen sind wir dann nach Rosena gefahren. Ich kutschierte, und wir hatten viel Spaß!«

Als Alexander III. im Sterben lag, wurde auch Alice in ihrer Eigenschaft als Kronprinzessin an sein Krankenlager gerufen. Der Zar hatte darauf bestanden, zu diesem Anlaß ein letztes Mal seine Galauniform anzulegen. Die Fürstin Obolenskaja und Gräfin Woronzowa empfingen indes die deutsche Prinzessin recht kühl. Alice wurde diese Feindseligkeit am Zarenhofe rasch gewahr, besonders jene der Zarenmutter Maria. Sie gestand später, daß sie, traurig und allein gelassen, Gott anflehte, ihre künftige Schwiegermutter milder zu stimmen.

Nach dem Tode des Zaren erfolgte die scheinbar kein Ende nehmende Trauerfahrt hinter dem Wagen mit dem Sarg von Livadia auf der Krim hinauf nach St. Petersburg. In jeder Stadt, die der Trauerzug passierte, wurde der verstorbene Zar mit einer feierlichen Totenmesse geehrt. »Sie ist ein Unglücksvogel!« hieß es überall in der Bevölkerung, und die Männer und Frauen bekreuzigten sich, wenn sie der tiefverschleierten, ganz in Schwarz gehüllten Braut ihres künftigen Zaren zum ersten Mal ansichtig wurden, wie sie hinter dem Sarg einherschritt.

»Auf diese Weise habe ich Rußland kennengelernt«, äußerte sich Alice später, »und meine Hochzeit, die bald darauf stattfand, erschien mir wie ein weiterer Trauergottesdienst der Art, wie ich sie soeben hinter mich gebracht hatte.«

Die Zarenhochzeit

Die Hochzeit und die mit der feierlichen Salbung des Zaren und seiner Krönung verbundenen Zeremonien erfolgten nach einem Ritus, dem Nikolaus sich mit größter Folgsamkeit fügte. Nach alter Tradition, wie sie in jedem Jahrhundert nur einige wenige Male aus Anlaß der Thronbesteigung eines neuen Zaren praktiziert wurde, lief das Zeremoniell, das Grigori Kotoschichin* bereits 1666 beschrieben hatte, auch 1894 ab, mit dem einzigen Unterschied, daß es nach der Trauung wegen der Staatstrauer um Alexander III. keinen festlichen Empfang gab.

»Bei der Krönung des Zaren findet zugleich seine Salbung mit heiligem Öl statt. Auf diese Weise ist er ein Gesalbter des Herrn. Alsdann bringen ihm die Bojaren (hohe Würdenträger am Zarenhof – Anm. d. A.) und die Kammerjunker wie auch die Hofbeamten aller Kategorien ihre Glückwünsche dar. Die Metropoliten und Bischöfe segnen sodann gemeinsam mit den übrigen Angehörigen des Klerus den Zaren mit Ikonen und überreichen ihm ihre Geschenke, nämlich Brote und Samt und Moiréstoffe und Atlasgewebe und goldgestickte wie einfache Seidenwaren und Zobelpelze und silbernes Tafelgeschirr.«

Was den Zaren anging, so kreisten seine Gedanken um die bevorstehende Hochzeit. Es mußte festgelegt werden, wer daran in welcher Eigenschaft teilnehmen sollte: natürlich die Zarenmutter und die Brauteltern, die Freunde des Brautpaares und die Ehestifter, Truchsesse und Mundschenken, Kammerherren und Pagen. Sobald das detaillierte Programm schriftlich niedergelegt worden war, wurde es von den Schreibern vervielfältigt und mit einem Ukas der Tag der Festlichkeiten verkündet, an dem jeder namentlich Genannte bereitstehen mußte, um exakt seine Funktion zu erfüllen. Für den Fall, daß jemand auf seinen Rang pochte und dadurch am Hochzeitstag für eine Störung sorgte, war dem Betreffenden die Todesstrafe samt Einziehung seiner beweglichen und unbeweglichen Habe angedroht. Des-

---

* Hoher Hofbeamter unter Alexej Michailowitsch (1645–1676), dem zweiten Zaren aus dem Hause Romanow. Er verließ Rußland, nachdem ihn der Zar hatte auspeitschen lassen, weil er beim Abfassen einer Urkunde versehentlich einen Titel des Herrschers ausgelassen hatte.

gleichen durfte niemand nach der Hochzeit einem anderen vorwerfen, sein Amt schlecht versehen zu haben und sich selbst nicht seiner Tüchtigkeit rühmen, weil er sich sonst die Ungnade des Zaren zuzog und bestraft wurde.

»Am Morgen des Hochzeitstages begibt sich der Zar in die Kathedrale, empfängt den Segen mit einem Kreuz und besprengt dieses mit Weihwasser. Danach sucht er eine andere Kirche auf, die Kathedrale des Heiligen Erzengels Michael im Kreml, in der die verstorbenen Zaren beigesetzt sind.

Für die Trauungszeremonie wird der Palast mit Samt ausgeschlagen. Große Teppiche aus der Türkei und aus Persien werden ausgebreitet und Sessel herbeigeschafft, auf dem Zar und Zarin vor einem Tisch mit Brot und Salz Platz nehmen werden. Der Zar legt dann sein Krönungshabit an, desgleichen die Zarin, diese allerdings schmückt sich statt mit der Krone mit dem Diadem, das sie zur Verlobung erhalten hat. Anschließend geleiten Vater und Mutter der Zarin ihre Tochter in den für die Hochzeit vorbereiteten Saal, wo sie sich niederlassen. Alles wartet auf das Eintreffen des Zaren; sobald diesem gemeldet wird, daß alle bereit sind, bedeutet er dem Erzpriester, daß es Zeit zum Aufbruch ist. Der Beichtvater spricht ein Gebet, derweil der Zar und die Hochzeitsgäste vor Ikonen niederknien. Den Palast betritt zunächst der Zar mit seinem Beichtvater. Ihnen folgen die Zarewna und die Geladenen, die aber stehen bleiben müssen.

Alle sprechen jetzt gemeinsame Gebete, bevor sich der Zar und dessen Braut auf demselben Polster niederlassen. Fünf Platten von jedem Gericht werden aufgetragen. Sobald alle bedient sind, erhebt sich der Beichtvater, spricht ein Paternoster, und alle übrigen Anwesenden nehmen Platz. Die Brautführer erbitten von den Eltern der Braut deren Segen, um daraufhin den Zopf der Braut zu kämmen und neu zu flechten. Alsdann beginnt der Erzpriester mit dem Mahl, nicht um sich zu sättigen, sondern in Befolgung des Ritus. Die Speisen werden nun auch dem Zaren vorgesetzt und vorgeschnitten sowie gesalzen. Der Herrscher nimmt indes noch nichts zu sich, solange der Zopf der künftigen Zarin noch nicht geflochten ist. Unterdessen

Die kaiserliche Hochzeit in St. Petersburg.

hat man Bräutigam wie Braut in einen Schleier gehüllt, der von den Kammerherren gehalten wird.

Sobald die Frisur der Braut vollendet ist und die Geschenke auf die Teller gelegt worden sind, wird ein Kreuz auf den Schleier gestickt und das Diadem der Braut vorsichtig entfernt. Während des dritten Ganges erhebt sich der Erzpriester und spricht ein Dankgebet, worauf dann die Trauzeugen die Brauteltern um ihren Segen bitten und Zar und Zarewna in die Kirche geleiten, wo nach orthodoxem Ritus die Trauung vollzogen wird. Danach segnen die Eltern die Neuvermählten mit goldverzierten, mit Edelsteinen und Perlen geschmückten Ikonen, ergreifen alsdann ihre Tochter bei der Hand, übergeben sie in die Hände des Zaren und nehmen Abschied von ihr.

Beim Verlassen des Gotteshauses läuten die Glocken, und in allen Kirchen wird für die Gesundheit des Zaren und das Glück der ehelichen Verbindung gebetet. Dann setzen sich alle zu Tisch.

Am Abend, nachdem sich Zar und Zarin in ihre Gemächer zurückgezogen haben, reitet ein Knappe mit gezogenem Schwert rund um das Schloß und wacht darüber, daß sich kein Fremder nähert; der Reiter umrundet auf diese Weise das Schloß die ganze Nacht hindurch bis zum Morgengrauen.

Ein Trauzeuge erscheint am Morgen, um sich nach der Gesundheit von Zar und Zarin zu erkundigen. Der Zar antwortet, daß er sich bei guter Gesundheit befindet und alles gut verlaufen ist. (Wenn dies nicht der Fall ist, ersucht er ihn, später wiederzukommen.)

Alle Trauzeugen finden sich dann ein, um dem Zaren Glück zu wünschen. Zar und Zarin nehmen ein leichtes Mahl ein. Anschließend suchen sie getrennt das Dampfbad auf. Die Zarin weist derweil ihren Brautjungfern ihr Nachthemd vor, das, mit Blutflecken übersät, den Beweis dafür liefert, daß sie unberührt in die Ehe gegangen ist.

Die Mädchen breiten nun das Hemd vor der Mutter des Zaren aus, woraufhin die Nachthemden der Neuvermählten ebenso wie die Bettücher gesammelt und an eine versteckte Stelle gebracht werden.

Der Zar überreicht dann seiner Gemahlin neue Nachthemden und sie schenkt ihm ihrerseits Unterkleidung.

Jetzt begibt sich das Paar in die Kirche, wo ein Tedeum angestimmt wird, und küßt die Ikonen. Aufgrund einer Amnestie werden Diebe aus den Gefängnissen entlassen. Hierauf beginnt der große Festschmaus.«

Krönung und Weihe in Moskau – eine Zurückdrängung St. Petersburgs

Für einen so gläubigen Fürsten wie Nikolaus war die Salbung, der Akt der Vermählung mit Rußland, von außerordentlicher Bedeutung. Die Frömmigkeit war ihm nicht nur angeboren, sie war Teil seines Wesens. Wenn er schon nicht ein Heiliger wurde, wie es die ersten russischen Großfürsten gewesen waren, so mußte er zumindest sehr fromm sein, denn für den Zaren wie für jeden Russen wurde das Böse im Menschen am Grad seiner Religiosität ermessen. Die Weihe in Verbindung mit der Krönung, eine alte, von Byzanz übernommene Tradition, tilgte die Sünden der gläubigen Menschen.

Überdies fand die Krönung in Moskau statt, ein Vorgang, der die Vorrangstellung des ›dritten Rom‹ vor St. Petersburg stärkte. Diese neue Hauptstadt, das Tor zur westlichen Welt, war nicht das Herz Rußlands. Zwar hatte Peter der Große sie zum Sinnbild der Macht des Russischen Reiches gemacht, doch das Heilige Rußland fühlte sich inmitten dieser venezianischen Paläste nicht zu Hause.

Die Zarenstadt hatte darüber hinaus das Band der Kindesliebe zerschnitten, das sie mit dem Monarchen verknüpfte: in ihren Mauern war Alexander II. ermordet worden.

Alexander III. hatte die Stadt deswegen nicht gemocht und Moskau den Vorzug gegeben. Auch Nikolaus II. fühlte sich in Petersburg nicht wohl und weilte mit Begeisterung nur auf dem Truppenübungsplatz Krassnoje Selo.

So kam es, daß in Moskau durch die Zarenkrönung die Einheit zwischen dem Zaren, seinem Staat und der Kirche sichtbar zum Ausdruck kam und in Moskau auch dieser fromme Zar die Verkörperung der Salbung bedeutete, in jener Stadt, in der die Leichname der früheren Zaren ruhten. Mehrere Male brachte Nikolaus während seiner Regentschaft den Wunsch zum Ausdruck, die Karwoche in Moskau zu verbringen. Dort feierte er auch alljährlich den Sieg über die Tataren und gedachte der verlorenen Schlacht von Borodino im September 1812, die Napoleon anschließend den Einzug in Moskau ermöglicht hatte. Die

Begeisterung der Moskowiter für ihren Monarchen während der Krönung wie auch später im Jahre 1913 anläßlich der Dreihundertjahrfeier des Bestehens der Romanow-Dynastie bestätigte Nikolaus in seinen Gefühlen für diese Stadt.

Diese Bevorzugung hatte im übrigen eine politische Bedeutung: Moskau verkörperte die Tradition, ›Rus‹, das alte, von dem Waräger-Stamm der Rus von Schweden her bis Nowgorod besiedelte Gebiet, den Vorläufer des Russischen Reiches, und nicht ›Rossija‹, das Zarenreich. Pobjedonossew, der ein Gespür für derlei Dinge besaß, nannte daher nicht zufällig seine in Buchform veröffentlichte Sammlung politischer Aufsätze ›Moskowski Sbornik‹, Zusammenstellung Moskowiter Texte.

Während in Moskau die Krönungsfeierlichkeiten vorbereitet wurden, zogen sich Nikolaus II. und Alexandra Fjodorowna, wie Alice jetzt hieß, zum Gebet in das Schloß Peters des Großen am Stadtrand zurück. Es war, als wollten sie den Allmächtigen um Läuterung ersuchen. Gleichzeitig legten sie das Gelübde ab, ihren ersten Sohn und Thronfolger auf den Namen Alexej taufen zu lassen und ihn so nach dem frömmsten Zaren der Dynastie der Romanows zu benennen.

Nikolaus zog Moskau St. Petersburg vor, weil die alte Stadt Sinnbild der Vergangenheit war, während die Stadt an der Mündung der Newa den modernen Charakter, die Aufklärung, den Atheismus repräsentierte. Er sprach sich zwar nie offen darüber aus, doch gab es bei ihm einen offensichtlichen Zusammenhang zwischen seiner Meinung, seinem Verhalten und seinem politischen Handeln. Da dies aber nicht in Form von Plänen und Konzepten sichtbaren Ausdruck fand, hielt man ihn für einen Hohlkopf oder sagte ihm nach, ein schwacher Souverän zu sein, der unter dem Einfluß anderer Personen stand: zunächst dem seiner Mutter und später dem seiner Frau. Es hieß auch, daß der letzte Berater, der in einer Sache mit ihm sprach, das letzte Wort behielt. In Wirklichkeit hatte derjenige das letzte Wort, dessen Ansichten mit den seinen übereinstimmten. War dies nicht der Fall, ließ er ihn reden, ohne ein Wort einzuwerfen und ohne mit der Wimper zu zucken.

Wann immer es ihm möglich war, kleidete sich Nikolaus II.

wie ein russischer Bauer und zog Kittel und Stiefel an. Er sprach dann auch gern russisch und behielt die englische und deutsche Sprache der Konversation im Familienkreis vor. Er liebte seine Muttersprache und zitierte mit Vorliebe Puschkin. Von den russischen Schriftstellern liebte er besonders Gogol, dessen Urteil über St. Petersburg er teilte: »(Hier) ist alles voller Heuchelei. Dieser Newski-Prospekt lügt, je länger man ihn betrachtet, besonders, wenn sich die Nacht mit ihrer schwarzen Masse über ihm herniedersenkt. (Es ist) eine Stadt bar jeden Charakters. Die Ausländer, die es dort zunehmend gibt, sehen nicht mehr wie Ausländer aus, und die Einheimischen ihrerseits sind zu einer Art Ausländer geworden, nur daß sie weder das eine noch das andere sind.«

Übrigens war Nikolaus II. kein Verehrer Peters des Großen, auch wenn Kljutschewski, der ihn in Geschichte unterrichtet hatte, sich keineswegs abfällig über den Gründer der neuen Hauptstadt geäußert hatte. »Er (Peter d. Gr.) hat sich große Verdienste erworben«, äußerte der Zar eines Tages zu seinem Leibarzt, »doch von all meinen Vorfahren interessiert er mich am wenigsten. Er hegte eine zu große Bewunderung für die europäische Kultur. Unsere alten Sitten und Gebräuche, das Erbe unserer Nation, hat er mit Füßen getreten!«

Nikolaus war da Peters Vater, Zar Alexej der Fromme, sympathischer. Dazu trug wohl auch bei, daß dieser von 1645 bis 1676 regierende zweite Zar aus dem Hause Romanow der wohl traditionsbewußteste aller Vorgänger von Nikolaus war. Sein ›Wunschbild‹ war ein reizvoller, energischer Mann, der aber weichherzig gegenüber den Seinen auftrat. Seine Berater hatten ihn ausgenutzt, doch das Volk hatte sich gegen sie erhoben und sie davongejagt. Andererseits triumphierte Alexej über Aufrührer in seinem Land, vor allem über den Kosakenhauptmann Stenka Rasin, der mit seinen Leuten Raubzüge in den Gebieten am Kaspischen Meer unternahm und dort revolutionäre Ideen verbreitete, indem er die Bauern gegen die Grundbesitzer und die zaristischen Beamten aufwiegelte. Rasin wurde 1671 ergriffen und am Galgen hingerichtet. Ein anderer Erfolg für Alexej war die historische Abstimmung der Ukrainer unter seiner Regentschaft: vor die Wahl gestellt, welcher Oberhoheit sie sich fortan als Untertanen beugen sollten, den Türken oder den Polen, hatten sich 1654 in Perejaslawl die ukrainischen Kosaken für den Anschluß an das Heilige Rußland ausgesprochen.

Alexej war ebenso gottesfürchtig, wie es mehr als zweihundert Jahre später Nikolaus war, und dieser veranstaltete auch 1903 zu Ehren seines Ahnen den größten Maskenball seiner Regentschaft. Der ganze Hofstaat hatte sich kostümiert und versuchte, die Atmosphäre und die Sitten und Gebräuche im Rußland in der zweiten Hälfte des 17. Jahrhunderts wiederzuerwekken. Diese Vorliebe für die Vergangenheit und dieser Konservativismus prägten auf allen Gebieten den Geschmack des Zaren. Dafür sprachen seine Bewunderung für alte Ikonen ebenso wie sein Festhalten an der althergebrachten Rechtschreibung. Bei letzterer ging es darum, sie zu modernisieren und zum Beispiel das ›harte Zeichen‹ wegzulassen, das den Abschluß einer größeren Anzahl von Wörtern bildete und eigentlich gar keinen Sinn hatte. Der Streit um eine Rechtschreibreform trennte Schriftsteller, Grammatiker und Erzieher in zwei feindliche Lager und wurde zur Staatsaffäre. »Was mich angeht«, so äußerte Nikolaus zu seinem Leibarzt Dr. Botkin, »so werde ich niemals einer Person vertrauen können, die nicht das ›harte Zeichen‹ am Wortende anbringt, und ihr auch keinen verantwortungsvollen Posten zuweisen!«

Krönungszeremonien und Katastrophe

Vor der Krönung Nikolaus' erlebte Moskau wochenlang geschäftiges Treiben, denn die Zeremonie sollte fünf Tage dauern und über 700 Ehrengäste wurden für die verschiedenen festlichen Empfänge erwartet. Unzählige Russen, die bei den Feierlichkeiten dabeisein wollten, kamen zu Fuß aus der ganzen Umgebung. Tausende und aber Tausende Geschenke trafen ein.

Nikolaus sollte zum Zaren und Alleinherrscher aller Reußen proklamiert werden. Die beachtliche Liste all seiner Titel und Würden lautete dann so:

Die Krönung 1894: Nikolaus II. im Hermelinmantel und Krönungsornat, gefolgt von seiner Gemahlin Alexandra Feodorowna.

»Wir, Nikolaus Alexandrowitsch, von Gottes Gnaden Herrscher, Kaiser und Autokrat aller Reußen, Zar von Moskau, Kiew, Wladimir, Nowgorod, Kasan und Astrachan, Zar von Polen, Sibirien und des Taurischen Chersones (Krim – Anm. d. A.), Zar von Georgien, Herrscher von Pskow, Großfürst von Smolensk, Litauen, Wolhynien, Podolien und Finnland, Fürst von Estland, Livland, Kurland und Semgallen, vom Samland, von Bialystok, Karelien, Twer, Jugurja, Perm, Wjatka, Bulgarien und anderen Ländern, Herrscher und Großfürst von Nischni Nowgorod, Tschernigow, Rjasan, Polozk, Rostow, Jaroslawl, der Teilfürstentümer Belosero, Udurja, Obdorja und Kondja, von Witebsk, Mstislawl und der ganzen Nordregion.

Herrscher und Souverän aller Gebiete von Iwerja, Kartalinja und Kabardinja und der Provinzen Armeniens.

Souverän der tscherkessischen Fürsten und der Fürsten der Berggebiete, Herrscher von Turkestan, Erbfürst von Norwegen, Herzog von Schleswig-Holstein, Stormarn und von Dithmarschen, Großherzog von Oldenburg und Souverän vieler weiterer Orte ...«

Große Premiere bei einem Ereignis von derartigem Rang: erstmals bannten Photographen das prunkvolle Geschehen auf Platten und hielten es für die Nachwelt fest. Die Bilder zeigen zunächst den feierlichen Einzug von Nikolaus in Moskau am 6. Mai 1896. Er reitet auf einem prächtig aufgezäumten Schimmel. Hinter ihm, ebenfalls zu Pferde, die Notabeln in unübersehbarer Zahl, gefolgt vom langen Defilee der Ehrengäste: Prinz Heinrich von Preußen, der jüngere Bruder Kaiser Wilhelms II., der Prince of Connaught als Vertreter der englischen Königin Viktoria, Fürst Nikolaus von Montenegro, die Erbprinzen von Griechenland und Rumänien, eine Königin, zwei regierende Monarchen, drei Großherzöge, weitere zwölf Erbprinzen und sechzehn andere Prinzen und Prinzessinnen. In der Mariä-Himmelfahrt-Kathedrale las in Anwesenheit des im Festornat erschienenen hohen Klerus der Metropolit Sergej die heilige Messe. Als er die Stufen zum Altar emporstieg, löste sich die schwere Kette des St.-Andreas-Ordens von seinen Schultern und fiel zu Boden. Niemand außer den unmittelbar hinter dem Metropoliten schreitenden Geistlichen bemerkte diesen Vorfall. Sie hüteten sich jedoch, ihn zu erwähnen, denn man hätte ihm eine böse Vorbedeutung beigemessen.

Nachdem er die Krone entgegengenommen hatte, setzte Nikolaus pietätvoll der Zarin die ihre auf, und die Glocken der hunderteins Moskauer Kirchen begannen ein gemeinsames Festgeläut.

Auch für das Volk nahmen jetzt die Feiern ihren Anfang, doch sie sollten mit einer Katastrophe enden.

Als der Aufzug der hohen Gäste vorbei war, fand sich das Volk, das aus allen Provinzen des Russischen Reiches zusammengeströmt war, auf dem Chodynka-Feld ein und versammelte sich vor den Estraden, um die traditionellen Geschenke entgegenzunehmen. Seit dem frühen Morgen versuchte jeder, sich einen günstigen Platz zu verschaffen. Als die Verteilung der Andenken begann, kam es zu einem furchtbaren Gedränge; die Menschenmenge drängte unerbittlich von hinten nach, so daß Tausende von weiter vorn Stehenden, die ihrerseits nicht ausweichen konnten, zu Boden gestoßen und niedergetrampelt wurden. Als die Masse merkte, was passiert war, und das Gewühl nachließ, war es zu spät. Die Polizei zählte 1282 Tote und zwischen 9000 und 20 000 Verletzte.

Die russische Regierung trug die Beisetzungskosten für alle Opfer und zahlte jeder betroffenen Familie tausend Rubel aus, was den Botschafter von China, Li Xun Chang, der am Krönungszeremoniell teilgenommen hatte und Augenzeuge der Tragödie gewesen war, außerordentlich erstaunte. Sein Kaiser, so gestand er, hätte bei einem ähnlichen Desaster niemals Schmerzensgeld gezahlt.

Der Zar dankte seinem Volk für die Begeisterung, die es bei der Krönung an den Tag gelegt hatte. Die Erinnerung daran sei »ein bewegender Trost nach diesen Tagen leidvoller Prüfung« gewesen.

Schwarzseher meinten in der schrecklichen Katastrophe ein schlimmes Omen zu erkennen.

Wenige Tage darauf ging über Nischni-Nowgorod ein Hagel-

unwetter von nie gekannten Ausmaßen nieder, als Nikolaus II.
zur Eröffnung der ersten großen russischen Industrieausstellung in der Stadt weilte. Das Land schien vom Unglück verfolgt
zu werden.

Doch wie der französische Diplomat Bernard Pares, der seinerzeit an den Hof in St. Petersburg delegiert wurde, richtig bemerkte, waren die russischen Fabriken durchaus imstande, den
englischen und deutschen Konkurrenzunternehmen den Rang
abzulaufen. Sie stellten beispielsweise neben den Baumwoll-
stoffen aus Turkestan komplizierte Waffen und Schießpulver
her. Ihre Wirkung hatte man 1877/78 im Russisch-Türkischen
Krieg gesehen. In Nischni-Nowgorod, der alten Handelsstadt
am Zusammenfluß von Oka und Wolga, machte Rußland zum
ersten Mal auf seine Fortschritte bei der Industrialisierung aufmerksam.

Ein anderer Beobachter stellte die gleiche Diagnose: Wladimir
Iljitsch Uljanow, der unter dem Namen ›Lenin‹ in die Weltge-
schichte einging, begann ebenfalls 1896 mit der Niederschrift
eines seiner Hauptwerke: ›Die Entwicklung des Kapitalismus
in Rußland‹.

Nikolaus zu seinen Untertanen: »Ihr habt unvernünftige
Hirngespinste geäußert!«

Nach dem Tode Alexanders III. häuften sich, wie bei jedem
neuen Regenten, verständlicherweise die Eingaben und Bittschriften, besonders diejenigen, die von den Semstwos kamen.
Diese 1864 von Zar Alexander II. im Rahmen einer Verwal-
tungsreform geschaffenen Körperschaften zur lokalen Selbstverwaltung stellten einen ersten Ansatz für eine parlamentarische Regierungsform dar, wenn sie auch weitgehend vom Adel
und vom Beamtentum beherrscht wurden. Den Semstwos gehörten Ärzte wie Diplomlandwirte, Veterinärmediziner wie
Pädagogen an – kurz, alles, was in der russischen Provinz als
gebildet galt. Als Kern einer dezentralisierten Verwaltung ge-

plant, hatten die Semstwos nach der Thronbesteigung Alexanders III. ihre Kompetenzen beschnitten gesehen. Wie es zuvor um sie bestellt war, darüber läßt sich der Politiker Chinjakow aus, der selbst Präsident eines dieser Semstwos war:

»Seit dreißig Jahren zog sich ihr nicht enden wollendes Märtyrertum hin. Denn die Petitionen wurden abschlägig beschieden oder blieben vielmehr in den meisten Fällen ohne jede Antwort. Mehr als einmal wurde die Ablehnung damit begründet, daß die in den Petitionen dargelegten Notstände nicht gerechtfertigt seien, weil entsprechende Bittschriften nicht auch von anderen Semstwos eingegangen waren. Gleichzeitig wurden jedoch alle Bestrebungen der Provinzialversammlungen, sich untereinander zu beraten, energisch unterbunden.«

Jetzt erwarteten die Russen voll Ungeduld die Antwort des neuen Zaren auf ihre Petitionen, in denen sie eine Erweiterung ihrer Befugnisse und Vergrößerung ihrer Mittel verlangt hatten. Sie waren noch in Unkenntnis über die Meinung des neuen Herrschers.

Seine Antwort fiel eindeutig aus:

»Es ist mir zu Ohren gekommen, daß in jüngster Zeit in einigen Semstwos unvernünftige Hirngespinste hinsichtlich einer Beteiligung von Vertretern der Semstwos an der Staatsregierung geäußert worden sind. Man möge zur Kenntnis nehmen, daß ich alle meine Kräfte für das Wohl des Volkes einsetze und das Prinzip der Autokratie ohne Abstriche aufrechterhalten und ebenso strikt anwenden werde, wie es mein unvergeßlicher Vater getan hat.«

Man hat später behauptet, in diesem vermutlich von Pobjedonossew aufgesetzten Text habe ursprünglich statt ›unvernünftige Hirngespinste‹ die Formulierung ›unvernünftige Träume‹ gestanden. Gleichgültig, ob sich der Zar beim Abschreiben vertan oder absichtlich einen anderen Ausdruck gewählt hatte, die Wendung gab genau wieder, was er dachte.

Diese Denkschrift stellte eine Herausforderung an die Adresse der Liberalen dar. Sie war Wasser auf die Mühlen der radikalen Kreise, die durch die Zwangsmaßnahmen Alexanders III. etwas neutralisiert worden waren.

Sie machte vor allem die Illusionen derer zunichte, die sich erhofft hatten, daß sich die Zustände unter dem neuen Zaren ändern und sich der russischen Gesellschaft neue Möglichkeiten erschließen würden. Diese Ernüchterung kommt auch in den Bühnenstücken Tschechows zum Ausdruck, vor allem in dem in eben diesem Jahr 1896 geschriebenen Drama ›Die Möwe‹. In den ›Drei Schwestern‹ wie in ›Onkel Wanja‹ und in dem Schauspiel ›Der Kirschgarten‹, die gleichfalls in den Jahren der Desillusionierung verfaßt und aufgeführt wurden, beunruhigen sich die gebildeten Kreise in der Provinz, eine Zukunft ohne Horizont vor Augen und sowohl ahnungslos wie empfindsam, über das Donnerrollen ringsum: Die bäuerliche Welt ist in Bewegung geraten, in der Hauptstadt herrscht eine nie gekannte Teilnahmslosigkeit, und in der Provinz ist man unfähig zu handeln. Die Personen in Tschechows Stücken demonstrieren ihre Machtlosigkeit und sind unentschlossen, wenn es um ihre eigene Zukunft geht.

»Das Wort ›Intelligenzija‹ soll aus dem Wörterbuch gestrichen werden!«

Genauso wie Mascha, die enttäuschte Geliebte aus der ›Möwe‹, die immer in Schwarz gekleidet auftritt, weil sie in Trauer um ihre eigene triste und hoffnungslose Existenz ist, trauerten die Russen um ihre Geschichte.

Wenn sie von einem neuen Leben träumten, hatten sie den Eindruck, daß die Zeit stillstand. Lauthals verkündeten sie, wie sie ihre Geschichte wieder in Bewegung setzen wollten. Sie waren bereit, diese Geschichte mitzugestalten, doch man gewährte ihnen keinen Zugang zu ihr.

Tatsache war, daß sich nichts änderte, denn der Staat erhob die Fortschrittsfeindlichkeit zum Prinzip. Und nun wollte überdies Nikolaus II. diesen von seinem Vater verfügten Stillstand in einem Zeitalter der Reformen noch verlängern! Die Schuld wurde der Autokratie zugeschoben, und die heranwachsenden

Generationen freundeten sich mit den Ideen der Nihilisten an. Herzen, Pissarew und andere stellten alles in Frage: selbstverständlich in erster Linie die politische Ordnung, aber auch die Moral, die Kunst, die Religion und die Ehe. »Man spielt nicht ungestraft mit der Geschichte«, versicherten diejenigen, denen die Veränderungen in Frankreich, Preußen, Italien und Spanien seit 1815 nicht unbemerkt geblieben waren. In ihren Augen war das Abendland ein Vorbild, und für P. Struwe und N. Petrunkewitsch bedeutete die Autokratie ein Hindernis in der Entwicklung der Nation. Ihre historische Funktion war beendet. Die Marxisten dachten nicht anders.

In diesem Punkt zumindest waren sich ›Okzidentalisten‹ und ›Slawophile‹ einig. Beide Gruppierungen vertraten die Auffassung, daß sich der russische Charakter nicht an Reformen gewöhnen könne, die im Ausland geplant worden seien. Es war dies ein alter Streit, der auf Peter den Großen (1672–1725) zurückging, aber eigentlich schon vor dessen Regentschaft entflammt war, denn sowohl Adam Olearius (1659) wie A. de Mayerberg (1661) wiesen in den Schilderungen ihrer Reisen nach Moskau darauf hin.

Unter Nikolaus II. zeigte ein Vertreter der slawophilen Richtung, der Nationalökonom Sergej Bulgakow, der, ursprünglich Marxist, der neuen Generation der Revolutionäre angehörte, die bei der Thronbesteigung Nikolaus' ihre Aktivitäten zu entwickeln begannen (Lenin, Gorki und Martow zählten auch dazu), auf, welch breiter Graben den Zaren mit seinen Vergnügungen, seinem Zeremoniell und seinen Popen von der neuen Intelligenzija trennte. Diese habe sich leidenschaftlich den Naturwissenschaften und der Medizin verschrieben und suche die soziale Frage, die Frauenfrage und andere Probleme zu lösen. Die Beschreibung, die Bulgakow von der Intelligenzija gab, läßt auch heute noch die Unvereinbarkeit der beiden Welten begreifen, die eine unsichtbare Barrikade trennte.

»Es ist allgemein bekannt, daß es keine atheistischeren Intellektuellen gibt als die russische Intelligenzija. Der Atheismus ist das Glaubensbekenntnis, das ihnen die Taufe ersetzt. Er hat sich zu einer solchen Besonderheit entwickelt, daß es müßig wäre, darüber zu diskutieren. Ein gewisser Grad an Bildung ist gleichbedeutend mit Indifferenz gegenüber der Religion, beinhaltet ihre Negierung. Dieser Atheismus wird zu einer Art Glaube, sobald er militante, dogmatische, pseudowissenschaftliche Formen annimmt. Im übrigen ist unsere Intelligenzija, die sich kollektivistisch nennt und der Gütergemeinschaft anhängt, in Wirklichkeit nicht kooperativ, sondern individualistisch, weil sie in sich eine Selbstbestätigung trägt, die heroisch sein will; ihre Mitglieder wollen sich zu Rettern aufspielen. Sie ist auf diese Weise eine Spielart des Aristokratismus; und wer sich in ihren Kreisen bewegt hat, kennt die Arroganz jedes einzelnen, seine Verachtung für Andersdenkende. Sie verfolgt suprahistorische Ziele und vertritt die Auffassung, daß dieser Gedankensprung eine Form des Heroismus darstellt. Hinzu kommt der Kosmopolitismus, denn jeder Angehörige der Intelligenzija posiert als Weltbürger und ignoriert die Besonderheiten seines Landes. Er ist mit einer Art ausländischer Nationalität behaftet, die der eigenen Nation fremd gegenübersteht. Unsere Marxisten haben diese Einstellung im Klassenkampf abgelegt.«

In den Semstwos, die Bittschriften an den Zaren gerichtet hatten, saßen ›Intelligentij‹ aller Couleur: sowohl Tolstoianer wie Marxisten, die Nihilisten und die Slawophilen, Helden von Tschechow und Dostojewski, in der Mehrzahl Angehörige des Hochadels und des niederen Adels sowie Gutsbesitzer.

Die Reaktion Nikolaus' II. auf die Institution der Semstwos war aufschlußreich.

Sie stellten das erste Experiment einer ›lokalen Selbstverwaltung‹ dar. Die provinzielle Elite, die sich darin zusammenfand, umfaßte zugleich kultivierte Familien wie auch reich gewordene Bauern, echte Muschiks, die sich auf Geschäftemacherei und Handel verstanden. Man behandelte nur Probleme von örtlicher oder die Provinz betreffender Bedeutung, aber über kurz oder lang kamen doch Fragen, die das ganze Land angingen, wie Steuersystem und Industrialisierung, zur Sprache, und man trat in die ›große Politik‹ ein.

Und genau damit forderten sie den Widerspruch des Zaren heraus, der unbeirrbar bei seiner Auffassung blieb, daß diese In-

Das Zarenpaar im historischen Ornat.

terventionen dem ihm von Gott erteilten Auftrag zuwiderliefen, der da lautete: die Rechte der Autokratie zu verteidigen. Daß staatsrechtliche Fragen mit seinen eigenen Machtbefugnissen vermengt werden sollten, war für ihn ein Ding der Unmöglichkeit. Die Vorstellung, die Semstwos könnten zu wirklichen Volksvertretungen werden, ließ ihm die Haare zu Berge stehen, ahnte er doch, daß solche Parlamente schrittweise in Konflikte mit dem Staat und den Verwaltungsorganen geraten würden. Ihm leuchtete auch in dieser Hinsicht ein, was Pobjedonossew ihm dargelegt hatte. Auch irritierten und verärgerten ihn die endlosen Diskussionen zwischen Okzidentalisten und Slawophilen, die unterschiedlicher Meinung über die Zukunft Rußlands waren und sogar die Frage aufwarfen, ob das Land zu Europa gehöre oder nicht. Einig waren sich diese beiden Gruppierungen in der Auffassung, Rußland müsse, ob europäisch oder nicht, vor den unguten Einflüssen aus dem Westen bewahrt bleiben – vor dem Kapitalismus, dem Individualismus und dem Egoismus. Offen gestanden interessierte Nikolaus der Inhalt dieser Wortgeplänkel herzlich wenig, aber er spürte deutlich, daß all dies auf lange Sicht das Prinzip der Autokratie in Frage stellte. Er verabscheute all die Schönschwätzer und Wortverdreher, die ihm sein Volk entfremdeten, mit dem er sich doch eins fühlen wollte.

Nikolaus II. verlangte allen Ernstes, das Wort ›Intelligenzija‹ aus dem Wörterbuch der russischen Sprache zu streichen.

Die Opposition organisiert und radikalisiert sich

Nach dreizehn Jahren Reaktion hatte die ›Denkschrift‹ des Zaren eine eigentliche Schockwelle ausgelöst; überall im Lande wurden die fortschrittlichen Kräfte gewahr, daß die Herrschaft Nikolaus' II. eine Fortsetzung der Regierungszeit seines Vaters Alexanders III. werden würde.

Alles, was die russische ›Gesellschaft‹ an Hoffnungen gehegt hatte, schmolz dahin. Unter ›Gesellschaft‹ (Obschtschestwo) sind jene gebildeten Russen zu verstehen, die damals das eigentliche Rückgrat der Nation bildeten und denen die autokratische Willkür ihres Souveräns die Möglichkeit und das Recht entzog, ihren Beitrag zur Entwicklung und zur Grandeur des Landes zu leisten.

Während der Regierungszeit Alexanders III. hatte dieser Rückfall in die Vergangenheit, gleichsam als Antwort auf die ›Reaktion‹, im Rahmen der Semstwos die Entwicklung einer liberalen Bewegung zur Folge gehabt. Seine Mitglieder wünschten sich sehnlich, daß der Zar Rußland eine Verfassung bewilligte, doch sie»wollten keinen Krieg mit der Autokratie. Sie waren für einen friedlichen Weg, der etappenweise voranführte: eine Evolution«. Wassili Maklakow, einer ihrer Wortführer, schätzte angesichts der allgemeinen Desillusionierung nach der Thronbesteigung Nikolaus' II. die Entwicklung so ein, daß die Prinzipien der liberalen Bewegung sich änderten und an die Stelle der alten Strategie der Kampf gegen die Autokratie trete. Künftig werde die Führungsrolle von den Männern in den Semstwos unfreiwillig an Politiker abgegeben, das heißt an eine radikale Intelligenzija.

In Wirklichkeit fand man ebenso viele Radikale in den Semstwos wie Vertreter einer gemäßigten Richtung in den Reihen der neuen Intelligenzija, aber die Semstwos waren nicht mehr in der Lage, *allein* die Funktion zu erfüllen, die die Gesellschaft von ihnen erwartete. Um jedoch den Kampf auf radikale Weise zu führen, bedurfte es der Schaffung von Organisationen eines neuen Typs: Das waren die politischen Parteien. Sie erschienen samt und sonders als Nachwirkung auf die ›Denkschrift‹ des Zaren in den Jahren zwischen 1896 und 1900 auf der Bildfläche.

Ihre gemeinsame Zielsetzung lautete ›nationale Befreiung‹, selbstverständlich durch Abschaffung der Autokratie; doch danach wollte jede Partei ihren eigenen Weg gehen. Das führte dazu, daß der Gedanke an ein nationales Bündnis laut wurde, das alle politischen Gesinnungen und alle sozialen Klassen, von den gemäßigsten Liberalen in den Semstwos bis zu den ›Narodniki‹ (Populisten) der revolutionären Prägung, umfaßte.

Von 1894 an forderten die Gruppe ›Narodnoje Prawo‹ (›Recht

des Volkes‹) und die ›Union der Befreiung‹ den »Zusammenschluß aller oppositionellen Gruppierungen und die Schaffung eines aktiven Kerns, der dank der ihn beseelenden moralischen und geistigen Kräfte über die Autokratie triumphieren und jedem seine Bürgerrechte garantieren würde«. Nach der Zurückweisung der ›Denkschrift‹ des Zaren durch die Semstwos setzten sich in vielen dieser Provinzkörperschaften radikale Strömungen durch; Pjotr Struwe, einer der führenden Köpfe dieser Bewegung, glaubte, daß die Semstwos weiterhin die adäquateste Organisationsform bleiben würden, weil sie bereits ein Gutteil des Landes überzog. Er war es auch, der die Liberalen veranlaßte, eine Aussprache mit den Revolutionären zu suchen – er selbst traf sich mit Lenin –, denn in seinen Augen blieben angesichts des industriellen Wachstums und der Entwicklung der Arbeiterklasse die Semstwos ohne Zweifel eines der bevorrechtigten Felder politischen Handelns, wenn sie künftig auch nicht das einzige sein würden. Wenn auch die Semstwos aus der bürgerlichen Gesellschaft hervorgegangen waren, so waren sie doch nach der Norm des Klassensystems zusammengesetzt, und die Erfordernisse einer Demokratie verlangten nach einem breiteren sozialen Fundament mit einem direkten Appell an die Masse des Volkes. Das dringende Bedürfnis, solche politischen Parteien nach westlichem Vorbild zu gründen, ergab sich, wie in Westeuropa auch, just in dem Augenblick, als Studenten und Arbeiter sich ihrer Existenz bewußt wurden und sich zu gruppieren und zu artikulieren begannen. Die Fundamente der russischen Gesellschaft waren in der Tat in einer Veränderung begriffen; die Städte wandelten ihr Erscheinungsbild und wurden modernisiert, der Volksschulunterricht verbreitete sich und erreichte dank der Bemühungen der Semstwos auch die ländlichen Bezirke. Die von Finanzminister Sergej Witte praktizierte Politik vergrößerte das Elend der ohnehin verschuldeten Kleinbauernschaft, die in einer großen Landflucht in die Industriestädte strömte und dort Opfer schrecklicher Ausbeutung wurde. Der Protest dagegen machte sich in wilden Streiks Luft. Für Lenin war zum Beispiel die Krise, die diese Veränderungen am besten symbolisierte, der Streik von 1885 in der Morosowschen Textilfabrik in Orechowo im mittelrussischen Gouvernement Wladimir. Angesichts von Absatzschwierigkeiten der Textilindustrie hatte der Fabrikant seine Kosten dadurch senken wollen, daß er die Geldstrafen für die rund 8000 Arbeiter – Männer und Frauen – mehrfach erhöhte, Strafen, die für Nichtigkeiten verhängt wurden. Das kam einer Reduzierung der Löhne gleich. Ein massiver Streik brach aus. Trotz Einsatzes von Militär beharrten die Streikenden auf ihren Forderungen: daß das Unternehmen künftig nicht mehr als fünf Prozent vom Lohn als Buße für Verfehlungen einbehalten dürfe und vertraglich eine Kündigungsfrist von 14 Tagen festgelegt werden sollte. Zar Alexander III. befahl schließlich die Erzwingung der Wiederaufnahme der Arbeit durch Massenverhaftungen, doch die öffentliche Meinung war auf seiten der Streikenden. Eine Jury sprach die beschuldigten und vor Gericht gestellten Streikführer frei.

Es war dies das zweite Mal – nach dem Freispruch von Wera Sassulitsch –, daß ein Schwurgericht seine Unabhängigkeit bewies: das erste Mal gegenüber den staatlichen Behörden und jetzt gegenüber den Unternehmern.

Das politische Fazit war klar: Gegen das staatliche System und die ›Gerechtigkeit‹, die es verkörperte, gab es die Möglichkeit einmütiger Auflehnung, die Struwe in engere Bahnen zu lenken versuchte. Er scheiterte, vermochte jedoch viele Dinge in Bewegung zu versetzen.

Der demokratische Gedanke verbreitete sich auf diese Weise ebenfalls spontan, und es kam zu einer geistigen Annäherung zwischen den liberalen Kreisen innerhalb der Semstwos – Lehrern, Ärzten, diplomierten Landwirten (der ländlichen Intelligenzija) – und den aktiven Elementen in den Städten, die über die Lebensbedingungen der Arbeiter bestürzt waren. Die Entwicklung bei beiden Gruppierungen ähnelte sich: Nach der Hungersnot von 1891 hatten die ersteren mit Versuchen begonnen, das Los der Bauern zu erleichtern, während die anderen bemüht waren, den Arbeitern zu helfen. Die von dem Publizisten und Soziologen Michajlowski beeinflußte populistische Strömung, die ihre Hoffnungen auf die Klasse der Bauern setzte, und die militanten Vertreter der sich ›Boden und Freiheit‹ nennenden Gruppe mit Katharina Breschko-Breschkowskaja und W. Tschernow an der Spitze schlossen sich in der Sozialrevolutionären Partei zusammen. Gleichzeitig wurde aus der städtischen Variante, die vom marxistischen Lager beeinflußt und von der durch den später als Vater der russischen Sozialdemokratie apostrophierten Georgi Plechanow ins Leben gerufenen Gruppe ›Befreiung der Arbeit‹ gesteuert war, die Sozialdemokratische Arbeiterpartei, der sich auch Wera Sassulitsch, A. Axelrod, J. Martow, Lenin und Trotzki anschlossen. Die eigentliche liberale Strömung, die sich in der ›Union der Befreiung‹ zusammengefunden hatte, gründete unter Federführung von Paul Miljukow, Pjotr Struwe und N. Berdjajew die Konstitutionell-Demokratische Partei.

Da verkündete zu einem Zeitpunkt, als sich die Grundlagen des politischen Lebens in Rußland radikal änderten, der Zar höchstpersönlich, daß er an der von seinen Vorfahren geschaffenen Ordnung nicht zu rütteln beabsichtige. Freilich war ihm, als er dies tat, die Politik noch fremd. Nach der Krönung wendete er sein Hauptinteresse den Beziehungen zu seinen Onkeln zu, die damit sozusagen als Koadjutoren des Russischen Reiches fungierten; außerdem mußte er sich in seinem neuen Leben als Zar, Gatte und Vater erst einmal zurechtfinden. Seine Aufmerksamkeit richtete sich dann höchstens noch auf das Verhältnis zu anderen Großmächten, was bei ihm in den meisten Fällen angesichts der verwandtschaftlichen Verbindungen zwischen den europäischen Fürstenhäusern ebenfalls eine Familienangelegenheit war.

Familienstreitigkeiten

Die schreckliche Katastrophe während der Krönungsfeierlichkeiten war am Zarenhof Gegenstand des ersten großen Familienstreits, der unmittelbar nach der Inthronisierung ausbrach. In ihn waren einerseits die drei Brüder des Großfürsten Sergej, eines Onkels des Zaren und seinerzeitigen Gouverneurs von Moskau, verwickelt, der als Verantwortlicher für den Ablauf der Feiern das Unglück zu bagatellisieren suchte und angeordnet hatte, am vorgesehenen Ablauf des Programms dürfe nichts geändert werden, und andererseits vier weitere Großfürsten, sämtlich mit Namen Michailowitsch, die Söhne des Großonkels Michail, die mit Nachdruck ein Ende der Festlichkeiten verlangten. Schließlich wurden die meisten noch vorgesehenen Feierlichkeiten und Bälle abgesagt, mit Ausnahme des bereits erwähnten großen Balles in der Botschaft Frankreichs, der am Abend der Tragödie stattfand – was Wilhelm II. nicht unterließ, mit Unwillen zu vermerken.

Gegenseitige Beleidigungen und Familienzwistigkeiten waren bei den Romanows an der Tagesordnung. Die Großfürsten, Onkel des neuen Zaren, waren schon immer ausgelassen und gewalttätig gewesen, doch zu Zeiten ihres Bruders Alexander III. hatten sie sich zurückhalten müssen.

Beim jungen Nikolaus II., ihrem sanften Neffen mit den Gazellenaugen, brauchten sie sich keinen Zwang mehr antun. Sie konnten nach Belieben ihre Gemahlin verstoßen und sich nach einer Frau umsehen, die ihnen gefiel. In den Wochen nach der Krönung erlangte Nikolaj, ein Cousin des Zaren, die Scheidung von Anastasia von Leuchtenberg; sein Bruder Michail schnappte einem Offizier seines Regiments die Frau weg; Onkel Paul konnte der künftigen Gräfin Paley den Hof machen, und Großfürst Kyrill schließlich heiratete die Stiefschwester der Zarin.

Noch während der Krönungswoche kam es zu einem weiteren ungewöhnlichen Vorfall, der auf Monate hinaus Gegenstand des Hofklatsches blieb. Als Großfürst Michail eines Morgens mit seinem Sohn Jussupow und seiner Tochter beim Frühstück saß, hörte man plötzlich Pferdegetrampel im Saal nebenan, die Tür wurde aufgestoßen und ein eleganter Reiter verschaffte sich hoch zu Roß Einlaß. Es war der Prinz Georg von Wittgenstein, ein Offizier der Leibgarde von Zar Nikolaus und ein stattlicher Mann, der bei Hofe von allen Frauen umschwärmt war. Er hielt einen Blumenstrauß in der Hand, den er, sich verneigend, der Prinzessin zu Füßen warf. Dann gab er,

*Der Zar mit seiner Frau Alexandra und seinen Töchtern
Maria Nikolajewna, Tatjana, Olga und Anastasia.*

ohne ein Wort gesagt zu haben, seinem Pferd die Sporen, setzte durch ein offenstehendes großes Fenster mit einem Satz nach draußen und verschwand.

Zarin Alexandra Fjodorowna mochte die Seitensprünge und pikanten Skandale, die man ihr zutrug, überhaupt nicht. Zudem verstand sie sich nicht mit ihrer Schwiegermutter Maria, der Witwe Zar Alexanders III., einer immer noch regen, mondänen Dame. Da Nikolaus es nicht gewagt hatte, ihr den Schmuck abzuverlangen, den traditionsgemäß der neue Zar seiner Gemahlin überreicht, hatte die Zarenmutter die Kleinodien für sich behalten.

Aber Nikolaus gab Alexandra in einem anderen Punkt nach und enthob ein- oder zweimal seine Onkel ihrer Funktionen bei Hofe, um sie allerdings bald darauf zurückzurufen, denn er besaß einen ausgeprägten Familiensinn. Nur die Liaison seiner Mutter mit dem Adjutanten A. Barjatinski bereitete ihm Sorgen; die Szenen, die sie ihr machte, wurden zum Gespött des ganzen Hofes. Daher verfinsterte sich sein Gesicht, wie es sich auch vor Wut verzog, wenn man ihm von neuen Eskapaden seiner Onkel berichtete.

Die Großonkel und Onkel

Nikolaus II. besaß drei noch lebende Großonkel: Konstantin, Nikolaj und Michail. Der erste lebte im Ruhestand auf der Krim mit einer Dame vom Ballett, der zweite war Generalinspektor der Kavallerie und Michail, Sandros Vater, war Präsident des Reichsrates und zugleich Generalinspekteur der Artillerie.

Die vier Onkel machten sich weitaus mehr bemerkbar. Der älteste, Wladimir, war Kunstkenner, Mäzen der Ballettschule und späterer Förderer des berühmten Tänzers und Choreographen Sergej Diaghilew. Mit seiner Gemahlin Maria Pawlowna, einer mecklenburgischen Prinzessin, gab er die prunkvollsten Feste in ganz Petersburg. Alexej, mehr Lebemann als Liebhaber der schönen Künste, war ein großer Kenner der französischen

Küche. Er liebte auch die Pariser Halbweltdamen, die er in die vornehmsten Restaurants einzuladen pflegte. Das war eine Premiere in der Geschichte der französischen Speiselokale, denn bis zu jener Epoche pflegten sich ausschließlich Herren zu Banketten einzufinden. Alexej war auch Großadmiral der russischen Kriegsflotte. Doch in Wirklichkeit galt sein Interesse mehr der Vergangenheit und Geschichte dieser Flotte als ihrer Zukunft: Er reichte nach ihrer Versenkung durch die Japaner 1905 im Russisch-Japanischen Krieg seinen Abschied ein.

Onkel Sergej war der aktivste von allen. Als Gouverneur von Moskau war er der einzige, der sich mit der aktuellen Politik beschäftigte und Lösungen für die Staatskrise zu finden suchte. Seine Amtszeit wurde überschattet von der Katastrophe bei der Zarenkrönung und endete mit seinem Eintreten für die Politik von Innenminister Wjatscheslaw Plewe, dessen Verdienste er bei seinem Neffen ins rechte Licht zu rücken verstand; beide, Großfürst Sergej wie Minister Plewe, fielen terroristischen Bombenanschlägen zum Opfer: Plewe 1904, der Großfürst im Jahr darauf. Onkel Paul schließlich war ein hervorragender Tänzer und auch ein Bonvivant, der sich stets auffällig zu kleiden pflegte. Man sah ihn oft in einem dunkelgrünen Dolman mit silbernen Borten, enganliegenden, himbeerfarbenen Hosen und den kurzen Stiefeln der Grodno-Husaren. Nach dem Tode seiner ersten Gattin beging er den doppelten Fehler, eine geschiedene Frau zu heiraten, die zudem nicht adelig war. Er mußte Rußland verlassen, kehrte jedoch nach Kriegsbeginn 1914 zurück und befehligte im Kampf gegen die Deutschen ein Garderegiment an der Front. Um Politik hatte er sich nie gekümmert, aber bei der Revolution vom Februar 1917 war er der einzige, der die Zarenfamilie nicht verließ und versuchte, die Dynastie zu retten.

Die Cousins des Zaren, also die Söhne seiner Onkel und Großonkel, gehörten gleichfalls zum Hofstaat. Da waren zunächst die Söhne Konstantins, Konstantin und Dimitri; der erste, der gelegentlich auch Gedichte schrieb, beschäftigte sich mit der Ausbildung der Rekruten, der letztere galt als Pferdenarr. Dann waren da die Söhne von Großonkel Nikolaj: Großfürst Nikolajewitsch, vom Zaren ›Nikolascha‹ genannt, und dessen Bruder Pjotr, der an Tuberkulose litt. Nikolascha übte den stärksten Einfluß auf Nikolaus II. aus. Er verkörperte das Militär, war verantwortlich für den Aufmarsch der zaristischen Armeen im Ersten Weltkrieg und verfügte über eine Autorität, wie kein anderer sie hatte. Die Familie war eifersüchtig auf ihn, und Alexandra war er verhaßt. Man vermutete – meist zu Unrecht –, daß er bei allen Unglücksfällen, von denen die Dynastie betroffen wurde, irgendwie seine Hand im Spiel gehabt hatte. So gab man ihm die Schuld am ›Oktobermanifest‹ von 1905, während er in Wirklichkeit nur dem Zaren geraten hatte, es zu verkünden, um eine bessere Zusammenarbeit mit den Abgeordneten der Nation zu erreichen, und man nahm ihm auch die militärischen Erfolge von 1914 übel. Im Jahre 1915 entzog ihm Nikolaus II. in der Befürchtung, daß sein Vetter mehr Popularität erlangte als er selbst, und auf Betreiben Alexandras den Oberbefehl. Nach seiner Festnahme durch die Bolschewiken 1917 warf der Zar Nikolascha vor, sich den Befehlshabern seiner Armeen angeschlossen und seine Abdankung verlangt zu haben. Tatsache war, daß der Großfürst diesen Rat erst erteilt hatte, als Nikolaus selbst schon den festen Entschluß gefaßt hatte.

Der letzte Zweig der Familie, die Michajlowitsch, umfaßte zunächst den Großfürsten Nikolaj, den Intellektuellen und Gelehrten des Hauses Romanow, der ein angesehener Historiker war und eine kluge Biographie Zar Alexanders I. geschrieben hatte. Ihm waren akademische Diskussionen im Institut de France vertrauter als die Intrigen am Hof von St. Petersburg. Den heimlichen Anhänger eines Parlamentarismus nach französischem Vorbild schätzte man bei Hofe als Schwarmgeist ein, von dem keine Gefahr ausging.

Seine Brüder Sergej und Juri spielten keine besondere Rolle. Kaum mehr war Michails Sohn Alexander – der bereits mehrfach erwähnte ›Sandro‹ –, der Jugendfreund des Zaren, in der Öffentlichkeit bekannt. Seine Lebenserinnerungen, die er unter dem Titel ›Als ich Großfürst war‹ veröffentlichte, werfen ein intensives Licht auf die Person Nikolaus’ II. Dem Zarewitsch war Sandro treu verbunden geblieben, doch dem Zaren versucht er später – vergeblich – die Augen zu öffnen für die sich um die Jahrhundertwende immer mehr abzeichnende Evolution. Sandro teilte beileibe nicht die Ansichten des ein paar Jahre älteren Nikolaus, doch er hätte gewünscht, daß nicht ›die Familie‹ die oberste Instanz seines Zaren gewesen wäre, der den Gebräuchen und Zwängen der Romanows mehr gehorchte als den Notwendigkeiten der Politik. Jedesmal, wenn Alexander warnend seine Stimme erhob, war er für Nikolaus II. nicht ein Großfürst wie die anderen und nicht ein alter Freund, dem er vertraute, sondern der kleine Junge, mit dem er in Kindertagen in Jalta gespielt hatte.

Alles mußte sich der Familienhierarchie unterwerfen.

»Versteh mich recht, Sandro, drei Jahrhunderte lang haben meine Vorfahren verlangt, daß ihre Verwandten die militärische Laufbahn einschlagen. Ich möchte mit dieser Tradition nicht brechen.

Ich werde es aber weder meinen Onkeln noch meinen Cousins erlauben, sich in Staatsangelegenheiten einzumischen!«

So zitierte später Sandro seinen Vetter.

Die Gewaltenteilung war ein weiteres Prinzip Nikolaus' II. Zwei Vorfälle beweisen nachdrücklich, daß diese Einstellung ihm sein Verhalten vorschrieb.

Seine Onkel waren körperlich kräftig und duldeten keinen Widerspruch. Nikolaus empfand immer Respekt und zugleich Angst vor ihnen; für ihn waren es die Brüder seines verstorbenen Vaters, und selbst noch als Zar gehorchte er ihnen. Ihre Ratschläge kamen Befehlen gleich; sie wurden in einem Ton vorgetragen, der die Kraft dieser Männer erahnen ließ. Alexej, der Großadmiral, wog zweieinhalb Zentner, Paul, der General, mit seinen 1,95 Metern Länge nicht viel weniger, Sergej und Wladimir waren von der äußeren Erscheinung her weniger imposant, doch auch sie traten anmaßend und autoritär auf.

Sandro, Busenfreund des Zaren aus Jugendtagen und durch die Heirat mit Nikolaus' Schwester Xenia später Schwager des Herrschers, träumte davon, die Flotte zu reorganisieren, deren Schiffe er für veraltet hielt. Aber für die Marine war Onkel

Alexej zuständig. Es kam zu folgendem Dialog zwischen dem Zaren und seinem Vetter:

»Die Änderungen wird er nicht mögen. Er gibt bestimmt seine Zustimmung nicht!«

»Aber du bist doch der Zar. Befiehl es ihm einfach. Es ist deine Pflicht gegenüber dem Reich!«

»Du hast gut Reden, Sandro, aber ich kenne Onkel Alexej nur zu gut. Er wird furchtbar zornig reagieren. Sein Gebrüll wird man im ganzen Palast hören.«

»Um so besser, da kannst du ihn ja gleich zur Disposition stellen!«

»Du träumst wohl. Onkel Alexej, der Lieblingsbruder meines Vaters, im Ruhestand? Meine Onkel haben recht – ich frage mich jetzt auch, ob du nicht während deines Amerika-Aufenthaltes Sozialist geworden bist?«

Und Sandro war es, der zur Disposition gestellt wurde.

Dies Gespräch wurde zu Beginn der Regierungszeit von Zar Nikolaus geführt. In den folgenden fünfzehn Jahren änderte sich an der Situation nichts. Die zweite Episode von 1911 betraf den Großfürsten Nikolaj. Kriegsminister Suchomlinow hatte ein gigantisches Kriegsspiel vorbereitet, das von der Generalität im Sandkasten ausgetragen werden sollte. Ein ähnliches Spiel hatte sein Vorgänger Kuropatkin im Jahre 1902 veranstaltet.

Alle Distriktkommandeure waren ins Winterpalais nach Petersburg beordert worden, wo das ›Spiel‹ unter dem Vorsitz des Zaren stattfinden sollte, der begeistert war, weil ihm die Rollenverteilung zufiel. Eine halbe Stunde vor der Veranstaltung suchte jedoch Großfürst Nikolaj, der Suchomlinow haßte, den Zaren zu einer Unterredung auf, und die ganze Sache wurde abgeblasen. Die Heeresbefehlshaber wurden nacheinander vom Zaren empfangen und mußten Routinefragen über sich ergehen lassen, bevor sie zu ihren Einheiten zurückkehren konnten. Der Kriegsminister kam um seinen Abschied ein, doch der Zar verweigerte dies.

Alexander III. hatte gern auf Schloß Gatschina im Palast seines Vorfahren Paul I. geweilt, doch die Zarin, die graziöse und heitere Maria Fjodorowna, die einstige dänische Königstochter Prinzessin Sophie Friederike Dagmar, bevorzugte St. Petersburg und seine Bälle und Feste. Das Winterpalais war ihr zu groß. Deshalb war sie nach dem Tode ihres Gemahls in das am Ende des Newski-Prospekts gelegene Anitschkow-Palais übergesiedelt. Hier residierte auch Nikolaus II. noch zu Beginn seiner Regierungszeit. Doch Alexandra hatte das Gefühl, daß die alte Zarin weiterregierte. Deshalb suchte sie zumindest eine räumliche Entfernung von ihrer Schwiegermutter und überredete ihren Gemahl, die größte Zeit des Jahres in den Schlössern Peterhof bei Petersburg und Zarskoje Selo, der Sommerresidenz, ebenfalls unweit der Hauptstadt gelegen, zu verbringen. Dort konnten sie nach ihrem Geschmack ein Landleben auf russische Art führen.

Nikolaus stand morgens zwischen sieben und acht Uhr auf, möglichst geräuschlos, um Alexandra nicht zu wecken. Er sprach sein Morgengebet und begab sich dann in sein Schwimmbad. Gegen halb neun saß er mit der Zarin am Frühstückstisch und trank Tee. Anschließend empfing er seinen diensttuenden Adjutanten sowie den Oberhofmarschall – in den ersten Jahren war das Graf von Benckendorff –, um sich über das Tageszeremoniell unterrichten zu lassen. Danach ließ er den Kommandeur der Palastwache und späteren Generalgouverneur von Petersburg, Trepow (dessen Nachfolger waren sukzessive Dedulin und Wolkow), zu sich kommen. Dieser war der dem Zaren am nächsten stehende Offizier, weil er persönlich für seine Sicherheit verantwortlich war. Bis halb zwölf suchten dann die Minister den Herrscher auf. Nach einem kurzen Spaziergang mit seinen schottischen Hunden nahm der Zar einen rustikalen Imbiß mit seiner Begleitung ein, der aus Schtschi oder Borschtsch, Káscha und Kwaß bestand. Nach der Rückkehr in den Palast folgte eine zweite Serie von Audienzen. Das Mittagessen fand meist im engen Kreis im Palisandersalon statt. Alexandra pflegte am Vorabend das Menü zusammenzustellen. Von jedem Gang ließ sie eine ›Schüssel‹ zubereiten, d. h. Portionen, die für zehn Personen reichten, so daß Zar oder Zarin nach Belieben Gäste zu Tisch bitten konnten, ohne erneut die Köche bemühen zu müssen. Jede Mahlzeit umfaßte vier Gänge außer den Horsd'œuvres. Beim abendlichen Diner wurden fünf Gänge serviert. Nikolaus bestellte oft für sich allein sein Lieblingsessen, sozusagen als Vorspeise: Spanferkel mit Meerrettich. Auf den frischen Kaviar, den er früher so gern gemocht hatte, mußte er schweren Herzens verzichten, weil er davon Verdauungsschwierigkeiten bekam. Zu den Mahlzeiten trank er hauptsächlich Portwein.

Nach dem mittäglichen Déjeuner empfing der Zar Besucher oder sah Akten durch. Gegen halb vier unternahm er mit einer Eskorte einen Ausritt, der ihn zur Teestunde zurückbrachte. Tee wurde pünktlich um halb sechs getrunken. Der Zar sah dann die russische Presse durch, und zwar Blätter aller politischen Richtungen, während die Zarin englische Zeitungen zur Hand nahm. Zwischen sechs und neun Uhr abends fanden weitere Audienzen statt, bevor man sich zum Diner niedersetzte, das stets in prunkvollem Rahmen mit einer größeren Anzahl von Gästen ablief. Danach weilte der Ministerpräsident beim Zaren, nachdem vorher noch der Kommandeur der Palastwache letzte Befehle entgegengenommen hatte. Zum Abschluß eines jeden Tages unternahm der Zar, zuweilen mit seiner Gemahlin, eine Ausfahrt in einer zweispännigen Kutsche oder im Winter in einem ebenfalls von zwei Pferden gezogenen Schlitten. Die Wachtposten auf dem Schloßgelände hatten zuvor um neun Uhr Aufstellung bezogen. Der Kutsche oder dem Schlitten des Zaren ritt ein Stallmeister voraus, während andere Kutschen oder Schlitten mit der Eskorte dem Zaren folgten. Nikolaus pflegte sich für die Ausfahrten die mit einem Kreuz verzierte Offiziersmütze des Regiments der kaiserlichen Bogenschützen aufzusetzen.

Nach der Rückkehr in den Palast gegen elf Uhr abends nahmen Ihre Majestäten noch einmal den Tee ein, und Nikolaus las seiner kleinen Familie aus Büchern vor, die er selbst gern mochte. Das war eine seiner Lieblingsbeschäftigungen. In der russischen Literatur kannte er sich bestens aus. So trug er im Familienkreis zum Beispiel Turgenjews ›Aufzeichnungen eines Jägers‹ vor oder unterhielt seine Familie mit Passagen aus dem historischen Roman ›Peter‹ von Mereschkowski, einer Art Biographie Zar Peters des Großen. Als seine Töchter acht oder neun Jahre alt waren, pflegte er auch französische Texte zu rezitieren, etwa ›Le Bourgeois Gentilhomme‹ von Molière und Daudets ›Tartarin de Tarascon‹.

Um Mitternacht zog eine Wache vor dem Portal auf. Ein strenges Verbot, sich zu unterhalten oder auch nur zu husten oder zu niesen, galt für diese Posten ebenso wie für die gesamte Dienerschaft während der Nachtstunden. Die Majestäten durften unter keinen Umständen im Schlaf gestört werden. Bevor er sich zur Nachtruhe niederlegte, vervollständigte Nikolaus noch sein Tagebuch um die Begebenheiten des zu Ende gegangenen Tages.

Außer wenn er auf der Jagd war, beschäftigte sich Nikolaus II. auf diese Weise – die Zeitungslektüre eingeschlossen – zwei bis drei Stunden täglich mit Staatsangelegenheiten, mit der Politik seines Reiches nach innen und außen also, und mit dem politischen Weltgeschehen.

Aber was erfuhr er, was wußte er wirklich?

»In der Abgeschiedenheit von Zarskoje Selo, dem kleinen ›Zarendorf‹, ein paar Kilometer von St. Petersburg entfernt, erfahren sie nur stückchenweise, was draußen im Lande passiert«, schreibt Graf Polowzew in seinen Erinnerungen. »Auf keinem Gebiet gibt es eine Politik der starken Hand oder einen sie inspirierenden zündenden Funken. Alles geschieht aufs Geratewohl, sei es durch eine zufällige persönliche Intervention oder aufgrund einer Intrige. Der junge Zar hält immer weniger von den Organen seiner Regierung und beginnt zu glauben, die Autokratie habe ihre guten Seiten. Er übt diese unumschränkte Macht sporadisch aus, ohne eine voraufgehende Diskussion und ohne jede Erkenntnis für die Gesamtheit der Probleme, die das Land bedrücken.«

Alles war von den Vorschlägen der Zarin, der Großfürstinnen

und der ganzen Intrigantenclique, die den Hofstaat bevölkerte, abhängig. Wenn man beispielsweise die ›Tabel o rangach‹ (Rangordnung) des kaiserlich russischen Hofes für das Jahr 1900 durchblättert, so finden sich darin wirklich und wahrhaftig mehr als vierzig Großfürsten und Großfürstinnen, die ebenso zur Hofgesellschaft gehörten wie die aberhundert hochgestellten und hochgestochenen Persönlichkeiten, die in den Palästen von Zar und Zarin ein und aus gingen. Man konnte ihre Namen im ›Pamjatnaja Kniga‹ nachschlagen, einer Art ›Who's who?‹ des Zarenhofes. Dieses biographische Lexikon erschien alljährlich in einer Neuauflage und wurde immer mit Ungeduld und Neugier erwartet.

Das winzige Nachschlagewerk umfaßte zirka 800 Seiten Dünndruckpapier, war gebunden oder brochiert in den Buchhandlungen zu kaufen und enthielt auch ein Kalendarium aller Namenstage, ein Verzeichnis der kirchlichen Fest- und Gedenktage, die Geburtstage der Zarenfamilie, eine Liste der Bälle und Empfänge sowie die allgemeinen Regeln der Hofetikette. Dieses Kleinod russischer Buchkunst mit seiner seither nicht wieder erreichten Druckqualität war natürlich das Leib- und Magenbuch am Hof des Zaren.

Doch von allen Seiten bekam Nikolaus II. zu hören, daß das Heil in der Selbstherrschaft liege. »Enorme Katastrophen waren zu befürchten«, heißt es in den Memoiren Polowzews.

Alexandras Geheimnis

»Die ungewöhnliche Schüchternheit der Zarin war etwas Überraschendes«, erzählte einmal Staatssekretär Tanejew, der Vater Anna Wyrubowas, einer Hofdame und engen Vertrauten Alexandra Fjodorownas bis zum Tod der Zarenfamilie, »aber sie besaß eine Intelligenz, wie sie sonst nur Männer haben.« In erster Linie war sie Mutter. So kennt man Photographien von ihr, wie sie, ihre älteste Tochter Olga Nikolajewna im Arm haltend, Dokumente und Berichte unterschreibt. Später trug sie nacheinander ihre Töchter Tatjana Nikolajewna, Maria Nikolajewna und schließlich Anastasia auf den Armen.

Eines Tages, als die Zarin gerade einen Rapport las, war plötzlich ein seltsames Geräusch zu hören.

»Was ist denn das für ein Vogel?« fragte Anna Wyrubowa verwundert.

»Der Zar ruft mich«, erwiderte die Kaiserin, heftig errötend, und stürzte aus dem Zimmer.

»In diesem ersten Winter gewann ich nach und nach ihr Vertrauen«, schrieb die Hofdame in ihren nach dem Ersten Weltkrieg veröffentlichten Erinnerungen an ihre Zeit am Zarenhof. »Schließlich lachten wir übereinander, wenn eine von uns errötete, denn wir waren beide gleich schüchtern. Der Zar nennt mich mit Kosenamen ›Sunny‹, Sönnchen, gestand sie mir eines Tages lachend.«

Das Leben bei Hofe war damals vor der Jahrhundertwende fröhlich und unbeschwert. Während der ersten Wintersaison 1894/95 besuchte die Zarin zweiunddreißig Bälle, und das war nicht die einzige Vergnügung. Ende 1903 war sie abermals in anderen Umständen. Würde es diesmal ein Junge, der ersehnte Thronfolger, werden?

Anna Wyrubowa darüber: »Der Thronerbe kam im Sommer auf die Welt. Was für eine Freude, trotz all der Meldungen über den Krieg! (Im Februar 1904 hatte der Russisch-Japanische Krieg begonnen – Anm. d. Ü.) Der Zar war bereit, zur Erinnerung an diesen denkwürdigen Tag alles zu tun. Bereits in den ersten Tagen jedoch stellten Zar und Zarin fest, daß der Zarewitsch die Bluterkrankheit geerbt hatte, an der zahlreiche Mitglieder der Familie der Kaiserin litten; sie trifft offenbar die weiblichen Angehörigen nicht, doch diese können sie möglicherweise an ihre Söhne vererben.

Somit begann ein langes Martyrium. Die Gesundheit der Kaiserin war angegriffen, und ihre Herzkrankheit rührte aus dieser Zeit her. Ihr Onkel, ein Sohn Queen Victorias, war Bluter, einer ihrer jüngeren Brüder war an dieser Krankheit gestorben, und auch sämtliche Söhne ihrer Schwester, der Großherzogin von Hessen, litten an Hämophilie.

Zar und Zarin hüteten dies Geheimnis, das nur die engsten Familienmitglieder und Vertrauten kannten. Krank, von Selbstvorwürfen gepeinigt, weil sie sich moralisch schuldig fühlte, begann die Zarin gefühlsmäßig zu erkalten. Sie behielt diesen Gemütszustand auch bei, nachdem die Ursache ihres Kummers an die Öffentlichkeit gedrungen war. Sie wußte um diese Seelenlage und war davon zusätzlich gepeinigt. Eines Tages schüttete sie mir ihr Herz aus und gestand: ›Das Volk liebt mich nicht! Was habe ich denn bloß getan? Ich bin eine Liebesheirat eingegangen in der Hoffnung, daß unser Glück den Kontakt zu unseren Untertanen erleichtern würde.‹«

Alexandra wußte sehr wohl, daß es nötig war, diesen Kontakt wiederherzustellen. Wie ihr Gemahl wollte sie jedoch nicht die Verantwortung für diesen Schritt übernehmen, der eine Abwendung von den Intellektuellen bedeutete. Dem Fürsten Mirski, seinerzeit Innenminister, der zu Beginn der Regierungszeit Nikolaus' II. zu ihr bemerkt hatte, daß »jedermann in Rußland gegen die bestehende Ordnung sei«, hatte sie erwidert: »Ganz recht, die Intellektuellen sind gegen den Zaren und seine Regierung, doch das Volk in seiner Gesamtheit ist immer für ihn gewesen und wird es auch immer sein!«

Sie war von ihren Worten fest überzeugt. Denn in ihr nagten Schuldgefühle, die sie dazu zwangen, sich einzubilden, das ganze Volk liebe das Herrscherpaar. Als gebürtige Deutsche wollte sie ebenso russisch sein wie der Zar; als Protestantin war sie konvertiert, um die Ehe mit ihm eingehen zu können; als Mutter hatte sie vier Mädchen geboren, bevor sie ihm einen Erben schenkte – dessen unheilbare Krankheit man dann nach der Geburt erkannt hatte und für die sie mit ihrem unreinen Blut die Schuld trug.

Sie flüchtete sich daraufhin ins höfische Zeremoniell und in religiöse Mystik. Nikolaus hatte nichts dagegen und fühlte sich wohl dabei. Die ›Saison‹ in St. Petersburg war nie so aufwendig und prächtig gewesen wie zu Beginn seiner Regentschaft. Und nie wieder schien der Zarenhof, einen Kontrapunkt zu einer atheistischen Oberschicht setzend, dieser so fernzustehen und sich Gott hinzuwenden wie damals.

Als sich die Krankheit des Kronprinzen als unheilbar herausstellte, wurde Alexandra ihrerseits krank. Ein Ischiasleiden und die kurz aufeinanderfolgenden Schwangerschaften hatten sie, die ohnehin anfällig geworden war, vollends erschöpft. Sie bekam Schwindelanfälle, und auch die ständige Sorge um Alexej zermürbte sie. Jetzt, da sie Neurasthenikerin geworden war, zählten für sie nur noch Glaube und Pflichterfüllung. Ihre Stellung zwang sie zu ständigen Auftritten in der Öffentlichkeit, die ihr zuwider waren. Bekümmert und verärgert schrieb Nikolaus seiner Mutter: »Sie verbringt die meiste Zeit im Bett, lebt abgeschlossen, erscheint nicht zu den Mahlzeiten und blickt manchmal stundenlang aus dem Fenster hinaus!«

Am meisten setzte ihr indessen das Geheimnis, das schreckliche Geheimnis zu: Unter allen Umständen mußte dem Volk verborgen bleiben, daß der Zar keinen echten Thronerben mehr haben konnte. Auf diese Weise wurden durch Lüge und eine Mauer des Verschweigens Zar und Zarin ihrem Volk noch mehr entfremdet.

Die Kreuzfahrten mit der kaiserlichen Jacht ›Standart‹ brachten ebensolche Entspannung wie die Erholungsaufenthalte in Livadia auf der Krim. Das herrliche Klima auf der Halbinsel, der Duft der Blumen und Früchte und die Farbenpracht trugen viel dazu bei. Die Krim hatte ihre natürliche Schönheit bewahrt, denn sowohl Alexander III. wie auch Nikolaus hatten dort den Bau einer Eisenbahn und anderer moderner Anlagen untersagt, die die Landschaft verschandelt hätten.

Nikolaus hatte in Livadia einen prunkvollen Palast aus Stein und Marmor errichten lassen, der, mitten im Grünen gelegen, im Lichterglanz erstrahlte. Für nichts auf der Welt hätte die Zarenfamilie es versäumt, dort Jahr für Jahr das Osterfest zu verleben.

Nach dem Ostergottesdienst begannen auch dort die Feierlichkeiten; man nahm Pas'cha zu sich und danach Kulitsch, ein rundes Gebäck, in das die Buchstaben ›XW‹ eingeritzt waren. Sie standen für ›Christos Woskress‹, ›Christus ist auferstanden‹. Der Zar und Alexandra tauschten dann mit allen Gästen den traditionellen dreifachen Wangenkuß aus, der Segen, Willkomm und Glück bedeutete. Dann überreichte der berühmte Pariser Juwelier Pierre Carl Fabergé gemäß einem Brauch, der auf die Zeit Alexanders III. zurückging, in seiner Eigenschaft als Hoflieferant der Zarin und der Kaiserinmutter zwei seiner Kreationen: goldene, mit Diamanten und anderen kostbaren Edelsteinen besetzte Eier. Zwischen 1884 und dem Ende des Zarenregimes gelangten auf diese Weise sechsundfünfzig dieser Kleinodien, die sich bis auf die Eiform sämtlich voneinander unterschieden, nach St. Petersburg.

Eine Saison in St. Petersburg

Während der unbeschwerten Jahre begann die Petersburger Wintersaison mit einem von der Großfürstin Maria Pawlowna, der Witwe Großfürst Wladimirs, veranstalteten Wohltätigkeitsbasar. Er fand im Adelssaal des Winterpalais statt und dauerte vier Tage lang. Danach folgte die Ballsaison. Zwischen Weihnachten und der Fastenzeit waren die Wochen ausgefüllt mit großen Tanzvergnügen dieser Art. Die Debütantinnen und die jungen verheirateten Frauen machten dabei einander keine Konkurrenz, denn sie besuchten selten dieselben Bälle und hatten auch nicht dieselben Kavaliere.

Ausschließlich für junge Damen, die in die Gesellschaft bei Hofe eingeführt werden sollten, war der Weiße Ball bestimmt. Man blieb dort vollkommen unter sich; Fremde oder gar Ausländer bekamen keine Einladung. Ganze Schwärme von Anstandsdamen säumten als Mauerblümchen die Tanzfläche, einzig und allein damit betraut, darauf zu achten, daß die Mädchen nicht mehr als zweimal mit demselben jungen Mann tanzten. Er war gehalten, vor der Aufforderung an die junge Dame seiner Wahl vor deren Begleiterin, einer meist älteren Dame, eine Verbeugung zu machen, und mußte sich für den Fall, daß man einander noch nicht kannte, in aller Form vorstellen lassen. Alle Tänzerinnen trugen Ballkleider aus schwarzem, grauem oder veilchenblauem Satin mit einer kostbaren Pelzstola über den

Schultern, hatten exquisite Perlenkolliers angelegt und zeigten Frisuren, wie sie der Mode entsprachen: glattes, lang herunterfallendes Haar. Die Weißen Bälle boten den weniger Schönen einen Vorteil: der Zeremonienmeister paßte auf, daß kein Mädchen ohne Tänzer blieb.

Auf einem Weißen Ball wurde nie ein Walzer gespielt, und der Twostep galt als wenig fein. Nikolaus II. hatte zudem untersagt, daß Offiziere in Uniform Tango und Onestep tanzten. So stand für den größten Teil des Abends die Quadrille auf dem Programm, und der Tanzmeister mußte unablässig seine Kommandos ertönen lassen: »Avancez! Reculez! Donnez-vous le mains! Formez un cercle!« Dieser Gruppentanz für vier Paare begann zwar immer vorschriftsmäßig, doch gegen Schluß steigerten die ausgelassenen jungen Leute das Tempo, und der Tanz endete in einem fröhlichen Durcheinander. Es folgte der Cotillon als Höhepunkt des Balles, wobei der Maître de cérémonie seine liebe Mühe und Not hatte, die Paare aufeinander abzustimmen. Die Schrittfolge unterschied sich nicht wesentlich von der der Quadrille, aber beim Cotillon überreichten die Partner einander Blumen, kleine Geschenke, Luftballons in allen möglichen Farben, Rosetten, Schleifen und Glöckchen. Man bildete Rosenhecken und versuchte die Hand des unsichtbaren Partners zu erhaschen, der hinter den großen Blumenarrangements aus Narzissen und Nelken verborgen war, die eigens mit der Eisenbahn aus Südfrankreich geliefert worden waren.

Zum Schluß nahm jede Tänzerin mit ihrem Kavalier ein großes Souper ein, wobei es an den kleinen Tischen lustiger zuging als an den großen, an denen die Anstandsdamen speisten.

Auf den übrigen Bällen ging es weniger konventionell zu. Die Orchester spielten auch Onesteps, und manchmal veränderten die Klänge des berühmten Gulesco-Zigeunerensembles die Ballsaalatmosphäre völlig und man tanzte bis zum frühen Morgen.

Ebenso wie es Brauch war, daß mit Beginn der Fastenzeit die Tanzvergnügen aufhörten, so war die letzte Woche im Karneval großen Kostümbällen vorbehalten. Die Feste erreichten ihren Glanzpunkt am Fastnachtssonntag, denn um Mitternacht traten die kirchlichen Fastenvorschriften in Kraft. An diesem letzten, besonders ausgelassenen Tag des Karnevals zogen dann die meist jungen Leute von einem Fest zum anderen, von einem Ball zum nächsten und vergnügten sich dazwischen noch auf einer Schlittenfahrt oder bei einer Rodelpartie. Es war ein anstrengender Abschluß der fröhlichen Zeit, und man brauchte die Zakuska, um neue Kraft zu schöpfen. Riesige Buffets mit diesem typischen Imbiß nach russischer Art waren in allen Festsälen aufgebaut, und man delektierte sich an den zum Wodkatrinken gehörenden Appetithappen wie Salzheringen, marinierten Pilzen, frischen Gurken und Salzgurken und verschmähte auch nicht heiße Würstchen in Weinsoße, die drei verschiedenen Kaviararten, dampfende Borschtsch-Suppe aus Kohl, roten Rüben und Fleisch oder die Schtschi genannte reine Kohlsuppe. Dazwischen stürzte man jedesmal ein Glas eiskalten Wodkas hinunter und tat ein paar Züge aus einer gelben Papirossa, der typisch russischen Zigarette mit langem Pappmundstück.

Die junge Miß Muriel, eine Tochter des britischen Botschafters in Petersburg, beklagte sich einmal scherzhaft über den Pomp und die Etikettevorschriften bei diesen Festen und erklärte, sie sehne sich nach einem Schmaus am heimischen Herd. Worauf ihr der französische Botschafter erwiderte: »Mademoiselle, Sie sind unvernünftig. Sie glauben ja gar nicht, wie viele andere junge Damen Sie beneiden! Eines Tages werden Sie nämlich mit Wehmut auf all dies zurückblicken. Wer weiß, wie lange diese Welt hier noch besteht? Wer kann voraussehen, ob nicht eines schönen Tages Stürme alles hinwegfegen? Wer vermag zu sagen, ob dieser Kosak in seiner schmucken Uniform und die scharlachrote Soutane jenes Popen dort nicht bald die letzten Erinnerungen an einen Luxus sein werden, der mit ihnen entschwindet?«

Nikolaus II. und seine große Familie

Die gekrönten Häupter Europas bildeten für Nikolaus II. gewissermaßen eine große Familie. Als Cousin ersten Grades des deutschen Kaisers Wilhelm II. (›Willy‹ – der ihn seinerseits ›Nicky‹ nannte) hatte der Zar mit Alice von Hessen eine Enkelin Queen Victorias geheiratet. Außerdem waren die Romanows, die Hohenzollern sowie die Fürstenhäuser von Hannover und Hessen mit all ihren deutschen und englischen Seitenlinien untereinander auf vielfältige Weise versippt und verschwägert. Oft traf man sich aus Anlaß von Verlobungen, Hochzeiten und anderen Festen bei König Christian IX. von Dänemark, der ein wenig die Rolle des Familienoberhauptes spielte. Seine Tochter hatte Alexander III. geehelicht, und so war er der Großvater von Nikolaus II.; eine weitere Tochter war Gemahlin des Prince of Wales und späteren englischen Königs Eduard VII. geworden, und eine dritte dänische Prinzessin hatte sich mit einem Prinzen aus dem Haus Hannover vermählt. Der dänische Kronprinz schließlich war dazu ausersehen, König von Griechenland zu werden. Familienstreitigkeiten in diesem großen Rahmen drohten oft zu Konflikten zwischen den Staaten zu werden, doch im großen und ganzen erleichterten diese Heiratsallianzen eher die politischen Beziehungen der Länder untereinander.

Nikolaus II. löste sich von diesen Bindungen und ließ sich dieses Vorgehen Ehrensache sein. Trotzdem liebte er die Begegnungen mit all den anderen gekrönten Häuptern, die sich alljährlich im Sommer in Kopenhagen einfanden. Diese Beziehungen und Querverbindungen zwischen den Fürstenhäusern und Generationen, die schon in der Kinderzeit der Regenten angeknüpft worden waren und anläßlich dieser sommerlichen Begegnungen erneuert wurden, hinterließen ihre Spuren trotz manchmal bestehender politischer Meinungsverschiedenheiten. Es war kein Zufall, daß mehrmals der dänische Monarch als Mittler bei Konflikten zwischen Großbritannien, Deutschland und Rußland fungierte. Und es kam nicht von ungefähr, wenn ›Willy‹ und ›Georgie‹, der Sohn Eduards VII. und künftige

König Georg V., bei der Revolution in Rußland besorgter um das Schicksal ›Nickys‹, seiner Frau und seiner Kinder waren als andere Herrscher.

Im Schatten der großen Geschichte spielte sich durch diese Privatdiplomatie eine Art Parallelgeschichte ab, die zuweilen, ohne daß es gewollt oder zugegeben wurde, die eigentliche Geschichte überlagerte. Das war mindestens zweimal der Fall, nämlich 1905 und 1918.

Kaiser Wilhelm II. versuchte, diesen familiären Beziehungen politische Legitimationen zu verleihen, indem er Nikolaus II. gegenüber geltend machte, daß die Bindungen zwischen ihren beiden Dynastien Teil einer folgerichtigen Bündnispolitik seien; die russisch-französische Allianz von 1892 war in den Augen Wilhelms II. ›widernatürlich‹, weil sie ein Abkommen zwischen einer Monarchie und einer Republik war. Er legte diese Meinung in einem Brief an Nikolaus dar, der das Datum vom 25. Oktober 1895 trägt. Es heißt darin:

»Es geht nicht um die Frage guter Beziehungen, und auch die Vorstellung freundschaftlicher Bindungen zwischen Rußland und Frankreich ist es nicht, die mir unangenehm erscheint. Schließlich ist jeder Souverän zum Wahrer der Interessen seines Volkes berufen und steuert seine Politik in Übereinstimmung mit diesen Interessen. Nein, mir macht die Gefahr Sorge, die unser monarchisches Prinzip bedroht. Die ständige Präsenz von gekrönten Persönlichkeiten, Großherzögen, Generalen in Galauniform bei den Paraden, Diners und Pferderennen verleitet die Republikaner zu der Ansicht, sie selbst seien ebenfalls adlige und respektable Menschen, die mit den gekrönten Häuptern von gleich zu gleich verkehren könnten, während man in Wirklichkeit mit ihnen umgehen muß wie mit Personen, die erschossen oder aufgehängt werden sollten!

Sieh nur, was aus Frankreich geworden ist, seit es Republik ist. Ist es nicht immer wieder in blutige Kämpfe verwickelt? Ich gebe Dir mein Wort darauf, Nicky, daß der göttliche Fluch in den nächsten Jahrhunderten auf diesem Volk ruhen wird. Hör nur mal, was man mir berichtet hat: In einem Pariser Salon wurde einem russischen General die Frage vorgelegt: ›Kann

Zarin Alexandra mit Großfürstin Olga auf dem Schoß;
Zar Nikolaus II., Königin Victoria von England und ihr Sohn,
der Prinz of Wales, der spätere König Edward VII. (von l. n. r.).

Rußland die deutschen Armeen besiegen?‹ Worauf der russische General geantwortet haben soll: ›Wir werden ganz sicher eine Niederlage erleiden, doch was macht das schon? Wir werden die Republik bekommen!‹ Das ist es, warum ich Angst um Dich habe, mein lieber Nicky.«

Der Briefwechsel zwischen ›Willy‹ und ›Nicky‹, der 1924 veröffentlicht wurde, umfaßt die gesamte erste Hälfte der Regierungszeit des Zaren, nämlich die Jahre 1894 bis 1908 und zeigt, daß Vorschläge immer von Wilhelm II. kamen; Nikolaus, an Jahren der jüngere, beantwortete sie nur kurz oder mangelhaft. Kaiser Wilhelm reizte ihn besonders, wenn er ohne Taktgefühl jedesmal dem Zaren Grüße an seine Gemahlin Alexandra auftrug, und so daran erinnerte, daß er es gewesen war, der sie veranlaßt hatte, die Ehe mit Nikolaus zu schließen. Außerdem kannte Nikolaus die Hintergedanken seines Vetters: ihn von der Allianz mit Frankreich abzubringen. Er mochte das Gebaren dieses älteren Besserwissers nicht, den sein Vater Alexander III. scherzhaft als ›Derwisch‹ zu bezeichnen pflegte wegen der immer übertriebenen und ein wenig lächerlichen Ausstaffierung des deutschen Kaisers, der pompöse und mit Orden überladene Uniformröcke und rasselnde Säbel liebte.

Der Bär und der Walfisch

»Es hat in der Geschichte zwei Dummköpfe gegeben«, äußerte Alexander III. immer wieder gern: »den polnischen König Johann Sobieski und meinen Großvater Nikolaus I., weil die beiden das Haus Österreich gerettet haben!« Er spielte damit an auf den Sieg des ersteren im Jahre 1683 bei der Befreiung Wiens von den Türken und auf die Unterstützung Franz Josephs I. durch die Russen 1848–1849 bei der Niederschlagung des Aufstandes, mit dem die Ungarn ihre Unabhängigkeit erlangen wollten.

Als Nikolaus 1894 Zar wurde, war die österreichisch-ungarische Monarchie immer noch eine mit Groll und Verachtung angesehene feindliche Macht. Man hatte in St. Petersburg die ›ungeheure Undankbarkeit‹ Wiens während des Krimkrieges 1853–1856 nicht vergessen; Franz Joseph, der gar nicht daran dachte, seinerseits Nikolaus I. zu Hilfe zu kommen, der ihm wenige Jahre zuvor geholfen hatte, wahrte strikte, ja eher wohlwollende Neutralität gegenüber den Feinden Rußlands – den Franzosen, Engländern und Türken –, als diese gegen Rußland wegen dessen Einfall in die türkischen Donaufürstentümer zu Felde zogen. Auch während der Balkankrisen in den Jahren 1878–1887 hatten die Zaren die Habsburger immer im feindlichen Lager gefunden.

Ein anderer beargwöhnter und verachteter Nachbar war der bulgarische Herrscher Prinz Ferdinand von Coburg; unter dem Vorwand, seine Unabhängigkeit gegenüber Rußland beweisen zu müssen, zeigte er sich reizbar, hochmütig und sogar beleidigend gegen die Romanows, denen er unterstellte, ihn kontrollieren zu wollen. Paradoxerweise unterhielt Rußland 1895 keine diplomatischen Beziehungen mehr zu diesem Fürstentum, das Rußland seine Entstehung verdankte und 1908 Königreich wurde.

Weder Angehörige des Hauses Habsburg noch des Hauses Sachsen-Coburg-Gotha nahmen jemals an den Familienfeierlichkeiten des europäischen Hochadels in Darmstadt und Kopenhagen teil.

Im Gegensatz dazu waren die Engländer dort immer vertreten, ebenso die Russen, obwohl die Zaren und ihre Familie England als Hauptfeind ansahen. Rußland war für Albion »jener gigantische Gletscher, der nach Indien hinuntergleitet«. »Eines Tages wird Indien unser sein«, hatte der junge Nikolaus seinem Vater während seiner Fernostreise geschrieben, und Alexander III. hatte am Briefrand angemerkt: »Immer daran denken, nie davon sprechen!« Darüber hinaus befand sich Rußland mit Großbritannien von einem Ende Asiens bis zum anderen im Konflikt: Es ging um die Kontrolle der Meerengen und die Einflußnahme in Persien, Afghanistan und Tibet.

Beide Länder lieferten sich eine Art Wettstreit; der russische Bär wollte das feste Land, der englische Walfisch die Ozeane beherrschen. Wenn sich die Prinzen und die Offiziere beider Nationen auf der Jacht Wilhelms II. oder in Hannover trafen, unterließen sie es nie, sich herausfordernde Worte an den Kopf zu werfen. Es hatte sogar einmal ein Wortgefecht gegeben, als nach Erwiderung von mehr als zwanzig Trinksprüchen einer der Vertreter Ihrer Britischen Majestät, der Herzog von More-Molyneux, den Standpunkt der Queen Victoria gegenüber einem hohen Offizier der russischen Gardehusaren verteidigt hatte. Die Deutschen für ihr Teil waren bei dieser hitzigen Diskussion bereits ausgeschieden, hatten sie doch die Zahl der Toasts auf die beim Bankett anwesenden Persönlichkeiten beschränken wollen. Die Russen hingegen hatten weiter zu Ehren jedes Monarchen, jedes Regiments und so weiter angestoßen. Einzig und allein der englische Herzog hatte dabei ›mithalten‹ können und war von den Russen nicht unter den Tisch getrunken worden.

Kurzum, man respektierte die Engländer.

Groll gegen ›Willy‹

Die Russen hatten Hochachtung vor den Deutschen, doch es herrschte ein traditionelles Mißtrauen gegenüber Berlin, das sich nicht nur aus dem gönnerhaften Gebaren erklären ließ, das Wilhelm II. in seinen Beziehungen zu Nikolaus an den Tag legte. Die Zarenmutter, eine gebürtige Dänenprinzessin, war nicht gut auf die Preußen und die Deutschen allgemein zu sprechen, hatte doch Dänemark nach dem Deutsch-Dänischen Krieg im Jahre 1864, dem Jahr ihrer Hochzeit, Schleswig-Holstein an die Deutschen abtreten müssen. Alexander III. selbst war den Deutschen ziemlich gram, weil sie sozusagen hinter seinem Rücken 1878 unter Vorsitz Bismarcks den Berliner Kongreß mit der Absicht einberufen hatten, die Balkanprobleme zu ordnen. Das Ergebnis war die Schaffung des Fürstentums Bulgarien in Verbindung mit einer Minderung des russischen und einer Stärkung des österreichischen Einflusses gewesen. Zu Zeiten des Dreikaiserbundes von 1873 zwischen dem Deutschen Reich, Rußland und Österreich-Ungarn hatte sich der Zar in eine Falle gelockt gefühlt, denn auf diese Weise waren ihm in seinen Beziehungen zu Österreich-Ungarn die Hände gebunden gewesen, mit dem die alte Rivalität auf dem Balkan fortbestand. Zwar hatte Bismarck später, um der Gefahr eines Zweifrontenkrieges zu begegnen, dem Abschluß eines sogenannten Rückversicherungsvertrages mit Rußland im Jahre 1887 zugestimmt, ein Abkommen, das einschloß, daß Deutschland nicht länger die antirussischen Ambitionen der Österreicher unterstützte. Doch dieser Vertrag war 1890 bei Bismarcks Abgang aus der Politik nicht erneuert worden, was mit ein Grund dafür war, daß kein Vertrauen mehr zwischen Berlin und St. Petersburg herrschte.

Die relative Isolierung Rußlands war 1894 so weit gediehen, daß Zar Alexander III. bei einem Toast auf seinen Gast, den Fürsten Nikolaus von Montenegro, ausrufen konnte: »Sie sind mein einziger wahrer Freund!«*

Und das war beinahe wahr.

Denn die Allianz Rußlands mit Frankreich fiel aus dem Rahmen der sonst üblichen dynastischen Ententen und als Alexander III. 1892 das Bündnis mit der französischen Republik eingegangen war, konnte es nicht ausbleiben, daß sich überall in Europa ein Zetergeschrei erhob. Das Abkommen entsprach indessen aus russischer Sicht einer Notwendigkeit. Es ging einmal um die finanzielle Hilfe Frankreichs zur Ankurbelung der russischen Wirtschaft, was wiederum in den europäischen Kapitalen böse Kommentare auslöste, aber auch um die Notwendigkeit, nicht von den in Berlin und Wien geschlossenen Bündnissystemen paralysiert zu werden, des weiteren um die Chance, auf den Weltmeeren ein Gegengewicht zu England zu erhalten, und *last, not least* spielte ein Grund eine Rolle, den die Franzosen nie zugeben wollten: Rußland befürchtete nach dem grandiosen deutschen Sieg im Deutsch-Französischen Krieg

---

* Das selbständige Fürstentum Montenegro, 1910 Königreich geworden, blieb bis zum Ersten Weltkrieg Verbündeter Rußlands; 1918 fiel es als Banschaft Zeta an das neugegründete Königreich Jugoslawien.

Der deutsche Kaiser Wilhelm II. im Jahre 1905
mit dem russischen Zaren Nikolaus II. an Bord von SMS »Berlin«
im Björkö-Sund.

von 1870/71, daß der Aufstieg des deutschen Kaiserreiches letzten Endes zum Verschwinden Frankreichs als Nation führen könnte; man mußte daher der Dritten Republik Beistand gewähren. Und es galt vor allem Frankreich vor seiner Begierde auf Revanche gegen Deutschland zu schützen, die in den Augen Alexanders geradezu selbstmörderisch war! Darin lag einer der Hintergedanken der französisch-russischen Vereinbarungen auf seiten der Russen begründet, und das war auch die Vorstellung, die Nikolaus II. sich von diesem Vertrag machte. Doch all diese Zielsetzungen kamen nicht zu gleicher Zeit ans Licht.

Wenn der Autokrat sich mit der Dirne einläßt

Als Nachhall der Reise Zar Nikolaus' II. im Jahre 1896 nach Frankreich machte sich Europa lustig – über Frankreich. Die Karikaturisten in Wien, Berlin, Mailand und Rom schlachteten das Thema nach Herzenslust aus. Die satirische Münchner Zeitschrift ›Jugend‹ veröffentlichte eine Zeichnung, auf der eine alte Gouvernante mit Namen Frau Vorsicht das Fräulein Frankreich zur Zurückhaltung mahnt, das sich jedoch nicht um die Ratschläge schert, sondern schäkernd dem Zaren um den Hals fällt, dabei ihre Beine entblößt und mit ihrem Schmuck prunkt. Eine andere deutsche Karikatur zeigte den gallischen Hahn, auf dem russischen Bären sitzend und dem preußischen Fuchs eine lange Nase machend, der einen begehrlichen Blick auf diese Beute wirft, die ihm entgangen ist.

›Asino‹, eine Turiner Witzzeitung, brachte eine politisch schärfere Karikatur: eine schwere, mit Totenschädeln behängte Zarenkrone zermalmt nach Sibirien deportierte russische Sträflinge, die den Franzosen einen symbolischen Gruß als gleichgesinnte Republikaner entbieten. In Wien wählte ein Blatt als Unterschrift für eine entsprechende Karikatur den Text: »Eine verkehrte Welt! Gestern noch war Marianne die Dompteuse der Raubtiere, heute führt der russische Bär sie an der Kette.« Eine andere österreichisch-ungarische Zeitung läßt einen Sansculotten fragen: »Was ist der Unterschied zwischen eurem Zarenreich und unserer Republik?« Und der angesprochene Muschik darauf: »Ganz einfach, Bürger, Ihr habt die Welt mit dem Fallbeil zivilisiert, wir tun es mit dem Strick!« Doch die schärfste Karikatur druckte ›Der Floh‹ ab. Die französische Marianne ist darauf eine Kokotte, die in einem Lokal den Zaren zum Trinken animiert hat, der aber plötzlich verschwunden ist. Angesichts des leeren Stuhls erklärt ihr der Kellner: »Monsieur ist gegangen und hat Ihnen die Rechnung dagelassen!« Das war eine überdeutliche Anspielung auf die russischen Anleihen in Frankreich. Die von ihrem Märchenprinzen hereingelegte Halbweltdame war gewissermaßen der Tenor aller in Europa zu diesem Thema veröffentlichten Karikaturen, denn überall wurde nicht das Bild des Zaren angekratzt, sondern das der Französischen Republik. Nikolaus II. erschien im Gegenteil oft als Ritter, als kaiserlicher Schirmherr, wohingegen Frankreichs Präsident Félix Faure meist als Domestik oder Schwächling hingestellt wurde, der gegen ein Bestechungsgeld bereit war, alles zu tun.

Der Empfang des Zaren bei seinem Besuch in Berlin kurze Zeit darauf war nicht ähnlich enthusiastisch; Nikolaus war das im Grunde gleichgültig, aber er dachte doch darüber nach, daß sein eigenes Volk sich bestimmt keine Vorstellung davon machte, welches Glück es hatte, einen Herrscher wie ihn zu besitzen.

Nikolaus II. war sein eigener Außenminister. Seine angeborene Verschwiegenheit und seine Reserviertheit garantierten auf diese Weise seinen Plänen weitgehende Geheimhaltung. Wenn er sie auch nicht enthüllte, war es doch möglich, die Zielsetzungen zu erkennen, obwohl er seine Absichten gewissermaßen in Nebel gehüllt hatte, bei dessen Auflösung erst die Daseinsberechtigung zu erkennen war.

Nikolaus war voll und ganz für die Allianz mit Frankreich, doch bevor sie bewirkte, daß die Wirtschaftsentwicklung Rußlands angekurbelt wurde – »Frankreich ist unser Zahlmeister!« sollte der Zar später öfter äußern –, mußte sie vor allem erst einmal England neutralisieren, während Rußland sein ›großes Vorhaben‹ in Asien und im pazifischen Raum verwirklichte. Dieser Plan zeichnete sich 1897 anläßlich der Besuche von Kaiser Franz Joseph I., Kaiser Wilhelm II. und des französischen Staatspräsidenten Félix Faure in St. Petersburg ab.

Rußlands Vorhaben

Beim Gegenbesuch Faures, bei dessen Ankunft das Publikum die Marseillaise anstimmte, wiederholte Nikolaus II. seine Auffassung, das Militärbündnis mit Frankreich verfolge nur friedliche Ziele; er spielte dabei weder auf den französischen Revanchegedanken noch auf Elsaß-Lothringen an, das 1871 als Reichsland an Deutschland gefallen war. Selbst wenn die

Allianz auf diesen Rahmen beschränkt blieb, so profitierte nach dem Dafürhalten russischer Diplomaten Frankreich, insgesamt gesehen, mehr davon, denn seine Sicherheit war zumindest garantiert, wenn man auch offenbar in Paris das Ausmaß der Bedrohung durch das Deutsche Kaiserreich nicht richtig einschätzte. Trotzdem legte es Nikolaus II. nicht ausgesprochen darauf an, in Konflikt mit Wilhelm II. zu geraten.

Die Wirksamkeit des Bündnisses mit Frankreich war dann klarer zu erkennen, als der Zar mit dem alten Kaiser Franz Joseph verhandelte. Es hatte durchaus den Anschein, als könne keine Übereinstimmung erzielt werden; weil indessen die Politik seines Großvaters und seines Vaters auf dem Balkan für Rußland nur Enttäuschung gebracht hatte, schlug Nikolaus dem österreichischen Monarchen vor, die Streitigkeiten beizulegen. Der Kaiser stimmte zu – eine weise Entscheidung, die für mehr als zehn Jahre den Frieden in dieser Region sicherte, die zur Interessensphäre beider Staaten gehörte.

Die Engländer waren besser in der Lage als die anderen Nationen, vor allem die mitten in einer nationalistischen Krise befindlichen Franzosen, die unterschwellige Bedeutung der von Nikolaus II. getroffenen Abkommen richtig einzuschätzen. Bedeuteten die russische Absicht, die französisch-deutschen Beziehungen zu befrieden, und das Einfrieren der österreichisch-russischen Auseinandersetzung denn nicht, daß der Zar Ruhe in Europa einkehren lassen wollte, um anderswo freie Hand für seine Unternehmungen zu haben? Ging es gegen die Türken, oder braute sich im Fernen Osten etwas zusammen? Großbritannien war jedenfalls beunruhigt.

Zwei Ereignisse bewiesen den Engländern dann deutlich, wohin Rußland seine Aufmerksamkeit zu lenken beabsichtigte:

1. Die zaristische Diplomatie schaltete sich vermittelnd in den griechisch-türkischen Konflikt ein und trug dazu bei, daß ein Schiedsgerichtsverfahren in Gang kam, das zwar Griechenland leichte Vorteile verschaffte – es annektierte Kreta –, die weiteren Ambitionen der Hellenen jedoch bremste.

2. Die Russen wendeten sich Ostasien zu, nachdem der Zar im Februar 1898 ein gigantisches Flottenbauprogramm im Wert

von 90 Millionen Rubel initiiert hatte, das aus der Sicht des Auslands fast ausschließlich zum Bau neuer Kriegsschiffe für die Ostsee oder das Weiße Meer, vielleicht auch für den Pazifik, aber jedenfalls nicht für das Schwarze Meer, bestimmt war. Wilhelm II. war angesichts dieser Flottenpolitik natürlich beunruhigt und leitete eine Annäherung an England daraus ab, doch in Wirklichkeit war ein Teil der neuen Flotte definitiv zum Einsatz im Fernen Osten bestimmt.

Nikolaus als Initiator der Haager Friedenskonferenz

Nikolaus II. schwebte die große Idee von Abrüstung und einem universellen Frieden vor. Ihn hatte das 1898 erschienene Buch von I. Bloch ›Der Krieg der Zukunft‹ beeindruckt, das aufzeigte, welche Folgen ein weltweiter Konflikt haben würde: Zusammenbruch des Seehandels, Verhinderung der russischen Getreideausfuhren usw. Seine Minister, allen voran Witte, hatten gute Gründe, ihn in seinen Absichten zu bestärken: Rußland hatte soeben (1898) die Hafenstadt Port Arthur am Gelben Meer von China gepachtet, war damit zunächst in Fernost zufriedengestellt, und nach Europa hin war die französisch-russische Allianz konsolidiert worden. Der Zar hatte allerdings keineswegs die Absicht, wie fälschlicherweise die Franzosen annahmen, ihnen zur Rückgewinnung Elsaß-Lothringens zu verhelfen, sondern wollte die Revanchegelüste Frankreichs zähmen und es gegen eine mögliche deutsche Aggression rückversichern. Sein Hauptziel war damit die Verhinderung eines neuen Krieges zwischen den beiden Erzfeinden.

Auf diese Weise hatte Rußland den Rücken frei, und es konnte, wie es ihm paßte, die Initiative im Fernen Osten ergreifen, wobei nach Dafürhalten von Nikolaus ein Einfall in China oder »Reibereien mit den Japanern kein eigentlicher Krieg waren«, sondern den Scharmützeln in Afghanistan entsprachen. Aber mußte der Zar nicht befürchten, daß die Vereinigten Staaten, die gerade im Krieg mit Spanien Kuba befreit hatten, sich zu-

nehmend im Fernen Osten engagierten und sich möglicherweise dort mit den Engländern, ja sogar mit den Japanern verbündeten und damit Rußland daran hinderten, in diesem Raum
seine ›Mission‹ zu erfüllen? Diese Hypothese legte der zaristischen Diplomatie Zügel an; sie sprach sich daher für allgemeine
Abrüstung und eine Senkung der Kriegskosten aus – obwohl
die Auslandsschulden Rußlands (in den Jahren zwischen 1897
und 1900 gingen sie S. S. Oldenbourg zufolge von 258 auf 158
Millionen Rubel zurück) zu dieser Zeit stark abgebaut wurden.

Alle diese Gründe waren richtig, aber vor allem spielte es eine
Rolle, daß der Zar von Natur aus friedliebend war – zumindest
im Umgang mit den europäischen Fürstenhöfen und Großmächten. Er glaubte an seinen ›Auftrag‹ in Asien, wünschte anderswo den Frieden und brachte so seine ureigenen Interessen
in Einklang mit seinen Wunschbildern.

Die Expansion nach China hinein oder anderswo in Asien
war, wie gesagt, für Nikolaus kein Krieg, sondern ein Kreuzzug, ein Kreuzzug der Zivilisation. Und um den zu führen, bedurfte er des Friedens im Westen.

Was lag da näher, als durch Vermittlung aller in St. Petersburg
akkreditierten Gesandten den Vorschlag zu lancieren, eine internationale Abrüstungskonferenz einzuberufen. Der Zar formulierte persönlich eine entsprechende diplomatische Note,
die dann das Datum vom 28. August 1898 trug und deren Übergabe an die Adressaten er mit der Wachsamkeit eines besorgten
Vaters verfolgte. Kernpunkt war ein Appell zur Abrüstung.

Die Note fand eine überwiegend negative Aufnahme.

In Frankreich glaubte man darin die Handschrift Wilhelms II.
zu erkennen, der auf diese Weise die seit beinahe dreißig Jahren
unternommenen französischen Anstrengungen um eine militärische Regeneration blockieren wollte. In Deutschland dagegen
witterte Kaiser Wilhelm einen tückischen Anschlag, dazu bestimmt, den unaufhaltsamen Aufstieg der militärischen Macht
des Deutschen Reiches zu bremsen, und machte sich über Nikolaus lustig, der höchstwahrscheinlich beim Wettrüsten nicht
mehr ›mithalten‹ konnte. England hieß zwar die Note gut,
schränkte jedoch den Bereich der Abrüstung dadurch ein, daß

es verlangte, seine ›Home Fleet‹ dürfe nicht unter die Bestimmungen fallen. Lediglich Italien und Österreich-Ungarn reagierten positiv auf die Vorschläge von Nikolaus II.

Die russischen Generale Murawjow und Kuropatkin, die mit der Verhandlungsführung beauftragt waren, argumentierten vergeblich, es handle sich keineswegs um eine vollständige Abrüstung, sondern um eine Beschränkung der zukünftigen Bewaffnung. Sie stießen auf taube Ohren. Der Plan war ein totgeborenes Kind. Zumal schon von vornherein feststand, daß, solange Frankreich nicht Elsaß-Lothringen wiedererlangt hatte, Frieden und Rüstungsbeschränkung von dieser Seite her unannehmbar waren.

Daraufhin erwog man in Petersburg, Kaiser Wilhelm die Wiederabtretung dieser Gebiete vorzuschlagen; als Gegenleistung dachte Rußland an die Schaffung eines Großdeutschen Reiches (d. h. den Zusammenschluß Österreichs mit Deutschland), womit gleichzeitig auch die Doppelmonarchie zerschlagen worden wäre. Aus russischer Sicht wären so zwei Fliegen mit einer Klappe getroffen worden. Und für diese Wilhelm II. erwiesene Gefälligkeit erhoffte man sich, sozusagen als Trinkgeld, den Bosporus – und natürlich freie Hand im Fernen Osten.

Die Abrüstungskonferenz in Den Haag, die der Zar vorgeschlagen hatte, fand vom 18. Mai bis zum 29. Juli 1899 statt. Sie bereitete den unsinnigen Träumen Rußlands ein Ende. Sie wurde trotz aller Widerstände abgehalten, denn es erschien unangebracht, den neuen Monarchen vor den Kopf zu stoßen. Die russischen Vorschläge für eine stufenweise Minderung der Rüstungsproduktion wurden zwar den Delegierten unterbreitet, aber nur der Form halber. Allerdings faßte die Konferenz Resolutionen, wenn auch ganz anderer Art: Man einigte sich auf Beschlüsse, die eine Milderung der Kriegführung in einem kommenden Krieg vorsahen, den man für unvermeidbar hielt. Bei den Verhandlungen in der niederländischen Residenzstadt, die als Erste Haager Friedenskonferenz in die Geschichte eingingen – die zweite wurde 1907 einberufen – und an denen über dreißig Mächte teilnahmen, darunter die Vereinigten Staaten von Amerika, China, Mexiko und sämtliche europäischen Nationen, gaben die Regierungen verschiedene feierliche Versprechen ab. Dazu zählten die Nichtanwendung von chemischen Kampfmitteln in Form von Gas – das Deutsche, Franzosen und Engländer dann doch im Ersten Weltkrieg ab 1915 einsetzten –, die Nichtverwendung von Gasgranaten – die dieselben Armeen 1916 an der Front abschossen – sowie das Verbot von Explosivgeschossen, sogenannten Dum-Dum-Geschossen – die bei den Italienern 1934 in Äthiopien zum Einsatz kamen.

Offen gestanden, hatte *die* ›große Idee‹ während Nikolaus' Regierungszeit niemanden interessiert und insbesondere keine Unterstützung durch die öffentliche Meinung gefunden, die gerade in Rußland prinzipiell eine Aversion gegen alles hatte, was ein autokratischer Herrscher von sich gab.

Des Herrschers großer Plan: Admiral des Pazifiks zu werden

Mit der von ihm propagierten Politik ›des Friedens‹ hatte Nikolaus, wie schon gesagt, die Absicht, sich im Fernen Osten freie Hand zu verschaffen, einer Region, wo er sicher sein konnte, daß sein Vorgehen in jedem Fall von Wilhelm II. gutgeheißen wurde.

In seinen Tagebuchaufzeichnungen erinnert sich General Kuropatkin, seinerzeit Kriegsminister und später im Russisch-Japanischen Krieg 1904/5 Oberbefehlshaber an der Front, an die Hoffnungen, die der Zar sich damals insgeheim machte. Er wollte zunächst von der Mandschurei Besitz ergreifen, sich alsdann Koreas und des Tibet bemächtigen und schließlich Persien, den Bosporus und die Dardanellen erobern. »Er glaubt, daß seine Minister, vor allem Witte, persönliche Gründe haben, ihn daran zu hindern, seine Träume in die Tat umzusetzen, was er mit der ›Berufung des Heiligen Rußland‹ begründet«, notierte Kuropatkin. »Er (der Zar) ist auf diese Weise überzeugt, im Recht zu sein und sich besser als die Minister darauf zu verstehen, wenn es um die Fragen des Ansehens und des Wohlstands des Landes geht. Aus diesem Grunde hat der Kaiser den Eindruck, daß irgendein Besobrasow*, der ihm nach dem Munde schwatzt, seine Absichten besser begreift als wir. Deswegen treibt er sein Spiel mit uns, doch seine Denkweise und seine Erfahrung setzen sich durch, und ich persönlich glaube, daß er trotz seines angeborenen Mißtrauens bald seine Berater davonjagen und uns direkt seinen Willen aufzwingen wird.«

Erklärte Absicht des Zaren war die Verwirklichung dieses Traums: vor dem Einzug als Sieger in Konstantinopel – das ›zweite Rom‹, das er bereits Zarengrad nannte! – Admiral des Pazifiks zu werden.

Eine Gruppe Gleichgesinnter sammelte sich um ihn, zu der Großfürst Alexander Michajlowitsch, der erwähnte Besobrasow, Konteradmiral Abasa, seines Zeichens Sekretär des Zaren für fernöstliche Angelegenheiten, sowie Admiral Alexejew, der Kommandant von Port Arthur, gehörten. Plewe, der davorstand, Innenminister zu werden, billigte diese Projekte. Angesichts der innenpolitischen Malaise und der aufkeimenden revolutionären Stimmung im Russischen Reich war seinen Worten zufolge nichts besser als ein ›kleiner siegreicher Krieg‹, um der Entwicklung Einhalt zu gebieten.

Anläßlich der Krönung von Zar Nikolaus hatte der chinesische Botschafter Li Xun Chan mit Rußland ein Abkommen geschlossen: Zum Dank für seine Unterstützung gegen Japan wurde der Zar ermächtigt, den Bau der Transsibirischen Eisenbahn auf dem Gebiet der chinesischen Provinz Mandschurei fortzusetzen. Der chinesische Herrscher hatte die Hilfe der Russen nötig, denn Japan suchte zunehmend im unter chinesischer Oberhoheit stehenden Kaiserreich Korea Fuß zu fassen und unterstützte dort eine Reformpartei, deren Ziel der Sturz der Monarchie war.

Ende 1894 brach ein offener Krieg zwischen China und Japan aus, der die Überlegenheit der Japaner zu Wasser und zu Lande verankerte: Binnen weniger Monate bedrohten sie nach Besetzung der Insel Formosa die Hauptstadt Peking von Norden her,

---

* Besobrasow, Sägewerksbesitzer und Staatssekretär im persönlichen Dienst des Zaren, war ein eifriger Befürworter der russischen Expansionspolitik in Ostasien.

und China sah sich gezwungen, den Friedensvertrag von Schimonoseki zu unterzeichnen, der die Abtretung Formosas an Japan und die Unabhängigkeit Koreas festlegte.

Rußland hatte auf militärischem Sektor nicht eingreifen können – der Bau der Transsibirischen Eisenbahn war noch nicht auf chinesisches Hoheitsgebiet vorgedrungen –, doch nach der Auseinandersetzung der beiden asiatischen Großmächte überzeugte Rußlands neuer Außenminister Lobanow den Zaren von der Notwendigkeit des Erwerbs eines Hafens ›an freien Gewässern‹ an der mandschurischen Küste, der Zugang von und nach Sibirien ermöglichte. Mit Unterstützung Frankreichs, Deutschlands und Englands übte nun St. Petersburg Druck auf Japan aus. Das Insel-Kaiserreich war mächtig genug, so daß es dem Mikado nicht schwerfiel, an Rußland die Halbinsel Liaotung zu verpachten, auf der auch der Flottenstützpunkt Port Arthur lag. Japan hatte Formosa dazugewonnen, Korea seine Unabhängigkeit erlangt, was für China – und für seinen Verbündeten Rußland – eine Schlappe gewesen war, wurde ein Erfolg für den Zaren: Seine Flagge wehte ab 1898 in Port Arthur.

In Wirklichkeit war die Stellung Rußlands nach der Pacht Liaotungs relativ weniger stark als vorher, denn die europäischen Großmächte mischten sich mehr und mehr in fernöstliche Angelegenheiten ein. Der Mythos des chinesischen Marktes zog sie alle magisch an, und die virtuelle Aufteilung des Landes in Einflußbereiche – »the break-up of China«, wie es die Engländer bezeichneten – war zum bevorzugten Gegenstand internationaler Verhandlungen geworden. Rußland war nicht länger die einzige Nation, die mit der Zukunft Chinas in direktem Zusammenhang stand, nachdem das Reich der Mitte an seinen Küsten Engländern und Franzosen Freihäfen zugestanden hatte.

Das Auftauchen der Deutschen vergrößerte noch den Rahmen der europäischen Intervention.

Nikolaus II. hatte Kaiser Wilhelm II. sein Einverständnis erteilt, der den Wunsch nach dem Besitz eines ›Kohlenbunkers‹, das heißt eines Anlaufhafens zur Kohlenaufnahme und Verproviantierung seiner Schiffe, geäußert und Kiautschou gefunden hatte. Deutschland pachtete dieses Gebiet mit der Hauptstadt Tsingtau 1898 für 99 Jahre von China. Ein ähnlicher Flottenstützpunkt wurde im selben Jahr Port Arthur für die Russen.

Die Verletzungen der chinesischen Souveränität durch die europäischen Großmächte ließen im chinesischen Volk zunehmend Fremdenhaß aufkommen. Als im deutschen Besitztum Kiautschou zwei deutsche Missionare von den Boxern, einem fremdenfeindlichen chinesischen Geheimbund, ermordet wurden, wollte Wilhelm II. sich dort militärisch festsetzen. »Ich habe nicht das Recht, mein Urteil über Deine Vergeltungsmaßnahmen abzugeben«, schrieb der Zar seinem Cousin, »aber ich befürchte, daß ein solches Vorgehen den Graben zu den Chinesen vertieft!« Die entsprechende Anfrage aus Berlin war für den Zaren − so sah er es jedenfalls − eine Anerkennung der bevorzugten Stellung Rußlands in China gewesen. »Ich kann nicht über die Entsendung deutscher Kriegsschiffe in einen souveränen Hafen entscheiden«, äußerte Nikolaus. Zur gleichen Zeit empfahl er Peking eine strenge Bestrafung der Schuldigen, was eine deutsche Strafexpedition überflüssig gemacht hätte.

Die Expedition fand trotzdem statt, und bei der Niederschlagung des sogenannten Boxeraufstands im Jahre 1900 wußte Kaiser Wilhelm die Großmächte, Rußland eingeschlossen, auf seine Seite zu ziehen. Selbstverständlich schloß sich der Zar − nach seinem Bekunden − den Maßnahmen nur an, um beruhigend auf die gegnerischen Parteien einwirken zu können. Nach diesem ›Feldzug‹ zog Rußland wie die anderen Länder auch seine Flotte ab, beließ jedoch seine Truppen in der Mandschurei. Zum zweiten Mal hatte sich eine ausländische Intervention in China für die Russen zum Vorteil ausgewirkt. »Ein derartiger Zustand ähnelt stark der Tendenz, dort ein Protektorat zu errichten«, urteilte der französische Botschafter in St. Petersburg in einem Bericht nach Paris. Und der französische Marineattaché in Tokio befand am 10. März 1901: »Das Beispiel Ägyptens ist dafür da, um voraussehen zu können, wenn man sich nicht mit leeren Worten zufriedengibt, welches Schicksal die Mandschurei erleiden wird.«

Port Arthur: Der mystische Fatalismus
des ›Pechvogels‹ Nikolaus

Als 1902 beim Abschluß des ersten englisch-japanischen Bündnisses der Zar begriff, daß er nachgeben mußte, und den schritt-
weisen Abzug der russischen Infanterieeinheiten aus der Mandschurei in Aussicht stellte, zeichnete sich am Horizont erstmals die Möglichkeit eines bewaffneten Konflikts zwischen
Rußland und Japan ab.

Sergej Witte, russischer Finanzminister schon zu Zeiten Zar
Alexanders III., warnte vor einem solchen Krieg, der für Rußland eine Katastrophe bedeute. Außenminister Graf Lamsdorff
suchte ebenfalls den Zaren vor politischen Abenteuern zu bewahren. Dem Anraten dieser beiden Politiker war es zu verdanken, daß Rußland die erste Zone der besetzten Mandschurei
räumte. Doch die Sympathien Nikolaus' II. gehörten der Gruppe der Befürworter der russischen Intervention, den bereits erwähnten Männern wie Besobrasow, Großfürst Alexander,
Schwager des Zaren, Admiral Alexejew und Kriegsminister General Kuropatkin. Der russische Gesandte in Tokio, Baron
Rosen, erklärte in einem Gespräch mit seinem französischen
Kollegen, sein Land könne unmöglich die seit einer Reihe von
Jahren unternommenen Anstrengungen plötzlich aufgeben.
Dieser Auffassung war auch der Zar. Er entzog seinen Mini-
stern die Führung der Staatsgeschäfte in Fernost und übertrug
sie Admiral Alexejew, den er gleichzeitig zum ›Statthalter des
Fernen Ostens‹ machte, der ihm direkt unterstellt war.

Es war nicht verwunderlich, daß Japan darauf reagierte. Es
hatte in aller Heimlichkeit seine Rüstung verstärkt, besaß strate-
gische Vorteile und brauchte nicht zu befürchten, daß die Flot-
tenpläne der Russen die Situation zu deren Gunsten veränderten. Die Zeit arbeitete gegen diese Pläne.

Im Januar 1904 richtete Tokio eine Note an den Zaren und verlangte zu wissen, ob dieser gewillt sei, die Unversehrtheit des
chinesischen Territoriums in der Mandschurei zu respektieren
oder nicht. »In Ermangelung einer befriedigenden Antwort« leitete Japan ohne Kriegserklärung einen Überraschungsangriff

ein, überfiel die auf der Reede vor Port Arthur ankernde russische Kriegsflotte, versenkte einen Großteil der russischen Schiffe, darunter drei Kreuzer, und setzte weitere außer Gefecht. Auf diese Weise in den Besitz der Überlegenheit zur See gelangt, landeten die Japaner Truppen und zwangen die Russen, sich auf Mukden zurückzuziehen.

Die russische Armee erlitt nichts als Rückschläge; dennoch gab sie sich nicht geschlagen, und in Petersburg beschloß man, die Baltische Flotte, also die normalerweise in der Ostsee operierenden russischen Kriegsschiffe, zur Unterstützung der in Port Arthur festliegenden, noch einsatzfähigen russischen Schiffe um die halbe Welt zu entsenden, eine Expedition, die mehrere Monate unterwegs sein sollte.

Der ›siegreiche Kleinkrieg‹ hatte einen schlechten Anfang genommen.

Der Zar hielt in dieser Zeit Tag für Tag, Woche für Woche in seinem Tagebuch minuziös die aus dem Fernen Osten eintreffenden Nachrichten, meist schlechte, fest. Alles, was da passierte, war in seinen Augen Gottes Wille. Über seinen Aufzeichnungen schwebt infolgedessen eine Art mystischer Fatalismus.

Nikolaus II. mißtraut seinen Ministern

In dem Film ›Arsenal‹ aus dem Jahre 1929 zeigt der russische Regisseur Dowshenko eine Sequenz von Einstellungen, in denen abwechselnd tragische Szenen und Seiten aus dem Tagebuch des Zaren zu sehen sind, die denselben Tag betreffen und die lakonische Eintragung enthalten: »Schönes Wetter!«

Trotzdem haben diejenigen Historiker Unrecht, die, von den nichtssagenden Tagebuchnotizen Nikolaus' II. ausgehend, daraus folgern, der Zar habe überhaupt keine politische Rolle gespielt und die Geschicke des Russischen Reiches seien ihm gleichgültig gewesen. Nikolaus II. war sehr wohl ein Herrscher, der die Fäden seiner Außenpolitik in der Hand behielt. Daher nahm es auch nicht wunder, daß er 1903 dem Grafen Lamsdorff die Vollmachten für die Lösung der Probleme im Fernen Osten entzog und gegen den Rücktritt des Grafen Witte als Chef des Finanzressorts keine Einwände erhob; beide Männer hatten ihm abgeraten, sich in der Mandschurei auf Abenteuer einzulassen. Nikolaus II. verabscheute die Japaner, die er ja wiederholt als ›Makaken‹ bezeichnet hatte, ein Ausdruck, der von der patriotischen Presse in Rußland aufgegriffen wurde. Sie durchkreuzten seine Pläne, denn er hatte vor, die russische Expansion in Ostasien zur großen Idee seiner Herrscherzeit und zu einem Kreuzzug für die Zivilisation und den orthodoxen Glauben zu machen. Des weiteren war es sein Traum, ›Herrscher des Pazifiks‹ zu werden. Deshalb war er geneigt, auf jene zu hören, die ihn drängten, diesen Weg einzuschlagen, gleichgültig, ob es um wirtschaftliche Interessen ging oder nicht. Aber obwohl er die Launen der internationalen Politik kannte, unterschätzte Nikolaus ganz einfach – wie übrigens auch seine Militärs – die Kampfstärke der Japaner.

Seine Berater vermuteten wie er selbst, daß der Mikado ›bluffte‹, wenn er sich ihnen entgegenstellte; Japan würde es nicht wagen, dem Russischen Reich die Zähne zu zeigen. Doch es nahm das Wagnis auf sich.

In der Innenpolitik boten sich die Probleme ganz anders dar. Der Zar interessierte sich nicht für Tagesfragen. Er hatte sich bei innerrussischen Angelegenheiten auf die Linie der Konservativen festgelegt, und das reichte aus, seine ausweichende oder ablehnende Haltung zu erklären. Je mehr sich der Kreis der Ratgeber vergrößerte, die ihm nahelegten, die Staatsform zu ändern und dem Russischen Reich eine Verfassung zu geben, desto mehr wuchs sein Mißtrauen gegenüber diesen Gesprächspartnern. Jedes Ereignis bestärkte ihn in seiner Einstellung.

Ein Ergebnis seiner Reise nach Paris, das mitentscheidend für sein Verhalten war, bestand darin, daß sich der junge Zar zum ersten Mal ernsthaft mit diesen Problemen beschäftigt hatte. Woher nahmen die russischen Liberalen sich eigentlich das Recht, ihren Zaren derart zu kritisieren, während die Franzosen, und das als Republikaner, ihm einen solch enthusiastischen Empfang bereitet hatten? Diese Überlegung vergrößerte seine Feindseligkeit gegenüber Liberalen, Sozialisten und allen Intellektuellen.

Das führte dazu, daß zu keinem Zeitpunkt die Verständnislosigkeit zwischen dem Zaren und den führenden geistigen Schichten seines Landes größer zu sein schien.

Selbst die Minister wurden ihm suspekt. Sofern er sie von seinem Vater übernommen hatte, wie es zum Beispiel bei Pobjedonossew der Fall war, befand er, daß »ihre Zeit bald um sein müsse«; wenn er sich dagegen gestehen mußte, daß sie für ihn unentbehrlich waren, fühlte er sich in seiner Selbstachtung gekränkt.

Der eindeutigste Fall war gerade der von Sergej Witte, der noch dazu seiner Politik in der Mandschurei entgegenarbeitete. Trotzdem liebte jedermann den Finanzminister, allen voran die Zarenmutter, was Nikolaus II. besonders ärgerte.

Witte war ein Wirtschaftsfachmann, dem die ausländischen Bankiers wegen seiner Kompetenz Vertrauen schenkten; er war der Initiator der berühmten russischen Auslandsanleihen, durch die seinem Land gewaltige Kapitalmengen zuflossen. Auch der Ausbau des Eisenbahnnetzes und der Bau der Transsibirischen Eisenbahn waren sein Werk. Die Entwicklung einer Großindustrie war ebenfalls auf ihn zurückzuführen, wie es auch das Zustandekommen der ersten russischen Industrieausstellung in Nischni Nowgorod war. Witte, der neben der Leitung des Finanzressorts jahrelang auch die des Handels- und Industrieministeriums innehatte, erwies sich als Meister der Industrialisierung des bäuerlichen Rußlands. Die Ansiedlung von Schwerindustrie wie Stahlwerken, Kohlenzechen und Erzbergwerken in und um Kriwoj Rog in der Ukraine und im ebenfalls ukrainischen Donezbecken war ihm ebenso zu verdanken wie die Erschließung der Ölfelder von Baku in Aserbeidschan am Kaspischen Meer.

Gewiß, Witte war nicht der Begründer der russischen Industrialisierung, doch dieser Technokrat par excellence wußte als Vertreter des Liberalismus die finanziellen Mittel zu ihrer Beschleunigung aufzutreiben, weil er das Vertrauen ausländischer Kreditinstitute, vor allem französischer Banken, genoß.

Sergej Witte, wohl der bedeutendste russische
Staatsmann seiner Zeit.

Er hatte die Idee, die Industrialisierung des Landes durch indirekte Steuern von den Bauern bezahlen zu lassen und Herstellung und Vertrieb von Wodka zum Staatsmonopol zu machen (1895). Er argumentierte so: Entweder der Muschik arbeitet, und die Getreideüberschüsse werden exportiert (wenn es dann schlimmstenfalls Hungersnöte gibt, wird den am meisten Betroffenen eben geholfen), oder der Muschik ist faul und trinkt und hilft dann dem Staat noch mehr, weil der Wodkaverkauf dem Fiskus Geld einträgt. Zwischen 1893 und

1899 stammten 24 Prozent der Finanzmittel der russischen Regierung aus der Einnahmequelle Wodka.

Der Bauernstand wurde auf diese Weise dem industriellen Fortschritt geopfert. Auf dem Land, wo die Übelstände schon schlimm genug waren, wuchs das Elend ständig, und Rußland erlebte auf diese Weise während der allerersten Jahre der Regentschaft Nikolaus' mehrere große Hungersnöte. Das Mitgefühl des Zaren mit der unglücklichen Bevölkerung war zwar nicht zu bezweifeln, doch es beschränkte sich auf die sporadische Entsendung von Hilfe und die Verteilung von Almosen.

Nikolaus hätte sich Wittes guter Dienste weiter versichern müssen. Aber er ertrug den Minister nicht mehr und fand ihn lästig. Im Grunde empfand er Abscheu gegen ihn, weil Witte Freimaurer war. Darüber hinaus spielte er die Kassandra für den Fernen Osten – und behielt recht.

Nikolaus II. mochte auch keine Vertrauten und Beamten, die auf ihre Umwelt einen gewissen Einfluß ausübten. Witte war der erste, der aus dieser Aversion des Monarchen die Konsequenzen ziehen mußte. Ihm folgte später auch Ministerpräsident Stolypin. Während des Ersten Weltkrieges stellte der Zar den Großfürsten Nikolaj kalt, der ihm bei Offizieren und Soldaten zu beliebt war.

All diese Männer hatten Mißtrauen und Eifersucht bei ihm erregt, der keine Ausstrahlung besaß und über keine besonderen Fähigkeiten verfügte, aber eben der Zar war.

Als er eines Tages einen Minister ernennen wollte und vor der Wahl zwischen zwei Männern stand, fragte er den alten Pobjedonossew um Rat. Dieser urteilte kurz und bündig: »Plewe ist ein Schuft und Sipjagin ein Dummkopf!«

Der Zar entschied sich für den Dummkopf.

Seine Minister behandelte Nikolaus II. wie Lakaien. Zwar duzte er sie nicht, wie es sein Großvater Alexander II. getan hatte, aber er verlangte von ihnen eine ehrerbietige Haltung. Witte, so erzählte man sich, trat mit den Händen an der Hosennaht vor ihn und verneigte sich so tief, daß es aussah, als sei er in zwei Hälften zusammengeklappt, während der Minister sich normalerweise geradehielt und nichts Unterwürfiges an sich hatte. Graf V. Kokowzow, als Nachfolger Stolypins immerhin vier Jahre lang Präsident des Ministerrates (Ministerpräsident), erhielt seinen Abschied, ohne vom Zaren empfangen und mit einem Wort des Dankes bedacht worden zu sein. »In Rußland haben die Minister nicht das Recht, das auszusprechen, was sie wirklich denken«, vertraute einmal der spätere Außenminister Sergej Sasonow ausländischen Amtskollegen an. Sie waren in allem von der Gnade ihres Herrschers abhängig, nicht zuletzt auch bei ihren Gehältern und Zulagen, die vom Wohlverhalten des jeweiligen Ministers abhingen. Rund Dreiviertel der hohen Staatsbeamten gehörten der Aristokratie an, doch nur etwa ein Drittel von ihnen waren begüterte Großgrundbesitzer; ihre Karriere war von ihrer Einstellung zum Zaren abhängig.

Nikolaus schenkte seinen Ministern zunehmend weniger Vertrauen. Das war daraus zu ersehen, daß er sie immer öfter ablöste und durch neue Köpfe ersetzte. Elf Innenminister kamen und gingen zwischen 1905 und 1917, acht verschiedene Wirtschaftsminister zählte Rußland in diesem Zeitraum und neun Landwirtschaftsminister. Die Fluktuation verstärkte sich während des Ersten Weltkrieges noch: Innerhalb von drei Jahren gab es vier Präsidenten des Ministerrates, vier Prokuratoren des Heiligen Synods und sechs Innenminister. »Die reinste Verschwendung!« kommentierte S. Purischkewitsch, einer der Wortführer der extremen Rechten, den häufigen Ministerwechsel.

Vertrauen brachte der Zar lediglich dem Chef des Protokolls, dem Kommandeur seiner Leibgarde und den Erziehern seiner Kinder entgegen, aber nicht den hohen Staatsbeamten.

Unter Umständen konnten sich noch die Traditionalisten seiner Gunst erfreuen, dabei Plewe mehr als Witte. Trotzdem setzte »der intelligenteste Mann des Zarenreiches«, nämlich Witte, alles daran, dieses Reich vor dem Untergang zu bewahren. Er wollte das Land durch die Wirtschaftsexpansion erneuern und dadurch für die unzufriedene Bevölkerung den Hauptgrund ihrer Verärgerung beseitigen.

Ein Dialog zwischen ihm und seinem Rivalen Plewe zeigt

deutlich die unterschiedlichen Konzepte der beiden Männer auf, Vorstellungen, die sich stark voneinander unterschieden, aber doch von der gleichen Sorge um die Verteidigung der Autokratie getragen waren, denn Witte war kein Liberaler im politischen Sinne des Wortes trotz seiner Verdienste um die Modernisierung der russischen Gesellschaft. Als er während der Revolution von 1905 beauftragt war, eine ›Verfassung‹ – es war das sogenannte Oktobermanifest – zu entwerfen, und man ihn nach seinen Gefühlen angesichts dieser Entwicklung fragte, erwiderte er: »Die Gefühle habe ich im Kopf, aber tief im Herzen spucke ich darauf!« Er war jedoch auch kein Traditionalist, wie eine Bemerkung enthüllt, die er drei Jahre zuvor zu seinem Rivalen Plewe machte: »Unter Alexander II. ist das zerrüttete (russische) Haus wiederaufgebaut worden, wobei man allerdings die Kuppel unverändert gelassen hat. Das Volk verlangt eine Beteiligung an der Ausarbeitung der Gesetze; es will die Verwaltung kontrollieren. Wenn sich nichts tut, wird der Protest illegale Formen annehmen!« Plewe erwiderte damals: »Weil wir nicht in der Lage sind, das System wirklich zu verändern, muß man die Flut eindämmen und darf sich nicht von der Strömung fortreißen lassen. Sind im übrigen nicht die guten Reformen stets von der Regierung eingeführt worden? Sie hat Erfahrung darin. Wenn die Verbitterten und Enttäuschten, angeführt von den Juden, an die Macht kämen, würden sie das Land zugrunde richten!«

Nikolaus II. dachte wie Plewe.

Die Auswahl seiner Minister hing auf diese Weise von der Laune des Monarchen oder von Zufälligkeiten und äußeren Umständen ab. An einem Tag empfahl ihm sein Onkel, der Großfürst Sergej, Plewe zu nehmen, dann riet ihm seine Mutter zu Witte, und bald darauf schlug der zunehmend Einfluß am Zarenhof gewinnende ›Mönch‹ und Wundertäter Rasputin die Ernennung mehrerer Minister wie beispielsweise Protopopow vor.

Der springende Punkt war jedoch, daß der Zar sie persönlich aussuchte; es gab keinen Ministerpräsidenten im westeuropäi-

schen Sinne, und jeder Minister war Nikolaus allein verantwortlich. Außerdem hatten die Minister nicht das Recht auf De-
mission, was ja bedeutet hätte, daß sie eine eigene Meinung
und einen freien Willen hatten, Eigenschaften, die mit dem Amt
in Diensten des Zaren unvereinbar waren. Das führte dazu, daß
infolge mangelnder Solidarität untereinander diese Minister
sich gegenseitig den Rang abzulaufen suchten und kein Regie-
rungsprogramm je das Licht der Welt erblickte. Ausgaben wurden getätigt, ohne daß der Finanzminister verständigt wurde,
und der Justizminister wußte nicht, was sein Kollege vom Ministerium des Inneren in derselben Sache unternahm.

So konnte es keine Richtlinie geben, der zu folgen war; es gab
vielmehr mehrere Richtlinien, die gleichzeitig befolgt wurden.

Der Zar behielt sich die Entscheidung über alles vor, was ihm
unterbreitet wurde. Und er kümmerte sich um alles bis in die
kleinsten Einzelheiten, eine Folge dieser Machtzentralisierung,
die unablässig weiter betont wurde – und gegen die sich die pe-
ripheren Völker wie vor allem die Finnen aufzulehnen suchten.
Die Zustände im Zarenreich im Jahre 1898 schilderte A. Leroy-
Beaulieu im ›Messager officiel‹ und im ›Bulletin des lois‹ an
einem Beispiel:

»Am 15. Mai hat Seine Majestät der Zar seine Zustimmung zu
geben geruht zur Einrichtung von vier für alte Leute bestimmten Betten in den Spitälern der Stadt Nischni-Nowgorod mittels
eines Kapitals von 6300 Rubel aus der Hinterlassenschaft von
Madame Katharina D., Witwe des Generals D. Am gleichen Tag
hat Seine Majestät die Schaffung einer Freistelle am Hauptgym-
nasium von Kasan, dotiert mit 5000 Rubel aus dem Erbe der
Witwe eines Hofrats, bewilligt, ebenso ein weiteres Stipendium
in Höhe von 300 Rubel, zahlbar aus den Steuereinnahmen dieser Gemeinde usw.«

Wie Leroy-Beaulieu anfügte, wurden diese Entscheidungen
erst nach unzähligen Gesuchen getroffen. Sie betrafen auch Angelegenheiten auf dem Gebiet der Kunst und der Wissenschaft
und alle sonstigen Dinge:

»Nicht eine einzige Kirche auf dem Land oder in einem Dorf

wurde gebaut, ohne daß der Bauplan nach St. Petersburg gesandt worden wäre, denn man hatte dort für jede Gebäudekategorie drei oder vier Modelle.«

Dieser Bereich war der einzige, auf dem die zentralisierte Verwaltung im zaristischen Rußland einen gewissen Vorsprung gewonnen hatte, selbst gegenüber dem republikanischen Frankreich. Der russischen Bürokratie standen jedoch nicht wie der in Frankreich Auge in Auge Vertreter der Nation gegenüber, um Kritik zu üben. Sie sah sich nur mit Dichtern konfrontiert.

Tolstois Warnung

Leo Tolstoi, der, als er 1902 krank in Gaspra auf der Krim weilte, sein Ende nahe fühlte − er sollte indessen erst 1910 im Alter von 82 Jahren sterben −, richtete eine Botschaft an den Zaren. Es war für ihn eine Art Flaschenpost, denn er bezweifelte, daß Nikolaus II. das Schreiben jemals lesen und seinen Inhalt bedenken würde.

Es hieß darin: »Ich möchte nicht sterben, ohne Ihnen gesagt zu haben, was ich von Ihrem gegenwärtigen Tun denke, was daraus erwachsen könnte, welch großes Glück es Tausenden von Menschen und Ihnen selbst bringen könnte, was für ein großes Unglück es jedoch für diese Menschen und Sie nach sich ziehen kann, wenn es in derselben Richtung wie heute seinen Fortgang nimmt.

Ein Drittel von ganz Rußland steht unter verstärktem Schutz, das heißt außerhalb der Gesetze. Die Armeen der offenen und geheimen Polizei sind in fortwährendem Wachsen begriffen. Die Gefängnisse, die Strafkolonien sind überfüllt mit Tausenden von Sträflingen und politischen Verbrechern, zu denen jetzt auch die Arbeiter gerechnet werden. Die Zensur erläßt sinnlose Verbote, wie sie nicht einmal in den schlimmsten Zeiten der vierziger Jahre (1840 − Anm. d. A.) vorkamen. Niemals waren die religiösen Verfolgungen so häufig und so grausam wie heute, und sie werden von Tag zu Tag häufiger und grausamer.

In allen Städten und Fabrikzentren sind Soldaten zusammengezogen worden, die, mit Patronen bewaffnet, gegen das Volk ausgesandt werden. An vielen Orten schon hat es brudermörderisches Blutvergießen gegeben, und überall und unaufhaltsam bereiten sich neue und noch grausamere Begebenheiten vor.

Der Erfolg dieser angestrengten und furchtbaren Tätigkeit der Regierung ist nur der, daß die Landbevölkerung, jene 100 Millionen, auf die die Macht Rußlands sich gründet, trotz des stetig wachsenden Budgets oder gerade infolge dieses Wachstums, mit jedem Jahr ärmer wird, so daß die Hungersnot schon zu einer normalen Erscheinung geworden ist. Eine ebenso normale Erscheinung ist die Unzufriedenheit aller Stände mit der Regierung und die offene Feindschaft gegen sie.

Die Ursache für all dies liegt klar auf der Hand und lautet so: Ihre Berater versichern Ihnen, daß sie durch die Unterbindung jeglichen lebenswichtigen Wandels das Wohlergehen dieses Volkes und Ihre Sicherheit garantierten.

Aber es wäre wohl rascher möglich, den Lauf eines Stroms anzuhalten als den ewigen Fortschritt der Menschheit, der von Gott gewollt ist.«

Hatte der Zar überhaupt eine Ahnung von den Warnungen eines in Ungnade Gefallenen? Er wußte zumindest, daß diese wunderbaren Sänger und anderen Künstler, die sein Herz höher schlagen ließen, ihn in Frage stellten.

Eines Abends ganz zu Anfang dieses Jahrhunderts beabsichtigte der Chor der Petersburger Oper dem Zaren eine Petition zu unterbreiten. Es wurde beschlossen, nach einer der ersten Szenen von ›Boris Godunow‹ den Vorhang, nachdem er gefallen war, erneut aufzuziehen. Man sollte dann den ganzen Chor auf der Bühne stehen lassen, den Blick zur Loge des Zaren emporgerichtet und die Hände flehend ausgestreckt, während die Bittschrift verlesen wurde.

Als der Vorhang dann wie vorgesehen hochging, befand sich der berühmte Bassist Fjodor Schaljapin, der die Titelrolle sang, noch an der Rampe. Da stand nun die Verkörperung des Zaren Boris vor den Bittstellern, voll Würde, riesig groß, sozusagen die kaiserliche Autorität in Person, in prächtige Goldgewänder gekleidet und mit der Krone des Monomach auf dem Haupt. In diesem Augenblick, der fast pathetisch war, ließ sich Boris auf ein Knie nieder und schloß sich den in demütiger Stellung verharrenden Chormitgliedern an. Das erregte bei einem Teil des Publikums großen Unwillen, nämlich bei den revolutionär gesinnten jüngeren Zuschauern, die sich gewünscht hätten, daß Schaljapin gleichsam zum Trotz stehengeblieben wäre und dem Zaren in die Augen geblickt hätte.

Aber wem galten eigentlich die Hohnrufe, die dann aus dem Parkett kamen?

Wachsende Unzufriedenheit

In Frankreich gebe es, so schrieb Rochefort einige Jahre zuvor, fünfunddreißig Millionen Bürger, die unzufriedenen nicht mitgerechnet. In Rußland waren dies mehr als hundert Millionen Untertanen.

Welche Kenntnis hatte der Zar von dieser Tatsache? Zunächst einmal wurde ihm bewußt, daß es hier und da im Lande Ärger gab. Sechs Monate nach der Katastrophe bei den Krönungsfeierlichkeiten gab es Protestkundgebungen gegen die Gleichgültigkeit der Regierung, die bis zu diesem Zeitpunkt noch nichts für die Opfer getan hatte. Es kam zu fast siebenhundert Verhaftungen, und an den Universitäten, von denen die Protestbewegung ausgegangen war, wurden mehr als zweihundert Studenten relegiert. Diese rein politische Bewegung hatte kein wirklich festgesetztes Ziel. Sie war deshalb nur um so aufschlußreicher.

Danach machte sich der Zorn der Polen und Finnen Luft. Den ersteren – die kurz nach Einführung einer Regierungsform standen, die sich, wie Spanien im 16. Jahrhundert, auf die Formel stützte: »Ein Herrscher, ein Glaube, ein Gesetz« – hatte Nikolaus II. zunächst bei einem Besuch in Warschau versichert, er sei »zur Verständigung mit den Polen bereit, wenn sie sich loyal verhielten«. Tatsache war, daß er wenig später in Wilna ein Denkmal einweihte, das an die Niederschlagung des polnischen Aufstands von 1863 erinnern sollte.

Für die Finnen erließ der russische Gouverneur F. Seyn eine Verordnung, die die Dauer des Militärdienstes auf fünf Jahre festlegte, während ein voraufgehendes Abkommen mit dem finnischen Parlament die Pflichten Finnlands nach Gewährung der Autonomie unter russischer Herrschaft anders definiert hatte. Sogar der finnische Senat, dessen Mitglieder fast alle vom Zaren ernannt worden waren, verweigerte eine Veröffentlichung des Erlasses. »Das ist ein Wortbruch, eine Mißachtung unserer verfassungsmäßigen Gesetze«, hieß es zur Begründung. Eine Bittschrift mit 500000 Unterschriften ging an den Zaren ab, eine unglaubliche Zahl für ein Volk von weniger als drei Millionen Menschen; sie war im Zeichen Zar Alexanders III. verfaßt, der, so wurde betont, zu seinem Wort gestanden hatte. Nikolaus II. war der Auffassung, daß die Überbringer der Petition ihn seinem Volk entfremden wollten. Er unterzeichnete ein zweites Dekret, das die russische Sprache in Finnland ab 1905 zur Amtssprache erhob.

Diese Politik der Russifizierung stieß auf scharfe Ablehnung und ließ Widerstandsbewegungen bis hin zu den Armeniern entstehen, dem loyalsten der zu Rußland gehörenden Fremdvölker. Es war kein Zufall, daß sich die meisten nationalistischen Organisationen in den ersten fünf Jahren nach der Thronbesteigung Nikolaus' II. bildeten; vom Sohn Alexanders III. war nichts zu erwarten.

Zwischen der finnischen Revolte und den Studentenunruhen, die kurze Zeit später in Rußland ausbrachen, gab es eine Verbindung: Auch die Studenten fühlten, daß ihnen die elementaren vertraglichen Rechte vorenthalten wurden, die jeder zivilisierte Staat seinen Bürgern zugestehen muß; zudem verlangten sie die Unverletzlichkeit ihrer Person – eine Forderung, die alles besagt über die Willkür der Polizei – sowie die Veröffentlichung aller Maßnahmen, die sie betrafen.

Den Studenten in St. Petersburg hielt der Rektor der Universität zunächst einmal entgegen, daß »in unseren Breiten keine Paradiesvögel leben, denen man gibt, was sie sich nur wünschen«. An einer anschließenden Protestkundgebung nahmen rund 2500 Studierende teil, und 25000 Arbeiter traten in den Streik, um die Forderungen der Studenten zu unterstützen. Diese wurden fast alle der Universität verwiesen, und die Hochschule wurde vorübergehend geschlossen; nach der Wiedereröffnung wurden von den bisherigen 2425 Studierenden nur 2181 wieder aufgenommen. Der Innenminister wollte die Relegierten dadurch bestrafen, daß er sie zum Militärdienst zwang, doch General Kuropatkin weigerte sich, sie zur Armee einzuberufen.

Nikolaus II. seinerseits rügte die Studenten: »Sie sollen studieren, nicht Ansprüche erheben! Im übrigen sind ihre Forderungen nicht nur überflüssig, sondern auch schädlich.« Erziehungsminister N. Bogolepow wurde im Februar 1901 Opfer eines Attentats; die Studenten feierten den Täter, den Sozialrevolutionär P. Karpowitsch, stürmisch. Der Terrorismus setzte sich dann nach Einschätzung von Bogolepows Nachfolger General Wannowski »ohne inneren Zusammenhang mit der Vorbringung von Forderungen fort. Aber die Voraussetzungen für eine Explosion bestanden infolge der Isolierung der Studenten, die ohne Bindung an ihre Professoren waren, (weiter).«

Neu war sicher die Tatsache des Auftretens dieser Studenten in ihrer Eigenschaft als neue soziale Kraft. Dies war nicht der Fall im Westen, wo sie mehr als Avantgarde sozialer Gruppen in Erscheinung tragen, die in Konflikt mit der Obrigkeit geriet. In Rußland war die Situation anders: Gut die Hälfte von ihnen stammte aus den ärmeren Volksschichten. So kamen in Moskau von 4017 eingeschriebenen Studenten 1957 aus der besitzlosen Klasse, und 874 waren Stipendiaten, ein Zeichen dafür, daß das Zarenregime, so autokratisch es war, eine gewisse soziale Mischung vornahm, die zur Bildung einer neuen Macht führte und zwischen 1905 und 1917 eine ganze Generation von Revolutionären hervorbrachte.

Mit den Studenten wurde die Revolte auf die Straße getragen. Gewiß, Rußland hatte, wie Witte sagt, das Glück, noch keine echte Arbeiterklasse zu besitzen. Aber es marschierte mit Riesenschritten diesem Ziel entgegen. Denn der Staat trieb die industrielle Revolution voran. Bereits 1901 war fast die Hälfte der russischen Arbeiterschaft in Unternehmen mit mehr als 500 Arbeitskräften beschäftigt. Die Steigerung der Produktivität und die Größe der Fabriken gingen Hand in Hand. Ein Beweis dafür war, daß der Strukturwandel in Petersburg wie in Moskau einem Gigantismus nahekam.

Bei dem Tempo, mit dem die Industrialisierung während der ersten Herrscherjahre Nikolaus' II. zunahm, hätte Rußland zweifellos, wie es fünfzig Jahre später der Nationalökonom Gershenkron einschätzte, ohne das kommunistische Regime bereits das Wirtschaftspotential der USA überholt gehabt, vorausgesetzt, die Expansionsgeschwindigkeit wäre gleichgeblieben.

Eine erstaunliche Darstellung! Diese unwiderlegbare Argumentation, dem Hirn eines brillanten Wirtschaftstheoretikers während des Kalten Krieges entsprungen, läßt nur außer acht, daß ein Arbeitstag von elf Stunden und Hungerlöhne zu diesem Aufschwung beitrugen.

Das führte dazu, daß als unerwünschte Begleiterscheinung des Wachstums die Revolution auf den Plan trat.

Ein weiterer großer Plan des Monarchen

Die große ›Idee‹ des Zarenregimes bei den Studentenkundgebungen bestand darin, die politischen Forderungen von der Gesamtheit der von den Demonstranten erhobenen Postulate abzusondern und die nichtpolitischen nach besten Kräften zu erfüllen. Was an den Universitäten halbwegs gelang, wurde anschließend auf andere Bereiche des gesellschaftlichen Lebens übertragen, vor allem auf Arbeitskonflikte. Im Namen des Innenministeriums forderte Sergej Subatow, ein hoher Ministerialbeamter, der Unterstützung bei Großfürst Sergej fand, die Professoren der Universität Moskau, die 1901 an den Verhandlungen mit den Studenten teilgenommen hatten, auf, die Statuten der Universitäten zu überarbeiten und dann den Arbeitern Texte über das gleiche Modell vorzulegen. Subatow, ein Schönredner, der überzeugend zu argumentieren verstand, hatte die Gunst des Großfürsten Sergej, der Gouverneur von Moskau war, dadurch errungen, daß er Überlegungen anstellte und daran folgende Vorschläge anknüpfte:

»Wir müssen die Massen verführen. Sie vertrauen uns, doch die Propaganda der Opposition und die der Revolutionäre versucht, dies Vertrauen zu erschüttern. Es ist notwendig, es aufs neue zu erwecken, indem man Beweise seiner Fürsorge gibt, was die Opposition machtlos werden läßt, welche Ziele sie auch verfolgen mag.

Was bedeutet dies? Das heißt, daß die Ideologen die Massen politisch auf der Grundlage ihrer Notlage und ihrer Bedürfnisse ausbeuten, ein Umstand, dem wir Rechnung tragen müssen.

Auf diese Weise die Probleme an der Wurzel packend, beschwichtigt man die Massen, wenn man regelmäßig ihre Lebensbedingungen verbessert. Dabei ist es unbedingt nötig, daß die Regierung dies in die Hand nimmt, und zwar auf der Grundlage dessen, was die Massen verlangen. Denn die Arbeiter wollen nur dies, im Augenblick zumindest. Aber die Regierung muß es tun, und zwar rasch.

Prinzip unserer Innenpolitik muß das Gleichgewicht zwischen den Klassen sein; gegenwärtig nämlich hassen sich diese untereinander. Eine Autokratie muß über den Klassen stehen und das Prinzip *divide et impera* anwenden. Man darf ihnen keine Zeit lassen, sich untereinander zu verständigen, denn das wäre die Revolution, was wir begünstigen würden, wenn wir für eine Seite Partei nähmen und die Behauptungen der Ideologen bestätigten. Es ist erforderlich, ein Gegengift gegen die Bourgeoisie und ein Schutzmittel zu erfinden, denn sie wird arrogant. Folglich müssen wir die Arbeiter auf unsere Seite ziehen, sie ködern und auf diese Weise zwei Fliegen mit einer Klappe schlagen: den Aufstieg der Bourgeoisie bremsen und die Revolutionäre ihres Fußvolkes berauben, indem wir die Arbeiter auf unsere Seite ziehen.«

Schon bald wurde unter dem Patronat von Innenminister

Plewe und Subatow eine ›Gesellschaft gegenseitiger Hilfe für Fabrikarbeiter‹ ins Leben gerufen. Es war eine Art Gewerkschaft – unter Aufsicht der Polizei. So wurden patriotische Kundgebungen veranstaltet, auf denen dem Zaren gehuldigt wurde, Treffen mit Minister Plewe inszeniert usw. Die letzte vom Drehbuch vorgeschriebene Szene war die Annahme von zwei neuen zugunsten der Arbeiterschaft erlassenen Gesetzen: Das eine sah die Wahl von sogenannten ›Arbeiterältesten‹ vor, die, von ihren Arbeitskameraden gewählt, die jeweilige Arbeiterschaft eines Unternehmens bei der Direktion vertreten sollten; das zweite Gesetz regelte neu eingeführte soziale Leistungen wie unentgeltliche ärztliche Hilfe für Arbeitsunfähige, Lohnfortzahlung in halber Höhe während krankheitsbedingten Fehlens und einen Zuschuß des Unternehmers zur Arbeiter-Sterbekasse. All dies hatte zum Ziel, die Aktionen der im Entstehen begriffenen revolutionären Gruppen unwirksam zu machen.

Das Subatowsche Experiment wurde von Moskau bis Odessa und in einigen weiteren Städten ausprobiert, doch sein Initiator kam zu Fall und erhielt die Entlassung, nachdem er eine Reihe von bilderstürmerischen Äußerungen gegen seinen »Herrn und Gebieter« Plewe getan hatte.

In der Zwischenzeit hatten sich, von der revolutionären Intelligenzija scharf kritisiert, die Professoren aus dem Rampenlicht zurückgezogen. An ihre Stelle waren Popen, also Priester, getreten.

Aber das hatte nicht immer die gleiche Wirkung.

Subatows Experiment zeitigte einen ungewollten Doppeleffekt: Zum einen brachte es die Unternehmer in Rage und gab andererseits der Arbeiterklasse Grundformen einer Organisierung an die Hand, die später von den revolutionären Gruppierungen ausgenutzt wurden. Anläßlich der großen Streiks des Jahres 1903, die teilweise auf die Arbeit der neuen, mit staatlicher Billigung gegründeten Pseudogewerkschaft zurückgingen, liefen die Dinge in verschiedenen Städten Rußlands so sehr aus dem Gleis, daß das Experiment endgültig abgeblasen wurde.

Doch die Arbeiterbewegung war in Schwung gekommen.

Staatlicherseits hatte auch die Absicht bestanden, die Forderungen der Arbeiterschaft auf ihren ureigenen Bereich, das Unternehmen, begrenzt zu halten, als man ihr eine organisatorische Form gab. Zwar war die Arbeiterklasse nicht, wie erhofft, dem Zaren günstig gesinnt, doch immerhin betrachtete sie ihn noch als eine Art Schlichter. Man wollte auch die Freizeit der Arbeiter dazu benutzen, sie zu erziehen, indem man sie auf Gedanken brachte, die aus ihnen Gegner des Sozialismus machten.

Gegenteilige Wirkung der ›Subatowschtschina‹*

In Zusammenhang mit diesen Zielsetzungen sollte die Strafverfolgung auf ein Vorgehen gegen die Aktivitäten der Arbeiter *außerhalb* ihrer Betriebe beschränkt bleiben; was Massenkundgebungen anging, die Aufmärsche am 1. Mai zum Beispiel, würde man die Stimmung in eine dem Zaren und den Werten der orthodoxen Kirche wohlgesinnte Richtung umdirigieren. Großfürst Sergej und Subatow gingen sogar noch einen Schritt weiter und halfen bei der Heranbildung von wirklichen Arbeiterführern, allerdings darauf bedacht, diese Aktion nicht auf Abwege geraten zu lassen. Deshalb vermied man es beispielsweise, sie die Rolle von Doppelagenten, auch nicht unbeabsichtigt, spielen zu lassen. Einer der Arbeiterführer war Fjodor Slepow, das Muster eines konservativen Arbeiters, Antisemit, voll Stolz darauf, daß er diese Abendkurse besuchen durfte, wie sie die Sozialdemokraten für die Ihren auch eingerichtet hatten. Der Unterschied war, daß er nicht Marx und Zola lesen und dazu Stellung beziehen mußte, sondern daß auf seinem Programm Tolstoi, das Arbeitsrecht und Werke von Paul de Roussiers standen, dem Vater der Doktrin der Gewerkschaftsbewegung und der Theorie der Wechselbeziehungen zwischen

---

* Im Russischen verleiht die Nachsilbe -schtschina dem Namen oder Begriff, dem man sie anfügt, eine herabsetzende Nuance.

Arbeitgebern und Arbeitern wie auch dem Verfechter der Demokratie nach amerikanischem Vorbild. Die Dozenten dieser Vortragsreihen waren anfänglich Universitätsprofessoren und Juristen gewesen; später gewannen Theologen und Priester in diesen Zirkeln das Übergewicht. Einer dieser Geistlichen, der Pope Georgi Gapon, sollte bald an die Stelle Subatows treten.

Natürlich waren die Kapitalisten – und Witte – der Meinung, daß da mit dem Feuer gespielt wurde. Man entwickelte das Selbstbewußtsein der Arbeiter und kümmerte sich nicht darum, ob es sich dann gegen den Sozialismus richtete oder nicht. Für den Augenblick waren nach Auffassung der Kapitalisten sie allein es, die dem Druck der Forderungen ausgesetzt waren, die, so ›ökonomisch‹ sie auch sein mochten, trotzdem nicht weniger zu ihren Lasten gingen. Witte glaubte daher, der Großfürst Sergej Alexandrowitsch und Innenminister Plewe arbeiteten auf seinen Sturz hin, indem sie ihn das Vertrauen der Kapitalgeber verlieren ließen. Er wußte sehr wohl, daß Nikolaus II. ihm gegenüber Plewe und Trepow bevorzugte, die auf politischer Ebene unnachgiebig waren, während er für sein Teil geneigt war, bei der Verfassung einen Kompromiß zu akzeptieren, der der Bourgeoisie zugute gekommen wäre, eine Vorstellung, die beim Zaren auf Ablehnung stieß.

Eine andere unerwünschte Wirkung der Subatowschtschina war, wie schon erwähnt, daß sie die Arbeiterklasse mit der Urform einer Organisation ausstattete, die von den Führern der Revolution später übernommen wurde und ihren ›Initiator‹ überlebte. Es wurde daraus der Sowjet (zu deutsch: Rat), ein ursprünglich parteiunabhängiger Arbeiterrat, der sich dadurch von der ›Gewerkschaft‹ unterschied, daß seine Forderungen nicht nur das Berufsleben der Arbeiter betrafen, sondern auch soziale und kulturelle Probleme. Bei den großen Streiks des Jahres 1903, deren Ausrufung teilweise auf die ›Gewerkschaften‹ zurückzuführen war, die aus einer Kreuzung von Machthabern und Arbeiterklasse resultierten, war der Erfolg so groß, daß die Kundgebungen in mehreren russischen Städten übel ausgingen. Der Gouverneur von Ufa ließ auf die demonstrierenden Arbeiter der Stahlwerke von Slatust schießen, und zu schweren

Zusammenstößen zwischen Demonstranten und Polizei kam es in Kiew, Nikolajew und anderen Städten. In Odessa schließlich waren die Streiks so wirksam, daß die Polizei zunächst darauf verzichtete, einzuschreiten.

Als Demonstranten aber den Ruf nach einer ›verfassunggebenden Versammlung‹ laut werden ließen, schoß die Polizei auf sie.

Subatow erklärte seinen Rücktritt.

Die russische Arbeiterklasse war nun nicht mehr jene politisch amorphe Masse, wie sie das Organ der Sozialdemokraten, die Zeitschrift ›Iskra‹ (›Der Funke‹), dargestellt hatte; sie schickte sich an, die Bühne zu betreten, teils durch die Schulungen zusammengeschlossen, teils durch die Aktionen, die neben der Sozialdemokratie die Polizei durchgeführt hatte.

Von Subatow zum Popen Gapon

Einige Monate später wiederholten sich bei einem Streik in den Putilow-Werken in Petersburg die Ereignisse, aber in einer weitaus größeren Dimension und vor dem Hintergrund der militärischen Niederlagen in der Mandschurei. Der Pope Gapon, geistiger Erbe Subatows, organisierte am 7. Januar 1905 einen Streik von rund 100 000 Arbeitern.

Die Menge wuchs am Tag darauf auf das Doppelte an. Man hatte in Rußland noch nie ein solch erstaunliches, rätselhaftes Phänomen erlebt.

Getragen vom Geist der ›großen Idee‹, verfaßte Gapon eine Bittschrift an den Zaren, in der die Arbeiter um seinen Schutz flehten und um angemessene Reformen, die man von ihm erwartete.

Forderungen, Leidenschaft und Glaube bildeten zusammengefügt einen effektvollen Text, bei dem der Urheber selbst nicht mehr Dienst am Volk, Orthodoxie, Heiliges Rußland, Liebe zum Zaren und von neuem Geist getragene Umwälzung auseinanderzuhalten wußte.

Innerhalb von drei Tagen wurde die Bittschrift von mehr als 150000 Menschen unterschrieben. Sie vereinte durcheinander liberale, populistische und marxistische Argumente. Doch die Sprache war die des Heiligen Rußlands. Hundert Millionen Muschiks äußerten hier ihre Meinung.

1905 – Die große Bittschrift: »Herr, befiehl und gelobe...!«

»Gossudar (Herr),

wir, die Arbeiter und Bürger der Stadt St. Petersburg, aus verschiedenen Gewerben kommend, und unsere Frauen, Kinder und hilflosen greisen Eltern, sind zu Dir, Gossudar, gekommen, um Gerechtigkeit und Schutz zu suchen! Wir sind verelendet, wir werden unterdrückt, über unsere Kräfte mit Arbeit belastet, man verhöhnt uns, man läßt uns nicht als Menschen gelten, man behandelt uns wie Sklaven, die ihr bitteres Schicksal schweigend tragen müssen. Wir haben all dies geduldet, aber man stößt uns immer weiter und weiter in den Pfuhl der Armut, der Rechtlosigkeit und der Unwissenheit. Despotismus und Willkür würgen uns, und wir ersticken. Unsere Kräfte versagen, Gossudar! Unsere Geduld ist erschöpft. Für uns ist der furchtbare Augenblick gekommen, in dem der Tod willkommener ist als die Verlängerung der unerträglichen Qualen.

Und jetzt haben wir die Arbeit niedergelegt und unseren Fabrikherren erklärt, daß wir sie nicht wiederaufnehmen werden, bevor man nicht unsere Forderungen erfüllt hat. Das, was wir wollen, ist nicht viel; wir wünschen uns lediglich etwas, ohne das das Leben kein Leben ist, sondern ein Zuchthaus, ein Leiden ohne Ende. Unser erstes Anliegen war, unsere Arbeitgeber zu bewegen, gemeinsam mit uns über unsere Bedürfnisse zu diskutieren. Doch sie haben es uns verweigert, haben uns das Recht bestritten, von unseren Bedürfnissen zu reden mit der Begründung, nach dem Gesetz stehe uns ein solches Recht nicht zu. Gesetzwidrig erschienen ihnen auch unsere Ansprüche: Beschränkung der Zahl der Arbeitsstunden auf acht pro Tag; Festsetzung, gemeinsam mit uns und mit unserer Zustimmung, eines Lohntarifs für unsere Arbeit; Untersuchung unserer Meinungsverschiedenheiten mit der Fabrikdirektion; Lohnerhöhung für ungelernte Arbeiter und Frauen auf täglich einen Rubel; Wegfall der Überstunden; höfliche Behandlung von uns Arbeitern statt beleidigender Mißachtung; Herrichtung der Arbeitsstätten in einen Zustand, der dort das Arbeiten ermöglicht, ohne daß man sich darin infolge von schlimmem Durchzug, Regen und Schnee den Tod holt.

Nach Meinung unserer Arbeitgeber und Direktoren der Fabriken und Betriebe ist alles ungesetzlich gewesen, was wir unternommen haben, die geringste Forderung unsererseits ist ihnen als Verbrechen erschienen, und unser Verlangen, unsere Lage zu verbessern, war in ihren Augen eine beleidigende Anmaßung.

Gossudar, wir sind hier Tausende und aber Tausende, die nur dem Anschein nach menschliche Wesen sind. In Wahrheit erkennt man uns, ebensowenig wie der Gesamtheit des russischen Volkes, kein einziges Menschenrecht zu, nicht einmal das Recht zu sprechen, zu denken, uns zu versammeln, über unsere Nöte zu diskutieren, Maßnahmen zu ergreifen, unsere Situation zu verbessern. Man hat uns unterjocht, hat uns geknechtet mit Unterstützung Deiner Beamten, mit ihrer Hilfe, mit ihrem geheimen Einverständnis. Diejenigen von uns, die ihre Stimme zu erheben wagen, um für die Interessen der Arbeiterklasse und des Volkes einzutreten, wirft man alle ins Gefängnis oder schickt sie in die Verbannung. Wie eine Missetat wird es bestraft, wenn man ein gutes Herz, eine mitleidige Seele hat. Mitgefühl mit einem unterdrückten, rechtlosen, gepeinigten Menschen zu haben, kommt dem Begehen eines schweren Verbrechens gleich. Die gesamte arbeitende Bevölkerung und die Bauern sind der Willkür einer Regierung von Beamten, zusammengesetzt aus Leuteschindern und Plünderern, ausgesetzt, die sich überhaupt nicht um die Interessen des Volkes kümmern und sogar diese Interessen verhöhnen. Das Regime der Beamten hat das Land in den völligen Ruin geführt, hat es in einen schändlichen Krieg hineingezogen und treibt Rußland

Der Priester und Arbeiterführer Gapon.
Er führte 1905 am »blutigen Sonntag« die Demonstranten mit der
Bittschrift an den Zaren in Petersburg an.

immer weiter in den Untergang! Wir, die Arbeiter und das Volk, haben keine Möglichkeit, ein Wort bei der Ausgabe der unermeßlich hohen Steuern mitzureden, die man von uns erhebt. Wir wissen nicht einmal, wohin das Geld geht und wozu es dient, das dem ins Elend gestürzten Volk abverlangt wird. Das Volk ist der Möglichkeit beraubt, seine Wünsche und seine Forderungen zu äußern und an der Festlegung der Steuern und ihrer Verwendung mitzuwirken. Der Arbeiterschaft wird die Möglichkeit verweigert, sich in Verbänden zu organisieren, die ihre Interessen wahrnehmen sollen.

Gossudar, ist dies mit den göttlichen Gesetzen vereinbar, mit deren Gnade Du regierst? Und kann man unter solchen Gesetzen leben? Ist es nicht besser zu sterben, alle, die wir da sind, die Arbeiter ganz Rußlands, den Tod zu erleiden? Was für ein Leben führen die Kapitalisten, die Ausbeuter der Arbeiterklasse, und die Beamten, die Leuteschinder und Plünderer des russischen Volkes, und wie genießen sie das Leben! Das ist es, was wir vor Augen haben, Gossudar, und das hat uns vereint vor den Mauern Deines Palastes! Hier suchen wir unsere letzte Rettung. Weigere Dich nicht, Deinem Volk zu helfen, zieh es aus dem Grab der Ungerechtigkeit, des Elends und der Unwissenheit, gib ihm die Möglichkeit, sein Schicksal selbst zu schmieden, befreie es von der unerträglichen Unterdrückung durch die Beamten! Reiß die Mauer zwischen Dir und Deinem Volk ein und laß zu, daß es gemeinsam mit Dir regiert! Du bist doch, stimmt es nicht, eingesetzt, für das Glück des Volkes zu sorgen, doch dieses Glück entreißen die Beamten unseren Händen, es wird nie unser. Wir müssen nur Kummer und Demütigung entgegennehmen.

Prüf ohne Zorn unsere Wünsche, schenk ihnen Aufmerksamkeit; sie wollen nichts Böses, sondern nur Gutes bewirken, ebenso für uns wie für Dich, Gossudar! Es ist nicht Respektlosigkeit, die aus uns spricht, sondern die Überzeugung, daß es dringend notwendig ist, aus einer für alle unerträglichen Situation herauszukommen. Rußland ist zu groß, seine Bedürfnisse sind zu unterschiedlich und vielfältig, als daß die Beamten allein seine Geschicke lenken könnten. Eine Volksvertretung ist unerläßlich; das Volk muß sich selbst helfen und sich durch sich selbst regieren. Ist es nicht wahr, daß es allein seine wirklichen Bedürfnisse kennt? Stoß seine Unterstützung nicht zurück, laß es zu Dir kommen, laß ohne Zögern unverzüglich Repräsentanten aller Volksschichten, aller Berufe, darunter auch Vertreter der Arbeiter, aus dem ganzen Russischen Reich zusammenrufen! Möge bald hier der Kapitalist wie der Arbeiter, der Beamte wie der Priester, der Arzt wie der Lehrer stehen, und möchten doch alle, wer sie auch seien, ihre Vertreter wählen! Möge ein jeder gleich und frei beim Wahlrecht sein, und um dies zu gewährleisten, ordne an, daß die Wahlen zu einer verfassunggebenden Versammlung auf der Grundlage des allgemeinen, geheimen und gleichen Wahlrechts stattfinden!

Das ist unser Hauptanliegen. Alles ruht in ihm und ist auf ihm begründet. Es ist das wichtigste und einzigste Pflaster für unsere schmerzenden Wunden; ohne es werden diese Wunden stark schwären und rasch unseren Tod herbeiführen.

Doch eine einzige Maßnahme vermag trotz allem nicht unsere Wunden zu heilen. Es bedarf weiterer Schritte, und wir tragen sie Dir, Gossudar, geradeheraus und offen wie einem Vater im Namen der gesamten Arbeiterklasse Rußlands vor.

Es sind erforderlich:

I. Maßnahmen gegen die Unwissenheit und die Rechtlosigkeit des russischen Volkes

1. Sofortige Freilassung und Rückkehr all derer, die für ihre politische oder religiöse Überzeugung, für die Teilnahme an Streiks und Bauernunruhen gelitten haben;
2. sofortige Verkündung der Freiheit und Unverletzlichkeit der Person, der Redefreiheit, der Pressefreiheit, der Versammlungsfreiheit und der Gewissensfreiheit in Glaubensangelegenheiten;
3. allgemeine Schulpflicht auf Kosten des Staates;
4. Verantwortlichkeit der Minister gegenüber dem Volk und Garantie der Gesetzmäßigkeit ihrer Amtsführung;
5. Gleichheit aller ohne Ausnahme vor dem Gesetz;
6. Trennung von Kirche und Staat.

II. Maßnahmen gegen die Notlage des Volkes
1. Abschaffung der indirekten Steuern und ihre Ersetzung durch eine direkte und progressive Einkommensteuer;
2. Abschaffung der jährlichen Tilgungszahlungen, Kredite zu günstigen Bedingungen und stufenweise Rückgabe von Grund und Boden an das Volk;
3. Vergabe der Aufträge von Armee und Flotte in Rußland und nicht ans Ausland;
4. Beendigung des Krieges (mit Japan – Anm. d. Ü.) gemäß dem Willen des Volkes.

III. Maßnahmen gegen den Druck des Kapitals auf die Arbeit
1. Abschaffung der Institution der Fabrikaufseher;
2. Schaffung ständiger, von den Arbeitern gewählter Ausschüsse in den Unternehmen und Fabriken zur Prüfung, im Einvernehmen mit der Werksleitung, aller persönlichen Beschwerden der Arbeiter. Die Entlassung eines Arbeiters darf nur mit Einwilligung dieses Ausschusses erfolgen;
3. unverzügliche Gewährung der Freizügigkeit für Konsumgenossenschaften der Arbeiter und des Schutzes von Arbeitergewerkschaften;
4. Begrenzung der täglichen Arbeitszeit auf acht Stunden und Regelung der Überstunden;
5. unverzügliche Freiheit des Arbeitskampfes gegen das Kapital;
6. unverzügliche Einführung regelmäßiger Lohnzahlung;
7. sofortige obligatorische Beteiligung von Vertretern der Arbeiterklasse am Gesetzentwurf für die staatliche Arbeiterrentenversicherung.

Dies sind, Gossudar, unsere Hauptanliegen; sie Dir zu übergeben, sind wir gekommen. Nur wenn man sie erfüllt, läßt sich unser Vaterland von Sklaverei und Elend befreien, kann man es zur Blüte bringen, können die Arbeiter sich organisieren, um ihre Interessen wahrzunehmen gegen die schamlose Ausbeutung durch die Kapitalisten und das Regime der Beamten, das das Volk ausplündert und unterdrückt. Befiehl die Anordnung

und gelobe, unsere Forderungen zu befriedigen, und Du wirst
Rußland glücklich und ruhmreich machen und Deinen Namen
auf ewig in unsere Herzen und die unserer Nachkommen ein-
prägen!

Wenn Du aber die Anordnung der Maßnahmen verweigerst,
wenn Du unsere inständigen Bitten nicht beantwortest, dann
werden wir hier auf diesem Platz vor Deinem Palast sterben!
Wir haben nicht die Absicht, weiterzugehen, und das wäre auch
zwecklos. Uns bleiben nur zwei Möglichkeiten: entweder die
Freiheit und das Glück oder das Grab! Möge unser Leben am
Ende der Leiden ein Opfer für Rußland sein! Wir bereuen dieses
Opfer nicht, sondern bringen es frohen Herzens dar!

St. Petersburg, den 9. (22.) Januar 1905

G. Gapon, Pope   J. Wassimow, Arbeiter«

Der ›blutige Sonntag‹: 9. Januar 1905

An diesem Tag weilte der Zar nicht in Petersburg, sondern in
Zarskoje Selo. Wußte er Bescheid? Mit Sicherheit, denn jedermann war auf dem laufenden, daß eine große Bittschrift an den
Zaren in Vorbereitung war. Es hatte sich sogar bis Paris herum-
gesprochen, wo Großfürst Paul, der Onkel des Zaren, mit dem
französischen Botschafter in Petersburg, Paléologue, dinierte
und sich fragte: Warum empfängt er denn nicht eine Abordnung der Streikenden? Und auch der letzte Offizier, der, aus
der Mandschurei kommend, in Petersburg aus dem Zug stieg,
erfuhr: »Morgen gibt es eine Revolution!«

Am Samstag, dem 8. Januar, trug Nikolaus in sein Tagebuch
ein: »Klarer, kalter Tag. Viel Arbeit und viele Rapporte. Wir hatten Frederiks* zum Dejeuner da. Habe einen langen Spazier-

---

* Graf Frederiks, ein gebürtiger Däne, Minister des Kaiserlichen Hofes und Generaladjutant
des Zaren.

134

gang gemacht. Seit gestern werden alle Petersburger Betriebe und Fabriken bestreikt. Truppen aus der Umgebung sind herangezogen worden, um die Garnison zu verstärken. Bis jetzt haben sich die Arbeiter ruhig verhalten. Man schätzt ihre Zahl auf 120000. Eine Art sozialistischer Pope namens Gapon steht an der Spitze der Vereinigung. Mirski* suchte mich abends auf und erstattete über die getroffenen Maßnahmen Bericht.«

Einige Tage nach der großen Kundgebung vom Tag darauf, bei der Soldaten in die Menge schossen und 170 Demonstranten töteten und viele Arbeiter verwundeten, die, Ikonen und wehende Banner tragend, sich friedlich an ihren geliebten Zaren hatten wenden wollen – das Blutbad vor dem Winterpalais ging als ›blutiger Sonntag‹ in die Geschichte ein –, hielt der Zar eine Ansprache an eine sorgfältig ausgewählte Abordnung Petersburger Industriearbeiter und führte darin aus:

»Als man Euch veranlaßte, mit einer Eingabe zu mir zu kommen, hat man Euch zu einer Revolte gegen mich und meine Regierung provoziert. Die Streiks und aufpeitschenden Kundgebungen bewirken nur, daß die untätige Menge zu Ausschreitungen angestachelt wird, die den Staat schon immer gezwungen haben, das Militär zu Hilfe zu rufen und ihn dazu auch immer zwingen werden. Dabei gibt es unvermeidlich unschuldige Opfer. Ich weiß, daß das Leben eines Arbeiters nicht leicht ist. Es muß viel getan werden, um es zu verbessern und zu regulieren, aber Ihr müßt viel Geduld haben! Ihr selbst werdet, wenn Ihr Euer Gewissen erforscht, zugeben, daß man auch gerecht gegen Eure Fabrikanten sein und die Verhältnisse in unserer Industrie berücksichtigen muß.

Was das Herbeiströmen einer aufrührerischen Menschenmenge betrifft, die mir Eure Bedürfnisse erläutern will, so ist das ein krimineller Akt!

Ich vertraue auf das Ehrgefühl der Arbeiter und ihre unerschütterliche Treue zu meiner Person, und deshalb verzeihe ich ihnen ihre Schuld!«

---

* Swjatopolk-Mirski war Nachfolger Plewes als russischer Innenminister nach dem tödlichen Attentat auf Plewe am 15. Juli 1904.

Das Tagebuch des Zaren verzeichnet für Sonntag, den 9. Januar 1905, folgende in Zarskoje Selo vorgenommenen Eintragungen:

»Anstrengender Tag. Ernsthafte Ausschreitungen haben sich in Petersburg ereignet, als Arbeiter unbedingt bis zum Winterpalais vordringen wollten. Das Militär hat an verschiedenen Stellen der Stadt von der Schußwaffe Gebrauch machen müssen. Es hat viele Tote und Verwundete gegeben. Allmächtiger, wie peinlich und schmerzhaft das alles ist! Mama ist pünktlich zur Essenszeit aus der Stadt gekommen. Wir haben im Familienkreis gespeist. Habe Spaziergang mit Michail gemacht. Mama über Nacht bei uns geblieben.«

Am 10. Januar notierte Nikolaus: »Keine besonderen Vorkommnisse. Ich habe beschlossen, General Trepow zum Gouverneur der Stadt und des Gouvernements zu machen. Eine Deputation von Kosaken aus dem Ural brachte mir Kaviar.«

Und am 19. Januar heißt es schließlich: »Einige Worte an eine Abordnung von Arbeitern aus St. Petersburg aus Anlaß der kürzlichen Unruhen gerichtet.«

Er verzieh seinem Volk, sich gegen ihn erhoben zu haben. Aber sein Volk verzieh ihm nicht.

2

Autokratie kontra Gesellschaft –
Nikolaus ›der Blutige‹

Der Mythos vom Zaren als ›Batjuschka‹

Der ›blutige Sonntag‹ machte dem Mythos vom ›Batjuschka‹, dem Väterchen, von dem nichts Böses kommen konnte, ein für allemal ein Ende. Lange Zeit hatte das russische Volk angenommen, der Adel habe es von seinem Zaren ferngehalten. Ihm konnte man sich nicht mehr nähern, ihm konnte man nicht einmal mehr etwas sagen. Doch der Tag würde kommen, da Volk und Zar sich endlich wieder verständigen könnten.

Dem Volk, das mit wehenden Bannern herbeigeströmt war, um seinen geliebten Zaren anzuflehen und mit ihm zu sprechen, hatten die Soldaten mit Schüssen geantwortet.

Trotzdem war dieser Glaube an den Zaren tief verwurzelt, und als das Volk sich erhob, geschah das nicht gegen ihn persönlich, sondern gegen seine Handlanger – was Alexander Herzen in Wut versetzte: »Ihr haßt die Großgrundbesitzer und die Beamten, fürchtet sie, und das zu Recht! Aber Ihr habt Vertrauen in den Bischof, Ihr schenkt dem Zaren Glauben. Verlaßt Euch nicht darauf! Der Zar ist wie die anderen, es sind *seine* Soldaten!«

Bis zu diesem Zeitpunkt hatten die Bauern gute Gründe gehabt, um diesen Unterschied zu machen: sie erinnerten sich daran, daß nur die Güter von Zar Nikolaus I. im Zuge seiner Reformen aufgeteilt und lediglich ein Teil seiner Bauern von der Leibeigenschaft befreit worden waren, daß jedoch kein Adliger diesem Beispiel gefolgt war. Sie wußten auch, daß die großen

Reformen von Alexander II., dem ›Befreierzaren‹, ausgegangen waren, der die Leibeigenschaft aufgehoben und die Bauern befreit hatte, daß aber seither die Vertreter des Zaren verlangten, daß man für das Land bezahlte, das man bearbeitete. Die ›Gesellschaft‹, also die gebildeten Schichten – die man in Rußland ›obschtschestwo‹ nannte im Gegensatz zum Volk (›narod‹) – sprachen spöttisch von ›naivem Monarchismus‹, doch die Muschiks waren gar nicht so naiv: ihre Verehrung und abgöttische Liebe stellten sie gewissermaßen unter den Schutz des Herrschers, und sie konnten auf diese Weise ›im Namen des Zaren‹ ihren Grundbesitzern und dem Adel ungestraft die Stirn bieten. Sie konnten dies jedoch immer weniger im Verlauf dieses 19. Jahrhunderts tun, da nun Staatsapparat und Armee – und die neugebauten Eisenbahnlinien halfen ihnen dabei – die Zügel der Zentralisierung straff anzogen und Aktionen der Bauern lahmlegten. Für diese langsame Veränderung war der ›blutige Sonntag‹ ebenfalls auf explosive und zudem blutige Weise kennzeichnend.

Nach 1905 würden die Bauern nicht mehr sagen, sie handelten ›im Namen des Zaren‹. Der Mythos überlebte indessen auf seine Weise, da ja diese Bauern, mit dem Soldatenmantel bekleidet, auf die Arbeiter geschossen hatten, die ehemals Bauern waren wie sie selbst.

Grigori Alexinski, Bolschewik der ersten Stunde und Anhänger des Sozialpatriotismus von 1914, erinnerte sich später an die Worte des Dichters Maxim Gorki am Tag nach dem ›blutigen Sonntag‹:

»Wenn ich der Zar von Rußland wäre, wüßte ich, wie ich bis in alle Ewigkeit die absolute Monarchie sichern könnte. Ich ginge nach Moskau, präsentierte mich vor dem Kreml auf einem Schimmel, umgeben von meinem ganzen Gefolge, und würde folgendes sagen: ›Komm schleunig herbei, Volk von Moskau, und sammle dich hier um mich!‹ Wenn dann die Menschen zusammengeströmt wären, würde ich ihnen erklären: ›Meine Kinder, ihr seid unzufrieden mit meinen Ministern, mit meinen hohen Beamten und mit den reichen Leuten, die euch ausbeuten und mißhandeln. Nun gut, ich, euer Zar, ich werde selbst hier an dieser Stelle vor euren Augen über diese Diebe und Bösewichte zu Gericht sitzen!‹ Und nachdem ich mir dann die Beschwerden dieser Leute angehört hätte, würde ich auf der Stelle einige Köpfe rollen lassen, ganz ohne weitere gerichtliche Prozedur. Und ich garantiere Ihnen, ich hätte nie mehr ein Attentat zu befürchten. Das Volk würde mich besser schützen als irgendeine Ochrana!«

Diese Bemerkung zeigt, daß der Mythos noch zu Gorkis Lebzeiten nicht verblaßt war, obwohl dieser ein eingeschworener Gegner des Zarismus war; er stammte aber aus einfachen Verhältnissen, und trotz seines Hasses blieb diese Vorstellung vom ›Väterchen Zar‹ bei ihm tief verwurzelt. Doch weder Nikolaus II. noch die den Liberalen feindlichen Kreise wußten diese Verbundenheit mit dem Zarenhaus zu ihrem Vorteil auszunutzen.

Februar – Mai 1905: Revolution und militärische Niederlage

Der ›blutige Sonntag‹ zerriß das ›heilige Band‹, welches das Volk mit seinem Zaren verband – jenes Volk, auf das Nikolaus II. sein Vertrauen und die Rechtmäßigkeit seiner Herrschaft stützte. Er war zugleich auch ein Meilenstein für das Auftauchen der Arbeiterklasse auf der Bühne der Geschichte – ein Wendepunkt, der weniger den revolutionären Parteien zu verdanken war als dem Verhalten der autokratischen Macht selbst.

Die ›Entschuldigung‹ des Zaren konnte das Volk nicht zufriedenstellen. A. Iermolow, dem Minister für Landwirtschaft, fiel die heikle Aufgabe zu, dies dem Zaren zu verstehen zu geben. Er tat es mit den Worten: »Es besteht die Gefahr, daß die Truppen sich eines Tages weigern, auf das unbewaffnete Volk zu schießen, dem sie selbst entstammen. Man muß auch an die Vertreter des Heiligen Rußland appellieren, Unterstützung beim ganzen Volk suchen.« Eine nach ihrem Vorsitzenden benannte Schidlowski-Kommission wurde einberufen und mit der Untersuchung der Ursachen für die anhaltenden Unruhen beauftragt. Die Arbeiter stimmten trotz Abratens zahlreicher sozialistischer Führer der Einrichtung des Ausschusses zu, zumal ihre Vertreter uneingeschränkte Immunität genießen sollten. Doch bereits am 20. Februar 1905 wurde diese Forderung von der Gegenseite für unannehmbar erklärt und die Schidlowski-Kommission wieder aufgelöst.

Inzwischen schrieb Nikolaus II. in sein Tagebuch: »Onkel Sergej ist Opfer einer schrecklichen Schandtat geworden. Er wurde unweit des St.-Nikolaus-Tores (in Moskau; unweit des Kremls – Anm. d. Ü.) von einer Bombe getötet. Sein Kutscher ist lebensgefährlich verletzt worden. Arme, unglückliche Ella! Möge der Herr sie segnen und ihr beistehen!«

Der Zar beauftragte alsdann seinen neuen Innenminister Bulygin, ein Reskript zu verfassen und zu veröffentlichen, das den Untertanen mitteilte, der Zar halte den Zeitpunkt für gekommen, »aus den würdigsten Männern eine Volksvertretung mit beratender Stimme zu schaffen«. Gleichzeitig wurde ein vom Zaren unterzeichnetes Manifest in der Presse publiziert, in dem der Monarch in scharfen Worten »alle echt russischen Leute« zum Kampf gegen den »inneren Feind« aufrief.

Das Reskript, das Manifest und schließlich ein Ukas, der die Bevölkerung aufforderte, die Regierung ihre Meinung wissen zu lassen und ihr politische Reformvorschläge zu unterbreiten, wurden sämtlich zur gleichen Zeit, am 18. Februar, verbreitet. Allem Anschein nach widersprüchlich, ließen sie dennoch erkennen, daß der Zar die Absicht hatte, mit seinem Volk, ohne das autokratische Prinzip anzutasten, in einen Dialog einzutreten.

Der Gedanke, die Vertreter des Volkes um ihre Meinung – aber nur um diese – zu bitten, war nicht neu, denn man hatte ihn bereits 1881 erwogen. Doch die ›Reaktion‹ unter Alexander III. und eine Politik in Übereinstimmung mit der ›Ansprache‹, die Nikolaus II. ganz zu Anfang seiner Herrschaft an sein Volk gerichtet hatte, hatten ihn verdrängt.

Die Frage blieb dennoch, trotz der ablehnenden Haltung des Monarchen, auf der Tagesordnung; 1901 hatte Nikolaus II. in seiner Grußbotschaft zum Jubiläum des Reichsrates in dem vorgesehenen Satz über die Provinzvertretungen (Semstwo-Organe): »denen Männer angehören sollen, die unser Vertrauen und das der Allgemeinheit genießen« die Worte »und das der Allgemeinheit« ausgelassen. Plewe hatte sie nach 1903 in einem Manifest zur Verbesserung des politischen Systems erneut verwendet; er hatte dies auf Anraten V. Gurkos, des Generalgouverneurs von Russisch-Polen, getan und sich überwinden müssen, diese wenigen Worte einzufügen, ohne daß der Zar – *ausnahmsweise* – darauf reagierte.

Entgegen der Legende war Nikolaus II. auf die Definition der Rechte und Machtbefugnisse sehr bedacht, die er zu einem ›Gewissensproblem‹ machte, und im Februar ließ er sich erst in Kenntnis der Sachlage gezwungenermaßen herbei, sie zu ändern.

Nach dem ›blutigen Sonntag‹ erschien das Reskript vom 18. Februar wie eine Zurücknahme der Macht; das Land war in Aufruhr: Studenten, Universitätprofessoren, Rechtsanwälte, Unternehmer (die letzteren wie die Juden zu Sündenböcken der zaristischen Macht gestempelt) und Arbeiter ließen ununterbrochen Streiks auf Kundgebungen folgen und wiederum Demonstrationen und Bittschriften auf Streiks. Die Bevölkerung reagierte auf das Reskript, wie es von ihr verlangt worden war, und schloß sich in Vereinigungen oder Berufsverbänden – Ärzte, Diplomlandwirte, Advokaten, Frauen usw. – zusammen, die bald in einer ›Dachgewerkschaft‹ vereint wurden. Zur gleichen Zeit sammelten sich die Arbeiter und wählten in Iwanowo-Wosnjessensk den ersten ›Sowjet‹ (Rat) der russischen Geschichte. Dieser Arbeiterrat verlangte für die Arbeiter »das Recht auf Versammlungsfreiheit, um über ihre Bedürfnisse zu debattieren und Delegierte zu wählen«. Die kaum noch existierenden sozialistischen Parteien, die Sozialdemokraten und die Sozialrevolutionäre, hatten auf Aktionen gedrängt, besonders die ›Menschewiki‹ (Minderheitler, abgeleitet vom russischen mensche = weniger), ein Schachzug, der um so spektakulärer wirken mußte, als gleichartige Volksbewegungen in Russisch-Polen zum Durchbruch kamen, wo seit Januar 1905 die Streiks ungewöhnliche Ausmaße angenommen hatten. Sie wurden von der Polnischen Sozialistischen Partei und vom Jüdischen Bund gesteuert. Vom Sommer 1905 an begannen die Unruhen auch auf die ländlichen Gebiete überzugreifen.

Die Katastrophe von Tsuschima* (15. – 28. Mai), wo die russische Ostseeflotte, via das Kap der Guten Hoffnung an der Südspitze Afrikas zur Hilfeleistung für die russischen Seestreitkräfte im Pazifik herbeigeholt, nach siebeneinhalbmonatiger Fahrt in einer Seeschlacht durch die japanische Flotte unter Admiral Togo vernichtet wurde, löste auch in der russischen Marine Unruhen aus. Ein Beispiel dafür war die berühmt gewordene Meuterei auf dem Panzerkreuzer ›Potemkin‹. Die russische Regierung beschuldigte sogleich die Aufständischen, Matrosen wie streikende Arbeiter, ›Komplizen des Feindes‹ zu sein, eine Behauptung, die in Wahrheit nur für eine polnische Freiwilligenlegion zutraf, die zu Ausbildungszwecken nach Japan unterwegs gewesen war. Tatsache ist auch, daß Revolutionäre, mehr oder weniger in Verbindung mit der Spionageabwehr Japans stehend, geplant hatten, Züge auf der Strecke der Transsibirischen Eisenbahn in die Luft zu sprengen.

Die Liberalen begannen sich angesichts der ständigen Verschlimmerung der Lage, die im ganzen Land um sich griff, Gedanken zu machen. Auf einem in Moskau abgehaltenen Kongreß verabschiedeten die 300 Deputierten aus Semstwos und größeren Städten einstimmig ein ›Manifest der Nation‹. Es brandmarkte »das Regime und die Beamtenschaft, die durch verbrecherische Nachlässigkeit und Mißgriffe nicht nur Rußland, sondern sogar auch den Thron in Gefahr gebracht haben«. Die Unterzeichner des Manifests forderten die Schaffung einer frei gewählten Vertretung des Volkes, das die Nation repräsentierte, die Aufhebung der den Freiheitsrechten entgegenstehenden Gesetze sowie die Beteiligung von Männern an der Regierung, die der Sache der Staatsreform ergeben seien. Nikolaus II. erklärte sich bereit, den Fürsten Sergej Trubetzkoj, Philosophieprofessor an der Universität Moskau, an der Spitze einer fünfzehnköpfigen Delegation »im Galafrack und mit wei-

---

* Japanische Insel in der Koreastraße.

Beginn des Krieges zwischen Rußland und Japan 1905:
Umgeben von seiner Generalität, segnet der Zar vom Pferd herunter
ein nach Ostasien in Marsch gesetztes Regiment.

ßen Handschuhen« in Audienz zu empfangen. Der Zar entgegnete: »Eure Befürchtungen sind grundlos. Mein Entschluß, mein unerschütterlicher Entschluß, vom Volk Erwählte zu berufen, steht ein für alle Male fest. Sie sollen an der Arbeit der Regierung teilnehmen. Ich verfolge Tag für Tag diese Vorgänge. Ich hege den festen Glauben, daß das Heilige Rußland erneuert und gestärkt aus der ihm auferlegten Prüfung hervorgehen wird. Möge wie ehedem die Eintracht zwischen Herrscher und Volk die Grundlage einer den traditionellen Prinzipien Rußlands entsprechenden Ordnung bilden!«

Diese mündlichen Zusagen des Zaren waren dann allerdings nicht in dem offiziellen, von der Zensur genehmigten Hofkommuniqué enthalten.

Das Tagebuch Nikolaus' II. enthält für diesen Tag folgende Eintragung:

»6. Juni (1905). Außergewöhnliche Hitze, 23 Grad im Schatten. Nach dem Rapport habe ich im Dachsaal vierzehn Deputierte der Semstwos und Städte empfangen, die von einem kürzlich in Moskau abgehaltenen Kongreß nominiert worden waren. Zum Mittagessen waren wir unter uns. Nachmittags haben wir uns dann mit den Kindern am Meer vergnügt; sie haben im Wasser herumgetobt. Zum erstenmal in meinem Leben habe ich bei einer Wassertemperatur von 14¼ Grad gebadet – eine niedrige, aber erfrischende Temperatur! Den Tee haben wir unter dem Sonnendach eingenommen. Danach empfing ich Alexejew und Tanejew, den Leiter der Kaiserlichen Kanzlei, zu einer Unterredung. Nach dem Diner blieben wir auf dem Balkon. Von neuem zogen von Südwesten her Gewitter auf, begleitet von prächtigen Blitzen.«

Mehr als von diesen innenpolitischen Vorgängen fühlte sich Nikolaus von der Situation innerhalb der Streitkräfte betroffen. Die Meutereien, die der auf dem Schlachtschiff ›Potemkin‹ gefolgt waren, erfüllten ihn mit Besorgnis. »Es hat auch Ausschreitungen auf der ›Pruth‹ gegeben«, trug er in sein Tagebuch ein; »wenn man nur die übrigen Besatzungen des Geschwaders hat in Schach halten können! Die Rädelsführer müssen schwer und die Meuterer unerbittlich bestraft werden!«

Ein paar Tage darauf lautete der Eintrag: »Gebe Gott, daß diese peinliche und schändliche Affäre schnellstens vorbeigeht!«

Die Niederlage in der Seeschlacht von Tsuschima deprimierte ihn mehr als alles andere: »Wir haben widersprüchliche Meldungen über das Gefecht unseres Geschwaders mit der japanischen Flotte erhalten; es ist darin nur von unseren Verlusten die Rede und nichts über die feindlichen gesagt. Diese Ungewißheit belastet uns furchtbar.«

Fünf Tage später steht im Tagebuch des Zaren zu lesen: »Man bestätigte mir die schrecklichen Nachrichten vom Verlust des beinahe gesamten Geschwaders in einer zweitägigen Schlacht. Roshdestwenski (Admiral und Befehlshaber der Baltischen

Flotte, Anm. d. Ü.) ist verwundet worden und in Gefangenschaft geraten! Das Wetter ist prachtvoll heute, was unseren Kummer noch vergrößert.«

Das Manifest vom 17. Oktober

Seit dem 18. Februar wartete das Land fieberhaft auf die Beschlüsse einer von Innenminister Bulygin geleiteten Kommission, die beauftragt war, die Modalitäten der Einberufung einer beratenden Versammlung, der Reichsduma, festzulegen. Der Zar wählte das Fest Christi Verklärung, den 6. August, um sie bekanntzugeben. Von den vorgebrachten Forderungen war nur das Prinzip der geheimen Wahl, das garantiert wurde, akzeptiert worden; aber weder das allgemeine Wahlrecht noch das Repräsentationsprinzip – es sollte nach Klassen gewählt werden – noch die Direktwahl hatten Billigung gefunden.

Das Echo war beinahe einstimmig: »Diese Herausforderung ist das Werk von Eunuchen!« Die Mehrzahl der revolutionären Parteien – Sozialrevolutionäre, Menschewiken und Bolschewiken – lehnte es ab, sich an dieser ›Wahlkomödie‹ zu beteiligen. Die ›Dachgewerkschaft‹ schlug vor, mit einem Generalstreik zu reagieren, und nach langen Diskussionen in den Universitäten und Fabriken lief dieser schließlich auch unaufhaltsam an. Nikolaus II. schrieb darüber in sein Tagebuch: »Die Eisenbahnerstreiks, die im Gebiet um Moskau begonnen hatten, haben auf St. Petersburg übergegriffen. Heute ist der Verkehr auf der Ostseestrecke eingestellt worden. Die zur Audienz gekommenen Personen hatten Mühe gehabt, Peterhof zu erreichen. Um die Verbindung mit Petersburg aufrechtzuerhalten, fährt die ›Dsorni‹ zweimal täglich hin und zurück. Herrliche Zeiten sind das!...«

Der Generalstreik wurde dann rigoros verschärft, weil die Streikenden erfahren hatten, die in Petersburg zusammengekommenen Delegierten der Eisenbahner, die über Fragen der Pensionszahlungen debattieren wollten, seien verhaftet worden. Das stellte sich jedoch als Falschmeldung heraus. Keine Falschmeldung war der Tagesbefehl von Generalgouverneur Trepow an seine Soldaten: »Ohne Aufforderung das Feuer eröffnen und mit den Patronen nicht geizen!« (14. Oktober 1905)

In Anbetracht der Volkserhebung, die sich noch auszuweiten drohte, eines Aufrufs des Petersburger Arbeitersowjets, »die Ketten jahrhundertelanger Knechtschaft abzuwerfen«, angesichts der Streiks, von denen bereits die öffentlichen Versorgungsbetriebe und selbst Regierungsorgane wie der Senat betroffen waren, und aufgrund der Tatsache, daß auch Trepow ihm zu Konzessionen riet, befolgte der Zar nach drei Tagen den Rat seines ehemaligen Ministers Witte und ging auf einige Punkte eines von diesem vorgelegten Memorandums ein. In dem Papier gab Witte dem Monarchen zu bedenken, »daß die Zusammenstöße der Streikenden mit Polizei und Armee, die Sprengstoffanschläge, die Streiks, die Ereignisse im Kaukasus, die Unruhen an den Schulen, die Bauernaufstände usw. von großer Bedeutung sind, und zwar nicht nur die Ereignisse als solche, sondern auch ihre Wirkung auf die übrige Bevölkerung, die sich nicht ernsthaft zur Wehr setzt. Man darf angesichts dieser Vorgänge nicht die Augen verschließen und muß klar erkennen, daß es zu verhindern gilt, daß die Revolten sich schrecklich zuspitzen, wie es in der Geschichte öfter der Fall war. Seit Februar sind die Ziele der Bevölkerung viel weitergesteckt als in der Zeit davor.«

Witte erteilte Nikolaus II. auch den Rat, »das Wort Verfassung dürfe nicht nur bei ihm eine Art Panik erzeugen«.

Der Zar gab nach, aber unter der Bedingung, daß alles feierlich vonstatten gehe. Er beschloß dann endlich, die Duma und die heißersehnten Freiheitsrechte zu bewilligen und tat dies mit einem am 17. (30.) Oktober 1905 von ihm unterzeichneten Manifest.

Dieses Oktober- oder ›Freiheitsmanifest‹, wie es später genannt wurde, versprach dreierlei:

»1. Der Bevölkerung werden unerschütterliche Grundlagen der bürgerlichen Freiheit nach den Grundsätzen wirklicher Un-

146

antastbarkeit der Person, die Freiheit des Gewissens, des Wortes, der Versammlungen und der Vereine gewährt.

2. Es werden jetzt zur Teilnahme an der Duma jene Bevölkerungsklassen herangezogen, welche gegenwärtig des Wahlrechts noch gar nicht teilhaftig sind, wobei die weitere Entwicklung des Grundsatzes des allgemeinen Wahlrechts der neu einzuführenden gesetzlichen Ordnung anheimgestellt bleibt.

3. Als unerschütterliche Regel wird festgelegt, daß kein Gesetz ohne Genehmigung der Reichsduma Geltung erhalten kann und daß den vom Volke Gewählten die Möglichkeit wirklicher Teilnahme an der Aufsicht über die Gesetzmäßigkeit der Akte der von Uns eingesetzten Behörden gesichert ist.«

Das Manifest griff einen großen Teil der Forderungen der liberal eingestellten Schichten auf und war mit dem autokratischen Prinzip wenig vereinbar. Nikolaus II. äußerte sich danach sofort zur Ablehnung des allgemeinen Wahlrechts: »Allzu große Schritte müssen vermieden werden. Sonst fände man sich später in der Nähe einer demokratischen Republik wieder. Das wäre verrückt, ja kriminell!« Im Text des Manifests fehlten zwar die Elemente der Autokratie, doch auch von Verfassung, Amnestie oder Aufhebung des Belagerungszustands war nicht die Rede. Leo Trotzki, der Vorsitzende des Petersburger Sowjets, konnte damals schreiben:

»Man hat uns Versammlungsfreiheit gewährt, aber die Versammlungen sind vom Militär umstellt. Man hat uns Redefreiheit eingeräumt, aber die Zensur arbeitet unverdrossen weiter. Man hat uns die Lehrfreiheit gegeben, aber die Universitäten sind von der Polizei besetzt. Man hat uns Unverletzlichkeit der Person zugestanden, aber die Gefängnisse bleiben überfüllt. Man gewährt uns alles, und wir haben trotzdem nichts! Wir wollen weder die Schnauze vom Wolf noch den Schwanz vom Fuchs, aber auch keine in eine Verfassung eingewickelte Peitsche.«

»Das Volk hat gesiegt, der Zar hat kapituliert, die Autokratie hat überlebt«, schrieb die britische Tageszeitung ›The Times‹. Aus der Sicht russischer Liberaler war tatsächlich der Bruch mit dem bisherigen autokratischen Regime vollzogen worden, denn endlich sollte – wie 1789 in Frankreich – eine verfassunggebende Versammlung zusammentreten.

Dieselben Liberalen, die das Manifest begrüßt hatten und sich künftig Oktjabristen (oder Oktobristen) nannten, erkannten nicht, daß sie die eine Schlacht gewonnen, dafür aber eine andere verloren hatten, weil jetzt die unteren Volksschichten – zumindest die organisierten Arbeiter – mit dem Zarenregime endgültig gebrochen hatten und von nun an darangingen, die Weichen für eine Revolution zu stellen. Und ihnen ging es nicht nur um eine politische Veränderung, die in Form einer mehr oder weniger parlamentarischen Versammlung sichtbar werden würde.

Die Geschichte Rußlands war auf diese Weise an einem Wendepunkt angelangt. Bisher war mit Blick auf die Autokratie, selbst wenn die Gesellschaft gespalten war, die Opposition, angeführt von der Intelligenzija und den verantwortlichen Männern der nationalen Minderheiten, untereinander einig gewesen. Von nun an standen die Volksmassen und die Liberalen in getrennten Lagern. Ihre politischen Zielsetzungen waren völlig verschieden: gesellschaftliche Revolution wollten die ersteren, politische Verbesserungen strebten die letzteren an.

Zumindest zwei Männer waren sich deutlich dieses Phänomens bewußt. Das war einmal Pawel Miljukow, Universitätsprofessor für Geschichte und Vorsitzender der Konstitutionellen Demokraten (›Kadetten‹), einer liberalen Partei. Er strebte die Souveränität der Duma an. Der zweite Mann, der Begründer der bolschewistischen Partei, Wladimir Iljitsch Lenin, dagegen war der Auffassung, daß es künftig nichts mehr mit dem herrschenden Regime zu verhandeln gab.

Wie ein Film, der angehalten wird und anschließend weiterläuft, begann die Revolution von 1917 genau an dieser Stelle, an demselben Punkt, an dem man auch im Oktober 1905 angelangt war: eine Volksvertretung, die keine Souveränität besaß, ein Aufstand in der Hauptstadt mit der Bildung eines Deputiertensowjets in Petrograd* und Verhandlungen der Führer der Duma, die nach der Möglichkeit eines Ausgleichs zwischen der sozialen Revolution, die sie zu verhindern trachteten, und den politischen Veränderungen suchten, denen zuzustimmen Nikolaus II. gezwungen worden war. 1917 dankte er ab – zu spät für die Schlichter.

Wladimir Iljitsch Lenin.

Allerdings waren zwischen 1905 und 1917 zwölf Jahre vergangen, in denen die Autokratie wieder die Oberhand gewonnen hatte und in denen die russische Armee zum zweiten Mal eine schwere Niederlage hatte einstecken müssen. So daß man das Jahr 1905 weniger für eine Art ›Generalprobe‹ für 1917 ansehen kann als vielmehr für die erste Stufe einer Entwicklung, die plötzlich unterbrochen wurde. Aber wer konnte das zu diesem Zeitpunkt erkennen?

---

* St. Petersburg hieß von 1914 bis 1924 offiziell Petrograd und wurde dann nach Lenins Tod in Leningrad umbenannt [Anm. d. Ü.].

Nikolaus II.: »Beantworten Sie Gewalt mit Gegengewalt!«

Nach dem Oktobermanifest hatte sich Nikolaus II. von Pobjedonossew getrennt und auf den Rat seiner Familie, vor allem
seiner Mutter, hin nicht ohne Zetern Witte damit betraut, eine
Regierung zu bilden, etwas unerhört Neues, denn bis dahin war
jeder Minister ausschließlich dem Zaren verantwortlich gewesen. Witte, faktisch, wenn auch nicht dem Namen nach Ministerpräsident, war persönlich nicht für die Eindämmung staats-
gefährdender Umtriebe befähigt, sondern benötigte dafür einen
Mann mit eiserner Faust, der an die Stelle Trepows treten sollte.
Er entschied sich für Pjotr Durnowo, der unter Plewe Polizeidi-
rektor gewesen war, und machte ihn zum Innenminister. Das
lieferte den Liberalen und Konstitutionalisten einen guten Vorwand, um ihre Beteiligung an der Regierung abzulehnen.

Tatsächlich war die Lage noch immer sehr angespannt; im Dezember 1905 befanden sich noch mehr als 400 000 Arbeiter im
Ausstand, kaum weniger als im Oktober. Der Zar verlangte nun
die Beendigung der Unruhen und erteilte dem Moskauer Gouverneur Sologub den Befehl, »Gewalt mit Gegengewalt zu be-
antworten«, den dieser mit außergewöhnlicher Härte besonders
in den baltischen Ostseeprovinzen befolgte, wo sich die Bauern
gegen die deutschen Barone erhoben hatten.

Aber das Kräftemessen dauerte schon zu lange, und der Petersburger Sowjet, nahe daran, durch die Streiks ausgelaugt zu
sein, verschwand wie andere Arbeiterräte von der Bildfläche,
als die Polizei seine sämtlichen 267 Delegierten, die am Sitz des
Rates zu einer Tagung versammelt waren, bei einer Razzia fest-
nahm. Zur selben Zeit wurde der Moskauer Aufstand blutig
niedergeschlagen, nachdem sich Arbeiter und Polizei eine
Woche lang Straßen- und Barrikadenkämpfe geliefert hatten.
Das ›Verdienst‹ an der gewaltsamen Beendigung der Auseinandersetzungen fiel einem Admiral namens Dubassow zu. Die
Zahl der Opfer war unermeßlich.

Witte war an alldem nicht beteiligt gewesen, doch in den
Augen der Liberalen war er in Verruf gekommen. Und das war
er auch in den Augen Nikolaus' II. »Dieser Mann ist ein wahres

Chamäleon«, schrieb der Zar seiner Mutter, »seit den Moskauer Unruhen will er alle Leute hängen oder erschießen lassen.«

Auf dem Land hatte der Aufruhr eigentlich bereits längere Zeit vor den Niederlagen in der Mandschurei und dem ›blutigen Sonntag‹ begonnen. Rund hundert herrschaftliche Güter waren 1902 in der Ukraine in Brand gesteckt worden; weitere 979 gingen während der Revolution von 1905 in Flammen auf. Zu diesen Brandstiftungen durch aufständische Kleinbauern kamen, ebenfalls 1905, 846 Überfälle auf Landgüter. Danach verlor die Volksbewegung, sowohl in der Stadt wie auf dem Land, angesichts des Erfolges der repressiven Maßnahmen nach dem Dezember 1905 an Stärke. Lenin kommentierte sie so:

»Die Bauern haben ungefähr 2000 Anwesen von Großgrundbesitzern angezündet und sich die von den adligen Plünderern dem Volk gestohlenen Nahrungsmittel geteilt. Es war leider eine zu wenig gründliche Tat: zerstört wurde lediglich ein Fünfzehntel der Herrenhäuser, bloß ein Fünfzehntel dessen, was sie hätten zerstören müssen, um diese Schande, wie sie der Großgrundbesitzer darstellt, von der Erdoberfläche hinwegzufegen.«

Die Forderung der Landbevölkerung lautete: Gebt Grund und Boden denen, die ihn bearbeiten!

Zwar waren die Aktionen der Bauern in erster Linie gegen die aristokratischen Gutsbesitzer gerichtet, doch sie hatten auch die Ordnungskräfte zur Zielscheibe; lediglich die Geistlichkeit und die Person des Zaren waren ausgenommen. Die Muschiks empfanden Haß gegen Adel, Grundbesitzer und Beamte, kurz, gegen die ›Herren‹, aber nicht gegen den Zaren.

Was die Armee anging, deren Soldaten ja ehemalige Bauern waren, so schoß sie ohne Zögern auf die revoltierenden Bauern.

Zwölf Jahre später hielt ihr Ministerpräsident Kerenski, als sie sich ihrerseits auflehnte und sich weigerte, gegen die deutschen Heere vorzurücken, unverblümt vor: »Damals, im Jahre 1905, hattet ihr keine Hemmungen, auf eure Brüder zu feuern!«

1917 schossen die Soldaten nicht mehr.

Für das Jahr 1905 wirft diese Frage übrigens ein wirkliches Problem auf, denn wenn auch die Armee die Waffen auf Arbeiter und Bauern richtete, so gab es doch bis Ende 1905 in ihren eigenen Reihen ebenfalls Meutereien. 193 sind aktenkundig geworden; 45 von ihnen griffen auf mehrere Truppeneinheiten über, und 75 fanden im europäischen Rußland statt, weitab vom Schauplatz des übrigen revolutionären Geschehens.

Die Rebellionen in den Reihen des Militärs nahmen unmittelbar nach Veröffentlichung des Oktobermanifestes ihren Anfang, weil die Soldaten in dem Manifest offenbar einen Appell sahen, ihren Forderungen Ausdruck zu verleihen; bei diesen ging es hauptsächlich um die Disziplinargewalt bei der Truppe und deren eklatanten Mißbrauch durch die Offiziere. Doch diese behaupteten, das Manifest betreffe weder die Dienstvorschriften noch die Disziplinargewalt noch die Bürger in Uniform überhaupt: sie durften sich bei politischen Versammlungen nicht sehen lassen und schon gar nicht dort das Wort ergreifen.

Die Meutereien fanden ein Ende, als das Kriegsministerium, Repression mit Versprechungen verbindend, den Soldaten unter anderem höheren Sold, bessere Verpflegung, Decken und haltbarere Stiefel versprach. Sie flauten aber auch ab, weil die Offiziere, die schon 1905 Dienst getan hatten, die Lage ihrer Soldaten für jämmerlich hielten, deren Forderungen unterstützten und die Vorschläge annahmen.

Die Folge war, daß die Meuterer ins Glied zurücktraten und den Befehlen des Zaren gehorchten, denn, so lautete ein altrussisches Sprichwort: »Ohne den Zaren ist das Land verwitwet und das Volk verwaist.« Nur in Kronstadt, dem Hafen, in dem 1917 die Revolution ihren Anfang nahm, machte das erstaunliche Gerücht die Runde, daß bald der Tag kommen werde, wo nicht mehr der Zar und auch nicht der liebe Gott die Macht hätten, sondern ein gewisses ›Revolutionskomitee‹, das weiter keinen Namen trug.

Im russischen Heer gab es keine solch spektakulären Meutereien wie bei der Kriegsmarine, obwohl sich eine Reihe von Truppenteilen der revolutionären Bewegung anschlossen. In Moskau wurde zum Beispiel eine ›Militärsektion‹ innerhalb des Sowjets gegründet, in der ein Dutzend Regimenter vertreten waren. Es gab auch beträchtliche Erhebungen bei Verbänden, die in Sibirien und in Fernost stationiert waren, Rebellionen, die, so scheint es, mehr auf die Niederlage gegen Japan und auf die mangelhaften Maßnahmen zur Rückschaffung der Soldaten zurückzuführen waren als auf wirklich revolutionäre Stimmung. Eine Ausnahme bildete die ostsibirische Stadt Irkutsk, wo im November 1905 100 000 Menschen an einer Demonstration teilnahmen, darunter Eisenbahner, Arbeiter, Kosaken und Soldaten. Die Kundgebung war ein Vorbote der Ereignisse vom Februar 1917.

Der Aufstand in den Reihen des Militärs hielt sich in gewissen Grenzen, da ein Teil der Offiziere der Fernoststreitkräfte sich mit den einfachen Soldaten solidarisierte, die angesichts dieser Unterstützung nicht zu befürchten brauchten (wie sie es 1917 tun mußten), daß ihre Vorgesetzten sie im Stich ließen oder verrieten.

Zwölf Jahre später war allerdings auch der Einsatz viel höher und die Wut der einfachen Soldaten auf ihre Führung viel größer; Solidarität gab es höchstens noch zwischen Frontoffizieren und ihren Truppen in vorderster Linie. Insgesamt aber hatte sich Mißtrauen zwischen den Mannschaftsdienstgraden und den höheren Offizieren breitgemacht, das dann die Meutereien auslöste, die den vom Zaren angeordneten harten Maßnahmen gegen einzelne Aufrührer ein Ende setzten.

Ungefähr von 1906 an wurde es dem Oberkommando der Armee zunehmend klarer, daß es die Soldaten nur ›bei der Fahne halten‹ konnte, wenn es sie nicht gegen Demonstranten einsetzte, und daß man besser daran tat, sie gründlich für eine andere Kriegführung auszubilden: die gegen den äußeren Feind. Den Finger auf die Wunde legte der Kriegsminister, General Rediger, in Person.

Als er Anfang 1908 bei einer Ministerratssitzung gefragt wurde, wie es um die Ausbildung der jungen Rekruten bestellt ist, zeigte er mit dem Finger auf Innenminister Stolypin und schleuderte ihm ins Gesicht: »Die Armee wird überhaupt nicht ausgebildet, sie verrichtet *Ihre* Arbeit!«

Sie verrichtete sie gut, half bei der Unterdrückung und schoß.

Die peinliche Demütigung der Armee erreichte jedoch 1908 ihren Höhepunkt, als bei einer Ministerberatung unter persönlichem Vorsitz des Zaren Kriegsminister Rediger erklärte, die Streitkräfte seien nicht einsatzbereit, ganz und gar nicht gerüstet, nicht einmal für einen Defensivkrieg.

Wittes Irrtum

Nikolaus II. hatte angenommen, die Unruhen im Russischen Reich würden aufhören, sobald er eine Duma einberufen hätte.

Witte »hatte es ihm versprochen«.

Aber anstelle Wittes, immerzu dieses Mannes, hätte der Zar lieber »einen tatkräftigen Soldaten, der die Rebellion niedergeschlagen hätte«, gesehen. Trepow wußte wenigstens, wie man die Sache anfing. »Das ist ein Mann, der mir unentbehrlich ist«, sagte Nikolaus über ihn, »er ist erfahren, verständig, intelligent. Ich gebe ihm eine ausführliche Denkschrift Wittes zu lesen, und er geht schnell her und faßt mir den Inhalt in ein paar Sätzen zusammen!« Selbstverständlich war da auch noch Orlow, jener General, der dem Aufstand der Letten ein Ende gemacht hatte, ›bewunderswerte Arbeit‹ in den Augen des Zaren. Wenigstens eine glückliche Fügung, daß sich die Bevölkerung gegen die Unruhestifter selbst, sämtlich Juden, gekehrt hatte!

Mit Datum vom 10. November 1905 schrieb Nikolaus seiner Mutter:

»Einmal wöchentlich kommt bei mir der Ministerrat zusammen. Es wird viel geredet, doch wenig getan. Alle haben Hemmungen, energisch zu handeln; ich bin ständig genötigt, alle einschließlich Witte zu drängen, Entscheidungen zu treffen. Du rätst mir, Witte zu vertrauen, liebe Mama. Ich versichere Dir, daß ich alles in meinen Kräften Stehende tue, um ihm die Schwierigkeiten *seiner* Situation zu erleichtern. Aber ich will Dir nicht verhehlen, daß ich (von ihm) enttäuscht bin. Jeder hielt ihn für tatkräftig und autoritär und glaubte, er werde vor allem die Ordnung wiederherstellen. Er hat sich jedoch in aller

Augen, mit Ausnahme derer der Juden im Ausland vielleicht, selbst das Rückgrat gebrochen.«

Die Schuld der Juden

Für Nikolaus II. wie für seine Umgebung rührte alles Unheil, das Rußland traf, von den Juden her. Das reichte so weit, daß man ihnen die Schuld an den Schwierigkeiten zuschob, in Frankreich Anleihen aufzutreiben. Wilhelm II. war es übrigens, der dies Nikolaus einflüsterte:

»Der Grund, warum Frankreich Rußland eine Anleihe verweigert, hat weniger mit den Vorgängen in Marokko zu tun als mit den Nachrichten, welche die Juden Rußlands, die Anführer der Revolution, ihren Verwandten in Frankreich zukommen lassen, deren abscheulichem Einfluß die gesamte Presse unterliegt.« (Januar 1906)

Nach jedem Attentat wurde ein jüdischer Revolutionär beschuldigt. Man bekreuzigte sich dann und sagte: »Das kann kein Russe sein!« In Wirklichkeit waren die Bombenwerfer aus den Reihen der Sozialrevolutionäre ebensowenig Juden wie Plechanow oder Lenin; der Attentäter, der den Großfürsten Sergej umgebracht hatte, gab seinen Namen hinterher mit Brjussow an. Man wurde trotzdem nicht müde, zu behaupten, er sei Jude, wie man das zuvor bei anderen Attentätern getan hatte und auch nach dem tödlichen Anschlag auf Stolypin am 1. (14.) September 1911 in Kiew wiederholte.

In der Ukraine wie in Rußland hatten die Pogrome nicht erst nach der Ermordung Alexanders II. an Umfang gewonnen. Aber seit 1881 förderten Staatsapparat und Polizei die antisemitischen Ausschreitungen. »Für Alexander III. und seine Minister wurden die Juden bequeme Sündenböcke ... und der Antisemitismus zum erstenmal ein Instrument der Regierung.« Für die breite Masse der Bevölkerung dienten angebliche Ritualmorde der Juden als Vorwand.

Die Pogrome wurden aber auch durch andere Beschuldigungen geschürt, vor allem solche religiöser Natur. Die Popen brachten den Kindern schon im zartesten Alter bei, daß die Juden Jesus getötet und damit das denkbar niederträchtigste Verbrechen begangen hätten. Hinzu kamen Vorwürfe, die mit den Berufen der Juden zu tun hatten: in ihrer Eigenschaft einmal als Bevollmächtigter der adligen Grundbesitzer (vor allem in Russisch-Polen), zum anderen als Mühlenpächter, Salzverkäufer, Schankwirte und auch Geldverleiher machte man sie verantwortlich für das Elend der Bauern, ihre Trunksucht und die von ihnen entfachten Unruhen. Die Landbevölkerung war den Juden gram, weil sie Zinsen auf das geliehene Kapital zu zahlen hatte; die Banken ihrerseits verweigerten die Gewährung von Darlehen an zahlungsunfähige Bauern. Das führte dazu, daß die Juden für die Machthaber zu Unruhestiftern wurden und das um so mehr, wenn einzelne Juden sich als militante Revolutionäre entpuppten. Die Lage war derart gespannt, daß manche dieser jüdischen Revolutionäre es nicht wagten, öffentlich gegen die Pogrome Stellung zu beziehen. Sie befürchteten nämlich, solche Äußerungen könnten die ersten Anzeichen der Entfaltung eines politischen Gewissens bei den Bauern erstikken, die sich, wie sie vermuteten, allmählich dem Kampf gegen die Grundbesitzer und das Regime zuwenden würden. Der zaristische Beamtenapparat seinerseits war der Auffassung, daß die jüdischen Bankiers den russischen Staat durch die Inanspruchnahme der Staatskasse auf die gleiche Weise schröpften, wie es die kleinen Juden taten, die die Bauern verarmen ließen. Die Tatsache, daß ein jüdischer Anwalt namens Crémieux als Verteidiger von Juden fungiert hatte, denen (zu Unrecht) Ritualverbrechen zur Last gelegt worden waren, und daß zur gleichen Zeit die Pariser Banque Crémieux die Gewährung einer Anleihe hinauszögerte, ließ bei den Romanows und in Regierungskreisen die Vorstellung von einem jüdischen Komplott entstehen.

Die zaristische Geheimpolizei verfaßte sogar 1903 ein gefälschtes Buch, die ›Protokolle der Weisen von Zion‹, aus dem hervorging, daß die Begründer des Jüdischen Bundes, der jüdischen sozialdemokratischen Partei, 1897 in Basel den Plan für eine Weltrevolution aufgestellt hätten, deren Gründe in den

Protokollen genannt würden. Ritualmorde, Geheimnisse, Komplotte – hinter allem sah man die Juden. In seinem Roman ›Die Brüder Karamasow‹ bestreitet Dostojewski das Vorkommen solcher rituellen Morde nicht. Manche Russen behaupteten, die Attentate seien deren modernisierte Form.

Pobjedonossew, der Theoretiker der Autokratie, hatte dem Zaren einmal gesagt, wie er sich die Lösung des Judenproblems in Rußland erhoffte: »Ein Drittel wird auswandern, ein Drittel wird konvertieren, und ein Drittel wird umkommen!«

Die Revolutionsbewegung, die in den Jahren 1899–1901 ihren Anfang genommen hatte, beschleunigte die Bildung reaktionärer und antisemitischer* Gruppen, wie es die ›Union des russischen Volkes‹, eine Vereinigung konservativer Monarchisten, und die ›Schwarzen Hundertschaften‹, ein mit kriminellen Elementen durchsetzter ›vaterländischer‹ Zusammenschluß, waren. Letztere griffen die radikalen Ideen des Franzosen Edouard Drumont auf und setzten sie in Pogrome um. Die antijüdischen Ausschreitungen von 1905 in Kischinew, Gomel und anderen Städten setzten die Tradition fort, die 1881 mit dem Pogrom von Jelisawetgrad in der Ukraine (heute Kirowograd) begonnen hatte. All diese Gewalttätigkeiten geschahen unter den Augen der Polizei, die sich weigerte, einzugreifen: »Sie konnte doch nicht auf Christen schießen, um Juden zu schützen!« verteidigte sie der Zar.

Nikolaus schrieb Ende 1905 in einem Brief an seine Mutter: »Ich benutze die Reise Iswolskis (des späteren Außenministers – Anm. d. A.), um Dir mein Herz auszuschütten. Zuallererst beeile ich mich, Dich zu beruhigen; die Lage ist ohne Zweifel besser. In den ersten Tagen nach dem Manifest trugen die üblen Elemente aus der Bevölkerung den Kopf hoch, aber eine starke Reaktion setzte ein, und die Masse der Getreuen hat sich

---

* Der Antisemitismus diente als Grundlage für eine prämoderne Ideologie, wonach die Juden in den Augen ihrer Gegner die Avantgarde einer kapitalistischen Bewegung bildeten, die eine Demokratisierung des Landes herbeiführen wollte. Das würde, so befürchtete man, so auf indirektem Wege geschehen. Während Witte, der für die Wirtschaftsentwicklung eintrat, die antisemitischen Maßnahmen abschwächte, forcierte sie das Innenministerium als Repräsentant der aristokratischen Ordnung. (Vgl. H.-D. Löwe, a. a. O.).

erhoben. Das Volk war über die Unverschämtheit und Anmaßung der Revolutionäre und Sozialisten empört. Da neun Zehntel von ihnen Juden sind, hat sich der ganze Haß gegen sie ent-
laden – daher die jüdischen Pogrome.«

Und der Zar kommentierte weiter:

»Es ist erstaunlich, mit welcher *Einheitlichkeit* und welchem
Zusammenwirken dies in allen Städten Rußlands und Sibiriens
passiert ist! In England stellt man es natürlich so dar, als habe
die Polizei diese Unruhen inszeniert – wie immer die alte Geschichte! Doch waren es nicht bloß die Juden, mit denen man
ein Hühnchen zu rupfen hatte. Auch die russischen Agitatoren,
Ingenieure, Advokaten und schlechte Menschen aller Art, hatten darunter zu leiden. Die Ereignisse haben deutlich gezeigt,
wie weit eine wütende Menge gehen kann: sie umzingelte die
Häuser, in denen die Revolutionäre festsaßen, zündete sie an
und tötete alle, die herauskamen. Ich erhalte bewegende Telegramme von all jenen, die die Autokratie bewahren wollen.
Warum haben sie bis zu diesem Tag geschwiegen?«

Orthodoxe Kirche, Autokratie, Vaterland –
die ›Russische Gesellschaft‹

Sie hatten geschwiegen, weil sie lange Zeit, bis zu jenem Tag,
nicht gewußt hatten, was sie tun sollten. Der Zusammenschluß
zu einer extrem rechten Gruppierung war nämlich an einer
prinzipiellen Schwierigkeit gescheitert: der Aufbau einer solchen Organisation hätte bedeutet, daß der Zar Unterstützung
nötig hatte und das Regime geschwächt war. Außerdem hätte
nach Auffassung Golowins »das bloße Auftreten einer politischen Gruppe, selbst der loyalsten, den Anschein von so etwas
wie Meuterei gehabt«. Dennoch meinte eine Reihe von Traditionalisten, daß man auf den Beamtenapparat nicht mehr vertrau-
en könnte, weil er vom liberalen ›Knochenbrand‹ befallen sei
und das Zarenregime Gefahr laufe, im Inneren zu verfaulen. So
kam Ende des Jahres 1900 die Bildung einer Organisation zu-

stande, die sich ›Russische Gesellschaft‹ (Russkoje Sobranje) nannte und sich als Debattierklub verstand. Innenminister Plewe gehörte ihm als einfaches Mitglied an, nachdem er ihn zunächst hatte auflösen wollen. Etwa vierzig Mitglieder zählte der Klub unter Vorsitz des Fürsten Golizyn, darunter Generale, hohe Beamte, Juristen und Publizisten wie A. Suworin und V. Purischkewitsch. Er gewann später Mitglieder in der Provinz hinzu. Im November 1904 versicherten seine Vertreter bei einer Audienz dem Zaren ihre Treue zu den drei ›ewigen Werten‹ orthodoxe Kirche, Autokratie und Vaterland und sprachen sich gleichzeitig gegen einen Schandfrieden mit Japan aus.

Untätig während der Revolution von 1905, offiziell mehr oder weniger nur durch eine konservative Organisation mit Namen ›Bannerträger‹ (Obschtschestwo Khorugwenossew) vertreten, deren Mitglieder zum größten Teil Priester waren, stand die virtuelle Rechte angesichts der revolutionären Welle sozusagen bewegungsunfähig da. Auf die Initiative des Reichsratsmitglieds Boris Stürmer hin – der gut zehn Jahre später während des Ersten Weltkrieges zeitweise russischer Ministerpräsident und Außenminister war – versuchte die Rechte ein Gegenprogramm zum Programm der Liberalen auszuarbeiten, das die Regierung zu verwirklichen trachtete. Ohne Erfolg.

Das Oktobermanifest von 1905 wirkte dann als Auslöser und führte zur Neugruppierung einer äußersten Rechten, die gut organisiert war und aggressiv auftrat. Sie ging dabei von folgenden Überlegungen aus: das Regime manifestierte seine Schwäche, und es war nicht mehr klar, wer regierte: es war Witte, dem Namen nach Ministerpräsident, der von der Rechten des Verrats bezichtigt wurde, weil er dem Zaren das Manifest abgenötigt hatte? Oder war es der neue Innenminister Durnowo, den man sich standhafter gewünscht hätte, oder General Trepow? Es war unbedingt nötig, sich zusammenzuschließen, beim Volk Rückhalt zu finden, ein Gegengewicht zu den Revolutionären zu schaffen. Dieser Gedanke, den der Arzt A. Dubrowin geäußert hatte, wurde zum Programm erhoben und von der Mehrzahl der Mitglieder der kleinen rechten Gruppierungen unterstützt, die vor der Revolution von 1905 existiert hatten. Auf diese Weise wurde die ›Union des russischen Volkes‹ ins Leben gerufen, deren Mitgliederzahl rasch zunahm und deren Organisationsnetz sich lawinenartig über das Land ausdehnte: Zwar schwanken die Zahlenangaben, doch innerhalb von zwei Jahren zählte die Union an die 3500 Geschäftsstellen und 100 Ortsgruppen mit einer auf 600 000 bis 3 Millionen bezifferten Mitgliederzahl. Sie schürte antisemitische Ressentiments und inszenierte mit Unterstützung der Behörden Pogrome gegen jüdische Minderheiten und liberale Gruppen. Allein in Odessa gehörten der Union im Jahre 1907 rund 2200 Personen an, mit der ›Russkoje Znamja‹ (›Russische Fahne‹) besaß sie eine eigene Zeitung und organisierte Versammlungen und Umzüge. Ihr war auch die Anzettlung der bereits erwähnten Beilis-Affäre zuzuschreiben, des Skandals um jenen Rabbi, der aus Schikane des Ritualmords an einem Kind beschuldigt worden war.

Nikolaus II. höchstpersönlich hatte sich am 23. Dezember 1905 bereiterklärt, das Abzeichen der Union zu tragen. Als diese später bei den Wahlen zur Ersten Duma geschlagen wurde, machte er die Kritik an der Politik Stolypins zum Kernpunkt seines Programms und erhielt bei den Wahlen von 1907 die offizielle Unterstützung des Zaren. Statt über den Parteien zu stehen, sandte der Zar folgendes Telegramm: »Möge die Union des russischen Volkes meine Stütze und für alle und jeden ein Vorbild dessen sein, was Ordnung und Gesetzlichkeit versinnbildlichen!« (Juni 1907)

Politische Parteien betreten die Bühne

Der Zar rechnete damit, sich auf diese Organisationen – »Union des russischen Volkes« und »Schwarze Hundertschaften« – stützen zu können. Doch die gesamte Elite der Semstwos und die führenden Köpfe aus den gebildeten Kreisen hatten keinen dringenderen Wunsch als die Beteiligung an jener neuen Regierungsform, die sich aufgrund des Oktobermanifestes herausbilden sollte.

Ihre Anhänger nannten sich Oktobristen. Sie repräsentierten das in der Aufwärtsentwicklung begriffene industrielle Großbürgertum, also Fabrikanten und Finanziers, aber auch ein gut Teil der Großgrundbesitzer. Ihr Führer war Alexander Gutschkow, ein Moskauer Industrieller, der in der Duma von 1906 bis zum Untergang des Zarenreiches eine zentrale Rolle spielen sollte.

Die Oktobristen traten für eine maßvolle Verwirklichung des Oktobermanifestes ein. In einem von ihnen erlassenen Aufruf hieß es:

»Unser Volk ist politisch frei geworden, und unser Staat hat sich zu einem Rechtsstaat entwickelt. Ein neues Prinzip ist eingeführt worden, das der konstitutionellen Monarchie. Diese neue Ordnung eröffnet unserem Land einen neuen Weg. Die große Gefahr, die aus jahrhundertelanger Stagnation erwuchs und sogar die Existenz unseres Landes bedrohte, ruft uns zur Einheit und zur Bildung einer starken und autoritären Regierung auf, die ihre Stütze im Vertrauen des Volkes finden wird, das allein imstande ist, das Land aus dem gegenwärtigen Chaos herauszuholen.«

Es folgte ein Programm mit Vorschlägen zur Sicherung der bürgerlichen Rechte, zur Lösung der Agrarprobleme, zur Entwicklung des Erziehungswesens, zur Verbesserung der Arbeitsbedingungen usw.

Doch der Enthusiasmus der Oktobristen beruhte auf einem Mißverständnis. Jeder Punkt ihres Grundsatzprogramms kränkte Nikolaus II. tief, der sich mit keinem Wort für die Einführung einer konstitutionellen Monarchie ausgesprochen und überhaupt nur dem Druck der Ereignisse nachgegeben hatte, als er das von Witte entworfene Oktobermanifest unterzeichnete. In seinen Augen war die Achtung vor Traditionen keine Stagnation. Und er hielt das Recht, das sich die politischen Parteien herausnahmen, wenn sie Programme aufstellten, für ungesetzlich, weil sie damit an den Grundsätzen der Autokratie und seiner Souveränität rüttelten.

Übrigens waren die von den Oktobristen in ihrem Aufruf geäußerten Erwartungen und die in Wittes Memorandum aufgeführten Punkte gar nicht so weit voneinander entfernt. Hatte der Minister nicht einige Abschnitte seiner Denkschrift (die auch im Oktobermanifest wieder auftauchten) einem Text des linksliberalen Politikers V. Kusmin-Karawajew ›entlehnt‹?

Ein erheblicher Teil der Liberalen war indessen gegen das Oktobermanifest; dieser radikal-bürgerliche Flügel hatte wenige Tage zuvor die bereits erwähnte Konstitutionell-Demokratische Partei gegründet, deren Mitglieder sich nach den Anfangsbuchstaben ›KD‹ ihrer Partei ›Kadetten‹ nannten. Diese erhoben den Grundsatz zur Forderung, die Regierung müsse der Duma verantwortlich sein und deren Vertrauen rechtfertigen. Außerdem verlangten die ›Kadetten‹ Garantien in bezug auf die Bürgerrechte, die Abschaffung der Todesstrafe, die Auflösung des Reichsrates und vor allem die entschädigungspflichtige Enteignung eines Teils der den ganz Reichen gehörenden großen Güter, um damit Bauern ohne Landbesitz zu helfen.

Diesen Liberalen, ›bürgerliche Parteien‹ genannt, standen die Sozialistische, die Sozialdemokratische und die Sozialistisch-Revolutionäre Partei gegenüber.

Seit 1883, dem Jahr, in dem Georgi Plechanow zusammen mit Wera Sassulitsch und Paul Axelrod die Gruppe ›Befreiung der Arbeit‹ und damit die erste marxistische Partei Rußlands gegründet hatte, hatte die russische Sozialdemokratie stets unterschieden zwischen der bürgerlich-demokratischen Revolution, die den Sturz der Autokratie besiegeln sollte, und der sozialistischen Revolution, die später erfolgte und als Abschluß und Vollendung der kapitalistischen Entwicklung und des Aufstiegs der Arbeiterklasse gedacht war. Diese beiden Stufen trennten Plechanow und die Marxisten scharf voneinander, weil sie sich von den Populisten unterscheiden wollten, die die sofortige Errichtung eines sozialistischen Systems in Rußland durch die Emanzipation und den Ausbau der ländlichen Gemeinden propagierten. Angesichts des raschen Aufstiegs der Arbeiterklasse hielten es die Sozialdemokraten allerdings für wahrscheinlich, daß der zeitliche Abstand zwischen den beiden Revolutionen kurz sein würde.

Die Ereignisse von 1904 und 1905 verliehen diesen Analysen neue Aktualität, und sehr bald mußte sich die Sozialdemokratie mit der Frage der möglichen Beteiligung an einer provisorischen Revolutionsregierung beschäftigen mit dem Ergebnis, daß man für den Fall der Bildung einer solchen Regierung diese in Bausch und Bogen ablehnte – es sei denn, daß sich die Revolution auch im übrigen Europa durchsetzte. Diese Diskussionen wurden von Martynow, Dan, Trotzki und Plechanow belebt, aber ihre Grundlagen wurden von Lenin in Frage gestellt, der die Debatten für inadäquat erachtete, weil sie den Kampf für die Republik mit dem Kampf für den Sozialismus verwechselten.

Das führte dazu, daß im Verlauf der Revolution von 1905 Bolschewiken und Menschewiken sich nicht mehr so sehr in der Frage des organisatorischen Aufbaus – war es ratsam, die Sozialdemokratie als vorkämpferische, geheime Partei oder als demokratische Partei aufzuziehen? – unterschieden als vielmehr hinsichtlich ihrer Taktik und Zielsetzungen, wobei die Bolschewiken sich radikaler, aber auch disziplinierter zeigten.

Auf alle Fälle trennten sich Menschewiken und Bolschewiken, die beide in den Sowjets als belebendes Element eine Rolle gespielt hatten, weil sie sich in der Frage der Teilnahme an den Wahlen zur Duma nicht einig waren. Die Bolschewiken bekräftigten ihre Abneigung gegen diese ›Maskerade‹ und sparten nicht an sarkastischen Bemerkungen in bezug auf »Illusionen in Sachen Verfassung, die gerade gut genug sind, um die Arbeiter von einem Aufstand abzuhalten«. Dagegen beteiligten sich die Menschewiken am Wahlkampf, um ihre Ideen in die Öffentlichkeit zu tragen; immerhin wurden 18 ihrer Kandidaten gewählt. Die Bolschewiken brandmarkten sie, um sich dann wenige Monate später ebenfalls, bei den Wahlen zur Zweiten Duma, den Wählern zu stellen mit dem Argument, das Parlament werde ihnen als Rednertribüne dienen.

Die Sozialrevolutionäre entschieden sich dafür, ebenso wie die Bolschewiken die Wahlen zu boykottieren. Doch angesichts der Enttäuschung der Anhängerschaft auf dem Lande, die mit Ungeduld die Stunde erwartete, in der sie der Öffentlichkeit ihre Forderungen mitteilen konnte, spaltete sich ein Teil der Sozialrevolutionäre ab und rief eine neue Partei, die ›Gruppe der Werktätigen‹ (Trudowaja gruppa) ins Leben, deren Mitglieder

*Staatsratsitzung unter Vorsitz des Zaren während
der Krisenmonate der Revolution von 1905,
nach einem Gemälde von Repin.*

sich ›Trudowiki‹ nannten. Ihr Vorsitzender war Alexander Kerenski.

So kam es, daß sich bei den Wahlen mit der »Union des russischen Volkes« eine extrem rechte Partei, mit den Oktobristen eine Mitte-Rechts-Gruppierung, die links von der Mitte angesiedelten Konstitutionellen Demokraten (›Kadetten‹), die Linke mit den Trudowiki und den Menschewiken sowie die Sozialrevolutionäre als Vertretung der äußersten Linken präsentierten, während die Bolschewiken ihren angekündigten Wahlboykott wahr machten.

Nach Festlegung des Abstimmungsverfahrens, das auch die Wahlberechtigten benannte – fanden dann im Frühjahr 1906 bei unterschiedlicher Beteiligung der Bevölkerung die Duma-Wahlen statt. Sie ergaben einen überwältigenden Erfolg der ›Kadetten‹, die 179 von 524 Sitzen errangen.

Die Oktobristen kamen lediglich auf 44 Mandate, die extreme Rechte auf deren 100. Die Trudowiki entsandten 94, die Menschewiki nur 18 Deputierte, während die nationalen Minderheiten, die mit eigenen Kandidaten angetreten waren, knapp 100 Abgeordnete (Polen, Litauer, Letten, Ukrainer, Tataren) stellten, die sich nicht festlegten.

Angesichts dieses Mißerfolgs – die Regierung konnte nur auf 144 Deputierte sowie einige wenige Vertreter der Nationalitäten zählen – beschlossen Nikolaus II. und Witte, die Vorrechte des Reichsrates zu vergrößern, dessen Auflösung die siegreiche Partei verlangte.

Das kam beinahe einer Provokation gleich.

1906: ›Oberste Macht‹ oder ›unbeschränkte Macht‹?

Durch den Erfolg der repressiven Aktionen in Moskau und die Auflösung der Sowjets gestärkt und auch vom Auftreten spontan organisierter autokratischer Kräfte ermutigt, versicherte Nikolaus II. einer dieser Gruppierungen, der ›Union des russischen Volkes‹, er beabsichtige »allein die Bürde der Macht zu tragen. Die Sonne der Wahrheit wird bald über der russischen Erde aufgehen und alle Zweifel auflösen!«

Gewiß, er war genötigt worden, das Oktobermanifest zu verkünden, doch er hatte vor, die Machtbefugnisse der in Kürze zu ihrer ersten Sitzung zusammentretenden Duma kräftig zu beschneiden.

Der Zar war äußerst hellhörig und mißtrauisch, wenn die Grundlagen seiner autokratischen Macht angetastet zu werden drohten. Seine Teilnahme an den Beratungen über die Abfassung der sogenannten ›Grundgesetze‹ Anfang April 1906 in Zarskoje Selo und seine dabei abgegebenen Erklärungen zeugen davon. Im Mittelpunkt der Diskussion stand der vierte Artikel des ›Neuen Grundgesetzes‹, der den bisherigen Artikel 1 ersetzen sollte. Dieser definierte: »Der Herrscher Allrußlands ist ein autokratischer Monarch mit unbeschränkter Macht. Ihm gehorcht man nicht aus Furcht, sondern aus Pflichtgefühl gemäß Gottes Auftrag.« Der neue Artikel 4 sah in bezug auf die Stellung des Zaren folgende Richtlinie vor: »Der Herrscher Allrußlands hat die oberste autokratische Macht inne. Dieser Autorität gilt es zu gehorchen, nicht aus Furcht, sondern aus Pflichtgefühl gemäß Gottes Auftrag.«

Das Wort ›oberst‹ (russisch: werchownaja) war also an die Stelle der Formulierung ›unbeschränkt‹ (neogranitschenni) getreten. Das Protokoll der Auseinandersetzung über diesen Punkt liest sich so:

»SEINE KAISERLICHE MAJESTÄT NIKOLAUS II.: ›Nehmen wir einmal diesen Artikel 4. Er enthält eine bedeutsame Änderung. Ich habe unablässig darüber nachgedacht, seit man mit der Modifizierung des Grundgesetzes begonnen hat. Es ist jetzt genau einen Monat her, seit mir der Präsident des Ministerrates die geänderte Version vorlegte. Mir sind Zweifel gekommen: habe ich das Recht, so fragte ich mich, eingedenk meiner Vorfahren die Grenzen der mir von ihnen überlieferten Machtfülle zu verändern? Dieser seelische Konflikt nagt unablässig an mir, und ich habe noch keine Entscheidung getroffen. Sie wäre mir vor einem Monat leichter gefallen, aber inzwischen habe ich bergeweise Telegramme, Briefe und Petitionen aus allen Ecken

Rußlands von Leuten aller sozialer Schichten erhalten. Sie versichern mich ihrer Loyalität und ersuchen mich gleichzeitig, ihren Dank für das Oktobermanifest aussprechend, meine Machtbefugnisse nicht zu beschränken. Sie wollen sowohl das Manifest als auch die Verankerung der meinen Untertanen gewährten Rechte, wünschen jedoch, daß kein weiterer Schritt zur Begrenzung meiner eigenen Machtfülle getan wird und daß ich Selbstherrscher Allrußlands bleibe.

Ich gestehe aufrichtig und bitte Sie, es mir zu glauben, daß ich, wenn ich überzeugt wäre, daß Rußland von mir die Abtretung der autokratischen Machtbefugnisse erwartete, dies zum Wohle des Landes tun würde. Doch ich bin es nicht und glaube auch nicht, daß die mir verliehene höchste Gewalt in ihrer Beschaffenheit beschnitten werden sollte. Es wäre gefährlich, ihre rechtliche Form zu verändern. Ich bin mir auch bewußt, daß eine unveränderte Beibehaltung Agitation und Angriffe auslösen kann. Aber woher kommen diese Attacken? Von den angeblich gebildeten Leuten, von den Proletariern, aus dem Bürgerstand? Im übrigen habe ich das Gefühl, daß achtzig Prozent des Volkes auf meiner Seite stehen! Trotzdem ist es erforderlich, daß ich entscheide, ob Artikel 4 beibehalten werden soll.‹

IWAN GOREMYKIN (vom Zaren soeben als Nachfolger Wittes zum Ministerpräsidenten ernannt): ›Von einer Beschränkung Eurer Macht wären diese achtzig Prozent der Bevölkerung beunruhigt, und viele wären unzufrieden!‹

GRAF K. PAHLEN: ›Die Frage ist doch im Grunde nur die, ob man das Wort ›unbeschränkt‹ stehen läßt oder nicht. Ich hege keine Sympathie für das Oktobermanifest, aber es ist nun einmal erlassen worden. Majestät, Ihr könnt nicht weiter Gesetze erlassen ohne Rücksicht auf die gesetzgebenden Institutionen! Der Begriff ‚unbeschränkt' darf im Grundgesetz nicht stehenbleiben!‹

M. AXIMOW: ›Ich bin kein Befürworter der durch das Oktobermanifest garantierten Freiheitsrechte, aber Seine Majestät hat durch dieses Papier freiwillig ihre Macht beschränkt. Das Wort ‚unbeschränkt' wieder einzusetzen, hieße der Duma den Fehdehandschuh hinwerfen! Man sollte es zurückziehen!‹

GRAF D. SOLSKI: ›Vielleicht könnte man davon absehen, das Grundgesetz zu veröffentlichen?‹

GROSSFÜRST NIKOLAJ NIKOLAJEWITSCH: ›Ihr habt den Begriff bereits durch Euer Manifest zurückgezogen, Majestät!‹

GROSSFÜRST WLADIMIR ALEXANDROWITSCH: ›Ich bin derselben Ansicht wie mein Cousin!‹

INNENMINISTER PJOTR DURNOWO: ›Die schwierige Lage ist nicht auf das Volk, sondern auf die gebildeten Schichten zurückzuführen. Sie sind es, die den Staat regieren. Sie würden sehr wohl erkennen, daß die Definition ‚unbeschränkt‘ in Widerspruch zum Manifest steht, und das Volk dazu bringen, sich zu erheben.‹

SKM NIKOLAUS II.: ›Ich schlage Ihnen eine Unterbrechung von fünfzehn Minuten vor!‹

Eine Viertelstunde später.

SKM NIKOLAUS II.: ›Ich werde Sie meine Entscheidung später wissen lassen! Was für Punkte stehen noch auf der Tagesordnung?‹

Drei Tage darauf, am 9. April 1906.

GRAF SOLSKI: ›Eure Kaiserliche Hoheit hatten den Wunsch geäußert, Eure Entscheidung hinsichtlich Artikel 4 aufzuschieben. Wie lautet jetzt Eure Anweisung: Soll das Wort ‚unbeschränkt‘ stehenbleiben oder gestrichen werden?‹

SKM NIKOLAUS II.: ›Ich habe mich entschlossen, die Formulierung des Ministerrates zu akzeptieren.‹

GRAF SOLSKI: ›Folglich wird das Wort ‚unbeschränkt‘ nicht im Text belassen?‹

SKM NIKOLAUS II.: ›Das ist richtig; es soll gestrichen werden!‹«

Die ›Neuen Grundgesetze‹ wurden dann am 12. April durch den neuen Ministerpräsidenten Goremykin veröffentlicht.

Die unverletzliche und geheiligte Person des Zaren blieb einziger Gesetzesinitiator. Nikolaus II. war Oberbefehlshaber der Armee, oberster Dienstherr aller Staatsbeamten und Chef der

Diplomatie; er betrieb allein die Außenpolitik, ernannte und entließ die Minister, die nicht der Duma verantwortlich waren. Diese hatte kein Einspruchsrecht in militärischen Angelegenheiten. Der Zar konnte die Duma auflösen, aber gemäß Artikel 87 war er auch befugt, während der Parlamentsferien »jede durch außergewöhnliche Umstände bedingte gesetzgeberische Maßnahme zu treffen«.

Seine Machtbefugnisse waren jedoch nicht mehr ›unbeschränkt‹.

Die Eröffnung der Ersten Duma

Die Eröffnungssitzung der Ersten Duma am 27. April (10. Mai) 1906 im Winterpalais zu St. Petersburg erinnert an die Versammlung der französischen Generalstände am 4. Mai 1789. Graf W. N. Kokowzow, russischer Finanzminister seit 1904, hat Zeugnis davon abgelegt:

»Einen seltsamen Eindruck machte auf mich in diesem Augenblick der Georgiewski-Thronsaal, und ich dachte daran, daß diese Mauern noch nie ein Schauspiel gesehen hatten, wie es die eben sich versammelnde Menge nun darbot. Die rechte Seite, vom Thron aus, war mit Publikum in Galauniform ganz gefüllt; es standen da die Mitglieder des Staatsrates, etwas weiter entfernt der Senat sowie das Gefolge des Zaren. Auf der linken Seite drängten sich, in buchstäblichem Sinn dieses Wortes, die Mitglieder der Duma, und unter ihnen nur eine verschwindend kleine Zahl von Personen in Frack oder Gehrock. Die überwiegende Mehrheit dagegen bestand aus Leuten, die – gleichsam absichtlich und demonstrativ – die vordersten Reihen, dem Throne am nächsten, bildeten und Arbeiterblusen oder Hemden trugen, und hinter ihnen eine Schar von Bauern in der mannigfaltigsten Kleidung, zum Teil in nationalen Trachten, und eine Menge von Vertretern der Geistlichkeit. Den ersten Platz in der Kategorie von Volksvertretern nahm ein auffallender, hochgewachsener Mann ein, der in Arbeiterbluse und schmutzigen Stiefeln dastand, mit spöttischem und frechem Blick den Thron und alle, die in seiner Nähe standen, betrachtend. Das war der berüchtigte Onipko, der sich durch äußerst scharfe Voten in der Duma einen Namen gemacht und später beim Aufstand von Kronstadt eine wichtige Rolle gespielt hat.

Während der Zar die Thronrede verlas, in der er sich an die neugewählten Mitglieder der Duma wandte, konnte ich meine Augen nicht von Onipko abwenden, da sein zynisches Gesicht so große Verachtung und Bosheit atmete. Ich war nicht der einzige, der diesen Eindruck hatte. Neben mir stand der neue Minister des Innern, Stolypin; er wandte sich zu mir und sagte: ›Wir sind beide, wie es scheint, durch denselben Eindruck gefesselt; die ganze Zeit beschäftigt mich der Gedanke, ob dieser Mensch nicht eine Bombe bei sich habe und ob hier nicht ein Unglück passieren werde!‹ Wassili Gurko, ein hoher Regierungsbeamter, teilte diese Meinung und stellte die gleiche Feindseligkeit zwischen den beiden Saalhälften fest. In der Annahme, die Mitglieder der Duma, vor allem die bäuerlichen Abgeordneten, zu beeindrucken, war die kaiserliche Familie beim Einzug mit ihren prächtigsten Juwelen geschmückt. Die orientalische Manier, Eindruck zu machen, war an diesem Tage besonders unangebracht. Sie führte uns den unermeßlichen Reichtum der Zarenfamilie und die Armut der unteren Schichten des Volkes deutlich vor Augen. Die Demagogen ließen es sich natürlich nicht entgehen, daraus Kapital zu schlagen!

Nikolaus II. war langsam hereingeschritten gekommen und hatte sich majestätisch auf seinen Thron niedergelassen, während Lakaien die Schöße seines Umhangs über die Armlehnen des Thronsessels drapierten. Zu seiner Rechten hielt General Roop das kaiserliche Schwert, während auf der anderen Seite Graf Ignatjew mit der Standarte stand. Auf vier Stelen ruhten Krone, Zepter, Reichsapfel und Staatssiegel. Ruhe trat ein, und der Zar las mit klarer Stimme den Text seiner Thronrede von einem Blatte ab, das ihm ein Geistlicher unter die Augen hielt. Kaum hatte er geendet, da schmetterte schon das Orchester die kaiserliche Hymne, und ein Teil der Anwesenden begann in Hurrarufe auszubrechen, was die Duma-Abgeordneten und ehemaligen Semstwo-Politiker Petrunkjewitsch und Roditschew sowie andere daran hinderte, auf die Thronrede des Herrschers zu antworten. Die Türhüter hielten alsdann die Anwesenden an, in vorgeschriebener Reihenfolge und in einer pompösen Prozession den Thronsaal zu verlassen. Draußen war das schönste Wetter, und mehrere Regimenter in farbenprächtigen Uniformen, die eindrucksvoll mit dem blauen Himmel kontrastierten, waren tadellos in Reih und Glied vor dem Palast angetreten.«

Von der ersten Sitzung der Duma im Taurischen Palais an kam es zu ständigen Reibereien zwischen Parlament und Regierung. Sie sollten bis 1917 nicht mehr aufhören, gleichgültig, wie sich die Duma im Laufe dieser Jahre zusammensetzte, ob die revolutionäre Linke sich zur Mitarbeit bereitfand oder nicht, ob das Wahlgesetz sie zuließ oder ausschloß, ob die Duma tagte oder nicht – dann wurden Forderungen laut, die Sitzungsperiode wieder zu eröffnen –, denn so ohnmächtig die Duma auch war, sie war ein Forum der Öffentlichkeit, und die Zeitungen druckten ihre Debatten ab.

Bei der Eröffnungssitzung der Ersten Duma (die später »Duma der Erwartungen des Volkes« genannt wurde), hatten die Deputierten Petrunkjewitsch, einer der Führer des liberalen Bürgertums, und Roditschew, ebenfalls einer der Wortführer der Liberalen, nur eine einzige Forderung: »Das freie Rußland verlangt die Freilassung all derer, die für die Freiheit gelitten haben!« Und dieses Postulat einer Generalamnestie war es auch, das die Duma einer an den Zaren gerichteten Adresse voranstellte, in der es hieß: »Wir wissen, wie viele Verbrechen damit bemäntelt wurden, daß es hieß, sie geschähen im Heiligen Namen des Herrschers, wir kennen das Blut, das Deinen Mantel von Purpur und Hermelin bedeckt!« – »Sträfling!« rief ein Abgeordneter der äußersten Rechten dem linken Deputierten Karajulow zu, der tatsächlich gerade aus der Verbannung in Sibirien zurückgekehrt war und das Schimpfwort sofort aufgriff: »Ja, meine Herren, ich bin ein Sträfling gewesen! Mit kahlgeschorenem Kopf und Ketten an den Füßen bin ich einst die endlose Straße entlanggestampft, die nach Sibirien führt. Mein

Verbrechen war dies: Ich wollte Ihnen die Möglichkeit verschaffen, auf diesen Bänken zu tagen! Ich habe meinen Teil zu diesem Meer der Tränen und des Blutes beigetragen, das Sie hierhergeschwemmt hat!«

Ein Akzent war gesetzt, und donnernder Beifall dankte dem Redner.

Stolypin und sein Teufelstanz mit den Dumas

Verbittert weigerte sich der Zar sodann, eine Abordnung der Duma zu empfangen, die ihm die Denkschrift überreichen wollte. Diese enthielt ein echtes Demokratisierungsprogramm nach westeuropäischem Vorbild. Gefordert wurde: Verantwortlichkeit der Minister vor dem Parlament, Aufhebung aller Ausnahmegesetze, Gewährleistung sämtlicher Freiheitsrechte einschließlich des Streikrechts, Abschaffung der Todesstrafe, Beschäftigungsgarantien für alle Arbeiter, kostenloser Schulbesuch, Rechtsgleichheit für die nationalen Minderheiten, Ausarbeitung eines Agrargesetzes unter Berücksichtigung des bäuerlichen Landbedarfs, Enteignung des privaten Großgrundbesitzes, Abschaffung des Oberhauses, also der Übergang zu einem Einkammersystem, Einführung eines demokratischen Wahlverfahrens für die Zusammensetzung der nächsten Duma sowie eine uneingeschränkte Generalamnestie.

Nach Beratungen mit Trepow und Innenminister Stolypin verfügte der Zar am 9. (22.) Juli 1906 die Auflösung der Duma.

Zu diesem Zeitpunkt genoß das unter russischer Herrschaft stehende, dem Namen nach autonome Großfürstentum Finnland gewisse Privilegien. Unter anderem hatte dort die zaristische Polizei nicht die gleichen Rechte wie in Rußland. Die linken Duma-Abgeordneten – hauptsächlich die ›Kadetten‹, denn die meisten sozialistischen Gruppierungen hatten sich geweigert, an den Parlamentswahlen teilzunehmen – reisten daraufhin nach Wyborg (Viipuri) in Karelien am Finnischen Meerbusen und erließen dort ein weiteres Manifest an das russische Volk, das in dem Aufruf gipfelte: »Zahlt keine Steuern mehr; entzieht euch der Wehrpflicht!« Bei ihrer Rückkehr auf russischen Boden wurden die Abgeordneten verhaftet.

Stolypin, der neue Ministerpräsident, war ein Mann voller Energie. Nikolaus II. ließ ihm zunächst freie Hand und kommentierte dies in seinem Tagebuch so: »Er (Stolypin) hat dem Fürsten Lwow und Gutschkow (einem der Führer der Oktobristen – Anm. d. A.) Ministerposten angeboten. Ich habe sie empfangen; sie haben sich ebenso verweigert, wie J. Samarin das Amt des Oberprokurators des Heiligen Synod abgelehnt hat. Der Patrio-

Peter Stolypin.

tismus steht bei diesen Leuten hinter selbstsüchtigen Überlegungen zurück, und zu diesen kommt noch eine unangebrachte Bescheidenheit und die Befürchtung, sich zu kompromittieren. Man muß eben ohne sie auskommen!« An seinen Ministerpräsidenten schrieb er: »Ich habe mich eine volle Stunde mit jedem der beiden unterhalten und dabei die feste Überzeugung erlangt, daß sie sich nicht für Ministerposten eignen. Es sind keine tatkräftigen Männer, besonders Lwow nicht. Der Versuch, sie zu Ministern zu machen, sollte besser unterbleiben.«

Und Stolypin unterließ es auch.

Nachdem im August 1906 bei einem Bombenanschlag seine Tochter verletzt wurde, nahm die Verfolgung und Bestrafung von politischen Gegnern drastische Ausmaße an, und Stolypin erwarb sich rasch den Ruf eines unbarmherzigen Henkers. Das Seil, an dem man die verhafteten Rädelsführer der Aufstände von 1905 und die Bombenattentäter aufknüpfte, wurde im Volksmund bald ›Stolypinsche Krawatte‹ genannt. Stolypin regierte mit Hilfe des bereits erwähnten Artikels 87 und eigens geschaffener Militärgerichte. Er hatte die Absicht, der Opposition den Wind aus den Segeln zu nehmen, indem er eine große Agrarreform einleitete.

Bei den Wahlen zur Zweiten Duma im Februar 1907 war ein deutlicher Linksruck festzustellen. Lenin und die Bolschewiken wie auch die Menschewiken und die Sozialrevolutionäre hatten endlich erkannt, daß die Duma eine Rednertribüne war, auf der sie ungehindert das Wort ergreifen konnten, und Kandidaten aufgestellt.

Mit Erfolg: links von den 94 ›Kadetten‹ nahm die radikale Linke im neuen Parlament über 200 Sitze ein; zu den 65 Sozialisten und 48 Sozialrevolutionären kamen noch 100 Trudowiki. Unter dem Vorwand, es drohe eine sozialdemokratische Verschwörung mit dem Ziel, den Zaren zu beseitigen (während in Wirklichkeit die Attentate und versuchten Anschläge das Werk der Sozialrevolutionäre waren) und angesichts der Weigerung der Zweiten Duma, die parlamentarische Immunität ihrer Deputierten aufzuheben, beschloß Stolypin, die neue Duma umgehend aufzulösen. Sie wäre von ihm nicht zu lenken gewesen.

Außerdem wurden die sozialdemokratischen Abgeordneten festgenommen.

Anfang Juni 1907 wurde ein neues Wahlgesetz erlassen, das in krassem Widerspruch zum Inhalt der 1906 verkündeten ›Grundgesetze‹ stand. Durch diesen ›Staatsstreich‹, den das Vorgehen der Regierung nach westeuropäischen Maßstäben darstellte, wurde die Bildung der Dritten Duma ermöglicht, im Volk als »Herren-, Popen- und Lakaienduma« bezeichnet. Sie sollte bis 1912 tagen.

»Gott sei Dank, bei uns gibt es kein Parlament«, konnte ein russischer Minister äußern. Dies beruhigte den Adel, der seine Identität gegenüber der Macht wiederhergestellt sah: Endlich hatte er eine Stellung, die ihm die Bürokratie und der Zar lange verweigert hatten.

Stolypin, der kein Parlament der Universitätsprofessoren anstrebte, sondern eines aus »vernünftigen Menschen, die in ihrem Land tief verwurzelt sind«, gelang es mittels eines komplizierten Wahlsystems, daß in diese Dritte Duma die direkt gewählten Deputierten aus nur sieben Städten gegenüber 25 in der vorangehenden Legislaturperiode einziehen konnten. 44 Prozent der Abgeordneten waren Adlige, und lediglich 3,5 Millionen Untertanen waren stimmberechtigt.

Die Zahl der für die ›fremdstämmigen‹ Minoritäten vorgesehenen Sitze wurde reduziert: die Polen hatten lediglich noch 14 Mandate statt bisher 37, aus dem Kaukasus kamen zehn Deputierte (bislang 25) usw. Trotz des Polizeiterrors, der sich immer mehr ausbreitete und die Zahl der Untertanen auf fünf Millionen begrenzte, die nicht einer Ausnahmegerichtsbarkeit unterstanden, war diese Dritte Duma nichtsdestoweniger »eine Oase der Freiheit in der politischen Wüste Rußlands« (T. Riha). Doch diese Oase besaß wenig Möglichkeiten; der Zar verfügte stets über ein unumschränktes Einspruchsrecht bei jeder Gesetzgebung, hatte die Außenpolitik fest in Händen, konnte den Artikel 87 ohne Abstimmung mit der Duma anwenden und so die gesamte unkontrollierte Machtfülle zurückerlangen. In der Duma konnten Reden gehalten werden, aber schon ihre Zusammensetzung machte sie völlig gefügig. Lediglich einige wenige Deputierte, die das Wort ergriffen wie der Oktobrist Gutschkow zum Beispiel, übten Kritik am Zustand der Landesverteidigung.

Nikolaus II.: »Aber wann werden sie endlich schweigen?«

Nikolaus konnte aus naheliegenden Gründen einem solchen Parlament nicht zustimmen; die Angriffe Gutschkows waren indirekt auf seine Familie gemünzt, denn seine Onkel, die Großfürsten, standen an der Spitze der Mehrzahl der Oberkommandos von Heer und Marine. Er verweigerte deshalb Ministern das Aussagerecht vor der Duma und die Teilnahme an parlamentarischen Debatten über militärische Fragen. Zwei der zuständigen Minister, A. Rediger und A. Poliwanow, entließ er mit der Begründung, sie hätten sich zu ›kooperativ‹ gezeigt und sich in der Duma auf Diskussionen über Verteidigungsfragen eingelassen.

1909 untersagte der Zar seinem neuen Kriegsminister Wladimir Suchomlinow jedes Auftreten in der Duma. »Warum führen Sie überhaupt Diskussionen mit denen da? Sie sind mein Minister, nicht der ihre. Ich habe die Duma nicht ins Leben gerufen, um Anweisungen entgegenzunehmen, sondern nur, um Ratschläge zu erhalten!« Suchomlinow verzichtete notgedrungen darauf, sich in der Duma noch einmal zu zeigen.

Nikolaus II. war nicht der einzige, der solch feindselige Gefühle gegen jede Form der Volksvertretung hegte; seine Minister und Beamten waren gleichfalls der Meinung, daß alle guten Elemente der russischen Nation längst in Diensten des Staatsapparates stünden. Außerhalb seinen nur »ein paar utopische oder fanatische Politiker« anzutreffen.

Nun waren im Rahmen der Niederlage im Krieg mit Japan diese Männer – die ›besten‹ – auf tragische Weise gescheitert. Man mußte wohl oder übel die Frage neu überdenken. Die Vorurteile bestanden indessen schon zu lange, und die einzigen praktischen Schulungen in Sachen Verwaltung, die es gab – die

Semstwos und die großen Städte –, wurden vom Staat überwacht: zwischen 1900 und 1914 erklärte der jeweilige Innenminister die Wahl von 217 Bürgermeistern und Stadträten in 318 Städten für ungültig, die diese Posten zu vergeben hatten. Mit ›denen da‹ zu diskutieren, kam gar nicht in Frage.

Zwischen der Aristokratie, dem Beamtentum und dem Volk entstand auf diese Weise eine Art soziales Vakuum, das die Kaufleute und Industriellen nicht zuschütteten, denn sie waren es gewöhnt, sich Regierungsanordnungen zu beugen. Außerdem hatten sie an Politik kein Interesse. So kam es, daß dieser Graben der ›Arbeiterklasse‹ oder vielmehr den politischen Parteien, die sich zu ihren Sprechern machten, den Weg ebnete.

Im übrigen standen auch diese Parteien unter verschärfter Kontrolle der Geheimpolizei. Selbst in den Jahren nach 1906 galten nur die ›Union des russischen Volkes‹, die Oktobristen und die ›Partei des friedlichen Aufbaus‹ als legal. Die sozialistischen Massenparteien hatten ohne Rücksicht darauf, ob sie den Arbeitern, den Bauern oder dem Bürgertum nahestanden, nicht einmal das Recht, sich als politische Gruppierung registrieren zu lassen. Hatte Innenminister Pjotr Durnowo nicht erklärt: »Ich für meine Person erkenne die politischen Parteien überhaupt nicht an!« Zwischen dem 17. Oktober 1905, dem Tag der Veröffentlichung des Oktobermanifests, und dem Monat Januar 1906 wurden 45000 Personen von den Behörden aus politischen Gründen in die Verbannung geschickt.

Der einzige öffentliche Ort, an dem auf die Dauer eine gewisse Redefreiheit gegeben war, war paradoxerweise der Gerichtssaal. Das erklärt die Vorrangstellung, die Anwälte und andere Juristen wie Maklakow, Kerenski und Lenin in den Reihen der Revolutionsbewegung einnahmen. Die Presse war indessen nach 1906 freier als in den Jahren zuvor; die Zahl der Zeitungen in Rußland stieg von 123 vor der Revolution auf rund 800 im Jahr 1908 und 1158 im Jahre 1913. Besonders die Berichterstattung über die Debatten in der Duma in all diesen Blättern bildete ein außergewöhnliches Echo der Unzufriedenheit, die sich in allen Teilen Rußlands ausbreitete. Lenin hatte das genau begriffen, als er die Bolschewiken dazu brachte, Kandidaten für die Wahlen zur Zweiten Duma aufzustellen und das Parlament als Rednerpodium zu benutzen. Da nur sechs Prozent der Deputierten der Ersten Duma, der Duma des ›Volkszorns‹, nicht wieder wählbar waren, war ohne Zweifel den revolutionären Organisationen die Möglichkeit gegeben, ihre Ideen zu propagieren, aber dies war nicht von langer Dauer, denn Innenminister Stolypin entschied sich bekanntlich, die Zweite Duma nach kurzer Zeit aufzulösen.

In der Dritten Duma kamen alle Probleme zur Sprache − das Schulwesen, die Reform der orthodoxen Kirche, vor allem die Frage der nationalen Minderheiten und die Struktur der militärischen Verteidigung. Der Oktobrist Gutschkow betonte immer wieder, wie glücklich er sich schätze, daß dies von nun an dank des Oktobermanifestes möglich sei, das Rußland in eine Art von konstitutioneller Monarchie umgewandelt habe, was nicht der Wirklichkeit entsprach und dazu führte, daß Nikolaus II. ungeheuer verärgert war. Ähnlich verhielt sich der ›Kadett‹ Paul Miljukow, seines Zeichens Universitätsprofessor für Geschichte, der zehn Jahre lang nicht müde wurde, den Wunsch auszusprechen, die Regierung möge zur Duma ›Vertrauen haben‹, besser noch, sie möge ihr verantwortlich sein.

»Aber wann werden sie schweigen?« fragte Nikolaus II. unablässig, »wann werden sie endlich schweigen?«

Es ging dabei ausschließlich um den Gegensatz zwischen Zarismus und ›legaler‹ Opposition. Mit den ›illegalen‹ politischen Gegnern, den Sozialdemokraten, Menschewiken wie Bolschewiken, den Sozialrevolutionären und auch den populistisch-sozialistischen Trudowiki Kerenskis, kam ein Dialog ohnehin nicht in Frage. Ihre Führer hatten alle ins Exil gehen müssen − Lenin weilte in der Schweiz, Trotzki in Frankreich −, sofern sie nicht nach Sibirien verbannt worden waren wie Katharina Breschko-Breschkowskaja, Iwan Zereteli, Wassili Tschernow und andere.

Die Kraftprobe sollte weitergehen, wenn auch mit anderen Akteuren.

Täuschte man sich über den wahren Charakter des Zaren? Man hielt ihn für unentschlossen, unbeschwert, sanft, leicht be-

einflußbar, mit einem Wort: für etwas simpel. Und die Regime-
gegner ließen keine Gelegenheit aus, das seinen Ministern, den
hohen Beamten und seiner Umgebung unter die Nase zu rei-
ben. Um die Jahreswende 1906/7 sagte man Nikolaus sogar
nach, er habe den Versuch unternommen, den Abgeordneten
der Duma einen ›Friedensvorschlag‹ zu machen. Aber die ›Kadetten‹ mit Miljukow an der Spitze hatten sich unnachgiebig gezeigt und die ungekürzte Annahme ihres Programms verlangt.
»Wartet ab, habt mehr Geduld!« riet ihnen ein alter Kenner Rußlands, der Engländer D. M. Wallace. »Wie lange?« wollte ein
führender Kadetten-Politiker von ihm wissen. »Acht bis zehn
Jahre«, lautete die Antwort, »in England hat es ein Jahrhundert
bis zur Verwirklichung einer parlamentarischen Monarchie gedauert.« – »Acht bis zehn Jahre? Das ist viel zu viel! So lange
werden wir niemals warten!«

Übrigens hatte Nikolaus II. durchaus die Unversöhnlichkeit
dieser Deputierten gespürt und sie insgeheim registriert. »Weit
entfernt davon, ihn fassungslos, von Kummer gezeichnet, mit
seinem Volke leidend anzutreffen«, erzählte Fürst Georgi
Lwow, der spätere Ministerpräsident, in seinen Memoiren,
»fand ich mich einem fröhlichen Kerl in himbeerfarbenem
Hemd mit breiter Schärpe um die Taille gegenüber!« Es war dies
ein Teil der neuen Uniform, die er dem Schützenbataillon der
kaiserlichen Leibgarde verordnet hatte.

Terrorismus und Repression

Im Gespräch mit dem Grafen Kokowzow erklärte Nikolaus II.
damals: »Ich hatte nicht die Absicht, mich in eine unbekannte
Richtung zu stürzen. Ich wollte die Bedeutung der Vorschläge
abwägen, die man mir unterbreitete. Jetzt zögere ich nicht länger; ich habe nicht das Recht, auf das Vermächtnis meiner Vorfahren zu verzichten. Ich muß es unversehrt meinem Sohn
übergeben!« Und Kokowzow zufolge soll der Zar zu Stolypin
geäußert haben: »Wir haben recht daran getan, die Duma auf-

zulösen. Wir hätten die Verantwortung tragen müssen, wenn wir uns schwach und unentschlossen gezeigt hätten. Gott weiß, was hätte passieren können, wenn man diese Brutstätte der Meuterei hätte weiterbestehen lassen! Meine Pflicht zwingt mich, zu kämpfen, auch auf die Gefahr hin, daß ich dabei zugrunde gehe.«

Tatsächlich verengte sich der Kreis um ihn herum immer mehr.

Angesichts des Starrsinns des Regimes und der Ablehnung eines Dialogs mit der Bevölkerung war der Terrorismus wieder aufgelebt. Anfangs hatten die, die ihn praktizierten, angenommen, die mit der Revolution von 1905 erteilte Lektion habe gereicht und der Zarismus werde einlenken. Die Bombenleger und andere Attentäter waren übrigens stets bereit, bei ihren Anschlägen ihr Leben zu opfern.

Unter Alexander III. zerschlagen, hatte sich die terroristische Bewegung neu organisiert und das vorsichtig getan, denn sie wußte sich von der Ochrana unterwandert. Trotzdem hatte eine neue Serie von Attentaten begonnen. Im Februar 1901 hatte der adlige Student Paul Karpowitsch den Unterrichtsminister Nikolaj Bogolepow erschossen, es war die Tat eines Einzelgängers, doch von diesem moralisch begründet: »Mein Tod soll Sühne für das Verbrechen sein, das ich begangen habe!« Die Londoner ›Times‹ schrieb nach dem tödlichen Bombenanschlag auf Innenminister Plewe im Juli 1904: »Er hatte Theorie und Praxis des Absolutismus bis an die Grenze dessen vorangetrieben, was selbst für Rußland anormal war. Er verstopfte alle Ventile hermetisch, und letzten Endes ist die Welt nicht darüber erstaunt, daß der große Kessel explodiert ist.«

Der Terrorismus fand so seine Rechtfertigung in einem als ungerecht erachteten Regime, und im Ausland billigte ihn die demokratische und liberale öffentliche Meinung.

»Die Bombe ist das einzige Mittel, mit dem sich rebellische Ansichten Gehör verschaffen können!« Diese Rechtfertigung ließ man zum Beispiel gelten, denn da es in Rußland kein revolutionär gesinntes Bürgertum gab, war es erforderlich, daß Arbeiter, Bauern und Intellektuelle »die rostigen Nägel davonfliegen lassen, die unseren Sarg verschlossen halten«. (Ausspruch des Sozialrevolutionärs Gerschuni)

Der Terrorismus schlug zu wiederholten Malen zu. Zu seinen Opfern zählten Bogolepow, Sipjagin und Plewe, ferner Bobrikow, Großfürst Sergej Alexandrowitsch, General Koslow (anstelle von General Trepow ums Leben gekommen) sowie General Mine, und schließlich hatte es auch den Sprengstoffanschlag in Stolypins Haus gegeben.

Nach der Revolution von 1905 und dem danach einsetzenden Polizeiterror – von den zahllosen Opfern des ›blutigen Sonntags‹ gar nicht zu reden – wurde der Zar im Volke nicht mehr Nikolaus der ›Pechvogel‹, sondern Nikolaus der ›Blutige‹ genannt. Und der terroristische Zweig der Sozialrevolutionäre trachtete von nun an dem Zaren nach dem Leben. Die Ochrana wußte davon, denn der Chef des militanten Flügels der Sozialrevolutionäre war niemand anderes als der Doppelagent Asew, der dem Geheimdienstchef Gerassimow Informationen zutrug und gleichzeitig den revolutionären Gruppen unschätzbare Dienste erwies. Zweimal scheiterten Attentate auf Nikolaus II.; ein festgenommener Matrose, der den Zaren hatte töten wollen, gestand, ihm habe im letzten Augenblick die Hand zu zittern angefangen.

»Dieses Gesindel muß liquidiert werden!« hatte der Zar wiederholt gefordert, der es ablehnte, von seinem Gnadenrecht für zum Tode verurteilte Revolutionäre Gebrauch zu machen. »Und da wagt man es, mir von Amnestie zu reden!« rief er eines Tages aus und schlug dabei mit der Faust auf den Tisch.

Der Terrorismus hatte Menschenleben gekostet. Wie sah auf der Gegenseite die Bilanz der Repression aus? Ein Bericht von Karl Liebknecht gibt darüber Aufschluß:

»Eine noch unvollständige, nach offiziellen Angaben verfertigte Statistik besagt folgendes:

Zum Tode verurteilt worden wegen politischer ›Verbrechen‹ sind zwischen 1906 und 1910 5735 Personen, was nahezu einem Sechstel aller im Verlauf von politischen Prozessen Verurteilten entspricht; hingerichtet wurden 3741 Personen.

Die entsetzliche Bedeutung dieser Zahlen ergibt sich vor allem aus der Tatsache, daß im Zeitraum von 1825 bis 1905, das heißt während der 80 Jahre, die der Revolution vorangingen, in Rußland lediglich 625 ›Politische‹ mit der Todesstrafe belegt wurden und das Urteil nur bei 191 von ihnen vollstreckt worden ist.

In den ersten fünf Jahren der Ära konstitutioneller Rechte ist demnach die Zahl der Todesurteile um das Neunfache gestiegen! Demgegenüber belief sich in jüngster Zeit in Deutschland die Zahl der Exekutierten auf durchschnittlich 15 pro Jahr.

In den Jahren von 1906 bis 1910 verurteilten (in Rußland) die gerichtlichen Instanzen insgesamt 37620 Personen wegen politischer Delikte, davon 8640 zur Katorga (Zwangsarbeit) und, abgesehen von den 5735 Todesstrafen, 4144 zur Überstellung in Strafkompanien, 1292 zum Dienst in Disziplinarbataillonen sowie 1858 zur Verschickung in Strafkolonien. Jedem Verurteilten wurden gleichzeitig sämtliche bürgerliche Ehrenrechte aberkannt.

Die ›Strafkolonie‹ besteht in der Deportation von Personen, die aller Hilfe beraubt sind, in unwirtliche Wüstengebiete; diese Methode unterscheidet sich wenig von der, die die Regierung der Jungtürken anwandte, um die Speichellecker des alten Regimes in Konstantinopel unschädlich zu machen. Die Gebiete mit der ›Kolonisation‹ zählen zu den unfruchtbarsten und eisigsten der Erde: an vielen Stellen herrscht dort monatelang eine Kälte von −30 bis −50 Grad. Und eben dort müssen die ›Kolonisten‹, gewaltsam in den Zustand von Wilden versetzt, versuchen, mit primitivsten Mitteln und ohne eine Kopeke Zuschuß den Kampf um ihren jämmerlichen Lebensunterhalt zu bestreiten. Unter diesen Menschen befinden sich auch Frauen und Kinder. Oftmals wird diese Strafe nur für die bloße Zugehörigkeit zur Sozialdemokratischen Partei verhängt. Heute kann man mit 5000 bis 6000 dieser Zwangskolonisten rechnen!

Zu den Verurteilungen durch die juristischen Instanzen kommt noch eine ungeheure Anzahl von Gefängnisstrafen und Verbannungsverfügungen, die durch die Verwaltungsbehörden ausgesprochen werden.

Die Gefängnisse und Zuchthäuser, von denen die mit der

traurigsten Berühmtheit die in Zerenti, Akatui, Tobolsk, Orel, Jaroslawl und Moskau (Butyrka) sind, bieten heute offiziellen Schätzungen zufolge, die bereits das für die Aufrechterhaltung der Hygiene in der Anstalt erforderliche Minimum unberücksichtigt lassen, ›Platz‹ für circa 140000 Häftlinge, das heißt für beinahe 50 Prozent mehr als vor drei oder vier Jahren. Im Jahre 1913 befanden sich dort jedoch in Wirklichkeit ungefähr 220000 Menschen, eine Zahl, die sogar zuweilen auf 250000 anstieg. Inzwischen hat sich diese Zahl noch erhöht – trotz der denkwürdigen Jubiläumsamnestie, von der nun die nach dem Strafrecht verurteilten Kriminellen profitierten. Oft sind die Gefangenen mehr zusammengepfercht als Tiere im Stall, so eng, daß sie sich nur schlafen legen können, wenn sie es der Reihe nach tun. Während eines Großteils ihrer Haftzeit bleiben die Sträflinge in der Katorga Tag und Nacht mit Eisenketten aneinandergefesselt; nicht selten entfernt man bei ihnen noch das unter die Ketten geschobene Stück Leder, was bewirkt, daß das auf der nackten Haut aufliegende Eisen diese scheuert und wundreibt.

Was die Verpflegung angeht, so bewilligt man den Gefangenen je Kopf und Tag durchschnittlich zehn Kopeken – es steht außer Frage, daß dies bei weitem zu wenig für die Ernährung eines Menschen ist, besonders wenn er unter derart anormalen äußeren und inneren Bedingungen lebt wie die russischen Sträflinge. Ein Großteil dieser lächerlich geringen Summe verbleibt indessen in den Händen der Diebesbande, wie sie die russische Beamtenschaft darstellt, und für den Rest bestellen sie nur allzu oft kümmerliche Nahrung, deren Zubereitung jeder Beschreibung spottet.

Die Kleidung, längst zerschlissen, zerfetzt und schmutzig, ist in jeder Hinsicht unzureichend. Die elementarsten Bedürfnisse nach Sauberkeit und Hygiene werden vernachlässigt. Es erscheint einem unglaublich, daß menschliche Geschöpfe in solch einer Erniedrigung und solch einer Atmosphäre leben können, und wäre es nur für wenige Wochen. Oft ist es verboten, die Lüftungsklappen (in den Zellen und Baracken) zu öffnen. Systematisch gekürzt oder völlig gestrichen wird das Recht auf täglichen Ausgang an der frischen Luft. In den meisten Fällen ist die Arbeit abgeschafft worden, ohne die jede Freiheitsberaubung, selbst unter menschenwürdigen Bedingungen, zur unerträglichen Qual wird. Man behält sie nur bei oder führt sie nur ein in Gestalt von Verrichtungen, die äußerst schwierig und gesundheitsschädigend sind wie zum Beispiel das Wollezupfen. Dort, wo die politischen Gefangenen das Recht auf eigene Beschäftigung hatten, hat man es ihnen in der Mehrzahl der Fälle genommen.

In Anbetracht all dessen kann der Gesundheitszustand der Gefangenen nur erschreckend sein. Tuberkulose und Ruhr, Typhus und Skorbut wüten in verheerender Weise. Die Sterblichkeitsziffer übersteigt alle vorstellbaren Grenzen. 55 Prozent der Todesfälle sind auf Tuberkulose zurückzuführen.

Aber die Grausamkeit macht damit noch nicht halt. Man erniedrigt systematisch die Häftlinge und ganz besonders die politischen Gefangenen, indem man sie in dieselbe Zelle sperrt wie Kriminelle und sie häufig der diktatorischen Gewalt der niederträchtigsten unter den letzteren ausliefert, den ›Iwans‹, die offensichtlich die Günstlinge derartiger Gefängnisverwaltungen sind. Vulgäre Beschimpfungen und die Demütigung ihrer Mitgefangenen sind deren tägliches Brot; Mißhandlungen erleiden die politischen Gefangenen von morgens bis abends vom Beginn ihrer Inhaftierung an. Über ihren Köpfen schwebt ständig die Bedrohung mit einer barbarischen Disziplinarstrafe, bei der die Dunkelzellenhaft und die Prügelstrafe, die von den Ministern für Justiz und für die Polizei gerade jetzt von neuem für unentbehrlich gehalten wird, an erster Stelle stehen. Folterungen nach mittelalterlichem Vorbild sind in vielen Zuchthäusern an der Tagesordnung. Auf diese Weise erstickt man das letzte bißchen Zartgefühl und Menschenwürde bei denjenigen Gefangenen, die nicht einer Epidemie zum Opfer gefallen sind oder den Kugeln der Aufseher, der von den Zellenfenstern postiert sind, immerzu bereit, zu schießen. Es bleibt den Unglücklichen, die diesem teuflischen Dasein entfliehen wollen, nichts weiter übrig als die Flucht in den Tod. So haben sich zu den durch Krankheit ausgelösten Epidemien wahre Selbstmordepidemien gesellt.«

»Zar! Die Stunde der Bestrafung harret Deiner!«

Die Revolution von 1905 war von der Intelligenzija als tragischer Rückschlag empfunden worden, und mehrere Jahre vergingen, bevor man in ihr die erste Etappe einer Entwicklung oder auch eine Art Generalprobe sah. Was sie bezwecken wollte, war jedoch nachdrücklich klargemacht worden, und der Schriftsteller Dmitri Mereschkowski konnte die westliche Welt davon in Kenntnis setzen, daß »gleichgültig, ob geglückt oder nicht, die russische Revolution von nun an ebenso unumschränkt ist wie die Autokratie, gegen die sie streitet«. Er griff die Idee von Alexander Herzen auf, daß Rußland niemals einen ›goldenen Mittelweg‹ gehen könne und daß es »Europa in Brand setzen wird, das uns auslöschen will«. Die Erbitterung der russischen Intelligenz kam in jeder erdenklichen Form zum Ausdruck und hatte nicht nur den zaristischen Hofstaat und den Reichsrat zur Zielscheibe, den Ilja Rjepin als Stilleben malte, »still wie Karthago vor der Zerstörung«, sondern vor allem Nikolaus II., der in zeitgenössischen Karikaturen als Esel dargestellt wird. Dichter wie Konstantin Balmont verliehen dem Volkszorn machtvoll Ausdruck:

Unser Zar
Unser Zar – Mukden; unser Zar – Tsuschima,
unser Zar – ein blut'ger Schandfleck.
Es stinkt nach Pulver und nach Rauch,
schwarz ist seine Seele.
Unser Zar – kraftlos und blind;
Gefängnis und Knute, er erschießt und erhängt!
Zar! Der Galgenvogel bist Du! (...)
Die Stunde der Bestrafung harret Deiner!
Zar, wer fing wo damit an? In Chodinka!
Wer wird wo enden? Auf dem Schafott!

(1906)

Während bis dahin die Intelligenzija es für unter ihrer Würde hielt, auf die Straße zu gehen und »die rote Fahne zu tragen«, suchte sie nun das Gespräch mit den Terroristen: Mereschkowski mit Sawinkow, Bjely mit Walentinow, Gorki mit Lenin.

Seit der Gründung der sozialistischen Parteien hatte sich eine gewisse Verschmelzung zwischen den im eigentlichen Sinn revolutionären Intellektuellen und den Schriftstellern und Künstlern angebahnt.

Die 1905 errungenen Rechte, vor allem die Pressefreiheit, machten es der oppositionellen Literatur möglich, sich gründlich zu entwickeln, und daraus resultierte einer der hauptsächlichen Unterschiede zwischen der Zeit vor und der nach 1905. Während vorher das Schicksal Rußlands und des Zarentums Gegenstand der Diskussion großer Denker untereinander war, die nur für sich selbst sprachen und einzig und allein Meinungen oder Strategien verkörperten, wurden nach 1905 die gleichen Debatten, oft in radikaler Form, zum Lebensinhalt einer ganzen gesellschaftlichen und beruflichen Schicht von Schriftstellern und Künstlern, die militant auftraten und sich zusammenschlossen.

Eine ›literarische Kultur‹, wie Mereschkowski sie nannte, engagierte sich von nun an zum ausdrücklich politischen Kampf gegen Nikolaus II. und bestritt ihn an der Seite der linken Organisationen und Parteien. Männer so unterschiedlicher künstlerischer Couleur wie Nikolaj Rimski-Korsakow, der Komponist der Oper ›Der goldene Hahn‹, der Maler Rjepin, Alexander Blok, der zum Dichter der Revolution von 1917 werden sollte, und der Dichter Maxim Gorki fanden sich auf diese Weise zur Auseinandersetzung mit der Autokratie zusammen.

Das Auftreten Gorkis markiert indessen eine Verschiebung der Akzente und einen Bruch in dieser Volksbewegung, die sich der Verurteilung des Zarismus verschrieben hatte. Für die Bolschewiken, denen er sich annäherte, verkörperte Gorki selbstverständlich das Volk, und für Lenin waren seine Reaktionen ein Gradmesser, der ihn über die Stimmung in den unterdrückten Volksschichten informierte. Aber der Schriftsteller war weniger den Bauern verbunden als vielmehr dem neuen Proletariat in den Städten, dessen Wut, Ungeduld und Bedürfnis nach Ablenkung er in seinen Büchern zum Ausdruck brachte. »Möge der Sturm losbrechen!« forderte dieser Barde der Bettler. Trotzdem führte ihn der ihn beseelende Mystizismus mit denen zusammen, die ebenfalls von der mechanischen Wissenschaftsgläubigkeit der neuen Nihilisten, der Marxisten, beunruhigt waren, und er war an der religiösen und kritischen Erneuerung beteiligt, die, von Petrel und Rosanow initiiert, zur Gründung einer Bewegung führte, deren Mitglieder sich ›Jalonen‹ nannten. Die Attentate stießen sie ebenso ab wie die Verbrechen des Zarenregimes, aber sie waren der Auffassung, daß der Zweck nicht die Mittel heiligte. »Warum sich über die Scheiterhaufen der Inquisition aufregen?« fragte Rosanow. »Sie waren auch dazu bestimmt, das Glück von Generationen einzuleiten.«

Bis 1905 beschuldigten Nikolaus II. und sein Hofstaat die Gesellschaft, Revolten anzustiften und das Volk gegen seinen heißgeliebten Zaren aufzuhetzen. Wenn dieser Mythos verging, sollte er einer neuen Illusion weichen, jener Gewißheit der Intelligenzija, daß sie dem Volke näherstand als dem Zarismus. Rosanow-Warwarin beschrieb in der Zeitschrift ›Russkoje Slowo‹ unbarmherzig diesen Zwiespalt der Intellektuellen und russischen Liberalen: »Nachdem sie dem prachtvollen Schauspiel der Revolution beigewohnt hatten, wollten sie an der Garderobe ihre schönen pelzgefütterten Überzieher abholen und in ihre komfortablen Wohnungen zurückkehren. Doch die Pelzröcke waren verschwunden, und ihre Häuser standen in Flammen.«
    Diesen Alptraum, der 1905 verfrüht war, aber einige Jahre später Wirklichkeit wurde, konnten sich nur einige wenige ausmalen. Er wurde jedoch rasch vergessen.

Revolutionäres Erwachen − auch die Duma wacht auf

Die Repression, weit davon entfernt, die Liberalen und die Revolutionäre zu Boden zu zwingen, steigerte in Wirklichkeit nur deren Zorn. Sie bildeten nicht mehr eine bloße Avantgarde wie in der Zeit vor 1905, sondern sie hatten doppelte Verstärkung erhalten: die ersteren dank der anhaltenden außergewöhnlichen Aufwärtsentwicklung der Wirtschaft, die letzteren infolge der Auswirkungen der Gesetze Stolypins, die genau das Gegenteil von dem bewirkten, was der Ministerpräsident beabsichtigt hatte. Sein landwirtschaftliches Reformgesetz hatte zwar den Keim zum Aufbau eines unabhängigen Bauernstandes gelegt, trotzdem jedoch nicht verhindert, daß die Ärmsten der Armen in die großen Städte zogen, sich in den Vororten ansiedelten und dort ein Proletariat bildeten, das bald an seinen täglichen Lebensbedingungen verzweifelte und wegen der gemeinsamen Arbeit in den großen Fabriken besonders solidarisch war.

Das Blutbad unter den streikenden Arbeitern der Goldbergwerke an der Lena im Jahre 1912, wo herbeigerufene Truppen gezielt in die Menge schossen und über 250 Menschen töteten, bildete den Ausgangspunkt eines ungewöhnlichen Erwachens der Streikbewegung im ganzen Land. Sicher, es ging um höhere Löhne, aber die Streiks nahmen mehr und mehr die Form regelrechter Revolten gegen die Beschränkungen und autoritären Vorschriften an, die den Arbeitern an ihrem Arbeitsplatz aufgezwungen wurden.

Das heißt mit anderen Worten, daß die gewaltsame zaristische Ordnung, die bisher nur für die geistige Elite – und die unterdrückten nationalen Minderheiten – eine direkte Schikane darstellte, jetzt auch jene Millionen von Russen einzuzwängen begann, die dank der Aufklärung durch die revolutionäre Propaganda und der Stimulation durch die gemeinsame Agitation gegen Behörden, Regierung und den Staat insgesamt in der Fabrik erfahren hatten, wie die Wirklichkeit aussah.

Nikolaus II., über dieses Klima im Lande aufs höchste erbittert und immer mehr von Alexandra beeinflußt, neigte zunehmend dazu, Dinge zu verquicken: wenn er beispielsweise erfuhr, daß in London der englische König und das Unterhaus einen Empfang zu Ehren des Präsidenten der Duma gegeben hatten, dachte er allen Ernstes daran, als Vergeltungsmaßnahme eine Delegation aus Irland, bestehend aus Terroristen der Sinn Fein, in Audienz zu empfangen. Für ihn fing die Opposition bei seinem Ministerpräsidenten an; nach Witte waren Männer wie Trepow und Stolypin, die man wohl kaum liberaler Ideen verdächtigen konnte, Zielscheibe seines Argwohns: »Gott, was sie zögerten, die Duma aufzulösen! Wann wird man sie endlich am Reden hindern!«

Dank der Duma war nämlich die Politik zum Gemeineigentum aller Untertanen geworden. Doch ausgerechnet davon wollte Nikolaus II. nichts hören. Sogar die ihm zugeneigte äußerste Rechte mußte den Affront erleben, daß der Zar ihr Wirken nicht honorierte und nur ganz ausnahmsweise einmal einen Minister aus ihren Reihen erwählte. Während da 400 bis 500 Deputierte tagten, die sich für die Elite des Landes oder zumindest seine Repräsentanten hielten, wählte der Zar seine Minister aus – Goremykin beschrieb es einmal drastisch so –, »als ob man einen alten, nach Mottenkugeln riechenden Mantel aus dem Schrank zerrt und überstreift, wenn man plötzlich nach draußen gerufen wird und sich schnell etwas anziehen muß«. Iwan Goremykin, von 1906 bis 1907 Regierungschef und von Stolypin abgelöst, wurde später ein zweites Mal in die Regierung berufen, und zwar 77jährig im Jahre 1914. Aber er hatte das Gebaren eines unterwürfigen hohen Beamten, der Befehle empfängt und weitergibt.

Er flößte seinem Souverän kein Mißtrauen ein.

Zudem ignorierte auch er die Duma.

Die Vierte Duma, 1912 für die Dauer von fünf Jahren gewählt, war noch konservativer als ihre Vorgängerinnen. Anstelle der 190 Bauernvertreter, die in der Ersten Duma gesessen hatten, hatten jetzt die Regierungsparteien die absolute Mehrheit, die sich hauptsächlich aus Adligen zusammensetzten, aber auch 48 orthodoxe Geistliche einschlossen. Die Rechte, die Mitte und die Linke hielten sich ungefähr die Waage, wobei die letztere fast ausschließlich von den ›Kadetten‹ repräsentiert wurde. Die äußerste Linke, deren Macht sich bei den Streiks des Jahres 1905 gezeigt hatte und auch 1912 und 1913 wieder die Massen beeinflußte, durfte nur 15 Abgeordnete entsenden.

Je mehr die Radikalisierung im Lande um sich griff, desto größer wurde der ›Rechtsruck‹, der durch die Wahlgesetzgebung

im Parlament entstand, desto mehr Einfluß gewann die Aristokratie. Und desto hartnäckiger weigerten sich Zar und Regierung, mit der Duma einen Dialog zu führen. Der folgende, vom
Parlament verabschiedete Antrag ist kennzeichnend für die Beziehungen zwischen Regierung und Volksvertretung. Er wurde
zur Abstimmung aufgerufen, nachdem Innenminister Nikolaj
Maklakow, immerhin Mitglied des ›Verbandes russischer Männer‹, sein Budget eingebracht hatte, obwohl das Parlament insgesamt mit seinen Ansichten einverstanden war.

»In Anbetracht dessen, daß: 1. der Minister weiterhin von
Ausnahmemaßnahmen Gebrauch macht, obwohl die Ordnung
im Lande wiederhergestellt ist, und dadurch allgemeine Unzufriedenheit in der Bevölkerung und ein legitimes Gefühl der
Auflehnung gegen unnötige Maßnahmen hervorruft; 2. sich die
Autorität der Macht auf die Anwendung der Gesetze stützen
muß, aber der Minister selbst die Achtung der Bevölkerung vor
dem Gesetz ins Lächerliche zieht und zerstört; 3. die Regierung
durch das Hinauszögern der Reform der lokalen Selbstverwaltung den wirtschaftlichen und kulturellen Fortschritt hemmt; 4.
der Staat durch Festhalten an den gegenwärtigen Nationalitä-
tengesetzen die Einheit der Nation spaltet und Rußland
schwächt.«

»Ist das nicht unstatthaft?« wollte Minister Maklakow von Nikolaus II. wissen und schlug gleichzeitig vor: »Die Mehrheit
und die Minderheit (in der Duma) sollen ihre Standpunkte dar-
legen, und dann soll der Herrscher seine Entscheidung treffen!«

Der Zar ging auf diese Empfehlung ein, und im Juni 1914 diskutierte das russische Kabinett nach Darstellung des damaligen
Justizministers Iwan Schtscheglowitow auf einer Sondersitzung
über die Umwandlung der Duma von einer gesetzgebenden
Versammlung in eine Beratende (Konsultativ-)Versammlung.
Bei der Vorstellung, welche Explosion daraus entstehen konnte,
sprachen sich die Minister gegen die Neuordnung der Duma
aus, doch Nikolaus II. hatte seine Absichten wenigstens zum
Ausdruck gebracht, und zwar deutlich.

Die Stolypinschen Reformen...

Auf innenpolitischem Gebiet unternahm Ministerpräsident Pjotr Stolypin immerhin den Versuch, eine Art Verbindung zwischen Regierung, Gesellschaft und den parlamentarischen Institutionen zu knüpfen oder zumindest so etwas wie ein Relais zu schaffen. Im Mai 1911 leitete er Nikolaus II. ein Memorandum zu, das Gedanken zur Erneuerung der staatlichen Verwaltung enthielt. Zu diesem Zweck schlug Stolypin drei Maßnahmen vor: die Schaffung eines Ministeriums für lokale Selbstverwaltung, das sich mit den in Verbindung mit den Semstwos entstehenden Problemen befassen sollte, die Angliederung neuer Ressorts für Gesundheit, Arbeit und Bodenschätze an bestehende Ministerien und schließlich die Berufung von Fachleuten an die Spitze dieser Ministerien, was zur Folge gehabt hätte, daß dem Zaren faktisch, ohne es beim Namen zu nennen, seine Auswahlmöglichkeiten bei der Berufung neuer Regierungsmitglieder beschnitten worden wären. Stolypin soll selbst die Absicht gehabt haben, die Dritte Duma aufzulösen und sich dabei auf Artikel 87 zu berufen, was den Anschein erweckt hätte, er habe auf diese Weise die gewählte Volksvertretung zum Handeln zwingen wollen. Das versichert jedenfalls Andrej Senkowski in seiner Stolypin-Biographie, der seinerzeit mit der Ausarbeitung von Detailfragen für dieses Vorhaben beauftragt war. Der Ministerpräsident habe es jedoch nicht weiter verfolgt, weil eine Antwort des Zaren ausblieb.

Stolypins Tüchtigkeit fand in diesem Falle also kein Betätigungsfeld. Gewiß, es war ihm gelungen, das Bündnis zwischen der Regierung und der rechtsstehenden Oktobristen-Partei aufrechtzuerhalten, die mit vollem Recht im Reichsrat, den sie anfangs abgelehnt hatte, ein mögliches Gegengewicht zur Duma sah. Aber weil Stolypin die Politik der Liberalen, vor allem infolge seiner Agrarreform, lahmlegte, bewirkte seine Politik, daß die Opposition sich nach links verschob, da nämlich eine Reihe von Oktobristen sich den ›Kadetten‹ und die radikalsten ›Kadetten‹ sich wiederum den gemäßigsten Sozialisten annäherten, während sich die sozialistische Linke radikalisierte.

Diese allgemeine Tendenz des ›Lewenje‹ (Linksdrift) fand ein Echo in der wachsenden Unzufriedenheit eines Teils der ländlichen Gebiete, jener, in denen die Bauern sich der Umwandlung ihrer Gemeinde widersetzten, wie auch jener, wo sie diese Änderungen zur Abwanderung zwangen. Zugegeben, auf dem flachen Land blieb es in den Jahren nach 1907 relativ ruhig und noch ruhiger nach 1911.

Doch die sozialen Unterschiede verschärften sich auch dort, und 1917 traten die negativen Auswirkungen der Stolypinschen Reformen gewaltsam zutage.

... und die politischen Reaktionen Nikolaus' II.

Die politische Launenhaftigkeit des Zaren äußerte sich erneut 1909 bei einem Konflikt über den Etat der Kriegsmarine und zwei Jahre später bei der Verfassungskrise von 1911.

Im ersten Fall hatte die Duma der Regierung einen Gesetzentwurf zugeleitet, der nach langen Beratungen zustande gekommen war, Ernennung und Beförderung der Offiziere des Marine-Oberkommandos zum Inhalt hatte und sich gegen die bisherige Praxis der Krone richtete, Mitglieder ihrer Familie auf diese Posten zu berufen.

Nikolaus II. schrieb daraufhin Stolypin folgenden Brief:

»Pjotr Arkadjewitsch!

Seit unserer letzten Unterredung habe ich unablässig über diese Frage des Flottenoberkommandos nachgedacht. Nach reiflicher Überlegung habe ich mich heute endlich entschlossen, dem mir unterbreiteten Gesetzesentwurf meine Zustimmung zu versagen.

Es ist keine Frage des Vertrauens oder mangelnden Vertrauens.

Ich will es eben so.

Erinnern Sie sich daran, daß wir in Rußland leben, nicht im Ausland oder in Finnland mit seinem Senat, und folglich *erlaube* *ich nicht, daß daran gedacht wird, seine* (des Flottenkommandanten) *Entlassung zu verfügen!**

Natürlich wird dies in St. Petersburg und in Moskau empörtes Gerede auslösen, doch dieses hysterische Geschrei wird von selbst wieder aufhören.

Ich mache Sie darauf aufmerksam, daß ich schon im voraus kategorisch jedes Rücktrittsgesuch ablehne, gleichgültig, ob es von Ihnen oder aus den Reihen Ihrer Regierung kommt.

Mit dem Ausdruck meiner Hochachtung

Ihr Nikolaus II. 25. April 1909«

Anläßlich der Verfassungskrise im Frühjahr 1911 widersetzte sich der Zar erneut Stolypin. Einmal mehr hatte es sich darum gehandelt, eine Semstwo-Verwaltung in den neun westlichen russischen Gouvernements einzuführen, die Stolypin gut kannte, weil er dort in verschiedenen Funktionen tätig gewesen war. Die rechten Fraktionen im Reichsrat erhoben den Einwand, daß der Gesetzentwurf im Falle seiner Realisierung als Nebenwirkung dem Oberhaus die Aufnahme zu vieler polnischer Adliger vorschreiben würde. Eine Änderung des Wahlsystems sollte dann die Zahl dieser Polen verringern, obwohl sie dem Zarenregime wohlgesinnt waren; man setzte auch Vertreter des Klerus auf die Liste der Kandidaten und schloß die Juden von diesen Wahlen aus. Nachdem der Zar bereits gegen eine Reform Stolypins Einspruch erhoben hatte, die die Juden nur leicht benachteiligte, willigte die Regierung in den Gesetzentwurf ein, um nicht den kürzeren zu ziehen, und er fand auch in der Duma günstige Aufnahme, wo er mit dem Argument vorgelegt wurde, er bringe den Beamten russischer Abstammung ebensolche Vorteile wie den weißrussischen Bauern gegenüber ihren polnischen Grundbesitzern und auch gegenüber den jüdischen Kaufleuten. Der Reichsrat legte mit dem Argument Einspruch ein, die ausgeschlossenen polnischen Loyalisten wür-

---

* Von Nikolaus II. unterstrichen.

den zu politischen Gegnern. Auf diese Weise spielte bei der Auseinandersetzung die eine wie die andere Seite mit gezinkten Karten, denn in Wirklichkeit wollte der Reichsrat nicht die Polen, sondern den Adel begünstigen, und die Regierung wünschte eine Favorisierung des Bauernstandes allgemein ohne Rücksicht darauf, ob es sich um Weißrussen handelte oder nicht.

Übrigens hatten im Reichsrat Innenminister Durnowo und Trepow, erklärte Rivalen Stolypins, das Sagen, und sie brachten die Mehrheit dazu, das Projekt abzulehnen. Stolypin erklärte darauf dem Zaren, er werde für den Fall, daß jetzt nicht Artikel 87 der Grundgesetze zur Anwendung komme, seinen Abschied nehmen.

Nikolaus II. verhielt sich zurückhaltend; seine Sympathien gehörten seinem Minister Durnowo und Trepow. Das herrschsüchtige Auftreten und das Ansehen Stolypins brachten ihn auf und weckten seine Eifersucht.

Außerdem begann man in der Duma gegen die mißbräuchliche Anwendung des Artikels 87 Einspruch zu erheben; kurzum, die Abgeordneten waren im Begriff, ihr eigenes Votum umzustoßen, um die Vorrechte der Volksvertretungen besser verteidigen zu können. Würde der Zar ihnen Stolypin opfern? Würde er dem parlamentarischen System dieses Zugeständnis machen?

Großfürst Nikolaj und Großfürst Michail, der jüngere Bruder des Zaren, sprachen sich für den Verbleib Stolypins aus. Die Kaiserinmutter ebenso: »Nikolaus kann sich nicht von Stolypin trennen, weil er weiß, daß er gleichermaßen verantwortlich für all dies ist. Er wird ihm am Ende nachgeben. Und dann wird er ihm deswegen böse sein. Ich glaube, daß Stolypin sich diesmal noch durchsetzen wird, aber es dürfte das letzte Mal sein. Er (Nikolaus) wird ihn davonjagen!«

Der Zar gab Stolypin nach. Davonzujagen brauchte er ihn nicht: wenige Monate später, im September 1911, kam der Ministerpräsident bei einem Attentat ums Leben.

Stolypin verhilft den Muschiks zu Wohlstand, doch nicht allen

Die russische Regierung unter Stolypin beschränkte sich nicht auf eine Politik der Repression, die brutalste, die Rußland je erlebt hatte. Gleichzeitig kurbelte Stolypin im Sinne der von Witte unternommenen Anstrengungen die industrielle Entwicklung an. Nie wieder machte die Wachstumsrate einen derartigen Sprung nach oben wie in den Jahren zwischen 1906 und 1913: sie erreichte je nach Branche eine Steigerung zwischen 30 und 150 Prozent. Ohne Zweifel stand Rußland im Begriff, seinen wirtschaftlichen Aufschwung zu vollenden, doch es blieb trotzdem im Rückstand; der Wert der Industrieproduktion war 1913 zweieinhalbmal niedriger als die französische Produktion und sogar sechsmal geringer als die deutsche. Indessen begann ein russischer Kapitalismus Gestalt anzunehmen, was zur Folge hatte, daß sich neue gesellschaftliche Gruppen dem Regime anschlossen. Während Witte in erster Linie wirtschaftliche Zielsetzungen verfolgt hatte, war Stolypin vor allem Politiker; seine Bemühungen richteten sich deshalb auf die Bauern, deren Lage er verbessern wollte und die es besonders von ihrem revolutionären Potential abzubringen galt. 1905 hatte der Bauernstand insgesamt trotz der Revolten in den ländlichen Gebieten keine besonders auffällige Feindseligkeit gegen den Zarenthron an den Tag gelegt. Stolypin wollte sich nun die Staatstreue der Bauern und ihr Verlangen nach Landbesitz zunutze machen in der Hoffnung, sie für das Regime zu gewinnen.

Zu diesem Zeitpunkt war die Debatte über die Agrarfrage in vollem Gange. Lenin und die Bolschewiken propagierten eine Verstaatlichung der privaten Ländereien. Ihr Programm ähnelte dem der gemäßigten Sozialisten, der Trudowiki. Die Menschewiken befürworteten einen Übergang von Grund und Boden in das Eigentum der Städte und Gemeinden; die Sozialrevolutionäre waren für eine gleichmäßige Aufteilung des Bodens je nach der Zahl der zum Haushalt gehörenden Personen. Das Problem, das die Parteien mehr als alles andere trennte, war die Frage, ob eine Entschädigung an die enteigneten Grundbesitzer gezahlt werden sollte oder nicht. Stolypin, der sich auf ein Gutachten des dänischen Wirtschaftsfachmanns Carl Koefoed stützte, eines Mannes, der an den Höfen von Kopenhagen und St. Petersburg gleichermaßen angesehen war, schwebte vor, bei der ländlichen Bevölkerung den Individualismus und zugleich den Kapitalismus zu entwickeln und damit das Kollektiveigentum der unter Alexander II. und Alexander III. geförderten sogenannten Mir-Gemeinden* zu zerstören.

Das neue Gesetz ermächtigte künftig jedes Familienoberhaupt, die Umwandlung der ihm vom Mir zur Nutzung zugeteilten Parzellen in Privateigentum zu verlangen. Der Mir konnte sich auch nicht dagegen verwahren, daß der Antragsteller seine Weiderechte behielt.

Überall, wo zwei Drittel einer Dorfgemeinschaft sich dafür aussprachen, erfolgte die Verteilung des gemeindeeigenen Bodens in privaten Besitz an alle. Die Mehrheit der Bauern – die am schlechtesten dabei wegkamen – lehnten natürlich diese Art der Umverteilung ab; viele verkauften ihre Parzelle und brachen nach Sibirien auf. Was die Bauern eigentlich anstrebten, war nicht die Aufteilung des Mir-Eigentums, sondern der großen brachliegenden Ländereien der Gutsbesitzer, des Staates und des Zaren.

Ihre Unzufriedenheit kam in ihrer Stimmabgabe bei den Wahlen für die Zweite Duma und später auch beim Urnengang für die folgenden Dumas zum Ausdruck.

Die Stolypinschen Reformen führten allerdings zu einer Spaltung des Bauerntums, denn einerseits verhalfen sie einer großen Anzahl von Muschiks, den künftigen Kulaken (Großbauern), zur Emanzipation, während sie andererseits dazu beitrugen, daß eine andere Minderheit ihr neues Eigentum aufgab. Politisch gesehen, war dies ein Erfolg, der die revolutionären Führer, vor allem Lenin, beunruhigte.

In der Zweiten Duma (Februar bis Juni 1907), von den Rechten ›Duma der Volksdummheit‹ genannt, weil in ihr derart viele

---

* Der Mir war eine Art Feldgemeinschaft; das Land wurde durch Gemeindebeschluß unter den Bauern zur *Nutzung* aufgeteilt.

Oppositionelle vertreten waren, entwickelten sich endlose Debatten über die mit den Enteignungen in Zusammenhang stehenden Probleme – in deren Verlauf die Polizei zwei Anwälte der Großgrundbesitzer, beide Juden, ermorden ließ –, und Nikolaus II. konnte nun einmal Diskussionen und theoretische Erörterungen nicht ausstehen.

Bekundete er eigentlich Interesse an der Reform als solcher? Der Däne Koefoed, der seinerzeit durch Landwirtschaftsminister Kriwoschein und Stolypin dem Zaren vorgestellt wurde, schilderte die Audienz später in seinen Erinnerungen an die Beraterzeit im Zarenreich: »Der Zar erzählte mir, er kenne einen Admiral Koefoed gut, den er bei einem Besuch in Dänemark kennengelernt habe. Ich enttäuschte ihn sichtlich sehr, als ich gestand, der Admiral gehöre nicht zum selben Zweig unserer Familie.« Und er bekundete kein weiteres Interesse für die Reform.

Der ›blutige Sonntag‹ hatte das heilige Band zwischen dem Zaren und seinen Untertanen zerrissen, aber nur in den Städten. Auf dem Lande gab es kein Echo.

Einige wenige später stattfindende Strafexpeditionen gegen aufständische Bauern weckten ebenfalls keinen Widerhall unter der Landbevölkerung; sie gehörten gewissermaßen zur Tradition.

Dagegen kam es bei der Auflösung der Ersten und der Zweiten Duma zu schweren Unruhen auf dem Lande, denn die Bauern hatten ihre ganze Hoffnung auf die an den Zaren gerichteten Bittschriften gesetzt, und dieser verfügte nun, daß die Abgeordneten, die die Wünsche und Forderungen der Bauern vorgetragen hatten, nach Hause geschickt wurden.

Der Vertrauensverlust erreichte seinen Höhepunkt, als Stolypin in der Absicht, die dynamischen Elemente der Landbevölkerung zu vereinen, dies zwar bei einem kleinen Teil der Dorfgemeinschaft erreichte, doch diejenigen, die dort verblieben waren, fühlten sich schmerzlich vor den Kopf gestoßen, denn der Mir hatte den Rahmen für die von ihnen erhobenen Forderungen gebildet, und seine Zerschlagung erschien ihnen wie eine Art Aggression.

Die Lösung des Problems lag indessen für Stolypin nicht allein auf dem Lande. Für alle Bauern, die gezwungen waren, ihre ländliche Gemeinde zu verlassen, mußte eine neue Bleibe gefunden werden. Die Auswanderung nach Sibirien war eine der von den Behörden ersonnenen Lösungen, die den Muschiks helfen sollte, wieder ansässig zu werden. Doch die meisten Muschiks waren ohnehin in die Vororte der großen Industriestädte ›ausgewandert‹, um dort Arbeit zu suchen. Dank des stetigen Wirtschaftswachstums in den vergangenen zwanzig Jahren wurden sie auch als Arbeiter eingestellt.

Die von Nikolaj Bunge, dem ersten Finanzminister Zar Alexanders III., eingeleitete und von Sergej Witte und dessen Nachfolgern fortgesetzte Politik hatte das Schwergewicht auf inländische Investitionen gelegt, um das Wirtschaftspotential des Landes zu erhöhen, und weniger auf Ausgaben gesetzt, um die Streitkräfte zu vergrößern und zu modernisieren, weil eine schwache Wirtschaft diese Kosten nicht hätte bestreiten können. Gewiß, das Problem war erkannt, aber trotzdem war es zwanzig Jahre später immer noch nicht gelöst, trotz des enormen Aufschwungs der russischen Industrie in den Jahren zwischen 1894 und 1913, weil es in direktem Zusammenhang mit den militärischen Schlappen von 1915 stand, als die russischen Armeen aus dem Hinterland nicht mehr mit Nachschub versorgt werden konnten.

Die ganze russische Industrialisierungspolitik basierte auf Anleihen im Ausland, mit deren Hilfe der Maschinenpark der Fabriken angeschafft und in Schwung gebracht worden war.* Von diesem Stadium an mußte man sich indessen fragen, ob infolge solcher Politik Rußland sich nicht zu einer wirtschaftlichen Filiale der westeuropäischen Großmächte entwickeln würde,

---

* Den französischen Finanziers waren die Zinserträge aus einer beispielsweise 5prozentigen Staatsanleihe lieber als die Bittschriften Gorkis und der russischen Sozialisten, die sie davor warnten, auf diese Weise das Zarentum zu unterstützen. Das ist auch der Grund, warum nach 1917 die russischen Revolutionäre die Nikolaus II. gewährten ausländischen Anleihen ignorierten und nicht zurückzahlten.

eine These, die Lenin populär gemacht hatte. Witte gab zu, daß dies der Fall sei, aber daß man, so bedauerlich es sei, vorübergehend diese Tatsache in Kauf nehmen müsse. In Wirklichkeit gliche, so erläuterte er, das Militärpotential Rußlands in etwa die Wirkungen dieser Abhängigkeit aus.

Es entspricht der historischen Wahrheit, daß Frankreich, mit einem Anteil von 27 Prozent des investierten ausländischen Kapitals der wichtigste Geldgeber des Zarenreichs, zu keinem Zeitpunkt Nikolaus II. seine Politik diktiert hat, außer auf der Konferenz von Algeciras 1906, kurz nach der Niederlage Rußlands in Ostasien.

Frankreich benötigte die russische Armee ebenso wie Rußland seinerseits die französischen Geldgeber. Das war bei der Agadir-Krise im Jahre 1911 deutlich zu sehen, als St. Petersburg es Paris »mit gleicher Münze heimzahlte«.

Trotz des rasanten Wirtschaftswachstums importierte Rußland 1913 noch zwischen einem Drittel und der Hälfte seiner Industrieprodukte.

Aber es hatte auf dem Gebiet des Eisenbahnbaus und bei bestimmten Rüstungsgütern Autonomie erlangt, wenn auch die Leistungen noch nicht die Nachfrage deckten.

Das eigentliche Problem war (schon damals), daß die schlecht ausgelastete Industrieproduktion für die Befriedigung der Bedürfnisse der Verbraucher nicht ausreichte. »Zu hohe Selbstkostenpreise und ein schlechtes Absatzsystem« – diese Diagnose, die man für ganz aktuell halten könnte, stammt aus dem Jahre 1899.

Die unteren Volksschichten hatten darunter zu leiden, und zwar gleichermaßen in den Städten wie auf dem Lande; die Preise waren so hoch, daß es angesichts des niedrigen Lohnniveaus gerade zum Kauf von Brot reichte. Andererseits ließen Börsenspekulationen und hohe Unternehmergewinne eine Kategorie von Magnaten entstehen, deren üppiges Leben den Notleidenden ein Ärgernis war. Nie erstrahlte St. Petersburg, zumindest auf einem Ufer der Newa, in solchem Glanz wie am Vorabend der 300-Jahr-Feier der Dynastie der Romanows im Jahre 1913.

Petersburger Pomp

In den Jahren vor dem Ersten Weltkrieg spielte sich in der kaiserlichen Residenzstadt noch ein mondänes Leben ab:

»Im ›Hotel Europa‹ sprach der Barkeeper, ein Neger, mit Kentucky-Akzent; im Michaelstheater wurden Stücke in französischer Sprache aufgeführt, die majestätischen Säulen der kaiserlichen Paläste bezeugten die meisterliche Kunst italienischer Baumeister. Die im politischen Leben stehenden Männer verbrachten täglich drei bis vier Stunden bei Tisch, und die matten Strahlen der Mitternachtssonne ließen, wenn sie sich im Juni in die lauschigen Ecken der Parks stahlen, langhaarige Studenten sichtbar werden, die auf den Bänken mit jungen Mädchen ernsthafte Diskussionen über die transzendentale Bedeutung der deutschen Philosophie führten. Man hätte sich über die Nationalität dieser Stadt unschlüssig sein können, in der der Champagner in den Restaurants stets in dickbauchigen Magnumflaschen und nie in gewöhnlicher Abfüllung bestellt wurde. Aber da gab es ja noch nahe der Newa das eherne Reiterstandbild Peter des Großen, das den Zaren hoch von seinem sich aufbäumenden Roß auf die grauen Massen der Stadtbevölkerung blicken ließ. Gegenüber, gerade nur durch den Fluß getrennt, lagen jene eleganten Stadtviertel, wo man tüchtig spekulierte, wo vierzigtausend Personen sich als Effektenmakler hatten eintragen lassen und Erzbischöfe nicht die letzten waren, die vor der Börse aus ihren Karossen stiegen.«

Man konnte dort Großindustrielle wie Nikolaj Rjabuschinski begegnen, der als Mäzen auftrat und zwei Gemäldeausstellungen veranstaltete, auf denen Bilder von van Gogh, Rouault und Braque den glanzvollen Mittelpunkt bildeten. Hier fanden sich auf russischer Seite Maler und Schriftsteller zusammen, die zur Avantgarde des Futurismus gezählt werden. »Ein Künstler des Wortes kann keiner sein, wenn er nicht auch zu malen versteht«, behaupteten N. Kulbin, Wladimir Majakowski und Jakow Lipschitz.

Diese kleine Gruppe dünkte sich meilenweit entfernt von den Vertretern der engagierten Literatur der vorangegangenen Jahrzehnte. Die Blok, Bjely, Balmont – der eine Wandlung vollzogen hatte – wiesen sich mehr durch ihren Stil als durch den Inhalt ihrer dichterischen Botschaft als Revolutionäre aus. Zu einem Zeitpunkt, da Strawinsky, der seit 1910 in Paris lebende russische Komponist, mit den traditionellen Formen der Musik brach und sein Ballett ›Le Sacre du printemps‹ komponierte, da Sergej Diaghilew dem russischen Ballett zum Siegeszug verhalf, suchten auch die Dichter und Schriftsteller mit dem Herkömmlichen – der Sprache – zu brechen und neue Wörter zu erfinden. In einem 1912 in Moskau veröffentlichten, berühmt gewordenen Manifest erklärten Burljuk, Krutschenik, Majakowski und Chlebnikow:

»Diese Vergangenheit ist zu sehr mit Namen überlastet. Die Akademie und Puschkin sind uns unverständlicher als Hieroglyphen. Das Schiff der Moderne wirft die Puschkin, Dostojewski, Tolstoi und Konsorten über Bord. All diese Gorki, Kuprin, Blok, Sologub und andere, was wollen sie denn weiter als eine Datscha? Auf dieselbe Art, wie das Schicksal einen einfachen Schneider belohnt.

Von der Spitze der Wolkenkratzer blicken wir auf diese Nullen herab und verkünden von hier oben die Rechte eines Dichters:

Erweiterung des Wortschatzes, so, wie es uns paßt, unüberwindliche Haßgefühle auf die Umgangssprache; was zittern der gute Geschmack und der gesunde Menschenverstand? Es lebe die Schönheit des neuen Wortes, das ausreicht, um zu sagen, daß ES ist!«

Man sprach davon, daß die berühmte amerikanische Tänzerin Isadora Duncan zu futuristischen Gedichten tanzen wolle.

Aber es war lange her, daß Nikolaus II. zum letzten Mal diese Aufführungen besucht hatte, die inzwischen vom Zeitgeist und modernistischen Strömungen geprägt waren. Die einzige Gemeinsamkeit zwischen der Avantgarde und dem Zaren war die Abneigung gegen den neu aufkommenden Film, wenn auch aus unterschiedlichen Gründen. Die Künstler sahen mit Verachtung auf die Filmkunst herab, die nach ihrer Auffassung verkalkte Formen reproduzierte. Die bewegten Bilder gehörten einem anderen Kunstbereich an, befand Majakowski und berief sich auf die Zelluloidprodukte aus der Zeit vor 1914. Nikolaus II. seinerseits war der Meinung – der sich sein Hofstaat anschloß –, daß die von den damaligen Filmschaffenden gedrehten Melodramen und Kurzstreifen von Ereignissen aus aller Welt die Volksmoral untergraben könnten.* Das einzige Leinwandopus, dem der Zar Bewunderung gezollt hatte, war die Verfilmung der La Fontaine-Fabel ›Die Grille und die Ameise‹ als Puppenspielfilm im Jahre 1911 durch den Regisseur L. Starewitsch, einen genialen Vorläufer Walt Disneys. Nikolaus schenkte ihm als Zeichen seiner Anerkennung einen Ring.

Die Futuristen wollten Wörter ändern; der Zar wollte, wie wir gesehen haben, keine Minister, die einfach Betonungszeichen wegließen.

Und was das Volk anging, die Arbeiter in den Vorstädten auf der anderen Seite der Newa – sie wollten lesen und schreiben lernen.

Waren diese Gegensätze nicht auf ihre Weise ein Vorzeichen für die knarrenden Risse im Gebälk, die Rußland bald bemerken sollte?

Der Schriftsteller und Dramatiker Alexej Tolstoi (1883–1945) ruft in seiner Autobiographie auch Erinnerungen an ein St. Petersburg wach, das »an Sommerabenden, wenn die Nachtschwärmer herumzogen, phosphoreszierte und von prickelndem Reiz war, verrückt und sinnenfreudig mit seinen Troikas, seinen Duellen im Morgengrauen, den Paraden vor einem Herrscher mit byzantinischen Augen. Flatterhafte Frauen, halb entblößt, neureiche Lebemänner, Lichtspieltheater und Lunaparks verliehen der Stadt ein unwirkliches Aussehen. Es gab eine Selbstmordepidemie, und man konnte alles haben: Orgien, Frauen... Die Mädchen verheimlichten ihre Jungfräulichkeit, die Ehefrauen ihre Bindung. Es gehörte zum guten Ton, alles zu

---

* »Ich halte den Film für bedeutungslos, unnütz und sogar für ein entartetes Vergnügen. Nur ein anormaler Mensch kann der Meinung sein, daß diese Beschäftigung etwas mit Kunst zu tun hat. Das Ganze ist eine blödsinnige Angelegenheit, der man keine Bedeutung beimessen sollte!« Das war das Urteil, das Nikolaus II. zum Thema Kino abgab. (Vgl. Leyda, J.: ›History of the Russian and Soviet Film‹, Allen & Unwin, London 1960–73.)

kritisieren. Die Schriftsteller übernahmen diese Aufgabe und wurden dadurch berühmt. Unterdessen drang ein ungebildeter Muschik mit den Augen eines Wahnsinnigen und ungebändigter Geschlechtlichkeit in den kaiserlichen Palast ein und schickte sich an, ganz Rußland zu schänden.«

Das war eine deutliche Anspielung auf den ›Mönch‹ und Wunderheiler Rasputin, der am Hof Nikolaus' II. eine bedeutende Machtstellung erlangte. Man behauptete von ihm, er habe ungeheuren Einfluß auf die Zarin gewonnen und sei zum starken Mann geworden, der nach dem Tod Stolypins an die Stelle des Ministerpräsidenten getreten sei, den weder dessen Nachfolger Graf Kokowzow noch der alte und unfähige Goremykin hatte ersetzen können.

Stolypins Ermordung

Ein Augenzeuge der tödlichen Schüsse von Kiew, Sawwitsch Pankratow, berichtete später Einzelheiten über jenen Abend des 1. (14.) September 1911 im Kiewer Opernhaus. Die Stadtväter der geschichtsträchtigen alten ukrainischen Hauptstadt hatten zum Ausklang dieses Tages dem zu Besuch weilenden Zaren ihre besondere Verbundenheit bekunden wollen: Offiziere in farbenprächtigen Uniformen, polnische Magnaten, ukrainische Adlige – alles, was in Rußland Rang und Namen hatte, hatte sich eingefunden. Fast wäre es beim Kartenverkauf zu Handgreiflichkeiten gekommen, denn die Galaaufführung der Oper ›Das Märchen vom Zaren Saltan‹ von Rimski-Korsakow versprach zu einem glanzvollen Ereignis zu werden, bei dem die elegante Welt nicht fehlen wollte. Das Parkett schimmerte im Weiß der Waffenröcke und Abendkleider. Auch die Mehrzahl der Minister war gekommen: Kasso, Suchomlinow, Sabler sowie, in Logen im ersten Rang sitzend, Kokowzow und Stolypin. Gegen neun Uhr traf der Zar in Begleitung seiner Töchter Olga und Tatjana ein. In seiner Loge nahmen auch Fürst Boris Tyrnowsky von Bulgarien sowie die Großfürsten Andrej Wladimirowitsch und Sergej Michajlowitsch Platz. Pankratow schreibt:

»Es traf sich, daß ich die Minister gut sehen konnte, besonders Stolypin im ersten Rang links, also unweit der Zarenloge. Er interessierte sich augenscheinlich wenig für das Geschehen auf der Bühne, sondern blickte nach rechts und nach links und dachte offensichtlich an andere Dinge. In den Zwischenaktpausen strömte jeweils alles ins Foyer, auch der Zar, nur Stolypin blieb in seinem Sessel sitzen. Um ihn herum bildete sich ein Kreis von Menschen. Unter ihnen erkannte ich Stolypins Leibwächter Jessáulow.

Während der letzten Pause promenierte ich im Wandelgang, als ich plötzlich zwei scharfe Knalle vernahm. Ich glaubte an eine Panne im Stromnetz. Daß es ein Attentat gewesen sein könnte, kam mir überhaupt nicht in den Sinn. Doch dann hörte ich Rufe: ›Jemand hat geschossen!‹ Jeder dachte natürlich sofort an den Zaren. ›Er lebt‹, hieß es kurz darauf. Die Spannung stieg auf einmal, als wir den Zaren unverletzt erblickten, das Publikum war vor Besorgnis wie erstarrt – da erkannte ich, daß man dem kreidebleich gewordenen Stolypin vorsichtig den Uniformrock auszog und der Ministerpräsident sich mit einer letzten Geste der Ergebenheit dem Zaren zuwandte und ein Kreuzzeichen machte. Aus dem Hintergrund waren Schreie von Frauen wie ›Schlagt ihn tot! Bringt ihn um!‹ zu vernehmen. Man hatte offenbar den Attentäter gefaßt. Unterdessen blieb das Ensemble betroffen auf der Bühne und begann nach einer Weile die Hände zur Zarenloge emporzustrecken und in Hurrarufe auszubrechen. Das Orchester spielte dreimal die Zarenhymne, und als Nikolaus II. seine Loge verließ, stimmte jemand im Publikum das Lied ›Gott schütze unseren Zaren‹ an, worauf die Sängerinnen und Sänger vielstimmig einfielen.«

In der Zeitschrift ›Istoritscheski Westnik‹ (Historisches Journal) hieß es im Oktober 1911, der Attentäter sei ein gewisser Dmitri Grigorowitsch Bogrow, ein Jude, und seine Bluttat werde ohne Zweifel Pogrome auslösen. Dem englischen Historiker Richard Charques zufolge war Bogrow jedoch kein Jude, sondern ein Sozialrevolutionär, der sich in den Dienst der Polizei gestellt hatte. Diese habe gewußt, daß man einen Anschlag auf Stolypin plante, und der Polizeichef habe Bogrow persönlich ein Eintrittsbillett verschafft. Der Attentäter wurde schon bald nach der Tat durch den Strang hingerichtet, noch bevor ein mit der Untersuchung der Vorgeschichte des Anschlags und der Motive Bogrows beauftragtes Mitglied des Senats in Kiew eingetroffen war.

Der schwerverletzte Stolypin war vier Tage nach den Schüssen in der Oper gestorben.

Man erzählte sich seinerzeit – was auch nicht den Tatsachen entsprach –, der Zar habe den Sterbenden nicht einmal am Krankenbett besucht. Nikolaus selbst widerlegte diese Behauptung in einem Brief vom 10. September 1911, in dem er seiner Mutter die Ereignisse in Kiew schilderte:

»Meine geliebte kleine Mama! Ich finde endlich die Zeit, Dir zu schreiben und von unserer Reise zu berichten, die von den unterschiedlichsten Eindrücken, guten wie traurigen, gekennzeichnet war. Ich erzähle der Reihe nach. Am 27. (August) bin ich nach Kiew aufgebrochen. Am Abend des 1. ereignete sich in der Oper das abscheuliche Attentat auf Stolypin. Olga und Tatjana waren bei mir, und wir verließen gerade beim Zwischenakt unsere Loge, denn es war sehr heiß. Da vernahmen wir zwei Geräusche, die sich anhörten, als seien Operngläser vom Balkon nach unten gefallen. Ich trat rasch in meine Loge zurück und sah zu meiner Rechten eine Anzahl Leute und Offiziere jemanden davonzerren. Frauen kreischten, und unmittelbar vor mir hielt sich Stolypin an der Logenbrüstung fest, wandte mir langsam sein Gesicht zu und grüßte mit der linken Hand. Jetzt erst bemerkte ich, daß er leichenblaß war und daß Blut über seine Uniform floß. Er setzte sich wieder und begann, seinen Rock aufzuknöpfen, wobei ihm Frederiks und Professor Reim halfen. Olga und Tatjana waren ebenfalls in die Loge zurückgekommen und hatten beobachtet, was passiert war. Während man Stolypin half, die Oper zu verlassen, entstand im Hintergrund großer Lärm, so als wolle man mit dem Mörder kurzen Prozeß machen. Meiner Meinung nach unglücklicherweise befreite ihn die Polizei aus den Händen des Publikums und brachte ihn in ein abseits gelegenes Zimmer zu einem ersten Verhör. Er hatte jedenfalls einen Hieb abbekommen und zwei Zähne eingebüßt. Dann strömten die Leute wieder ins Theater zurück, die Hymne wurde gespielt, und ich verließ um 11 Uhr mit den Mädchen das Opernhaus. Du kannst Dir vorstellen, welche Gefühle mich bewegten. Alexandra wußte nichts von dem, was vorgefallen war, und ich berichtete ihr alles. Sie nahm es ruhig auf. Tatjana war erschüttert und hat viel geweint, die beiden Kinder haben dann aber doch gut geschlafen. Der arme Stolypin hat in jener Nacht viel gelitten; man gab ihm Morphiumspritzen. Am Tag darauf, dem 2. September, fand 50 Werst von Kiew entfernt eine große Militärparade statt. Ich kehrte am 3. 9. nach Kiew zurück und suchte das Krankenhaus auf, in dem sich Stolypin befand. Ich sprach mit seiner Gattin, die mich jedoch nicht zu ihm ließ. Am 4. 9. besuchte ich das Jubiläumsfest der ersten Kiewer Sekundarschule.«

Der Zar kapselt sich ab

Nikolaus II. verbrachte jetzt mehr Zeit auf Schloß Peterhof als in St. Petersburg. Wenn er die Wahl gehabt hätte, wäre ihm Livadia auf der Krim und das neue Schloß, das er dort hatte bauen lassen, lieber gewesen. Im Süden konnte er sich wirklich entspannen, konnte Tennis spielen, im Meer schwimmen – kurz, richtige Ferien machen. Aber seit Moskau nur ungute Erinnerungen in ihm weckte, war Zarskoje Selo zu seiner bevorzugten Residenz geworden. Dieses Klein-Versailles, von Gütern umgeben, sagte ihm besonders zu. Hier stand er auf vertrautem Fuß mit dem Kommandeur der Palastwache, dem Grafen Frederiks, der später sein Generaladjutant wurde und als Minister des Kaiserlichen Hofes am 2. (15.) März 1917 dem russischen Generalstab die Abdankung Nikolaus' II. mitteilte. »Er war ein eleganter, untadeliger Mann, der allgemeine Bewunderung erregte, wenn er am Namenstag seines Regiments in enganliegendem Harnisch und mit einem von einem aufmontierten goldenen

Die kaiserliche Familie 1913, v. l. n. r.: Nikolaus II.,
Tatjana, Maria, der Zarewitsch Alexej, Anastasia, Olga.

Adler überragten Goldhelm auf einem schwarzen Araberhengst
die Parade anführte.«

Dem Grafen unterstand die persönliche Eskorte Seiner Majestät, die sich aus kaukasischen Kavalleristen zusammensetzte,
der farbenprächtigsten aller Truppen, die zur Bewachung des
Zaren abkommandiert waren. Er befehligte ebenfalls das aus
Elitesoldaten gebildete Bataillon, das 1881 nach dem Attentat
auf Zar Alexander II. aufgestellt worden war. Und auch für die
Palastpolizei war Frederiks weisungsberechtigt; es waren dies
Hofbeamte in Zivil, deren Aufgabe es war, die Umgebung der
kaiserlichen Residenzen in Zarskoje Selo und anderswo zu
überwachen.

Von Jahr zu Jahr lebte der Zar abgekapselter. Immer weniger
besuchte er Theater- und Ballettaufführungen; er blieb in Zars-

koje Selo oder in Livadia inmitten seiner kleinen Welt mit seiner Gemahlin, die er abgöttisch liebte, den vier Töchtern und dem Thronfolger Alexej Nikolajewitsch.

Olga war die Älteste. Sie war intelligent und lebhaft, aber zugleich auch schlicht und offen und verkörperte das typische russische junge Mädchen aus gutem Hause mit seiner Empfindsamkeit und Liebenswürdigkeit, Vernunft und Unnachgiebigkeit. Sie hatte sich kategorisch geweigert, den rumänischen Kronprinzen Carol zu ehelichen, und es damit begründet, sie sei Russin und wolle in ihrem Lande bleiben. Tatjana, die zweitälteste Zarentochter, war großgewachsen und stach ihre Schwestern durch Anmut, Schlankheit und Schönheit aus. Trotz der Unbeschwertheit, die sich in ihrem Äußeren widerspiegelte, war sie verschwiegen und fromm wie ihre ältere Schwester. Maria, die Dritte im Bunde, war der Liebling ihres Vaters. Das verhätschelte, kokette Mädchen hatte nur romantische Liebe, Ehe und Kindersegen im Kopf. Geduld und Sanftmut hatte sie von ihrem Vater geerbt.

Anastasia, die jüngste Prinzessin, war der Wildfang der kaiserlichen Familie. An ihr sei ein Junge verlorengegangen, hieß es immer wieder. Am Tag der Mobilmachung bei Ausbruch des Ersten Weltkriegs bewarf sie die vorbeiziehenden Soldaten mit Papierkügelchen. Anastasia war das Gegenteil ihres Vaters, der jedoch das ausgelassene Kind insgeheim bewunderte.

Alexej, der Zarewitsch, war seinerseits ein liebenswürdiger, intelligenter und witziger kleiner Junge. Aber kein Scherz war es, als er, gerade sechs Jahre alt, dem Präsidenten des Reichsrates erklärte: »Wenn der Thronerbe hereinkommt, muß man aufstehen, Exzellenz!«

Trotz seiner Bluterkrankheit passierte dem anfangs schwächlichen Knaben in den Kinderjahren nichts Schlimmes; seine vier Schwestern, die eng zusammenhielten und ihre gemeinsamen Briefchen immer mit ›OTMA‹ – eine Aneinanderreihung der Anfangsbuchstaben ihrer Vornamen – unterzeichneten, nahmen sich Alexejs an und behielten ihn im Auge. Sie wußten, daß er sich nicht verletzen oder auch nur stoßen durfte. Doch der kleine Nachkömmling war ein ausgelassenes Kind wie seine

Schwester Anastasia, so daß die Familie seinetwegen immer in Alarmbereitschaft war. Der erste schwere Unfall stieß ihm bei einem Aufenthalt auf dem Jagdschloß Spala zu, wo sein Vater auf Bisonjagd ging. Alexej war das Reiten verboten. Bei einer Kahnfahrt auf einem der vielen Seen im Bjelowiezaer Forst, zu der man ihn mitgenommen hatte, stürzte er 1912 so unglücklich aus dem Boot, daß er sich schwere Prellungen zuzog und die Ärzte lange brauchten, bis sie seine Blutungen zum Stillstand bringen konnten.

Die Gesundheit des Thronfolgers wurde nun für die ganze Zarenfamilie zur wahren Besessenheit. Eine blutende Wunde konnte für Alexej den Tod bedeuten, und Alexandra fühlte sich für diese Krankheit ihres Sohnes verantwortlich, eine Empfindung, die ihre mütterliche Besorgnis zusätzlich belastete. Unter diesen Umständen versteht man ihre leidenschaftliche Verehrung für Rasputin, der ihr durch ihre Hofdame Anna Wyrubowa vorgestellt worden war und der, im Besitz magnetischer Kräfte, oftmals durch Magnetisierung und Hypnose die Schmerzen Alexejs zu lindern vermochte.

Für die ohnehin sehr gläubige Zarin war das ein Wunder; ihre mystischen Neigungen erhielten dadurch weiteren Auftrieb, und der Einfluß Rasputins wuchs von Tag zu Tag.

Alexandra und ihre mystischen Zirkel

Ein kleiner Kreis von Schwarmgeistern, Predigern und Hypnotiseuren sammelte sich im Laufe der Zeit um die Zarin; darunter ein gewisser Pope Philipp, dessen ›Jünger‹ Papus und auch der von Bischof Theophanes, dem Rektor der Theologischen Akademie in St. Petersburg, eingeführte ›Mönch‹ Rasputin. Bald offiziell zum kaiserlichen ›Lampadnik‹ (Lampenverweser) ernannt, war Rasputin damit betraut, für das ständige Brennen der vor den heiligen Ikonen im Palast aufgestellten Nachtlichter zu sorgen. Auf diese Weise hielt er sich ständig im Schloß auf und begegnete dabei dem Zaren, der ein großer Liebhaber von

Ikonen war und dem Mönch die Aufgabe übertrug, eine besonders kostbare Sammlung dieser Heiligenbilder mit Ewigen Lampen zu versorgen.

Gleichzeitig erweiterte Rasputin den Kreis seiner Anhänger durch die Veranstaltung von mystischen Zirkeln, deren Rituale denen der ›Chlystowskie Korabli‹ (Flagellantengesellschaft) ähnelten, einer der zahlreichen Sekten, die sich im Schatten der offiziellen orthodoxen Kirche gebildet hatten. Diese ›Chlysty‹ (Flagellanten oder Geißler), wie sich die Sektierer selbst bezeichneten, nannten sich auch ›Anbeter des wahren Gottes‹, wobei dieser in einem Mitglied ihrer Glaubensgemeinschaft personifiziert war, das dadurch vorübergehend Stellvertreter Gottes auf Erden wurde. Das erklärt, daß es bei ihnen zahlreiche Christusse gab. Sie weigerten sich, die christliche Überlieferung in Schriftform anzuerkennen, und hatten die Heilige Schrift – weil sie in ihren Augen eine Verfälschung darstellte – symbolisch in die Wolga geworfen. Der Erfolg der ›Flagellanten‹ bei der Gewinnung neuer Anhänger war mehr auf ihre Riten als auf ihre Glaubenssätze zurückzuführen; wie die Urchristen versammelten sie sich heimlich und sangen und tanzten bis zur Erschöpfung, denn in ihren Augen führte die Reizung der Sinne zur Ekstase. Männer und Frauen geißelten sich gemeinsam in einem frenetischen Wirbel der Leidenschaft und gelangten schließlich in den Zustand einer Inbrunst (›Radenje‹), der manchmal damit endete, daß die Beteiligten um einen Bottich mit kochendem Wasser herum die ›Massensünde‹ begingen, das heißt öffentlich kopulierten; die Selbstkasteiung war somit Vorbereitung zur von der Sekte erlaubten Unzucht, denn die fleischliche Sünde wurde als Mittel angesehen, um geistigen Hochmut zu bekämpfen.

Diese aus den fernsten Winkeln Rußlands stammenden Praktiken hatten inzwischen die Hauptstadt erreicht und in gewissen Kreisen der aristokratischen Gesellschaft mit einer Abweichung Eingang gefunden, deren Adepten sich ›Skakuny‹ (Springer) nannten, weil sie statt zu tanzen Sprünge vollführten, bevor sie sich den Wonnen der ›Nächstenliebe‹ hingaben.

Weder die Zarin noch der Zar nahmen an diesen Veranstaltungen teil, doch diese waren in Hofkreisen ein offenes Geheimnis, und wenn Rasputin sie in Zarskoje Selo oder in St. Petersburg organisierte, wich er nicht notwendigerweise von den geschilderten Praktiken ab, obwohl der Sektenforscher Bontsch-Brujewitsch Grigori Rasputin als Orthodoxen einschätzte und weder für einen ›Flagellanten‹ noch überhaupt für einen Sektierer hielt.

Gerüchte und Skandale um Rasputin

Die Treffen des ›Starez‹ (Gottesmannes), wie sich Rasputin bescheiden nannte (es war ein Sammelbegriff für asketische, gottesfürchtige Männer und keine religiöse Bezeichnung), mit seinen Anhängern gewannen bald eine neue Dimension. Dumapräsident Rodzjanko, vom Parlament beauftragt, Licht in die Vorgänge zu bringen, schilderte in seinem Bericht den ersten, noch nicht lauthals verkündeten ›Erfolg‹ des Starez, der ihn trotzdem benutzte, um seine Gefolgschaft zu vergrößern. Eine Dame aus der Provinz, die erfahren hatte, daß Rasputin Einfluß auf den Monarchen hatte, kam nach St. Petersburg, wurde bei dem Mönch vorgelassen und ersuchte diesen, sich dafür zu verwenden, daß ihr Ehemann eine Beförderung erhielt. »Er beschimpfte mich mit barschen Worten und sagte: ›Schämst du dich nicht? Komm noch einmal zu mir und zeige Reue, aber komm mit bloßen Schultern, sonst brauchst du dich gar nicht mehr bei mir sehen zu lassen!‹ Er durchbohrte mich mit seinem Blick, nahm sich Freiheiten bei mir heraus, und ich schied empört, fest entschlossen, keine weitere Demarche zu unternehmen. Doch (ich war) beklemmt und irgendwie besorgt, auch beunruhigt, kurz und gut, fasziniert, ich besorgte mir ein ausgeschnittenes Kleid und begab mich erneut, ganz bleich, zu ihm. Er ließ mich eintreten, musterte mich wiederum, kam mir aber diesmal nicht nahe. Wenige Tage darauf wurde mein Mann befördert.«

Vom Patriarchen Hermogen, der die fatalen Auswirkungen von Rasputins Anwesenheit bei Hofe ebenfalls untersucht hatte, wurde der Starez der Sittenlosigkeit beschuldigt und zu einem Verhör geladen. Anwesend waren neben Ankläger und Beklagten ein Mönch namens Iljodor, Oberstleutnant Rodjonow, ein junger Geistlicher als Aufwärter des Patriarchen sowie ein Pilger, der Mitja hieß. »Ich beschwöre dich, deinen Fuß nicht mehr in den Hof des Zaren zu setzen!« lautete der Appell des Patriarchen an Rasputin. Rodjonow schilderte später die Untersuchung so:

»Rasputins Antwort auf die entrüsteten Ausführungen des Patriarchen war heftig, ja brutal. Es kam zu einer stürmischen Szene, in deren Verlauf Rasputin den Patriarchen Hermogen mit Beleidigungen überschüttete, sich kategorisch weigerte, dessen Forderung zu erfüllen und sogar drohte, es ihm auf seine Weise heimzuzahlen und ihn zu zermalmen. Der Patriarch, mit seiner Geduld am Ende, schleuderte ihm entgegen: ›Niederträchtiger Wüstling, du wagst es, dich meinen bischöflichen Anordnungen zu widersetzen? So wisse, daß ich dich kraft meines Amtes als Patriarch verfluche!‹ Bei diesen Worten stürzte sich Rasputin mit erhobenen Fäusten auf den hohen Geistlichen.«

Rodjonow zufolge war in diesem Augenblick jeder menschliche Zug aus Rasputins Gesicht verschwunden. Um zu verhindern, daß dieser den Prälaten verletzte, zog Rodjonow seinen Säbel und kam den anderen Anwesenden zu Hilfe, die versuchten, den Tobenden zu bändigen. Dies gelang nur mit großer Mühe. Dank seiner ungeheuren Kraft vermochte sich Rasputin immer wieder loszureißen. Schließlich ergriff er die Flucht, nicht ohne dem Patriarchen gedroht zu haben: »Warte nur! Du wirst noch an mich denken!«

»Wie soll das noch weitergehen?« rief Purischkewitsch, der Führer der äußersten Rechten, in der Duma deren Präsidenten Rodzjanko zu. »Man will uns unser letztes Bollwerk, die Heilige Orthodoxe Kirche, zerstören! Wir haben bereits die Revolution erlebt, die nach der Macht im Staate getrachtet hat, glücklicherweise ohne Erfolg. Die Armee hat ihre Treue bewiesen. Nun nehmen, um das Maß vollzumachen, die Mächte der Finsternis den Kampf gegen die letzte Hoffnung des Heiligen Rußlands, seine Kirche, auf. Und, was das Schlimmste ist, es hat den Anschein, als würden uns diese Schicksalsschläge vom kaiserlichen Thron herabgeschickt. Ein schändlicher Betrüger, ein ›Chlyst‹, ein Muschik, der weder schreiben noch lesen kann, hat die Stirn, sich über die Entscheidungen unserer höchsten geistlichen Würdenträger hinwegzusetzen! Ich bin gewillt, mich zu opfern und diese Kanaille umzubringen!«

Der Skandal nahm immer größere Ausmaße an, und mit ihm vervielfachten sich die Gerüchte. 1911 veröffentlichte die Zeitschrift ›Golos Moskwy‹ (›Stimme Moskaus‹) in ihrer Nummer 19 einen Leserbrief, der die Überschrift ›Der Aufschrei eines orthodoxen Gemeindemitglieds‹ trug und von dem mit vollem Namen genannten Chefredakteur der Literaturzeitschrift ›Die religiöse und philosophische Bibliothek‹, Michail Nowosselew, stammte:

»Quousque tandem? Dieser Aufschrei der Empörung entringt sich unwillkürlich dem Herzen eines jeden Christen und richtet sich gegen den listigen Verschwörer gegen die Heilige Orthodoxe Kirche, jenen gemeinen Verführer der Körper und der Seelen namens Grigori Rasputin, der sich die Freiheit herausnimmt, seine Missetaten unter dem Schleier der Heiligen Kirche zu verbergen.

Quousque? Eben diese Frage ist es, die alle wahren Kinder der Orthodoxen Kirche an den Heiligen Synod zu richten gehalten sind, wenn sie voller Besorgnis die schreckliche Toleranz mit ansehen müssen, die diese oberste Kirchenbehörde Grigori Rasputin angedeihen läßt.

Wie läßt sich das Schweigen der Bischöfe erklären, die über das Benehmen dieses Betrügers genauestens unterrichtet sind? Warum schweigen die Hüter des Glaubens, wenn sie diesen falschen Doktor in ihren Briefen an mich als Pseudosektierer, Erotomanen und Scharlatan bezeichnen? Wo bleibt die Heiligkeit des Synod, wenn er, aus Gleichgültigkeit oder aus Feigheit, nichts unternimmt, um die Reinheit der christlichen Religion zu bewahren und zu schützen, und wenn er im Gegenteil zuläßt, daß ein ›Sektierer‹ all seine Gaunereien mit dem Mäntelchen der Heiligkeit bedeckt? Wo ist die Macht, die verhindert, wenn er selbst keine Anstrengungen unternehmen will, daß die Kirche durch die Nähe dieses Häretikers beschmutzt wird?«

Die Beschlagnahme der Nowosselews Brief enthaltenen Zeitschrift und eine parlamentarische Anfrage in der Duma wegen dieser Beschlagnahmung bestätigten in aufsehenerregender Weise die ganzen Gerüchte über den Einfluß auf das Gebaren Rasputins am Zarenhof. »Keiner kann jetzt noch länger an der Richtigkeit all dessen zweifeln, was man über diese Person berichtet«, erklärte Rodzjanko dazu in seinem Bericht.

Da die ganze Affäre immer mehr in der Öffentlichkeit von sich

Grigori Rasputin.

reden machte und eine eindrucksvolle Zahl von Briefen beim Parlamentspräsidenten eingegangen war, in denen sich Mütter beklagten, deren Töchter in Rasputins Zirkel hineingeraten und entehrt worden waren, empfing der Zar schließlich den lästigen Berichterstatter in Audienz.

»Haben Sie ihn (Rasputin) dann wenigstens schon einmal kennengelernt?« wollte Nikolaus II. von Rodzjanko wissen.

»Ich habe immer eine Begegnung mit ihm vermieden, denn ein Abenteurer seiner Art erzeugt bei mir ein Ekelgefühl«, gab der Duma-Präsident zur Antwort.

»Es ist nicht recht von Ihnen, so zu denken«, erwiderte der Zar, »er ist ein braver Mann, ein schlichter und frommer Russe. Ich unterhalte mich gern mit ihm, wenn mich Unruhe und Zweifel überkommen, denn hinterher ist mein Herz wieder mit Ruhe und Heiterkeit erfüllt.«

Rodzjanko trug dem Monarchen die Kernpunkte seines Berichtes über Rasputin vor, schilderte den Vorfall im Patriarchat und verlas Nowosselews Zuschrift.

»Aber warum beschuldigt man denn bloß immer Rasputin, weshalb hält man ihn für gefährlich?«

»Mehrere Prälaten sind auf sein Betreiben versetzt worden. Das hat in der Öffentlichkeit Aufsehen erregt!«

»Hermogen ist ein untadeliger Mann; er wird in Kürze zurückberufen werden. Es war mir allerdings nicht möglich, ihn unbestraft zu lassen, denn er hatte eine kaiserliche Verfügung mißachtet. Und welche Beweise haben Sie dafür, daß er (Rasputin) ein ›Chylst‹ und ein Wüstling ist?«

»Die Polizei hat ermittelt, daß er mit den Frauen nackt gebadet hat.«

Worauf Nikolaus antwortete: »Was ist daran Schlechtes? Das ist eben so Brauch bei den einfachen Leuten.«

Rodzjanko nannte daraufhin die Namen mehrerer weiblicher Personen der besseren Gesellschaft, die verführt worden waren, darunter auch ein Kindermädchen in Diensten der Zarenfamilie, die Frau eines Ingenieurs namens Laktin, die infolge des Schocks den Verstand verloren hatte und in eine Anstalt gebracht worden war.

»Der Zar schien nun betroffen zu sein. Er zündete sich eine Papirossa* nach der anderen an, ohne sie jedoch zu Ende zu rauchen.

›Glauben Sie mir jetzt, Majestät?‹ fragte ich ihn.

›Ja, ich glaube Ihnen‹, gab er, sichtlich bewegt, zur Antwort.

›Dann gestatten Sie mir, bekanntzugeben, daß Rasputin nie mehr an den Hof zurückkehren wird!‹

Der Zar zögerte einen Augenblick und antwortete dann:

›Nein, das kann ich Ihnen nicht versprechen, doch ich glaube durchaus all das, was Sie mir da berichtet haben!‹«

Die Isolation der Zarenfamilie

Der Kreis der Familie Zar Nikolaus' II. verengte sich mehr und mehr. Die bereits erwähnte Hofdame Anna Wyrubowa war zur Vertrauten der Zarin geworden. Es gab sogar Gerüchte, daß sie unerlaubte Beziehungen zu Alexandra unterhielt. Man sagte ihr Albernheit und Klatschsucht nach. Ihr Tagebuch gibt Aufschluß über die Beziehungen, die sich zwischen ihr, Rasputin, der Zarin und Nikolaus II. anbahnten. Die drei Erstgenannten bestärkten den Zaren in seiner Meinung, die Duma sei dem Zarenthron feindlich gesinnt und daß seine Zustimmung zu der Forderung, die Regierung müsse dem Parlament verantwortlich sein, wahrhaft einer Kapitulation gleichkäme. Die dauernde Anwesenheit Rasputins, der in den Augen des Zaren in seiner Person zugleich die Kirche, den Muschik und das Heilige Rußland verkörperte, bewirkte, daß diese kleine Welt in sich abgeschlossen blieb und weder Fürsprecher in der Stadt noch bei Hofe fand, wo Großfürsten und Fürsten über den unfähigen Zaren murrten.

Auch das Verhältnis zwischen Nikolaus II. und seiner Verwandtschaft kühlte sich ab. Zunächst mußte er sich ständig einschalten, um einen Eklat zwischen seiner Mutter und Alexandra

---

* Russische Zigarette mit langem Pappmundstück (Plural: Papirossy). (Anm. d. Ü.)

zu verhindern. Die beiden Frauen fanden nicht zusammen, weil ihre Charaktere zu unterschiedlich waren: die Kaiserinmutter liebte rauschende Feste, war heiter und sinnlich, intelligent und leichtsinnig.

Alexandra hingegen war ernsterer Natur und hielt sich streng an das höfische Protokoll.

Auf jeden Fall brachte das Mißverhältnis der beiden Frauen Nikolaus ständig in Verlegenheit. Seine Mutter empfahl ihm, sich mit geistreichen Männern wie Witte und Stolypin zu umgeben, seine Gemahlin riet ihm zum Umgang mit respektvolleren Persönlichkeiten und nannte dabei Goremykin und Stürmer. Kaiserinmutter und Kaiserin waren sich nur einig in der Verabscheuung ›Willys‹ – Wilhelms II. – und ihrer Vorliebe für ›Onkel Bertie‹ – den englischen König Eduard VII.

Und dann waren da die Auseinandersetzungen mit den Onkeln. Nikolaus hatte sich mit Überlegung auf die Seite der Nikolajewitsch-Linie gegen den Michajlowitsch-Zweig der Familie gestellt, und Großfürst Sergej war ja auch einer der raren Berater gewesen, die er duldete. Dazu kam aber jetzt, daß Nikolaus und Alexandra den Großfürsten Nikolaj Nikolajewitsch nicht mehr ertragen konnten, der praktisch Oberbefehlshaber der Streitkräfte war.

Daraus erwuchs die ›Kyrill-Affäre‹ um den Sohn Onkel Wladimirs, die Nikolaus, der so sehr auf geordnete Familienverhältnisse hielt, ziemlich mitnahm. Kyrill, der nicht das Recht auf Wiederverheiratung hatte, setzte sich einfach über die Bräuche hinweg.

Nikolaus erfuhr mitten während der Revolution davon. Er schrieb am 5. Oktober 1905 an seine Mutter:

»Geliebte Mama! In dieser Woche hat es ein Familiendrama gegeben: ich meine damit die bedauerliche Eheschließung Kyrills (mit der Großfürstin Viktoria Fjodorowna – Anm. d. A.). Du erinnerst Dich an die Sanktionen, die eine (neue) Heirat für ihn zur Folge haben sollte und über die ich mit ihm auch gesprochen hatte: 1. Ausschluß aus dem Militärdienst, 2. Verbot der Rückkehr nach Rußland, 3. Verlust jeglicher Apanage und 4. Aberkennung des Großfürstentitels. Trotzdem hat er sich am

25. September vermählt. Ich habe es von Nicky (Prinz Nikolaus von Griechenland – Anm. d. A.) erfahren, der mir auf der Jagd mitteilte, Kyrill würde am nächsten Tag eintreffen. Ich muß gestehen, daß ich über diese Impertinenz höchst verärgert war. Denn es war eine Frechheit, weil er genau wußte, daß er keineswegs das Recht hatte, nach einer Heirat zurückzukehren. Um zu verhindern, daß er unser Haus betrat, ließ ich Frederiks kommen und beauftragte ihn, nach Zarskoje zu fahren, um Kyrill an die obengenannten vier Punkte zu erinnern und ihm außerdem meine Empörung zum Ausdruck zu bringen.

Am Tag darauf sollten wir – als ob es hätte sein sollen – (Prinz) Friedrich-Leopold, den Unglücksraben, zu Gast haben. Er speiste gemeinsam mit Onkel Wladimir (Kyrills Vater – Anm. d. A.) bei uns. Dieser setzte für seinen Sohn alle Hebel in Bewegung, und auf seine Bitte hin erklärte ich mich damit einverstanden, daß er (Kyrill) ehrenhaft seinen Posten zur Verfügung stellte.

Dann hörte ich nichts mehr von ihm bis auf einen Brief Nikkys, der inständig darum bat, Kyrills Bestrafung zu mildern. Der Tagesbefehl an die Marine wurde wie vereinbart ausgegeben – er war Kommandeur der Küstenwache –, doch später gelang es nicht, das Dokument bezüglich des Verlustes seines Großfürstentitels abzufassen. So sah die Lage zunächst einmal aus.

Doch dann stiegen mir Zweifel auf: War es ratsam, denselben Mann mehrmals hintereinander öffentlich zu bestrafen, und das ausgerechnet zum gegenwärtigen Zeitpunkt, wo man allgemein unserer Familie nachsagt, sie stehe unter einem Unglücksstern?

Nach reiflicher Überlegung, die mir sogar Kopfschmerzen verursachte, entschloß ich mich dann, den Namenstag Deines niedlichen kleinen Enkels (Zarewitsch Alexej) zum Anlaß zu nehmen, Gnade vor Recht ergehen zu lassen, und ich telegraphierte Onkel Wladimir, ich würde Kyrill den aberkannten Titel zurückgeben.

Es scheint mir wirklich damit ein Stein vom Herzen gefallen zu sein!

Entschuldige, meine liebe Mama, daß ich meinen Brief ausschließlich diesem Thema gewidmet habe, doch ich wollte, daß Du die ganze Wahrheit von mir erfährst. Christus sei mit Dir!

Dein Dich von ganzem Herzen liebender Nicky.«

»Diese Vertrauten, die ganze Familie, das sind alles Parasiten«, urteilte die Generalin Bogdanowitsch. »Großfürst Alexander Michajlowitsch führt in Jalta ein ausschweifendes Leben. Astaschew, der Kommandeur der kaiserlichen Jacht, veranstaltet mit seinem Leutnant dubiose Feste. Er hat den Zaren für sich gewonnen, seit er ihm seine Sammlung pornographischer Postkarten gezeigt hat. Jeder weiß, daß Astaschew ein Filou ist, doch der Zar protegiert ihn und verschafft ihm einträgliche Nebeneinnahmen. Solche Subjekte tragen zum Verfall der Monarchie bei.

Was Nikolaj Nikolajewitsch angeht, so hat er sich mit dem Zaren entzweit. Großfürst Wladimirowitsch wurde 1908 in Paris während der Mittfasten in Gesellschaft leichter Mädchen gesehen. Diese Frauen umgarnten ihn wie die Schlangen. Großfürstin Maria hat in Monaco beim Roulette ein Vermögen verloren. Und schließlich kostet Baletta, die Mätresse Großfürst Alexej Alexandrowitschs, mehr als die Niederlage von Tsuschima.«

Nikolaus II. wußte über all dies Bescheid. Aber sobald jemand sich über ein Familienmitglied oder einen seiner Protegés abfällig äußerte, versteinerte sich seine Miene, er schaute eigensinnig aus dem Fenster und beendete die Audienz. Im übrigen war er sich im klaren darüber, daß er von keinem der von ihm in Schutz genommenen Menschen Unterstützung erwarten konnte. Als er im August 1906 die Großfürsten in Audienz empfangen und die Frage der Abtretung ihrer Lehnsgüter an die Bauern angeschnitten hatte, war Großfürst Wladimir Alexandrowitsch dem Zaren mit dem Argument entgegengetreten, ein solches Ansinnen erinnere an das ›Hände hoch!‹ der Anarchisten. Daraufhin hatten sich alle Anwesenden gegen diese Idee ausgesprochen, die dem Zaren von Stolypin suggeriert worden war und deren Verwirklichung den Großfürsten immerhin sechs Millionen Rubel an Entschädigungszahlungen eingetragen hätte.

Bruch mit ›Willy‹ nach dem Treffen von Björkö im Juli 1905

Wenn es einen Verwandten gab, der am Kummer Nikolaus' II. Anteil nahm, so war das der deutsche Kaiser Wilhelm II. Während der Monate um die Jahreswende 1904/05 überschüttete ›Willy‹ seinen Cousin mit Briefen und Telegrammen.

Dieser las sie – das steht fest –, doch er beantwortete sie nie. Wilhelm II. vermischte Informationen – »die Japaner haben soeben in Großbritannien vier Handelsschiffe für den Linienverkehr in Auftrag gegeben« – mit guten Ratschlägen, die sich sowohl auf den Russisch-Japanischen Krieg bezogen – »er ist unpopulär; es ist an der Zeit, ihn zu beenden!« wie auf die russische Innenpolitik, auf die er ausführlich einging: »Welcher Schlag für Dich, dieses scheußliche Verbrechen, das den Tod Sergejs zur Folge hatte! Ich kann einfach nicht glauben, daß diese elenden Anarchisten aus den Reihen Deiner moskowitischen Untertanen stammen. Es sind bestimmt Ausländer, die aus Genf gekommen sind, denn die große Masse Deines Volkes hat seit jeher Zutrauen zu ihrem ›Zar Batjuschka‹ und verehrt Deine geheiligte Person. Man zitiert (bei uns) oft das Beispiel Nikolaus' I., der eine sehr ernste Revolte dadurch im Keim erstickte, daß er, sein Söhnchen auf dem Arm, mitten unter die Menge trat. Ein in diesem Sinne geäußertes Wort von Dir würde bei den Massen (noch größere) Verehrung auslösen und bewirken, daß alle Agitatoren zum Teufel gejagt würden; sie haben nämlich nur Einfluß, weil Du dieses klärende Wort noch nicht gesagt hast! Es heißt, das *dies* von Witte stammt, *jenes* von Pobjedonossew verfügt wurde; in einem autokratischen Regime muß aber der Herrscher selbst das Machtwort sprechen! Denn das wird allgemein erwartet: der Kaiser muß mit der Faust auf den Tisch schlagen, um seine Macht zu stärken! Es ist jedoch unumgänglich, daß er dafür die Kraft seiner Persönlichkeit einsetzt!«

Für diese Fürsorge war Nikolaus nicht völlig unempfänglich; was ›Willy‹ ihm da schrieb, entsprach durchaus seinen eigenen Vorstellungen. Er fühlte sich von Frankreich im Stich gelassen, seit dieses 1904 die sogenannte ›Entente cordiale‹, ein Bündnis mit England, geschlossen hatte, das seinerseits mit Rußlands Erzfeind Japan einen Pakt eingegangen war.

Als Wilhelm II. dem Zaren am 7. Juli 1905 ein Treffen unter vier Augen vorschlug, ging Nikolaus darauf ein und schlug die Insel Björkö (finnisch Koivisto), vor der Südwestküste Finnlands im Bottnischen Meerbusen gelegen, für die Zusammenkunft vor. Bei den Gesprächen ging es bunt durcheinander um Familienangelegenheiten und internationale Politik. »Wir hatten vor der Insel Kavitsa Anker geworfen«, trug Nikolaus in sein Tagebuch ein. »Wir mußten auf die ›Hohenzollern‹ warten, die mit zweieinhalbstündiger Verspätung eintrafen, als wir uns gerade zu Tisch setzen wollten. Wilhelm kam in prächtiger Stimmung an Bord meiner Jacht. Später hat er Mischa und mich mitgenommen und bei sich zum Souper eingeladen.«

Zum Inhalt der Gespräche findet sich in Nikolaus' Tagebuch nur der eine Satz: »Ich bin mit der besten Erinnerung an die mit Wilhelm verbrachten Stunden zurückgekehrt, glücklich, die Kinder wiederzusehen, nicht die Minister!«

In Wirklichkeit hatte Nikolaus II. hinter dem Rücken seiner Minister mit Cousin ›Willy‹ das ›Abkommen von Björkö‹ genannte Dokument unterzeichnet, das wahrhaftig eine Umkehr der Allianzen bedeutete. »Wenn einer der beiden Staaten angegriffen wird, kommt ihm sein Verbündeter zu Hilfe«, hieß es darin. Jetzt verlor das auf gleicher Basis geschlossene Bündnis zwischen Rußland und Frankreich seinen Wert, weil Nikolaus dieselben Klauseln mit dem deutschen Kaiser ausgehandelt hatte. In Artikel 4 war allerdings vorgesehen, Frankreich zu ersuchen, dem deutsch-russischen Abkommen beizutreten. Wilhelm II. war über das Zustandekommen der Abmachungen entzückt. Nikolaus II., der trotzdem etwas beklommen war, zitierte nach der Rückkehr seinen ehemaligen Finanzminister

Sergej Witte zu sich und wollte von ihm wissen: »Haben Sie Vertrauen zu mir?«

»Nach meiner zustimmenden Antwort«, schrieb Witte später in seinen Memoiren, »forderte mich der Zar auf: ›Wenn das der Fall ist, unterschreiben Sie dieses Schriftstück! Wie Sie sehen, trägt es meine Unterschrift und die des deutschen Kaisers. In seinem Namen ist es bereits gegengezeichnet. Jetzt zeichnen Sie hier neben mir noch gegen!‹« Der Vertrag wurde von Admiral Birilow mitunterzeichnet.

Das Abkommen von Björkö sollte in Kraft treten, sobald die bevorstehenden Friedensverhandlungen zwischen Rußland und Japan erfolgreich abgeschlossen waren. Sie wurden am 26. Juli (8. August) 1905 in dem kleinen amerikanischen Seebad Portsmouth nördlich von Boston eröffnet. Verhandlungsführer auf russischer Seite waren Baron Witte und Baron Rosen, der frühere russische Gesandte in Tokio. Nikolaus II. ließ ›Willy‹ in einem chiffrierten Kabel wissen, zu welchen Bedingungen er zu einem Friedensschluß bereit war: »Ich habe viel nachgedacht. Jeder anständige Russe ist wohl bereit, den Krieg bis zum letzten fortzusetzen, falls Japan auf folgenden zwei Forderungen beharrt: territoriale Annexionen und Zahlung einer Kriegsentschädigung. Nichts wird mich dazu bewegen, auf diese beiden Bedingungen einzugehen. Deshalb gibt es im Augenblick gar keine Hoffnung auf Frieden! Du weißt, welche Abscheu ich vor jedem Blutvergießen habe, aber es ist immer noch leichter hinzunehmen als ein Schandfriede.«

Tatsächlich bekam Japan im Frieden von Portsmouth zwar die Halbinsel Liaotung (mit Port Arthur), das Protektorat über Korea und die südliche Hälfte der Insel Sachalin zugesprochen. Rußland mußte jedoch keine Handbreit russischen Bodens – mit Ausnahme vielleicht des Südens Sachalins – an Japan abtreten, das zudem auf seine Forderung nach Entrichtung einer Kriegsentschädigung verzichtete.

Witte konnte befriedigt zurückkehren, und auch Wilhelm II. konnte zufrieden sein, denn damit trat das Abkommen von Björkö in Kraft. Er verlieh Witte den Grafentitel und zeichnete ihn mit dem Hohen Orden vom Schwarzen Adler aus.

Nikolaus II. sah darin eine gewaltige Taktlosigkeit: der Russe Witte war von einem Deutschen geehrt worden, bevor er als sein Herrscher dies hatte tun können – und dazu noch für einen Erfolg in einer Sache, bei der er, der Zar, selbst die Hoffnung aufgegeben hatte, daß sie zu einem guten Ende geführt werden konnte.

Keine Frage, Nikolaus mochte Witte von nun an nicht mehr leiden.

Wilhelm II. seinerseits war des Jubels voll und sandte Nikolaus ein letztes Schreiben, in dem er ihn daran erinnerte, wie Frankreich ihn im Stich gelassen habe: »Vor zwölf Jahren gab es Toulon und Kronstadt (russischer Flottenbesuch und Gegenbesuch der französischen Marine – Anm. d. A.). Es war eine Liebesheirat. Wie bei allen diesen Verbindungen hat sich Enttäuschung eingestellt, besonders nach dem Krieg von 1904/05. Jetzt haben wir Brest und Cowes (gegenseitige Besuche der englischen und französischen Kriegsflotte zur Konsolidierung der Entente cordiale), eine Vernunftehe. Das Verhältnis scheint mir sehr kühl. Es wäre für die Franzosen von Nutzen, wenn Du die Zügel fest anziehen würdest. Es ist sicher, daß ihnen die zehn Milliarden, die sie in Rußland investiert haben, einen Rückzug aus Eurer Allianz verbieten. Doch, um auf das Bild von der Ehe zurückzukommen, so muß sich Marianne daran erinnern, daß sie Deine Frau ist. Deshalb ist es ihre Pflicht, mit Dir in Deinem Bett zu schlafen und mir ab und zu eine Liebkosung oder einen Kuß zu gestatten und nicht in das Schlafzimmer dessen zu schlüpfen, der allenthalben von jeher intrigiert.«

Nikolaus II. war ohne Zweifel äußerst verärgert über die diplomatische Unterstützung, die England Japan gewährt hatte. Noch größer war sein Unmut, als er feststellen mußte, daß während des Russisch-Japanischen Krieges der französische Verbündete mit seiner Anteilnahme sehr zurückhaltend gewesen war. Das Abkommen von Björkö war daher aus russischer Sicht der Ausdruck doppelten Grolls und eine Wiedergeburt der alten Fürstendiplomatie.

Doch nach der Rückkehr des Zaren nach St. Petersburg machten ihm Außenminister Graf Lamsdorff, Witte sowie Großfürst

Alexander klar, daß eine durch das Bündnis mit Deutschland drohende Aushöhlung der Allianz mit der Französischen Republik Wahnsinn sei, denn, so argumentierten sie, »Frankreich ist unser Zahlmeister«. Sie wollten damit verdeutlichen, wie sehr Rußland auf die Anleihen der Pariser Banken angewiesen war.

Nikolaus II. zeigte sich angesichts dieser guten Gründe einsichtig. Das Abkommen blieb ohne Folgen und wurde von den Außenministerien beider Länder nicht bestätigt.

Die Folge war eine beiderseitige Verstimmung zwischen Wilhelm II. und dem Zaren. Der deutsche Kaiser nahm es Nikolaus übel, derart wortbrüchig geworden zu sein. Er sah darin ein Anzeichen dafür, daß der Zar nicht Herr im eigenen Hause war. Und das genau war auch der Grund, daß Nikolaus sich seinem Vetter gegenüber gedemütigt fühlte. Dazu kam bei ihm das Gefühl, auf Björkö ›hereingelegt‹ worden zu sein. Seine Minister hatten ihm in dieser Sache die Augen geöffnet – eine weitere seelische Blessur, die nicht vernarbte.

Die beiden Monarchen trafen noch mehrmals vor Kriegsausbruch 1914 zusammen, doch das alte herzliche Verhältnis stellte sich nicht wieder ein.

Hinzu kam, daß nach dem Tode König Christians IX. im Jahre 1906 die Familientreffen in Kopenhagen nicht mehr die Atmosphäre der guten alten Zeit hatten. Die Staatsdiplomatie gewann mehr und mehr die Oberhand über die persönlichen Verhandlungen der Souveräne, wie sie auf Björkö für kurze Zeit wiederaufgelebt waren. Die Hofdiplomatie war ebenso tot wie Christian IX. Sein Enkel Christian X. versuchte vergeblich, sie zu neuem Leben zu erwecken. 1915, also mitten im Ersten Weltkrieg, sandte er eine Botschaft an Nikolaus II. und drängte ihn, erneut das Gespräch mit Cousin ›Willy‹ zu suchen. Das war ein knappes halbes Jahr, nachdem der deutsche Feldmarschall Hindenburg zwei in Ostpreußen eingefallene russische Armeen vernichtet hatte. Und noch ein weiteres Mal schaltete sich der dänische König ein und schlug auf Initiative des deutschen Kaisers hin Nikolaus II. vor, einen Emissär nach Kopenhagen zu entsenden. Doch der Zar schmetterte diese Annäherungsbemühungen brüsk ab. Ende 1916 war die Rede von einer Reise des neuen russischen Innenministers Protopopow nach Kopenhagen, aber die Quellen widersprechen sich hinsichtlich dieser Fühlungnahme, und heute läßt sich nicht mehr eindeutig ermitteln, ob dieser Besuch tatsächlich stattgefunden hat.

In der Zwischenzeit hatten sich die deutsch-russischen Beziehungen infolge der Krisen auf dem Balkan, die dann zum Ausbruch des Ersten Weltkrieges führten, allmählich immer mehr verschlechtert.

Vom ›Kleinkrieg‹ zum Weltkrieg

Bis zu diesem Zeitpunkt hatte sich die russische Außenpolitik auf einer privilegierten Allianz mit Frankreich, freundschaftlichen Beziehungen zu Deutschland, einer Status-quo-Übereinkunft mit Österreich-Ungarn in den Balkanfragen und einer bedingten Zusammenarbeit mit England (die durch das anglo-japanische Abkommen von 1902 und die Fernostkrise der Jahre 1904/5 unterbrochen worden war) gegründet.

Die Zuspitzung der Rivalität zwischen dem Deutschen Reich und Großbritannien um die Vorherrschaft auf den Weltmeeren führte zur Störung dieses Gleichgewichts. Ausgelöst worden war sie durch die Herausforderung der britischen Hegemonie durch den Kaiser, die London zwang, die Wette anzunehmen. Man tat das durch eine Flottenpolitik des *Two Powers' Standard*, was bedeutete, daß die ›Home Fleet‹ dieselbe Stärke hinsichtlich Zahl der Kriegsschiffe, Bemannung und Bewaffnung haben mußte wie zwei ausländische Flotten, die sie herausforderten, zusammengenommen. England suchte nun unter dem Einfluß Frankreichs die Annäherung an Rußland, und auf Initiative der britischen Regierung hin kam es zu Verhandlungen zwischen Außenminister Arthur Nicolson und seinem russischen Amtskollegen Alexander Iswolski.

Ein am 18. (31.) August 1907 zwischen beiden Ländern geschlossener Vertrag führte dann zur Aufteilung Persiens in zwei politische und ökonomische Einflußzonen. England behielt sein Interessengebiet Afghanistan, gab aber Gebiete an Tibet ab. Während dieser Verhandlungen war Nikolaus mit Wilhelm II. zusammengetroffen, um das seit der Nichterfüllung des Abkommens von Björkö leicht frostige Verhältnis zu beenden; tatsächlich war dafür der Vertrag mit den Engländern wenig günstig.

Um dessen Bedeutung herabzuspielen, schloß Rußland gemeinsam mit Frankreich einen Vertrag mit Japan, doch das täuschte den deutschen Reichskanzler Bülow nicht, der darin ein böses Omen für die Zukunft des Friedens in Europa erblickte – trotz der wiederholten Versicherungen unverbrüchlicher Freundschaft, die Nikolaus II. Deutschland gab.

Es steht fest, daß der Zar den Kaiser nicht verärgern wollte. Stolypin drückte seine Gedanken treffend aus, als er daran erinnerte, daß der russische Adler zwei Köpfe habe; der eine sei nach Osten, der andere nach Konstantinopel gerichtet. Das Bündnis mit England konnte zur Öffnung der Meerengen zwischen Schwarzem Meer und Mittelmeer beitragen.

Doch der Besuch des englischen Königs Eduard VII. im Jahre 1908 in Reval und kurz darauf die Ankunft des französischen Staatspräsidenten Armand Fallières besiegelten diese Tripel-Entente, die durch den doppelten Besuch Nikolaus' II. im darauffolgenden Jahr in England und Frankreich noch verstärkt wurde.

Es war an dieser Allianz etwas Paradoxes, auf das hinzuweisen die englischen Liberalen und der französische Sozialistenführer Edouard Vaillant nicht versäumten: der Stolypinsche Polizeiterror war auf seinem Höhepunkt, und gleichzeitig verbündeten sich, schamhaft die Augen abwendend, die westlichen Demokratien mit der Autokratie.

Es stimmt, daß in der Dritten Duma auch die Opposition, in diesem Fall die ›Kadetten‹, dem Abkommen mit parlamentarischen Regimen Beifall klatschte, vermutlich in der Hoffnung, deren Praktiken möchten sich als ansteckend erweisen. Diese Bündnisse, so kommentierte einer der Führer der ›Kadetten‹, der Historiker Paul Miljukow, ermöglichten es Rußland auch, seine Stellung genau dort zu festigen, wo sich die Wurzeln der russischen Kultur befanden: in Konstantinopel.

Ein gewisser Imperialismus belebte auf diese Weise weiterhin die zaristische Politik. Der deutsche Historiker Dietrich Geyer hat zu Recht darauf hingewiesen, daß dieser Imperialismus nicht ausgesprochenermaßen das Ergebnis von Bestrebungen der Kapitalisten war, selbst wenn diese auch expansionistische Ziele in entlegenen Gebieten verfolgten, wo sie die englische oder deutsche Konkurrenz wenig zu fürchten brauchten – der russische Imperialismus suchte vor allem im Ausland die Schwierigkeiten zu kompensieren, auf die das Zarenregime im eigenen Land sowohl auf wirtschaftlichem Gebiet wie auf politischem Terrain stieß.

Im übrigen erlitt Nikolaus II. noch zwei, diesmal schlimme, Demütigungen: Zunächst auf dem Balkan, wo die zaristische Diplomatie die Bemühungen des serbischen Königs Peter I. Karageorgewitsch unterstützte, dem die Vereinigung der Slawenvölker auf dem südlichen Balkan zu einem Staat vorschwebte.

Die Krise, die 1908 abrupt ausbrach, erwies sich im nachhinein als erster Zug der Schachpartie, deren Ausgang auf dem Balkan zum Weltkrieg führte. Die russisch-österreichischen Beziehungen waren dort seit 1897 unverändert trüb, verschlimmerten sich jedoch abrupt, als Wien sich anschickte, eine Eisenbahnlinie durch den Sandschak Novi Pazar bis nach Konstantinopel zu bauen, nicht zuletzt mit dem Hintergedanken, auf diese Weise Serbien besser kontrollieren zu können.

Aus der Krise in der Türkei Kapital schlagend, wo 1908 die ›Jungtürken‹ durch einen Aufstand an die Macht gekommen waren, annektierte Österreich-Ungarn Bosnien und die Herzegowina zu einem Zeitpunkt, als Alois Freiherr von Aerenthal, der österreichische Außenminister und ehemalige Botschafter Wiens in Petersburg, mit Iswolski über Ausgleichszahlungen für Rußland verhandelte. Der Zar stand als der Geprellte da, weil Wilhelm II., als Serbien gegen die Annexion protestierte, ihm ein Ultimatum stellte. Eine Konferenz, die Iswolski forderte, um diesen Streit beizulegen, kam nie zustande.

Die militärische Ohnmacht Rußlands drei Jahre nach der Niederlage im Fernen Osten erschwerte jeden Kompromiß, denn er wäre als neuerliches Zurückweichen interpretiert worden.

Das war auch der Grund, weshalb das große ›Familientreffen‹, das noch einmal in Erinnerung an die gute alte Zeit von Kaiser Wilhelm II. einberufen wurde und wo sich die Angehörigen der Fürstenhäuser Hessen, Hohenzollern und Romanow trafen, nichts fruchtete. Das ›Gartenfest von Potsdam‹ im Sommer 1910 war politisch bedeutungslos. Das richtige Klima war nicht mehr da.

Das deutsche Projekt einer Berlin-Bagdad-Bahn (BBB) und die bedingungslose deutsche Unterstützung der Balkanpolitik der Doppelmonarchie zeigten das gewaltige Interesse der mitteleuropäischen Großmächte zu den Meerengen, auf die einmal mehr die zaristische Diplomatie ihr Auge warf, wobei sie das Gewicht der Allianz mit England und mit Frankreich überschätzte; beide Länder hatten ihre Aufmerksamkeit neuen Horizonten zugewandt. Auf sich allein gestellt, gelang es Iswolskis Nachfolger Sergej Sasonow, die kleinen Balkanstaaten durch Militärbündnisse untereinander zusammenzuschließen in der Hoffnung, den ›Drang nach Osten‹ der Österreicher und Deutschen zu blockieren. Damit hatte er auch Erfolg, konnte jedoch nicht verhindern, daß Serben, Bulgaren und Griechen, statt sich gegen Österreich zu verbünden, erfolgreich die Türkei angriffen, was die Russen dazu veranlaßte, den Einmarsch der Bulgaren in Konstantinopel zu vereiteln und sich anschließend den Forderungen der Serben zu widersetzen, die am Anfang eines zweiten Balkankrieges zwischen den Siegern standen. Die russische Diplomatie war nun völlig in Mißkredit gekommen; sie erhielt den Gnadenstoß, als der türkische Sultan den deutschen General Otto Liman von Sanders berief, um seine Streitkräfte zu reorganisieren und den Oberbefehl als türkischer Marschall zu übernehmen. Auf den Einspruch des Zaren hin wurde dem General zumindest ein weniger spektakulärer Titel verliehen.

Aber die Wirkung war da, und das alte Motiv vom Kampf der Slawen gegen die Germanen tauchte wieder auf. Besonders die russische Presse brach plötzlich in eine Deutschfeindlichkeit aus, die gewissermaßen zwei Fliegen mit einer Klappe schlug: War die Zarin nicht deutscher Abstammung?

Auf diese Weise hatte ›Willy‹ zumindest zweimal den Plänen Nikolaus' entgegengearbeitet und dadurch eine Zuspitzung des deutsch-russischen Verhältnisses bewirkt.

Durnowo wies in einer Denkschrift an den Zaren vergeblich darauf hin, daß ein Krieg gegen Deutschland und Österreich bei siegreichem Ausgang Rußland nur »nutzlose und gefährliche« Gebiete, nämlich die Provinzen Posen und Galizien, einbringen werde, deren Übernahme die polnische Frage noch unlösbarer mache, weil sie das Problem der ukrainischen Unabhängigkeit wieder in den Vordergrund rücke – es änderte sich nichts.

Die Tripel-Entente konsolidierte sich, »während uns das Bündnis mit England nichts einbringt«; die Allianz mit Frankreich barg das Risiko in sich, daß sie einen Krieg nach sich zog,

Das Treffen zwischen Zar Nikolaus II. und Kaiser Wilhelm II.
in Baltischport 1912.

der für Rußland, mit Deutschland, Österreich und der Türkei als Gegnern, ein Desaster bringen konnte.

Da Rußland sich friedlich verhalten hatte, glaubte Nikolaus II. keinen Augenblick daran, daß das Attentat von Sarajewo einen Kriegsausbruch zur Folge haben konnte. »Das ist nur eine weitere Balkankrise«, war seine Ansicht. Er wartete die Übergabe des österreichischen Ultimatums in Belgrad ab, um dann zu verkünden, daß er – dieses Mal – Serbien unterstützen werde. England forderte er auf, Stellung zu beziehen und entweder den Haager Gerichtshof anzurufen oder eine internationale Konferenz zu verlangen. Aber das Räderwerk hatte sich schon in Bewegung gesetzt. Nach der Kriegserklärung Österreichs an Serbien ordnete der Zar die teilweise Mobilmachung an – nur gegenüber Österreich –, später die allgemeine Mobilisation. Er ließ ein Ultimatum Wilhelms II. unbeantwortet, in dem dieser die Aufhebung der russischen Mobilmachung verlangte.

Nikolaus II. spürte sehr wohl, daß diese Augenblicke entscheidend waren. An den deutschen Kaiser depeschierte er: »Es wäre angebracht, den österreichisch-serbischen Streitfall vor den Haager Gerichtshof zu bringen. Ich verlasse mich auf Deine Klugheit und Deine Freundschaft!«

Wenige Tage darauf erklärte Nikolaus II. gegenüber Außenminister Sasonow, der später das Gespräch in einem Buch wiedergab*:

»Er (Wilhelm II.) fordert von mir das Unmögliche. Er scheint vergessen zu haben oder nicht zuzugeben, daß Österreich vor uns mobilisiert hat. Jetzt besteht er darauf, daß unsere Mobilmachung aufgehoben wird, während er über die der Österreicher kein Wort verliert. Wie Sie wissen, habe ich bereits unsere Vorbereitungen nur langsam anlaufen lassen und später nur meine Einwilligung zu einer Teilmobilisation gegeben. Wenn ich nun dem deutschen Verlangen stattgeben würde, stünden wir Österreich waffenlos gegenüber. Das wäre Wahnsinn!‹

›Ich beobachtete gespannt seinen Gesichtsausdruck‹«,

---

* Sergej Sasonow: ›Les années fatales‹, Paris 1927.

schreibt Sasonow. »An ihm konnte ich die einzelnen Phasen eines innerlichen Kampfes verfolgen, der ihn quälte und unter dem ich ebenso litt wie er. Das Schicksal Rußlands und des russischen Volkes hing von seiner Entscheidung ab. Wir waren in eine Sackgasse getrieben worden.

Jedes Wort mühsam hervorbringend, sagte der Zar dann zu mir: ›Sie haben recht. Es bleibt uns nichts anderes übrig, als uns auf einen Angriff einzustellen. Übermitteln Sie dem Chef des Generalstabs meine Mobilmachungsbefehle!‹«

Rußland endlich vereint

Am Nachmittag des 2. August 1914 erließ der Zar ein Manifest an sein Volk. Als einziger Ausländer, der dem feierlichen Akt der Verkündung als Repräsentant einer verbündeten Macht beiwohnen durfte – England erklärte nur zwei Tage später den Krieg –, schilderte der französische Botschafter Maurice Paléologue später das Ereignis:

»Der Anblick ist majestätisch. Im langgestreckten, riesigen St.-Georgs-Saal, unter dessen Fenstern der Newa-Kai entlangführt, haben sich fünf- oder sechstausend Menschen eingefunden. Der ganze Hofstaat trägt Galakleidung, während die Offiziere der Garnison in Felduniform erschienen sind. Im Mittelpunkt des Saales hat man einen Altar errichtet und hat dorthin die wundertätige Ikone der Muttergottes von Kasan herbeigeholt, auf die die nun die Kirche am Newski-Prospekt für ein paar Stunden verzichten muß.

In andächtiger Stille durchquert das kaiserliche Gefolge den Saal und nimmt links vom Altar Aufstellung. Der Zar läßt mir einen Platz ihm gegenüber anweisen, um damit, wie er mir sagt, öffentlich die Treue des französischen Bündnispartners zu würdigen.

Nun beginnt der Gottesdienst, begleitet von den so großartigen, so pathetischen Gesängen der orthodoxen Liturgie. Nikolaus II. betet mit leidenschaftlicher Inbrunst, die seinem bleichen Gesicht einen erschütternden Ausdruck von Mystizismus verleiht. Die Zarin Alexandra Fjodorowna kniet neben ihm, den Oberkörper regungslos und steif, hocherhobenen Hauptes, mit violett angelaufenen Lippen. Ihr Blick ist starr, die Pupillen wirken glasig; sekundenlang schließt sie die Augen, und dann läßt ihr leichenblasses Gesicht an eine Totenmaske denken.

Nachdem die letzten Gebete verklungen sind, verliest der Hofgeistliche das Manifest des Zaren an sein Volk. Danach legt dieser die Rechte auf das Evangelium. Er ist jetzt noch ernster, noch andächtiger, als wolle er die heilige Kommunion empfangen. Mit schleppender Stimme spricht er die Worte: ›Ich schwöre feierlich, daß ich nicht Frieden schließen werde, solange noch ein einziger Feind auf dem Boden unseres Vaterlandes steht!‹

Dröhnende Hurrarufe bilden das Echo zu dieser Erklärung, die dem Schwur nachgeahmt ist, den Zar Alexander I. im Jahre 1812 leistete. Fast zehn Minuten lang herrscht im ganzen Saal ein frenetischer Tumult, der sich noch verstärkt, als aus den Reihen der draußen vor den Fenstern des Palais dichtgedrängt stehenden Menschenmenge Jubelgeschrei heraufklingt.«

Kurz darauf erklärte Deutschland Rußland den Krieg, gefolgt von Österreich, danach erging die deutsche Kriegserklärung an Frankreich, während sich wenige Tage später England vereinbarungsgemäß auf die Seite seiner Verbündeten stellte.

3

Der Untergang –
der geschlagene Zar

Die Kriegserklärung

Wenn Frankreich ein Krieg droht und das Vaterland in Gefahr ist, werden durch den Ruf der Clairons und das Hissen der Trikolore die schlummernden Kräfte geweckt, und alle Herzen schlagen höher. In Rußland bewirken das die Glocken. Das heißt, ihr tiefes Dröhnen kündet von Glaubenszeugnissen und dem Einswerden mit Nation und Vaterland. Es gibt kaum eine Hymne zum Lobpreis der Erde, die nicht auch die Rechtgläubigkeit rühmte. Wenn Kriege gegen die Türken, die Ungläubigen, geführt werden, läutet man die Glocken. 1914 ertönten sie.

1905 hatte man sie nicht gehört. Gewiß, es gab Demonstrationen patriotischer Art; sie gingen jedoch von Studenten und Soldaten aus. Der Zar hatte keinen wirklichen Aufruf an sein Volk erlassen, weil von Anfang an für ihn wie für jenes Reibereien mit Japan kein Krieg waren.

Doch 1914, als der Deutsche grollte, wandte sich der Zar an Gott.

Tut es nicht die Kirche ebenfalls? Wendet sie sich nicht außerdem jedes Jahr auch »an diejenigen, die meinen, die rechtgläubigen Monarchen seien nicht durch ein besonderes Wohlwollen Gottes auf den Thron erhoben worden, und mit der feierlichen Salbung seien ihnen auch nicht unbedingt die Gaben des Heiligen Geistes zuteil geworden, damit sie ihre große Mission erfüllen können?« Diesem wie auch den Gottlosen und den Erzketzern schleudert sie den dreimaligen Bannfluch entgegen.

Nikolaus II. war ein frommer Mann, aber kein wirklicher Mystiker. Das Aufkommen der revolutionären Bewegung, die Niederlage seiner Armeen und seiner Flotte im Jahre 1905 und die unerbittlich weiter fortschreitende Krankheit seines Sohnes Alexej ließen für ihn die Religion zu einem Schutz und zu einer Zuflucht werden. 1914 war sie ihm eine Stütze.

Die Verkündigung der Kriegserklärung sollte für Nikolaus II. die größte Freude seines Lebens werden. Er hatte sich mit der ganzen Familie nach St. Petersburg begeben, um an einem feierlichen ›Tedeum‹ in Anwesenheit des gesamten Hofes teilzunehmen. Nach dem Hochamt verlas der Protodiakon ein Manifest mit der Kriegserklärung: Gemäß der uralten Formel rief er die Soldaten auf, »mit dem Schwert in der Hand und dem Kreuz auf dem Herzen« zu kämpfen. Alle stürzten zum Souverän, um ihm die Hand zu küssen. Danach hatten sich Nikolaus und Alexandra auf dem Balkon gezeigt.

Die Pathé-Wochenschau-Aufnahmen zeigen diese beispiellose Szene mit Tausenden von knienden Russen, die sich sodann mit Vivatrufen erheben und Fähnchen schwingen, auf denen steht: »Hilfe für den kleinen serbischen Bruder.« Der Zar und die Zarin schauen erstaunt zu, als seien sie überrascht worden, und grüßen mit der Hand.

Der Tonstreifen dieser stummen Bilder, auf dem jedoch ein Rauschen zu hören ist, wird von Rodzjanko, dem Präsidenten der Duma, gesprochen. Er beschreibt die Szene so: »Die Menge ist auf die Knie gefallen, um ›Gott schütze den Zaren‹ zu singen. Dann standen sie wieder auf und riefen ›Hurra‹. Die Menge schrie, brüllte, der Zar wollte einige Worte sprechen, man hörte aber nichts außer dem Lärm der Massen, die ›Hurra‹ schrien und seine Stimme übertönten.«

Inkognito befragt der Präsident der Duma dann zwei Arbeiter: »Wie sieht es denn jetzt mit eurem Streik aus und mit euren Forderungen an die Duma?« »Das sind unsere Anliegen, aber jetzt gilt es, das Vaterland zu verteidigen.«

In einem Satz haben sie die Heilige Union definiert, die wie durch Zaubermacht den Hof, die Duma und die Parteien wieder um den Thron scharte. »Während einer Stunde waren die Gefühle eines ganzen Volkes umgewandelt. Nichts blieb mehr übrig von den Barrikaden, den Streiks, der ganzen revolutionären Bewegung, weder in St. Petersburg, noch im übrigen Land« (Kerenski).

»Ich bin ein Pechvogel!«

Nach Beendigung der Zeremonie der Kriegserklärung stürzte Großfürst Nikolaj, der den Oberbefehl des Heeres übernehmen sollte, auf den Botschafter Frankreichs zu und umarmte ihn. »Ein Wunder«, rief er, »ein wahres Wunder, wenn Gott und Jeanne d'Arc mit uns sind, ist der Krieg bereits gewonnen.«

Nikolaus II. hatte selbst den Oberbefehl des Heeres übernehmen wollen, aber Ministerpräsident Goremykin und vor allem Sasonow, der Außenminister, hatten es ihm ausgeredet.

»Wir werden während der ersten Wochen Rückzüge antreten müssen. Eure Majestät dürfen sich keiner Kritik aussetzen.«

»Aber Alexander I. hat doch 1812 auch einen Rückzug angetreten.«

»Ja, aber alle Welt hat ihn deshalb getadelt.«

Der Zar gab schließlich nach. Er ernannte Nikolaj zum Oberkommandierenden und nicht den Kriegsminister, General Suchomlinow, der diesen Posten begehrte. Dieser machte aus seinem Zorn keinen Hehl.

Die Operationen an der Front hatten kaum begonnen, als sich auch schon im Hinterland Hindernisse und Fallstricke zeigten. Dazu kam noch die Abneigung der Russen gegen alle baltischen Barone und diejenigen deutscher Abstammung, welche sich in großer Zahl bei Hofe befanden: Graf Frederiks, Minister des Kaiserlichen Hofes, Baron Korff, Oberzeremonienmeister, General von Grünewald, Oberstallmeister, Graf Benckendorff, Hofmarschall, und alle die Meyendorffs, Budbergs und Kotzebues.

Und dann auch noch das Gerücht, das seit August 1914 in Umlauf war: wenn Rasputin dagewesen wäre, hätte er den

Krieg verhindern können. Ende Juni hatte eine seiner Freundinnen, Xenia Gussewa, angeblich eine Prostituierte, die dann als Geisteskranke eingesperrt wurde, mit dem Messer auf ihn eingestochen. Rasputin war abgereist, um sich in seinem Heimatdorf bei Tobolsk in Sibirien auszukurieren.

»Er hätte den Krieg verhindern können, dieses Massaker, als unsere Minister nichts sehen konnten und nichts zu verhindern wußten.« »Sie sehen, wovon das Schicksal eines Reiches abhängt«, erklärte die Gräfin R. dem Botschafter Frankreichs, »ein Straßenmädchen will sich an einem dreckigen Muschik rächen, und schon verliert der Zar Rußlands den Kopf. Nun sind Feuer und Blut über die ganze Welt gekommen.«

Man erzählte sich, daß ihm die Zarin täglich ein Telegramm schicke. Richtig war, daß es dem Zarewitsch schlecht ging. Am Tag der Kriegserklärung konnte er nicht aufstehen. Der Zar konnte dem Volk seinen Sohn nicht zeigen.

»Ja«, sagte er einige Tage später, »ich bin ein glückloser Zar, ein Pechvogel.«

Krieg und Revolution: »Sie sind verrückt geworden!«

»Sie sind ja verrückt geworden«, schrieb die Essayistin und Dichterin Sinaida Hippius beim Anblick ihrer Landsleute, die beim Vorbeimarsch der Soldaten wie trunken vor Begeisterung taumelten. Selbst die Regierung ist beunruhigt und bestürzt: Fürst Obolenski, der Kommandant der Hauptstadt, beschließt, den patriotischen Demonstrationen ein Ende zu bereiten.

Gewiß, die Mobilmachung war nicht überall von den gleichen Exzessen begleitet gewesen. Der alte Widerstand gegen die Einberufung war wieder erwacht. Tatsächlich forderten Aufstände in etwa dreißig Distrikten zwischen 250 und 500 Opfer, viel weniger, als die Behörden befürchteten. Und doch war fast überall, als die Glocken ertönten und die Kosaken sich freiwillig zur Truppe meldeten, das Heilige Rußland anwesend, um die heilige Erde gegen die Türken und die Teutonen zu verteidigen.

Einige Wochen zuvor war der gleichen Sinaida Hippius bereits ein weiterer Anfall von Verrücktheit aufgefallen, nämlich die seit Beginn des Sommers streikenden Demonstranten:

»Diese Unruhen, wie soll man sagen, ich habe nichts davon verstanden und bin mir sicher, daß diejenigen, die davon redeten, auch nichts verstanden haben. Es war klar, daß diese Arbeiter, die demonstrierten, nicht verstanden haben, weshalb sie die Wagen umstürzten und die Straßenbahnen anhielten. Was die Intelligenzija angeht, die immer gleich bereit ist, ihr großes Maul aufzureißen, so war für sie alles, was da geschah, nicht viel erklärlicher als ein Schneesturm im Sommer.«

Die Heftigkeit dieses Streiks und Demonstrationen, die Raserei beim Aufbruch in den Krieg, erschienen Sinaida Hippius beunruhigend. Es kamen auch noch andere überraschende Tatsachen zutage.

Zu Beginn des Jahres 1914 wuchs die revolutionäre und pazifistische Bewegung an, bordete über und schien alles überschwemmen zu wollen. Und nun hatte sich während einiger weniger Tage der größte Teil der Revolutionäre zur Verteidigung des Vaterlandes zusammengeschlossen, an ihrer Spitze der Marxist Plechanow und der Anarchist Kropotkin. Gewiß konnte man sagen, daß Lenin eine Losung ausgegeben hatte, nach der die Revolutionäre in jedem Land den Sturz ihrer eigenen Regierung herbeiführen müßten. Dem war aber im Rahmen der Zweiten Internationale niemand nachgekommen. Auf der Vierten Duma waren die Bolschewiken die einzigen Abgeordneten, die sich weigerten, für die Militärkredite zu stimmen, die einzigen Sozialisten Europas – um die Wahrheit zu sagen: mit Karl Liebknecht in Deutschland und den Sozialisten in Serbien. Welches Gewicht hatten sie aber? Ansonsten triumphierte ganz spontan die Heilige Union. Die Lage hatte sich völlig umgekehrt.

So fand also der Zarismus wieder zu seiner Kraft und Legitimität zurück: 1914 war sein Glanzjahr.

Es bedarf nur einer Niederlage – und sie zeichnete sich nach einem Jahr ab – oder des Beweises der Unfähigkeit der Wirtschaft, den Bedürfnissen der Armee nachzukommen, es brauchen sich nur Mangel und Elend zu verschärfen, und schon kommt es wieder zu einer revolutionären Situation. Diesmal aber mitten im Krieg und gegen einen Feind, der sehr viel gefährlicher war als 1905.

Lenin hat sehr gut dargelegt, daß für eine erfolgreiche Revolution zwei Bedingungen zusammentreffen müssen: eine wirkliche Unzufriedenheit der Massen und das mangelnde Vertrauen der Herrschenden in ihre eigene Handlungsfähigkeit. Dieser zweite Charakterzug war es, der zuerst zutage trat, und zwar 1915 bis 1917.

Seit den blutigen Unruhen von 1905 sah ein Teil der Intelligenzija einen ›Umsturz‹ voraus, einige hätten ihn sogar begrüßt. Der neue Umstand seit 1915 war jedoch, daß die herrschende Klasse selbst, sowohl die Regierung als auch die Opposition in der Duma, voller Schrecken das näherkommende Grollen vernahmen.

Regierung und Bevölkerung hatten keinerlei Vertrauen mehr zueinander. Und was die Duma anging, so wußte sie seit der Februarrevolution von 1917 nicht, ob es Demonstrationen gegen sie oder für sie waren – man wußte nicht mehr, was getan werden mußte, um die militärische Katastrophe oder den Ausbruch von Streiks und Demonstrationen in den Städten zu verhindern.

Sie wollte sich am liebsten der ›unfähigen‹ Regierung entledigen, wußte aber nicht, wie: »Die Rechten weigern sich, die sich nähernde Katastrophe zu sehen, und legen jeglichem Handeln Hindernisse in den Weg; das Zentrum – das heißt die Oktobristen – wiederholt, daß man einer Katastrophe entgegengeht, tritt aber auf der Stelle. Die Linken schreiten voran, wissen aber nicht wohin.«

Alle waren sich einig, daß ein Sündenbock gefunden werden mußte – Rasputin.

Nach seiner Ermordung Ende 1916 merkte man jedoch, daß sich deshalb kaum etwas geändert hatte. Im Ausland hatte man manchmal gesagt, Rußland sei ein Riese auf tönernen Füßen; war es nicht eher ein Koloß mit gelähmtem Kopf? Der Krieg, die Revolution sollten es enthüllen.

Der Zar und seine Armee

Die russische Armee hatte sich seit den Niederlagen von 1904–1905 wieder gut erholt; dank dem Einfluß, den General Bajew auf die Kriegsschule hatte, aber auch dank der Impulse, die ihr der Großfürst Nikolaj gab, den man 1908 des Oberkommandos enthoben hatte. Trotz der schnellen Aufeinanderfolge von zehn Generalstabschefs während dieser zehn Jahre und trotz der Überlegenheit der Österreicher und Deutschen hauptsächlich bei der Artillerie machte die russische Armee während der ersten Kriegsjahre keine schlechte Figur. Der Großfürst stand wieder an ihrer Spitze.

Nach einem ersten großen Sieg über die Deutschen bei Gumbinnen und einem weiteren über die Österreicher in Galizien erlitt die russische Armee in der Schlacht bei Tannenberg sehr große Verluste. Sie hatte aber ihre Rolle im Osten gespielt und Wilhelm II. daran gehindert, im Westen erfolgreich zu sein. Ohne Gumbinnen hätte es für Frankreich keinen Sieg an der Marne gegeben.

Aber ebenso wie die Kriegserklärung nur scheinbar das Totenglöcklein für die revolutionäre Bewegung läutete, waren auch diese ersten Schlachten nur eine Illusion. In Rußland wie auch anderswo hatte man gemeint, daß es ein kurzer Krieg sein würde, bis man tragischerweise feststellte, daß die Munitionsvorräte nur für Kampfhandlungen von zwölf Wochen reichten. Die Fabriken konnten nur ein Drittel des Bedarfs befriedigen. Im Hinterland ließen Mangelerscheinungen und hohe Preise nicht lange auf sich warten, da die gesamte Wirtschaft und das Transportwesen ganz im Dienste der Armee standen.

Zum gleichen Zeitpunkt machte sich bei Hofe die Zarin Sorgen über die persönlichen Erfolge des Großfürsten Nikolaj. Vor allem hatte sie ihm seine Verachtung für Rasputin nie verziehen. Und als letzterer seine Absicht kundtat, sich zum Großen Hauptquartier zu begeben, hatte der Großfürst geantwortet: »Er kann kommen, aber er wird dann dort aufgehängt werden.« Als der Feldzug von 1915 sich schlecht anließ, fürchtete die

Der Zar bei der traditionellen Einweihung von Fahnen und Standarten der Armee im Zarenschloß Zarskoje Selo bei Petersburg.

Zarin, die Verantwortung für ihre Fehler würde früher oder später dem Souverän angelastet werden. Sie schrieb an den Zaren: »Es mißfällt mir, daß der Großfürst an Konferenzen teilnimmt, wo man über *innere* Probleme diskutiert. Er beeindruckt die Minister durch seine Gesten und seine Donnerstimme. Und schließlich hat er den Gottesmann (Rasputin) verraten, er wird nicht an Gottes Segen teilhaben; was er auch unternimmt, nichts wird für ihn gut ausgehen.«

Um die Wahrheit zu sagen: Der Zar war eifersüchtig auf den Großfürsten Nikolaj. Dieser Riese machte eine zu gute Figur! Er war fast zwei Meter groß und konnte mit Verve zu den Soldaten sprechen. Wenn er, der Zar, eine Rede hielt, mußte ein Minister den Text hinter seiner Schirmmütze versteckt halten. Der Oberkommandierende war sehr populär. Zweifelsohne war sein Ruf etwas übertrieben, und seine engsten Freunde hatten sehr wohl beobachten können, daß er sich unter dem Vorwand, eine einfache Zielscheibe zu sein, vorsichtigerweise stets weit hinter der Front aufhielt. Nikolaus II. war sehr viel mutiger: Auf Nachrichtenbildern englischen Ursprungs sieht man ihn verwundete Soldaten in vorderster Linie besuchen. Er geht dort hin und zurück, als sei es ein Opfergang; jedoch nicht eine Kugel, nicht einmal eine verirrte, erreichte den Zaren.

Nikolaus II. beschloß daher im Sommer 1915 sogleich den Großfürsten abzulösen und selbst das Oberkommando des Heeres zu übernehmen. Das würde die Dynastie stärken.

Ein erstaunlicher Ministerrat

Zu seinem Entschluß, den Großfürsten abzusetzen, war der Zar von seinem Kriegsminister, General Suchomlinow, gedrängt worden. Dieser hatte geltend gemacht, der Oberkommandierende sei den Duma-Abgeordneten gegenüber zu nachgiebig. Er hatte seinen Generälen erlaubt, Gutschkow und die Mitglieder des Kriegskomitees der Duma an die Front einzuladen, um eine Verbesserung des Munitionsnachschubs für die Truppe zu erreichen. »Diese Einmischung kann sehr gefährlich werden«, erklärte Suchomlimow. Andererseits hatte der Zar die Bildung des Komitees gebilligt, um die Versorgung des Heeres zu verbessern. Sodann hatte er den Innenminister, N. Maklakow, entlassen, der diese Zusammenarbeit ganz offen behinderte.

Das Komitee legte sich also mit Suchomlinow an, den die Duma dann zum Sündenbock für die schlechte Versorgungslage der Armee machte – zweifellos ein übertriebenes Vorgehen, da das Problem die Kompetenzen des Kriegsministers überstieg. Die Kampagne wurde von der Duma inszeniert, die am 19. Juli 1915 wieder zusammentreten sollte. Trotz des Drängens von Alexandra hatte Nikolaus II. inzwischen dem Druck einiger Generäle und Abgeordneten der Duma nachgegeben und Suchomlinow am 11. Juni 1915 entlassen: »Ich mußte Sie opfern«, schrieb er in dem Brief, den er ihm überbringen ließ.

Jetzt wurde auch bekannt, daß die Deutschen nach der Offensive des Generals von Mackensen in Warschau eingerückt waren. Auf ihrem weiteren Vormarsch besetzten sie bald auch Brest-Litowsk und dann Kowno. In einem unbeschreiblichen Durcheinander begann darauf die Evakuierung ganzer Bevölkerungsteile ins Hinterland. »Diese große Umsiedlung, die vom Großen Hauptquartier organisiert wird, führt das Land in den Abgrund, zur Revolution und ins Verderben«, war die Meinung des Landwirtschaftsministers Kriwoschein.

Die Nachricht von der Absetzung des Großfürsten Nikolaj und die Ernennung seines Nachfolgers zum Oberkommandierenden erreichte den Ministerrat zur gleichen Zeit wie diese Schreckensnachrichten.

Dank eines Berichtes von A. Jachontow, des stellvertretenden Chefs der Kanzlei, der in dieser Eigenschaft die Debatten niederschrieb, weiß man genau, wie der Ministerrat diese Nachricht aufnahm und wie seine Reaktionen waren. Es handelt sich um die Sitzung vom 6. August 1915.

Die Diskussion ging um die Evakuierung der polnischen Juden, die als Spione angesehen wurden und Repressalien ergreifen könnten, wenn man sie zu schlecht behandelte, indem man ihnen die von den Banken gewährten Darlehen nicht mehr auszahlte. Danach ging es um das Problem der Soldatenrenten und schließlich um revolutionäre Umtriebe im Hinterland, die die Arbeiter dazu brachten, die Regierung des Verrates zu verdächtigen.

Hier ein Ausschnitt aus dem Sitzungsprotokoll, das durch die Wortwahl überrascht:

»Der neue Kriegsminister, General Poliwanow, hatte kaum an diesen Diskussionen teilgenommen. Er verhielt sich schweigsam, irgend etwas machte ihm zu schaffen. Sein Nervenzucken von Kopf und Schultern war ausgeprägter als gewöhnlich. Präsident Goremykin erteilte ihm das Wort. Seine Anspannung nur schlecht verbergend, sprach er mit abgehackter Stimme:

›Die Lage ist ernster als je zuvor; man muß sich von einem Moment zum anderen auf eine Katastrophe einstellen, sowohl an der Front als auch im Hinterland. Die Armee befindet sich auf dem Rückzug, sie flüchtet. Es braucht nur eine deutsche Patrouille aufzutauchen, und schon bricht Panik aus, ein ›Rette-sich-wer-kann‹ ganzer Regimenter. Bis dahin waren sie durch unsere Artillerie geschützt, wir haben jedoch keine Munition mehr. Das Oberkommando hat den Kopf verloren.

Nun, was uns an der Front auch drohen mag, ich setze auf den weiten Raum Rußlands, den Schlamm, und bete zum heiligen Nikolaus. Aber ein Ereignis sehr viel entsetzlicherer Art bedroht Rußland. Ich bin dabei, ein Geheimnis zu verraten und mein Ehrenwort zu brechen, eine Zeitlang Schweigen zu bewahren. Ich sehe mich aber gezwungen, die Regierung zu informieren, daß heute morgen anläßlich meines Vortrags Seine Majestät mich über Ihren Entschluß unterrichtet hat, dem Großfürsten Nikolaj das Oberkommando des Heeres zu entziehen und es selbst zu übernehmen.‹

Diese Enthüllungen lösten großen Lärm aus. Die Nachrichten waren schwer genug zu ertragen. ›Sie war das *schwerste* Unglück von allen.‹

›Da ich den Eigensinn Seiner Majestät kenne, ihren argwöhnischen Charakter, habe ich alles versucht, ihn von dieser Entscheidung abzubringen. Ich habe alles versucht.‹

Fürst N. Schtscherbatow: ›Ich hatte Gerüchte gehört über die Intrigen gegen den Großfürsten, die aus Zarskoje Selo stammen, aber ich glaubte nicht, daß dieser *Coup* in all diese Unglücksnachrichten hereinplatzen würde.‹

S. Sasonow wendet sich an den Ministerpräsidenten: ›Weshalb haben Sie Ihren Kollegen in der Regierung diese *Gefahr* verheimlicht, die Rußland bedroht? Man hätte ihr vielleicht vorbeugen können.‹

Goremykin: ›Nein, ich halte es nicht für möglich, das zu sagen, was Seine Majestät mir als ein Geheimnis zu bewahren befohlen hat. Ich bin nicht der General Poliwanow, ich gehöre der alten Schule an. Für mich ist ein Befehl Seiner Majestät das Gesetz. Ich muß Ihnen sagen, daß ich versucht habe, ihn davon abzubringen, es war vergeblich. Er hat mir gesagt, und das mehr als nur einmal, daß er es sich niemals verzeihen könne, während des Krieges gegen Japan nicht an der Spitze seiner Armeen gestanden zu haben. Sein Pflichtgefühl und sein Rang machten es für ihn unumgänglich, inmitten seiner Soldaten zu sein. Jetzt, wo sich die Katastrophe abzeichnet, will er bei den Seinen sein, mit den Soldaten siegen oder sterben. So sieht er seine Pflichten, wie ein Mystiker, es ist sinnlos, nach äußeren Einflüssen zu suchen, so etwas kommt von weit her. Wir können nichts dagegen unternehmen, wir haben uns vor seinem Willen zu verneigen.«

Acht Minister verweigerten sich und unterschrieben eine Petition gegen die Entscheidung des Zaren. So etwas war noch nie vorgekommen, denn diese Minister kamen nicht aus der Duma, sie waren fast alle von Nikolaus II., der Zarin und Goremykin ausgewählt worden.

»Geben Sie nicht nach und jagen Sie mich nicht davon«, hatte N. Maklakow einige Wochen zuvor zum Zaren gesagt, »wenn Sie mich davonjagen, werden die Liberalen der Duma nur um so lauter schreien.« Sie schrien um so lauter, da die Stimme der Duma von nun an aus der Mitte der Regierung ertönte, die Vorbeugungsmaßnahmen gegen eine Katastrophe ergriff.

Nikolaus II. ignorierte zunächst die Petition seiner Minister. Dann, am 2. September, vertagte er die Sitzung der Duma. Am 4. September richtete das Kriegskomitee unter dem Vorsitz von Tschingariew und Schulgin, einem Mitglied der KD und der ›Union des russischen Volkes‹, einen angstvollen Notschrei an ihn, er möge doch verzichten.

»Majestät, uns ist zu Ohren gekommen . . .«

»Majestät,
    die russischen Armeen und mit ihnen ganz Rußland sind zum gegenwärtigen Zeitpunkt harten Prüfungen ausgesetzt, und dies hat uns veranlaßt, Sie, Majestät, zu bitten, die vorliegende Denkschrift gütigst aufzunehmen. Wir haben in ihr, in gekürz-

ter Form, alles zum Ausdruck gebracht, was wir über den Krieg und die Methoden erfahren konnten, die zur gegenwärtigen schwierigen Lage führten. Andererseits haben wir in ihr auch alles ausführlich dargelegt, was das schwere Unglück, das über unser Vaterland gekommen ist, abwenden könnte.

Wir haben in Erfahrung gebracht, daß unsere tapfere Armee, nachdem sie mehr als 4 000 000 Gefallene, Verwundete oder Kriegsgefangene zu beklagen hat, sich nicht nur auf dem Rückzug befindet, sondern vielleicht sogar noch weiter zurückweichen wird. Des weiteren sind uns die Gründe für diesen Rückzug, der uns so viel Schmerzen bereitet, bekanntgeworden. Wir erfuhren, daß unsere Armee nicht über annähernd gleichwertige Waffen verfügt, um ihren Gegner zu bekämpfen, und daß, während der Feind uns pausenlos mit einem Blei- und Stahlhagel überschüttet, wir ihm im Gegenzug nur mit einer sehr viel geringeren Menge an Kugeln und Granaten antworten können.

Wir haben weiterhin in Erfahrung gebracht, daß, während unsere Feinde über eine mehr als ausreichende Menge an leichter und schwerer Artillere verfügen, es uns fast völlig an letzterer mangelt. Was die leichten Geschütze angeht, so wurden diese derartig überbeansprucht, daß sie bald, eines nach dem anderen, nicht mehr einsatzfähig sein werden.

Wir haben auch erfahren, daß unser Feind täglich die Anzahl seiner Maschinengewehre erhöht, bis sie, nach Auskünften des Kriegsministeriums, die furchterregende Zahl von 55 000 erreicht haben werden: wir dagegen verfügen kaum über die notwendige Anzahl, um die Verluste oder Ausfälle zu ersetzen.

Weiterhin haben wir in Erfahrung gebracht, daß, während unser Feind mehr als ausreichend mit Gewehren versorgt ist und jeder seiner Soldaten über eines verfügt, bei uns Hunderttausende ohne Waffen sind und auf den Augenblick warten, in dem sie die Gewehre aus den Händen ihrer gefallenen Kameraden nehmen können.

Wir haben ferner in Erfahrung gebracht, daß, selbst wenn viele diesen Krieg betreffende Dinge das menschliche Verständnis überstiegen haben und nicht voraussehbar waren, man andererseits doch vieles hätte vermeiden können, hätte es nicht so viel verbrecherische Nachlässigkeit seitens gewisser militärischer Befehlshaber gegeben.

Wir haben auch in Erfahrung gebracht, daß seit September vergangenen Jahres von der Front der Hinweis kam, die Granaten reichten nicht aus, verbunden mit der Bitte, sich rechtzeitig darauf einzustellen. Dieser Rat wurde aber nicht befolgt. Erst als das Unglück näherrückte und unabwendbar wurde, kam man zur Besinnung und ging daran, dieses Versäumnis zu beheben. Wir wissen jedoch, daß wir noch mehrere Monate benötigen werden, um, wenn auch nicht mit dem Feind gleichzuziehen, so doch wenigstens uns seiner Waffenstärke anzunähern.

Wir haben auch noch andere Dinge in Erfahrung gebracht. Wir haben erfahren, unter welchen Bedingungen unser Rückzug in Galizien vonstatten ging. Wir haben erfahren, daß unsere Truppen fast nirgendwo im voraus ausgehobene feste Stellungen vorfanden. Wir haben erfahren, daß nach langen, beschwerlichen Märschen unsere Truppen eigenhändig in aller Eile, mehr schlecht als recht, erbärmliche Schützengräben ausschaufeln mußten, um dort die Stellung zu halten, bis der Feind wieder angriff und das Gewitter seiner schweren Artillerie wieder auf unsere völlig erschöpften Soldaten niederkam, die in den eben ausgehobenen Gräben keinen Schutz fanden.

Wir haben in Erfahrung gebracht, daß selbst die wichtigsten Plätze, die großen Städte unseres Heimatlandes, nicht befestigt worden waren, und falls überhaupt, dann gänzlich unzureichend. [...]

Wir haben auch erfahren, daß die Nominierung der Kandidaten für wichtige militärische Posten, wie zum Beispiel die der Divisionskommandeure und der Armeekommandierenden, sich nach der Ancennität richtete, nach einer besonderen Liste, auf der die Ancennität der Generäle festgelegt war, und daß Ausnahmen nur für diejenigen gemacht wurden, die über mächtige Protektion verfügten. Weder Tapferkeit, noch Begabung oder Befähigung, noch durch Taten erprobte militärische Verdienste spielen für die Kandidaten bei Beförderungen eine Rolle, sondern völlig andere Gesichtspunkte. Unter diesen Bedingungen gelangen die wirklich fähigen Persönlichkeiten, die echten Führungskräfte, die die Truppen zum Sieg bringen könnten, nur selten auf die höchsten Posten.

Im allgemeinen werden die obersten Posten Offizieren anvertraut, die über die nötige Anciennität verfügen, selbst wenn sie weniger befähigt sind. Dabei hängen doch wohl drei Viertel des militärischen Erfolgs von der sorgfältigen Auswahl der kommandierenden Offiziere ab. Aus diesem Grund ist der gegenwärtige Beförderungsmodus fatal für unsere gemeinsame Sache.

Alles dies haben wir in Erfahrung gebracht, Majestät, wir haben aber auch von einer noch viel bedauerlicheren Sache erfahren: daß sich dieses ganze Unglück und alle diese Verwirrungen auch auf die Moral der Armee und des Volkes auswirken. Da ihnen die Nachlässigkeit, die Gleichgültigkeit und der Mangel an jeglicher Organisation offenbar wurde, begannen sie, das Vertrauen in ihre Führung zu verlieren. [...]

Ein ähnliches Gefühl des Mißtrauens, der Unzufriedenheit, der Verbitterung – und das in noch sehr viel höherem Maße – läßt sich im Volk selbst feststellen. Das Volk weiß, daß nur sehr wenige Granaten und Kugeln zur Verfügung stehen, es weiß, daß dafür irgend jemand die Schuld trägt.

Es sieht aber auch, daß die öffentliche Initiative sich mit Verve darum bemüht, die früheren Fehler wiedergutzumachen, die verlorene Zeit aufzuholen und alle Kräfte zusammenzufassen, die für eine bessere Ausrüstung der Armee sorgen können.

Es sind also nicht die Fehler der Vergangenheit, die das Volk zum augenblicklichen Zeitpunkt beunruhigen.

Das Volk versteht jedoch nicht, weshalb man nur in unzureichendem Maße Schützengräben ausheben läßt, und selbst das nur, wenn der Feind schon nahe herangekommen ist, und dann in völlig unorganisierter Art und Weise. Weshalb läßt man Zehntausende von Männer, nachdem man sie einmal zusammengezogen hat, mehrere Tage lang untätig sein oder schickt sie einfach wieder nach Hause?

Das Volk ist bereit, für die Verteidigung des Vaterlandes zu arbeiten; es wird nach Kräften jeden Fußbreit russischer Erde mit der Spitzhacke umgraben, um die Heimaterde durch eine unüberwindbare Linie von Befestigungen zu schützen, so wie es auch unsere französischen Verbündeten tun. [...]

Kaiserliche Majestät! Wir erlauben uns die Kühnheit, Ihnen zu sagen: wir begreifen die unvermeidliche Trennung der Macht, die an der Spitze der Armee steht, von derjenigen die das Land regiert; trotzdem sind wir aber zutiefst davon überzeugt, das es unmöglich ist, die Verteidigung der Nation sicherzustellen ohne eine oberste Autorität, die alles vereint. Die unbestreitbare Macht des Zaren ist als einzige in der Lage, Einigkeit zwischen dem Hauptquartier des großfürstlichen Oberkommandierenden und der Regierung herbeizuführen.

Der Zar kann den militärischen und zivilen Befehlshabern vorschreiben, gleich zu Anfang einen langfristigen Aktionsplan zu entwerfen; dabei ist die Komplexität aller auch nur möglichen Formen bereits gefällter Entscheidungen in Rechnung zu stellen, um unorganisierte, nur für einige Tage veranschlagte Maßnahmen auszuschließen, denen keine weitreichende Idee zugrunde liegt.

Der Zar kann den Spielraum für Berechnungen und Erwägungen erweitern. Der Zar kann erreichen, daß man sich nicht eine furchtsame Nachahmung des Feindes zum Ziel setzt, sondern alle Anstrengungen eines riesigen und mächtigen Landes, das um jeden Preis siegen will, daran setzt, den Feind an Ausrüstung und Vorsorge zu übertreffen.

Nur der Zar kann bestimmen, daß die wichtigen Posten denjenigen anvertraut werden, die ihre Tapferkeit im Kampf unter Beweis gestellt haben, und nicht Personen, die oft unfähig sind, das schwere Kriegshandwerk zu einem guten Ende zu bringen. Der Zar kann alle Kräfte des großen Rußland zusammenfassen, um eine unüberwindbare Verteidigungslinie zu bauen, die das Vaterland schützen wird bis zu dem höchsten Augenblick, zu dem die Vorsehung uns den endgültigen Sieg über den durch unsere Festigkeit erschöpften Feind zugestehen wird.

Majestät, wir glauben an diesen Sieg.

4. September 1915«

Dieser Text wurde unterzeichnet von den »treuen Untertanen Seiner Kaiserlichen Majestät«, von Tschingariew, dem Präsidenten des Kriegskomitees, und seinen sieben Mitgliedern.

Der Zar beantwortete diese Bittschrift nicht, und seine Minister konnten nur verzweifelt die Gefahr ermessen, die auf ihnen lastete und sich immer deutlicher abzeichnete. Sie waren jedoch zu kurzsichtig, um über den Rahmen der Duma hinausblicken zu können. »Die Armee und die Bevölkerung bauen nicht mehr auf uns, sondern auf das Kriegsindustriekomitee«, sagte Charitonow.

Fürst Schtscherbatow: »Wir hängen in der Luft, wir und die Regierung. Niemand unterstützt uns mehr, weder oben noch unten. Wie kann man die aufkommende Revolution bekämpfen, wenn man mir sagt, daß man sich auch auf die Truppe nicht mehr verlassen kann?«

Die Evakuierung der polnischen Juden, über die es Debatten in der Duma gegeben hatte, war besser zu Ende gegangen, als sie begonnen hatte. Goremykin berief den Ministerrat in die Stawka, das Große Hauptquartier, ein: »Sie haben das Schlimmste vorausgesehen. Sie sagten, es käme zu einer Revolution, wenn ich die Duma vertagen würde, aber es ist zu keiner gekommen.«

Und der Zar sagte ihnen: » Mir ist ein Befehl von anderswoher gekommen. Ich erinnere mich sehr gut daran, wie ich vor der großen Ikone des Herrn in unserer Kirche zu Zarskoje Selo kniete und eine innere Stimme mich veranlaßte, das Oberkommando selbst zu übernehmen und dies dem Großfürsten mitzuteilen, unabhängig von allem, was mir unser Freund (Rasputin) gesagt hatte.«

Am Vorabend dieses Ministerrates, am 15. September, hatte er einen Brief von Alexandra erhalten: »Mein sehr teurer Liebling. Vergiß nicht, Sein Bild in Deiner Hand zu halten und Dir mehrere Male das Haar mit Seinem Kamm zu kämmen, ehe der Ministerrat tagt. Oh, wie ich für Dich in dieser Stunde beten werde.«

Nikolaus II. widerstand seinen Ministern. Am 16. September entließ er sie alle.

»Be more autocratic, my very own sweetheart, show your mind« (Sei autokratischer, mein Liebling, zeige, wer Du bist). Briefe dieser Art erhält Nikolaus II. fast jeden Tag, seitdem er sich an der Front befindet. »Du kämpfst ganz allein um den Thron. Welcher Mut, so etwas hat man noch nie bei Dir gesehen«, schreibt ihm Alexandra am 4. Dezember 1915, nachdem er die Duma vertagt hatte.

Sie fügte hinzu: »Mach Dir keine Sorgen um das, was Du zurückgelassen hast, ich bin auf der Hut. Lache nicht über mich, mein kleiner Liebling, ich stehe meinen Mann und werde den Alten (Goremykin, den Ministerpräsidenten – Anm. d. A.) zwingen, energisch zu sein.«

Tatsächlich übt, seitdem Nikolaus die Armee befehligt, Alexandra die Macht im Hinterland aus. Ihre Korrespondenz legt Zeugnis davon ab, daß sie überall ist: sie überwacht die Ernennungen, beratschlagt und ordnet an. Ihre 400 Briefe, die täglich an den Zaren geschickt wurden, sind regelrechte Berichte über Hof- und Regierungsanlegenheiten. Lange, mit der Feder geschriebene Briefe, in denen sich Nachrichten über die Kinder mit Klatsch und Tratsch, aber auch mit strategischen Ratschlägen vermischen. Sie weiß, was sie will: vom 11. September 1915 bis zum 15. März 1916 schickt sie etwa 15 Briefe ab, um Nikolaus dazu zu bewegen, daß er Chwostow ins Innenministerium beruft. Sie versäumt auch nicht, wann immer sich die Gelegenheit ergibt, ihre Meinung, oft auch diejenige Rasputins, über die Duma, über die Brussilow-Offensive zu äußern.

So gelingt es ihr, zusammen mit Rasputin, die Ernennung mehrerer Minister durchzusetzen. Sie erklärt ihm zum Beispiel:

»Es geht nicht um Trepow* oder Protopopow**, es handelt sich darum, zu zeigen, wer hier befiehlt, daß Du der Herrscher bist und nicht die Duma. Sei Peter der Große, Iwan, Paul. Schicke die Miljukow, Lwow, Gutschkow, Kedrenskij*** nach Sibirien.«

---

* Ministerpräsident während einiger Wochen
** Innenminister nach Chwostow
*** Kerenski

In einem Brief vom 13. September 1915 an Alexandra teilt ihr Nikolaus seine Sorgen mit: »Die Lage bei Dwinsk und Wilna ist bedrohlich, gefährlich im Mittelabschnitt, gut im Süden – General Iwanow. Die Schwierigkeit liegt bei unseren Regimentern; nur ein Viertel ist einsatzbereit. Die neuen Reserven werden nicht so schnell bereitstehen, und wir haben nicht genügend Gewehre. Ich schreibe das nur Dir, sprich mit niemandem darüber.«

In diesem kurzen Brief ist alles gesagt: die tragische Bilanz des Sommers 1915 – fast 2 Millionen Opfer –, die Knappheit an Mannschaften und außerdem noch der Mangel an Gewehren. Etwas fehlt noch in diesem Gemälde: es gibt keine Munition mehr für die Kanonen. Gewiß befanden sich schon alle Kriegführenden in einer ähnlichen Lage, weil keiner vorausgesehen hatte, daß der Krieg so lange dauern würde. Aber nirgendwo hatte der Mangel an Munition so dramatische Ausmaße angenommen. Das Oberkommando mußte ihn vertuschen, indem es verrückte Bajonetteattacken befahl, um den Feind über die wirkliche Lage in seiner eigenen Armee zu täuschen. Die Irreführung gelang, aber ganz Polen mußte evakuiert werden.

Auf diesen Brief von Nikolaus antwortete Alexandra: »Ich sage niemandem etwas von dem, was Du mir schreibst, außer Ihm, der Dich überall beschützt.«

Er – das war Rasputin, der über alle Geheimnisse Bescheid wußte.

Der damalige Innenminister, N. Chwostow, bezeugt:

»Er war also in Zarskoje Selo, und der Bankier Rubinstein hat ihn aufgesucht, um zu erfahren, ob die russische Armee noch einmal eine Offensive unternehmen würde. Davon hinge ab, ob er in der Gegend von Minsk Holz schlagen lassen würde. Er brachte Rasputin zum Trinken, und dieser sagte ihm schließlich: ›Ich habe Papa (den Zaren) gesehen, er schien trübsinnig zu sein.‹ ›Was geht denn schief?‹ fragte ich ihn. ›Verleumdungen. Man habe keine Schuhe und keine Gewehre. Man kann daher nicht angreifen.‹ ›Wann werden wir also angreifen?‹ ›Nicht vor zwei Monaten, dann, wenn wir Gewehre haben.‹«

Ob es wahr ist oder nicht – Chwostow hat nach der Februarrevolution vor einer Kommission der Provisorischen Regierung als Zeuge ausgesagt –, diese Information und diese Briefe zeigen deutlich, wie Nachrichten zirkulierten und wie Entscheidungen getroffen wurden. Zu dieser Epoche bezeichnete man den kleinen Kreis der Eingeweihten, der mit Alexandra, Rasputin, Wyrubowa und den Ministern Rasputins eine Politik betrieb, die, wie man meinte, das Land in den Ruin führte, als ›Kamarilla‹. Die Macht wurde immer mehr vom Land, der Duma und selbst den Ministern isoliert.

Den Zaren opfern, um den Zarismus zu retten:
ein erster Versuch

Die Niederlagen von 1915, die Absetzung des Großfürsten Nikolaj und die Übernahme der Armeeführung durch den Zaren selbst, die Nahrungsmittelkrise im Hinterland, der Munitionsmangel an der Front, die Besorgnis über so viel Nachlässigkeit, all dies löste eine Revolte der ›aktiven Klassen‹ aus. Die bürgerliche Geschäftswelt, die Mitglieder der Semstwos und das Militärkommando, die die kommenden Gefahren voraussahen – vor allem die einer Revolution mitten im Krieg –, lancierten eine Offensive gegen die Person Nikolaus II., den ›unfähigen Zaren‹: er mußte abgesetzt werden, um Rußland und den Zarismus zu retten.

Die Idee wurde nach dem Erscheinen eines Artikels von W. Maklakow in den ›Russkie Wedomosti‹ (›Russische Nachrichten‹) vom Herbst 1915 geboren: »Eine tragische Situation, der verrückte Chauffeur.« Diese berühmte Parabel machte die Runde in ganz Rußland. »Sie befinden sich in einem Wagen, der mit rasender Geschwindigkeit auf einem engen, gekrümmten Weg gefahren wird, am Rande eines Abgrunds vorbei. Plötzlich merken Sie, daß der Chauffeur unfähig ist, zu lenken. Kommt es daher, daß er das Steuer unter schwierigen Umständen nicht halten kann oder weil er zu müde ist und die Kontrolle über seine Nerven verloren hat? Ganz gleich: wenn das Steuer in seinen Händen bleibt, wird eine Katastrophe unabwendbar sein. Glücklicherweise befinden sich im Wagen Leute, die lenken können. Sie müssen deshalb schnellstens den Platz des Chauffeurs einnehmen. Das ist aber äußerst gefährlich, wenn der Wagen mit einer solchen Geschwindigkeit fährt. Und dann ist – aus Blindheit oder Verliebtheit in die eigenen Fähigkeiten – der Chauffeur so eigensinnig, daß er sich das Steuer nicht abnehmen lassen will und niemandem erlaubt, es zu übernehmen. Was soll man also tun? Eine einzige seiner Handbewegungen kann den Wagen in den Abgrund stürzen lassen. Sie wissen es, und er weiß es auch. Er lacht über Ihre Angst und Ihre Machtlosigkeit. ›Sie werden nicht wagen, ihn zu berühren.‹ Er hat recht. Sie werden es nicht wagen. Besser. Nicht nur werden Sie ihn nicht stören, sondern ihm auch noch mit Ihren Ratschlägen behilflich sein. Und Sie werden gut daran tun. So muß man es machen. Was werden Sie aber empfinden, wenn Sie feststellen müssen, daß der Chauffeur es selbst mit Ihrer Hilfe nicht besser machen kann, wenn Ihre Mutter die Gefahr kommen sieht und Sie anfleht, ihm zu Hilfe zu eilen, Sie feiger Gleichgültigkeit bezichtigt?«

Der Chauffeur war Nikolaus II., die Mutter das Heilige Rußland, die Leute, die zu lenken verstehen, jene ›Komitees‹ – private, aber von öffentlicher Bedeutung –, die die Interessen des Landes schrittweise in die Hand nahmen.

Angesichts der ›Nachlässigkeit‹ – um die damals gängige Redeweise zu gebrauchen – der Regierenden hatten sich diese ›Komitees‹ gebildet. Sie hatten vom Zaren oder führenden Persönlichkeiten die Erlaubnis erhalten, der Regierung beizustehen, um Rußland zu retten. Selbstverständlich mußten sie vorsichtig zu Werke gehen, um die eifersüchtig auf ihre Privilegien bedachte Bürokratie nicht vor den Kopf zu stoßen. Das ›Komitee des Roten Kreuzes‹ war das Vorbild: war es zunächst eine bescheidene Organisation gewesen, so hatte es schrittweise das Gesundheitswesen des Landes in die Hand genommen. Die Semstwos, die lokalen Selbstverwaltungsorgane, hatten sich danach auch zu einer Union der Semstwos unter dem Vorsitz des Fürsten Lwow zusammengeschlossen, die die Aufnahme der Flüchtlinge, die Verteilung der Kriegsgefangenen usw. koordinierte. Sodann hatte sich das ›Kriegsindustriekomitee‹ unter dem Vorsitz von Gutschkow gebildet, der auch die treibende Kraft war. Seine Aufgabe war es, die für die Landesverteidigung bestimmte Produktion in vernünftige Bahnen zu lenken. Gleichzeitig hatten wegen der Notlage im Hinterland die Verbraucher ein Netz von Kooperativen aufgebaut: 1917 zählten 35000 Kooperativen mehr als 10 Millionen Mitglieder.

Diese Initiativen legten Zeugnis ab von der Lebenskraft der Gesellschaft. Die Regierung betrachtete sie jedoch mit Mißtrauen. Nach und nach sah sich die Verwaltung ihrer Funktionen beraubt, war aber machtlos, die Bewegung zu bremsen. Ohne sich dessen bewußt zu sein, begannen die Russen, sich selbst zu regieren: auf der einen Seite die Armee, auf der anderen die Produktionsbetriebe wie auch die Verbraucher.

Die Revolution war zwar noch nicht in die Köpfe gelangt, doch hatte sie bereits durch Taten begonnen.

Ein zweifaches Komplott, um der Revolution zuvorzukommen

Ebenso wie die Komitees und die Semstwos blieb auch die legale Opposition ängstlich: ansonsten spielten die gleichen Männer und die gleichen Ideen immer wieder die gleichen Rollen, besonders in der Duma, wo der 1914 geschlossene Burgfrieden gebrochen wurde. Von den Oktobristen angeregt, bildete eine Mehrheit der gewählten Vertreter einen ›Block der Progressiven‹, dem sich auch einige Mitglieder des Reichsrates und Minister anschlossen. Die Zielsetzungen des ›Blocks‹ blieben gemäßigt, weil er nicht einmal wagte, einen vor der Duma verantwortlichen Minister zu verlangen, sondern nur eine Regierung seines Vertrauens. Natürlich forderte er eine Änderung der Regierungsmethoden, die Einstellung der Verfolgung derer, die keine strafbaren Handlungen begangen hatten, die Rückkehr der von der Verwaltung Exilierten, die Aufhebung religiöser Verfolgungen, die Beseitigung der Maßnahmen gegen die

Juden, die Wiederzulassung der ukrainischen Presse, der Gewerkschaftstätigkeit, der Versicherungsanstalten usw. Stets wachsam, wenn es sich darum handelte, die Privilegien der Autokratie zu verteidigen, mißbilligte Ministerpräsident Goremykin den Zusammenschluß dieses ›Blocks‹ als ›illegal‹. Dieser begann alsbald eine Kampagne gegen die Regierung; die Kadettenpartei trat der Bewegung bei; der Ministerpräsident nannte dieses ganze Gelärme unpassend und ungesetzlich, denn so schlimm sei die Lage nun auch wieder nicht.

»Entweder sagt uns die Regierung nicht die Wahrheit und betrügt uns, oder sie ist blind, und das ist das Zeichen ihrer Unfähigkeit«, verkündete Miljukow in der Duma und erzielte damit donnernden Applaus.

Goremykin beendete diese Sitzung der Duma.

Der Zorn Gutschkows, Miljukows, Maklakows und des Präsidenten der Duma, Rodzjanko, war um so heftiger, als es für sie darum ging, dem Wiederaufleben der illegalen Opposition zuvorzukommen. Wegen der schwierigen Lage im Hinterland wie an der Front, wo der Mangel, die geringe Kaufkraft und die Unterdrückung eine Unzufriedenheit hervorriefen, die sich in den außergewöhnlich zunehmenden und sich erweiternden Streiks ausdrückte, war dies für jeden voraussehbar.

Der Gleichtakt der Demonstrationen wies auf das Bestehen einer zentralen Organisation hin. Es hatten sich wieder enge Beziehungen zwischen den geheimen Gruppen in Rußland – den Bolschewiken, Menschewiken, Sozialrevolutionären, Anarchisten – zu ihrer Leitung im Ausland bilden können. »Die militärischen Fehlschläge tragen zum Sturz des Zarismus bei«, schrieb aus der Schweiz Lenin an Schljapnikow, der in Rußland geblieben war. »Sie erleichtern den Zusammenschluß der revolutionären Arbeiter.«

Er arbeitete gerade an seinem Werk ›Der Imperialismus als höchstes Stadium des Kapitalismus‹, in dem er aufzeigt, daß im Gegensatz zu allem, was die Sozialisten sich bis 1914 vorgestellt hatten, die Revolution nicht in dem Land mit dem stärksten Kapitalismus ausbrechen würde, sondern in einem wirtschaftlich nur wenig entwickelten Staat, der den Kriegsanstrengungen nicht gewachsen ist. Dies stieß die dogmatischen Begriffe des Marxismus um und machte die Explosion in Rußland wahrscheinlicher als anderswo.

Ende 1916 glaubte die legale Opposition sicherlich nicht, daß diese Stunde bereits gekommen sei; da sie aber den Zaren für unfähig hielt, kam sie zu dem Schluß, es sei Zeit, zu handeln, um dem Schlimmsten vorzubeugen.

Als hätten sie die Duma herausfordern wollen, wählten Nikolaus II. und Alexandra als Nachfolger Goremykins eine der ›Kreaturen‹ Rasputins aus, den Gouverneur Stürmer, ein ehemaliges Mitglied der Ochrana, der sich damit brüstete, ein Reaktionär zu sein, jedoch bei der extremen Rechten in Verruf war. Deren Führer, Purischkewitsch, wettete gegen die ›Kamarilla‹, die man beschuldigte, germanophil und für den Abschluß eines Sonderfriedens zu sein. Alle beschuldigten Rasputin.

Rasputins Herrschaft

Seit einigen Jahren hatte Rasputin seine Herrschaft erweitert. Nach Ansicht von Vater Georg Schawelski, dem Hofkaplan, übte der Starez auf die Zarin eine ungeteilte moralische Autorität aus. Zweifelsohne nicht auf Nikolaus; doch der Zar geriet nach und nach immer mehr in den mystischen Kreis um Alexandra und hatte sich ihm mehr und mehr unterworfen.

Das Vorzimmer Rasputins war zu einer Art Wartesaal geworden, wo sich Bittsteller jeglichen Ranges drängten: solche, die Metropolit oder General, andere, die sogar Minister werden wollten. Auch befanden sich dort allerlei Unglückliche, die seine Hilfe erflehten. Ein ständig wachsender Unmut machte sich bei den Eliten des Landes und mehr noch bei Hofe breit, wo man genau wußte, daß der ›heilige Mann‹ nach und nach den Staat mit seinen ›Kreaturen‹ bevölkern würde. Auch wenn P. Stolypin, vor seiner Ermordung, S. Sasonow, V. Kokowzew und noch weitere Minister ihm nichts verdankten und ihn ostentativ ignorierten, bevölkerten ihre Anhänger die Gemächer des Monarchen. Zu ihnen zählte der Religionslehrer der Kinder des Zaren, der Erzpriester Wassiljew, General Wojekow, der Kommandant der Palastgarde, der Metropolit Pitirim, der Oberhofmeister Tanejew, seine Tochter, Madame Wyrobowa, Hofdame der Zarin. Und bald gab es dort auch zwei Minister. 1916 zählten Ratspräsident Stürmer und Innenminister Protopopow zu den Adepten seiner Tischrück-Séancen. Der Skandal seiner Ausschweifungen verursachte ihm keinerlei Sorgen, da sein Einfluß auf die Zarin gesichert war durch die Behandlungen und die Pflege, die er dem Zarewitsch angedeihen ließ. 1915 hatte Alexej an der Front, wohin er seinen Vater begleitete, Nasenbluten und mußte schnellstens nach Zarskoje Selo zurückgebracht werden; dort hatte sich Rasputin wieder einmal tüchtiger gezeigt als die Fakultät.

Sein Aufstieg hatte Neid und Haß hervorgerufen. Bei Hofe und in der Stadt hatte er dadurch die Anzahl seiner Feinde vervielfältigt, hauptsächlich unter denen, die sich ausgeschlossen fühlten.

Die Ochrana hatte ihn sogar unter Beobachtung gestellt, und die Anwesenheit der ›Kreaturen‹ Rasputins im Innenministerium hatte daran nichts geändert. Die Polizei verfügte über Agenten, die sich der Schlüssel- und Gucklöcher bedienten, um seine Taten und Gesten zu beobachten, zumindest in einigen Gemächern, in denen er sich zu tummeln pflegte.

Man befand sich mitten in der ›Affäre Rasputin‹.

Eine Unterhaltung zwischen dem Zaren und dem obersten Feldgeistlichen der Armee und der Marine im Herbst 1916 offenbart, wie sehr das Regime in Verruf geraten war. Nikolaus II. war sich selbst darüber im klaren.

Vater Schawelski war es gelungen, eine Audienz zu erhalten, um mit ihm unter anderem über die Untaten Rasputins zu sprechen. Tatsächlich wiederholte er, was man überall hörte, sonst aber brachte er überhaupt nichts Genaues oder Neues hervor. Dann fuhr er fort:

»Majestät, wissen Sie, was im Lande vor sich geht, bei der

Armee, in der Duma? Lesen Sie die Reden von Miljukow, von Schulgin?«

»Ja.«

»Dann wissen Sie also, daß es in der Duma keine Rechten und keine Linken mehr gibt. Sie haben sich zu einer Partei vereinigt, die mit der Regierung unzufrieden ist. Sie wissen, daß man den Präsidenten des Ministerrates als Verräter und Dieb behandelt.«

»Welche Niedertracht!«

»Weshalb hat er sich nicht gerechtfertigt, wenn er im Recht ist?«

»Wie kann man sich denn gegenüber derartigen Absurditäten rechtfertigen«, antwortete der Zar. »Ich kenne Stürmer, seit er Gouverneur von Jaroslawl war.«

»Und Protopopow, man sagt, er sei verrückt.«

»Ich habe davon gehört. Und seit wann sagt man, er sei verrückt? Seit ich ihn zum Minister ernannt habe. Nicht ich habe ihn in die Duma gewählt, sondern seine Provinzregierung, der Adel von Simbirsk hat ihn zum Marschall gewählt, die Duma machte ihn zu ihrem Vizepräsidenten und danach zum Präsidenten der Kommission, die nach London entsandt wurde. Damals war er also noch nicht verrückt. Kaum hatte ich ihn als Minister ausgewählt, fingen alle an zu schreien, er sei verrückt«, sagte der Zar ziemlich beunruhigt.

Der sture Eigensinn des Zaren, seine Ergebenheit gegenüber der Zarin und ihr gemeinsames Vertrauen in Rasputin schufen schließlich ein Klima des Irrealen. Die Regierungskreise und der Hof schrieben Rasputin politische und militärische Aktivitäten und Verantwortlichkeiten zu, die er in Wirklichkeit gar nicht besaß, selbst wenn er, wie man wußte, der Meinung war, daß der Krieg dazu führen würde, den Zarismus abzuschaffen und alles in allem eine Allianz mit Deutschland für logischer hielt als die Verbindung mit der Französischen Republik. P. Durnowo hatte einige Jahre zuvor nichts anderes gesagt.

In Wirklichkeit blieb Nikolaus II. – Rasputin hin, Rasputin her – seinen Verbündeten treu und steuerte mit geschlossenen Augen auf die Katastrophe zu.

Rasputin mit Oberst Loman (l.) und Fürst Putjatin.

Trotz des vorübergehenden Erfolgs der Brussilow-Offensive von 1916 wurde spürbar, daß das gesamte Wirtschaftssystem zusammenbrach und daß es bald keinen Nachschub mehr für die Armee geben würde. Auf politischem Gebiet kam es überall zu heftigen und bissigen Kritiken wie in keinem anderen im Krieg befindlichen Land. General Denikin berichtet, daß ein sozialistischer Duma-Abgeordneter, der von der Armee eingeladen worden war, derart verblüfft über die Freiheiten war, »die sich die Offiziere überall in den Kasinos herausnahmen, wenn sie über die Schändlichkeit der Regierung oder den Abschaum bei Hofe sprachen, daß er glaubte, man stelle ihm eine Falle«.

Botschafter Cambon berichtete von einer ›verworrenen Lage‹, die in Rußland herrsche, und schrieb, daß Petrograd Anfang 1917 dem General de Castelnau wie ein Irrenhaus vorgekommen sei. Zur Konferenz der Alliierten über die Kriegsziele – bei der der Zar die Berechtigung der Ansprüche Frankreichs auf Elsaß-Lothringen als Ausgleich für eine Anerkennung der ›besonderen Interessen‹ Rußlands an den Meerengen bestätigen sollte – hatte man als Vertreter Frankreichs Castelnau entsandt, weil er als Aristokrat freier und offener mit dem Zaren über die Notwendigkeit sprechen konnte, sich auf die Duma zu stützen. Samuel Hoare, der englische Delegierte auf dieser Konferenz, veröffentlichte das Memorandum, das ihm Struwe überreicht hatte, um zu erklären, daß die öffentliche Meinung – zu Unrecht – Alexandra und ihre ›Kamarilla‹ für germanophil hielt, und um darzulegen, daß nur eine im Einvernehmen mit der Duma eingesetzte Regierung diese Hypothek aufheben und diesen Verdacht beseitigen könne. Das Memorandum erklärte, daß eine ›Verschiebung‹ der Dumasitzung – die am 14. Februar stattfinden sollte – auf ein späteres Datum zwangsläufig zu schweren Zwischenfällen führen würde. Eine Gruppe von Abgeordneten hatte dieses Memorandum den Vertretern der Alliierten mit dem Hintergedanken aushändigen lassen, daß diese im Namen der gemeinsamen Interessen bei Nikolaus II. intervenieren würden.

General de Castelnau begriff jedoch sehr schnell, daß ein Gespräch mit dem Zaren das sicherste Mittel wäre, seine Mission über die Kriegsziele zum Scheitern zu verurteilen und daß er, es sei denn, man befrage ihn ausdrücklich, am besten gar nicht den Mund aufmachen sollte.

Großfürst Nikolaj entschloß sich, auf Drängen der Zarinmutter und Olgas, dem Zaren folgenden letzten Appell zu schreiben, der zugleich eine Warnung war:

»Wenn es Dir gelänge, diese andauernde Einmischung dunkler Kräfte auszuschalten, würde Rußland schnell wieder eine moralische Wiedergeburt erleben, und Du würdest das verlorengegangene Vertrauen des Großteils Deiner Untertanen wiedergewinnen. Wenn die Stunde kommt – und sie ist nahe –, könntest Du selbst im Einklang mit so vielen brennenden Wünschen von der Höhe des Throns herab die Verantwortlichkeiten Deines Ministeriums und der gesetzgebenden Institutionen festlegen. Das wird ganz einfach sein, von ganz alleine kommen und ohne äußeren Druck, anders als bei dem denkwürdigen Akt vom 17. Oktober 1905. Ich habe lange gezögert, Dir die Wahrheit zu enthüllen, aber ich tat es, nachdem Deine Mutter und Deine Schwestern mich zu diesem Schritt drängten. Du stehst an der Schwelle einer neuen Zeit der Unruhen, ich möchte sogar sagen von neuen Attentaten. Glaube mir, wenn ich so sehr darauf beharre, daß Du Dich selbst von den vorhandenen Fesseln freimachst, tue ich dies nicht aus Gründen persönlicher Art, sondern einzig und allein in der Hoffnung, Dich zu retten, Deinen Thron und unser teures Vaterland vor den schmerzhaftesten und nicht wiedergutzumachenden Folgen zu bewahren.«

Rasputins Ermordung

Indem er Rasputin ermordete, in der Nacht vom 16. zum 17. Dezember 1916, gedachte Fürst Jussupow den ersten Schritt zur ›Wiedergeburt‹ Rußlands zu tun. War der Zar erst einmal vom Starez befreit, könnte er endlich die Stimme der Nation, das heißt der Duma, vernehmen, seine Kräfte sammeln, den Krieg gewinnen und das Land wieder hochbringen. So sahen es auch seine Freunde: Großfürsten und Abgeordnete – sowohl von der äußersten Rechten, wie Purischkewitsch, als auch von der liberalen Dumafraktion, von denen z. B. Maklakow, Gutschkow und der Präsident, Rodzjanko, wegen des wachsenden Einflusses des Rasputin-Clans außer sich waren.

Tatsächlich hat Rußland statt einer ›moralischen Wiedergeburt‹ eine Revolution, die umfassendste aller Zeiten, zustande gebracht, und für einige war die Ermordung Rasputins der Auftakt dazu.

Deshalb hat nach 1919 der Fürst seiner Tat eine umgekehrte Bedeutung beigelegt: »Rasputin«, so sagt er, »war die Inkarnation des heraufziehenden Bolschewismus.« Jussupow stellte sich also als den ersten dar, der dessen Sieg vereiteln wollte.

Paradoxerweise wurde diese Interpretation 1978 von dem Dissidenten und Historiker Andrej Amalrik wieder aufgegriffen, der meinte, eine gewisse Übereinstimmung der Zielsetzung Rasputins mit Lenins politischem Programm feststellen zu können: Land für die Bauern, Frieden mit Deutschland, gleicher Rechtsstatus für Russen und Nicht-Russen im Reich. In Wirklichkeit ist diese Analogie eine Täuschung: die Maßnahmen, die Lenin im Oktober ergriff, um die Revolution zu retten und sich an der Macht zu halten, wollte Rasputin schon ein Jahr zuvor durchführen, jedoch mit umgekehrter Zielsetzung: die Revolution verhindern und den Zarismus retten.

Bei den Betrachtungen, wie seine Tat zu erklären war, ging Fürst Jussupow, ein netter junger Mann, von anderen Dingen aus. Er legte ohne Umschweife den Standpunkt seiner Familie dar: er stellte fest, daß die Romanows ihren Cousins die Gesellschaft eines Muschiks vorzogen, daß der Starez in Zarskoje Selo stets offene Türen vorfand, und Jussupow war wütend, daß dieser Einfluß es ihm erlaubte, Gouverneure und Minister ernennen zu lassen. Er wollte Nikolaus II. von seinem vernichtenden Einfluß befreien und die ›deutsche Partei‹ – Alexandra, Protopopow usw. – entmachten, den Mann aus dem Weg räumen, dessen Intrigen und schlechte Sitten die Dynastie ›entehrten‹.

In Wirklichkeit wünschte Alexandra sehr, daß zwischen der

Familie ihres Mannes und der ihrer Eltern und Verwandten wieder Friede herrsche. Protopopow und Stürmer waren sich mit Rasputin darüber einig, daß die Fortführung des Krieges die Dynastie in Gefahr zu bringen drohte, aber durch nichts kann bewiesen werden, daß die Zarin eine besondere Rolle bei den Verhandlungen gespielt hätte, die von Protopopow in Kopenhagen eingeleitet worden waren. Man stellt lediglich fest, daß der dänische Hof der geeignete Platz war, um über Familienangelegenheiten oder Politik zu reden: es scheint jedoch, als hätte der Zar nichts von diesen Demarchen gewußt.

In der reinsten Tradition der Komplotte und Morde am Zarenhof erzählte Fürst Jussupow von der Vorbereitung des Attentats und den Einzelheiten des Verbrechens. Er sagte, daß er selbst, obwohl vorgewarnt, durch Rasputin hypnotisiert worden sei. Er lud ihn zu einer Soiree bei sich ein, wo bewaffnete Häscher ihm zur Seite stehen sollten; im Augenblick des Todes, als der Starez bereits vergiftet und von mehreren Kugeln durchbohrt war, mußte er wie betäubt feststellen, daß dieser sich plötzlich drohend wieder aufrichtete, obwohl doch alle ihn bereits für tot gehalten hatten. Rasputin war zweifellos eine Naturgewalt mit einem furchterregenden Temperament.

Die Zarin war völlig gebrochen, und Gilliard, der Hauslehrer ihrer Kinder, berichtete:»Trotz ihrer Bemühungen, Haltung zu bewahren, konnte man sehen, wie sehr sie litt. Der einzige Mensch, der ihren Sohn retten konnte, war ermordet worden. Nun würde das Warten beginnen, das Warten auf das Unabänderliche.«

Nikolaus II., der sich nicht in Zarskoje Selo, sondern im Großen Hauptquartier aufhielt, soll sich, als man ihm den Tod des ›heiligen Mannes‹ meldete, fröhlich pfeifend entfernt haben.

Die Autorität Rasputins war ihm langsam zur Belastung geworden. Einige Wochen zuvor hatte er sogar an Alexandra geschrieben:»Bitte, laß doch nicht zu, daß sich unser Freund in die Auswahl der Minister einmischt. Ich wünsche in meiner Wahl frei zu sein.«

Trotzdem ordnete Nikolaus strenge Verbannungsmaßnahmen gegen die Mörder Rasputins an. Nachdem dessen von einer leichten Eisschicht bedeckter Leichnam entdeckt worden war, konnte Fürst Jussupow ins Ausland abreisen, Großfürst Dmitri Pawlowitsch wurde jedoch nach Persien ins Exil geschickt, ebenso seine Halbschwester, die ihn zum Bahnhof begleitet hatte, obwohl doch die Behörden jegliche Abschiedszeremonie formell untersagt hatten.

Komplott gegen Alexandra, Komplott gegen den Zaren

»So kann das nicht weitergehen, das erinnert mich an die Epoche der Borgia«, wiederholte Großfürst Nikolaj Michailowitsch. Tatsächlich bereitete sich, wie in Mailand, im Schoß der Familie selbst ein Komplott vor, in das die Großfürsten Gabriel Konstantinowitsch, Kyrill, Boris, Andrej und die Zarinmutter verwickelt sein sollen.

Vor allem ging es darum, sich Alexandras zu entledigen, die man für das ganze Unglück Rußlands verantwortlich machte und ganz offen beschuldigte, germanophil zu sein. Tatsächlich glaubte sie, unter dem Einfluß von Rasputin, aber auch selbst von den Gefahren einer Verlängerung des Krieges überzeugt, daß es wünschenswert wäre, dem Krieg ein Ende zu bereiten. Es gibt jedoch nicht einen Beweis für ihre Intervention in dieser Hinsicht – im Gegenteil. Als mitten im Krieg ihr Bruder Ernie sie im Auftrag des Kaisers heimlich besuchte, weigerte sie sich sogar, mit ihm über die Frage zu reden.

Gewiß war sie eine Deutsche, aber eigentlich wollte sie lieber Engländerin sein, und noch lieber Russin, weil ihr Mann und ihre Kinder Russen waren. Außerdem verabscheute sie Wilhelm II. Seit Beginn des Krieges hatte sie klar ihre Gefühle zum Ausdruck gebracht: »Ich schäme mich, eine Deutsche zu sein«, hatte sie gesagt, als sie von den Grausamkeiten der Soldaten des Kaisers im besetzten Belgien hörte. Sie hatte sich mit Leib und Seele der Leitung der Kriegslazarette gewidmet und dabei größte Hingabe gezeigt – sie, die vor dem Krieg so lässig und gleichgültig gewesen war, hatte sich als tatkräftige Frau erwiesen. Sie wollte die *Matuschka*, das Mütterchen der russischen Soldaten, sein. Für die Familie und für die Russen blieb sie jedoch die *Njemka*, die Deutsche.

Was jedoch der Beschuldigung, sie sei germanophil, einige Nahrung verlieh, war die auf Initiative des Generals Januschkewitsch, des Generalstabchefs des Großfürsten Nikolaj, erfolgte Verhaftung und Exekution von S. Mjassojedow als deutscher Spion. Dieser war Mitarbeiter von Suchomlinow gewesen, und Alexandra hatte ihn verteidigt. Es scheint jedoch, daß S. Mjassojedow unschuldig war, ebenso unschuldig wie Beilis. Da es sich jedoch die Liberalen zur Ehrensache gemacht hatten, Beilis zu verteidigen, spielten sie im Falle Mjassojedows die Rolle der Ankläger. Sie waren nur zu glücklich, feststellen zu können, daß der Verrat vom Hofe bis in die Armee hineinreichte und daß man ihm auch die Niederlagen der 10. Armee während des Rückzugs von 1915 zur Last legen konnte. Die Affäre löste ein um so größeres Echo aus, als Gutschkow sich einige Jahre zuvor duellieren mußte, nachdem er Mjassojedow als Verräter bezeichnet hatte.

Die Herrschaft Alexandras war für die Familie unerträglich geworden, und die Zarinmutter hatte geschworen, Zarskoje Selo nicht zu betreten, solange Alexandra dort sei.

Das Komplott zielte also darauf ab, Alexandra ins Exil auf die Krim zu schicken und gemeinsam mit der Armee und den Gutschkow unterstehenden sozialen Organisationen die Regentschaft dem Großfürsten Nikolaj oder dem Bruder Nikolaus' II., Michail, zu übertragen.

Nikolaus II. stellte sich jedoch gegenüber allen Ratschlägen, eine Regierung zu bilden, die das Vertrauen der Duma hätte, noch tauber als zuvor. Diese quälenden Forderungen, die von allen Seiten auf ihn einstürmten, wurden ihm unerträglich, und er sah in ihnen ein Komplott, während sie allen anderen als der Weg zum Heil erschienen.

In Petrograd war jetzt ein unzufriedenes Grollen zu hören, das im übrigen durch die Philippiken aus der Duma noch geschürt wurde.

Die Liberalen befürchteten das Schlimmste – die Revolution,

die ihrer Meinung nach nur von einer volkstümlichen Regierung verhindert werden könnte.

Um seine Gefühle deutlicher zu zeigen, entschloß sich Nikolaus II., die Mitglieder des ›Blocks der Progressiven‹ aus dem Staatsrat zu entfernen. Er ersetzte sie durch Männer der Rechten, die auf diese Weise wieder die Mehrheit erlangte. Er antwortete nicht auf den Wunsch der in Nowgorod zusammengekommenen Adelsversammlung, die »die Entfernung der *dunklen Kräfte*« und eine Regierung der Kräfte *des Vertrauens* forderte. Basilejewski, dem Moskauer Adelsmarschall, der dieselben Forderungen stellte, »dankte er für das Interesse, das er für das Schicksal des Vaterlandes zeigte. *Aber* man müsse die Reihen schließen.« Als er Rodzjanko, den Präsidenten der Duma, empfing, der ihn auf die Gefahren einer Revolution hinwies, die er vorausahnte, antwortete Nikolaus II.: »Meine Informationen sind verschieden von den Ihren. Und sollte sich die Duma noch einmal solche Attacken wie in letzter Zeit erlauben, werde ich sie auflösen.«

Am 10. Februar 1917 sagte der Großfürst Alexej in Gegenwart von Alexandra und Michail dem Zaren, er sehe keine andere Lösung mehr, als ein Kabinett zu ernennen, welches der Duma genehm sei.

»Sie bringen mich zum Lachen. Nikolaus ist Autokrat, er hat nichts mit der Duma zu teilen«, antwortete Alexandra.

Daraufhin explodierte Großfürst Alexej Michajlowitsch: »Sie sind also bereit, mit Ihrem Mann zu krepieren. Aber seien Sie vorsichtig, wir wollen Ihnen nicht in Ihrer verrückten Blindheit folgen. Sie haben nicht das Recht, uns mit in diese Katastrophe hineinzureißen.«

Die Familie hatte also den Zaren bereits aufgegeben, noch bevor die Revolution zum Ausbruch kam. Gleichzeitig festigte sie ihre Bindung zu Gutschkow und den Militärs.

In seiner Eigenschaft als Präsident des ›Kriegsindustriekomitees‹ in Moskau befand sich Gutschkow in ständigem Kontakt mit den Militärs. Anders als Miljukow, der den Kampf über die parlamentarischen Kanäle in der Duma führen wollte, meinte Gutschkow, der die Unterstützung der Militärs und der ›Provinzler‹ hatte, man müsse sich auf die zivilen Organisationen – die Semstwos oder die Komitees – stützen und auch links von der Kadettenpartei, notfalls selbst bei den gemäßigten Sozialisten Rückhalt suchen. Sicher wichen die Taktiken voneinander ab, aber das Ziel war durchaus das gleiche: eine Palastrevolution herbeizuführen, um eine wirkliche Revolution, vor allem mitten im Krieg, zu verhindern.

Die Weigerung des Ministerpräsidenten Stürmer, eine Bestellung von Gewehren nach England zu vergeben, war das Angriffssignal. Gutschkow verschickte einen Rundbrief, in dem er schrieb: »Wenn Sie daran denken, daß diese Regierung von einem Mann geführt wird, von Stürmer, der, falls er noch kein Verräter ist, so doch einer werden wird, verstehen Sie unsere Sorge um das Schicksal unseres Vaterlandes, unseres Mütterchen Rußland.« Das Original war General Alexejew zugeschickt worden; Nikolaus II. wußte davon und teilte dem Generalissimus mit, daß dieser Briefwechsel mit Gutschkow beendet werden müsse. Nikolaus war bereits aufgebraust, als Alexejew Rasputin verbot, die Armeen zu besuchen. Diesmal kam in Nikolaus II. Mißtrauen auf, und Alexejew verfiel in eine nervöse Depression. Er fuhr zur Erholung auf die Krim und wurde zeitweilig, im November 1916, durch General Gurko ersetzt.

Am Neujahrstag wurde dem Großfürsten Nikolaj, der auf den Posten eines Befehlshabers der Kaukasus-Armeen abgeschoben worden war, durch Vermittlung des Bürgermeisters von Tiflis (heute: Tbilissi) die Nachfolgeschaft Nikolaus' II. angetragen, sobald die Sache reif sei. Der Großfürst lehnte ab: er war der Meinung, daß »mitten im Krieg das Land es nur schlecht verstehen würde«. Er hielt jedoch die Idee selbst nicht für schlecht. Den Zaren hat er nicht vorgewarnt. Die Generäle Brussilow und Russki, ersterer im Glorienschein seiner Siege an der galizischen Front im Sommer 1916, erklärten ihr Einverständnis mit Gutschkows Plan: »Wenn man zwischen dem Zaren und Rußland wählen muß, wählen wir Rußland«: Thronerbe wird Alexej sein, und Regent Michail.

Maurice Paléologue, der Botschafter Frankreichs, der Nikolaus II. Anfang 1917 sah, berichtete, dieser habe keinen inneren

Halt mehr und den Glauben an seine Mission verloren. Ebenso wie General Alexejew wurde er krank – eine Form des Abdankens. Der Tod Rasputins hatte ihn persönlich nicht berührt, er fühlte aber sehr wohl, daß er immer einsamer wurde: seine Mutter und seine Onkel waren gegen ihn, und die extreme Rechte spendete der Ermordung Rasputins Beifall.

Mitte Februar verließ der Zar das Große Hauptquartier, um eine Zeitlang mit seiner Frau und seinen kranken Kindern zusammenzusein. Am 22. Februar reiste er wieder nach Mogilew.

Trotz der Trennung von Alexandra gefiel Nikolaus der Aufenthalt bei der Armee; er griff nicht in die Entscheidungen des Oberkommandos ein – im vorliegenden Fall in die von Alexejew, die er nach seiner Rückkehr von der Krim getroffen hatte –, aber er besuchte die vordersten Linien, sah die Soldaten und spendete den Verwundeten Trost. Dieses Ritual führte er mit Überzeugung durch und zeigte dabei auch den Thronerben vor, stolz darauf, ihn sein zukünftiges Handwerk zu lehren, während sein eigener Vater diesen Aspekt seiner Erziehung vernachlässigt hatte.

Seine Anwesenheit bei der Armee hatte aber noch eine andere, sehr viel dramatischere Bedeutung.

In den Erinnerungen des Generals Dubenski, des Hofhistorikers der Zaren, ist nachzulesen, daß General Spiridowitsch, der frühere Sicherheitschef, eiligst von der Krim, wo ein Teil der kaiserlichen Familie residierte, angereist war, um seinen alten Chef, General Wojekow, von den Gerüchten über ein Komplott, von dem er in Liwadia gehört hatte, zu unterrichten. Dieses Komplott sah die Ermordung der Zarin und Anna Wyrubowas vor. General Wojekow maß ihm keine Bedeutung bei. Der Zar spürte jedoch, daß irgend etwas angezettelt wurde, zumindest in der Armee, nachdem ihn sein Bruder Michail auf die Unzufriedenheit aufmerksam gemacht hatte, die in der Stawka wegen seiner langen Abwesenheit herrschte. Das Oberkommando war wirklich der Ansicht, daß Nikolaus in Zarskoje Selo wieder unter den Einfluß seiner ›Kamarilla‹ geraten würde. Dem Zaren seinerseits war bekannt, daß die Alliierten während der Petrograder Konferenz im Januar Druck auf ihn ausüben wollten. Er wußte, daß der englische Botschafter, Sir George Buchanan, in ständiger Verbindung mit Gutschkow, Miljukow und den Großfürsten stand. Mit Sicherheit wußte er nicht, daß Alexandra ihrer aller Zielscheibe war – denn sonst hätte er sie nicht allein zurückgelassen. Er folgte also dem Rat seines Bruders und reiste nach Moghilew ab. Bei seiner Abreise spürte Alexandra – der er alles sagte – sehr wohl die innere Unruhe, die ihn zu erdrücken begann: »Mein Liebling, ich lasse Dich nur mit herzzerreißender Angst abreisen. Ich bin bei Dir, ich leide mit Dir. Unser teurer Freund (Rasputin) betet auch für Dich in der anderen Welt. Die Lage scheint sich zu bessern; bleibe bloß fest. Zeige Deine Autorität: das ist es, was die Russen brauchen. Du hast von Deiner Güte Zeugnis abgelegt. Zeige ihnen jetzt die Faust. Ich drücke Deinen armen schmerzenden Kopf an meine Brust. Spürst Du, wie meine Arme Dich umfangen, meine Lippen zärtlich auf den Deinen liegen, für immer untrennbar?«

Der Zar war der Aufforderung Alexejews, an die Front zurückzukehren, nachgekommen. Er befand sich in Pskow unter dem Schutz des Generals Russki, als die Ereignisse von Petrograd und die Februarrevolution zum Ausbruch kamen.

Die Revolution war schneller vorangegangen als die Verschwörung, aber an ihrem Schnittpunkt standen die gleichen Männer: Rodzjanko, der den Zaren vor den Gefahren warnte, die der Regierung drohten, Gutschkow und Miljukow, die bald Michail aufsuchen und ihm die Krone versprechen würden, die Generäle, die glaubten, die Verschwörung behalte die Oberhand über den Aufstand, und die den Zaren zum Abdanken brachten – um zwei Tage danach zu erfahren, daß auch Michail abgedankt hatte.

Februar 1917: Fünf Tage, um den Zarismus niederzuschlagen

Als die Februarrevolution ausbrach, war der Zar also gerade in Moghilew angekommen. Die amtierende Regierung war von Alexandra ausgewählt worden.

Der erst kurz zuvor ernannte Präsident des Ministerrates, Fürst N. N. Golizyn, hatte keinerlei politische Erfahrung. Alexandra hatte ihn als einen der Organisatoren der Verwaltung der Feldlazarette kennen und schätzen gelernt. Er hatte die Ernennung zunächst abgelehnt und dabei seine Unfähigkeit ins Feld geführt, »mit einer Wortwahl, die, wäre sie von einem anderen gekommen, ihn gezwungen hätte, diesen zum Duell zu fordern«. Er mußte ihr jedoch schließlich Folge leisten.

Der ›starke Mann‹ der Regierung war A. Protopopow, von hoher Geburt, ein Protegé Rasputins und erfahren im Tischrücken. Der Starez hatte ihn von einer Art Syphilis geheilt, die der umtriebige Abgeordnete sich in der Petersburger ›Monde‹ geholt hatte. Der Mann, von dem man zum großen Erstaunen des Zaren gesagt hatte, seitdem er Minister sei, sei er verrückt geworden, war es tatsächlich. Er hatte seine Abgeordnetenrobe in den Schrank gehängt, um die Uniform eines Gendarmerie-Generals anzuziehen unter dem Vorwand, daß er jetzt Innenminister sei. In der Duma saßen ein rundes Dutzend ehemalige Deportierte, die diese Metamorphose nicht sonderlich geschmackvoll fanden. Präsident Rodzjanko hatte dem Zaren dessen Namen genannt, als es darum ging, eine Regierung des ›Vertrauens‹ zu bilden, und auch Rasputin hatte seinen Namen der Zarin ins Ohr geflüstert. Mit diesen Empfehlungen war Protopopow Minister geworden, jedoch unter Stürmer, was für Rodzianko einem Verrat gleichkam – denn er hatte geglaubt, Protopopow würde Minister unter ihm als Regierungschef werden. »Was wollen Sie«, erklärte Protopopow, »mein ganzes Leben lang habe ich davon geträumt, Gouverneur zu werden. Da konnte ich doch nicht ablehnen, Minister zu werden.«

Von nun an verhaßt bei den Oktobristen und den Kadetten – ganz zu schweigen von den Sozialisten – und verachtet von den Rechten, kam Protopopow mit einer Ikone in die Duma, die er ostentativ trug. Und hinter seinem Abgeordnetenpult zog er sie vor jeder Rede laut zu Rate. Man hörte, wie er immer wiederholte: »Ich fühlte, daß ich Rußland retten werde, außer mir kann es keiner.«

Der dritte Mann der zaristischen Macht in Petrograd war der

Kommandant der Hauptstadtgarnison. Theoretisch stand er unter dem Befehl des Generals Russki, des Befehlshabers der Nordarmeen. Da Alexandra aber den Haß kannte, den das Hauptquartier in Pskow auf sie und Anna Wyrubowa hatte, ließ sie die 1914 abgeschaffte Befehlsgewalt über den Militärbezirk der Hauptstadt wiederherstellen, um diese dem direkten Befehl des Zaren zu unterstellen. An ihrer Spitze hatte sie auf den Rat Rasputins General Chabalow ernennen lassen. Nachdem jedoch der Zar befohlen hatte, ihm zwei Reservedivisionen zur Verstärkung zu schicken, ließ seltsamerweise General Gurko vom Generalstab in Pskow nur zwei Bataillone kommen.

»Das Haus knirscht in allen Fugen«, schrieb Sinaida Hippius. Es knirschte oben, und es knirschte unten, wo die Unzufriedenheit aufs äußerste gestiegen war. Nach einem Polizeibericht von Anfang 1917 »ist das Proletariat hier am Rande der Verzweiflung; man fürchtet, daß die kleinste Explosion unter dem geringsten Vorwand zu unkontrollierbaren Unruhen führen wird. Die Lebenshaltungskosten haben sich verdreifacht, die Unmöglichkeit, Waren zu bekommen, die Zeitverschwendung durch stundenlanges Schlangestehen vor den Läden, die zunehmende Sterblichkeit, die Verbote, die auf den Arbeitern lasten, sind unerträglich geworden. Das Verbot, die Fabrik oder den Arbeitsplatz zu wechseln, hat die Arbeiter auf den Stand von Herdenvieh reduziert, das nur noch als Kanonenfutter taugt. Das Verbot aller Versammlungen, selbst wenn sie nur dazu dienen, Kooperativen oder Werkskantinen zu organisieren, das Verbot der Gewerkschaften bringt die Arbeiter dazu, der Regierung gegenüber ganz offen eine feindselige Haltung einzunehmen.«

Von der Unzufriedenheit wurde auch die Truppe angesteckt, zunächst die rückwärtigen Bataillone, danach die Fronttruppen, die bereits durch die furchtbaren Verluste von 1915 und 1916 – für die sie ihre Offiziere verantwortlich machten – aufs äußerste gereizt waren. In Soldatenbriefen, die von der Zensur zurückgehalten wurden, ist die Rede von einer Abrechnung, wenn der Krieg zu Ende ist, »oder vielleicht sogar schon vorher«.

In Petrograd waren Mitte Februar die Mehlvorräte auf den bisher niedrigsten Stand gesunken. Der Kommandant der Region, General Chabalow, beschloß, Lebensmittelkarten einzuführen. Die Leute erfuhren davon, und bereits am nächsten Tag bildeten sich Warteschlangen vor den Bäckereien und danach vor allen Lebensmittelläden. Nachdem sie ausverkauft waren, ließen einige ihre eisernen Rolläden herunter. Die Menschen rotteten sich zusammen, und man drückte die Schaufenster ein. Alles dies wiederholte sich während der nächsten Tage. Nach mehreren Stunden Wartezeit bei mehr als 20 Grad Kälte gerieten die Massen außer sich, wenn sie das schicksalsergebene *njetu* (es ist nichts mehr da) hörten.

Die Duma hatte soeben ihre Sitzung am 14. Februar eröffnet, und viele Abgeordnete bezeichneten die Minister als ›unfähig‹. Sie forderten sie zum Rücktritt auf und fügten hinzu, in Frankreich habe das Volk einstmals ›den Thron hinweggefegt‹. Der neue Ratspräsident, Fürst N. Golizyn, und seine Minister ließen die Abgeordneten jedoch ins Leere rufen: um ihre Verachtung kundzutun, hatten sie es unterlassen, die Regierungsbänke zu besetzen.

Als sie das herannahende Gewitter spürten, versuchten die Abgeordneten der Linken, Kontakt zu den illegalen Organisationen aufzunehmen. Bei Maxim Gorki trafen sich Abgeordnete wie Kerenski oder der probolschewistische Schljapnikow, um miteinander zu diskutieren; sie konnten sich jedoch nicht einigen. Die einen glaubten an die Bewegung, die anderen nicht; es fand lediglich ein heftiger Wortwechsel zwischen den ›Verteidigern‹ und den ›Internationalisten‹ statt.*

Zum gleichen Zeitpunkt versuchten die sozialistischen Parteien und die Gewerkschaften, eine Demonstration für den 23. Februar, den sogenannten ›Tag der Arbeiter‹ vorzubereiten. Weil sie sich aber nicht einigen konnten, beschlossen die Frauen, selbständig zu handeln.

---

* Während des Krieges verwischten sich die alten Bezeichnungen (Volkstümler, Marxisten usw.); von nun an stehen jene, die verlangen, daß zunächst das Vaterland verteidigt werden müsse, die ›Verteidiger‹, in Opposition zu denen, die eine internationale Aktion gegen den Krieg in Gang setzen wollen.

Am 23. Februar morgens, als diese Arbeiterinnen, gefolgt von ein paar Arbeitern, einen Zug bildeten, riefen die Organisationen alle dazu auf, daran teilzunehmen. An diesem ersten Tag schwoll also der Demonstrationszug der Frauen durch den Zustrom der Arbeiter, die gerade von der Leitung der Putilow-Werke entlassen worden waren, an, und bald folgten ihm Tausende von Arbeitern. Da sie Unruhen im Stadtzentrum befürchteten, hatten die Behörden die Schließung der Büros und der Läden angeordnet. Die Angestellten waren aufgefordert worden, sich nicht zu ihrem Arbeitsplatz zu begeben, also nahmen sie an der Demonstration teil und folgten dann, wie viele Neugierige, dem Zug. »Die Streikenden waren ernsthaft und würdig«, fiel einer Beobachterin auf. Das Kleinbürgertum Petersburg hatte sich den Arbeitern angeschlossen, um gegen den Zarismus zu demonstrieren: zum ersten Mal in der russischen Geschichte kam die Arbeiterklasse aus ihrem Ghetto heraus, und andere soziale Gruppierungen erwiesen ihr ihre Sympathie.

Die Stimmung war freudig erregt: »Man könnte sagen, ein Festtag. Die Straßenbahnen fuhren nicht mehr, die Kosaken patroullierten, man erwies ihnen Zeichen der Freundschaft, und die Passivität der Polizei überraschte alle Welt.«

Am zweiten Tag, dem 24. Februar, spielten die Arbeiter noch einmal eine wesentliche Rolle: es ging darum, auf dem Newski-Prospekt zu defilieren und soviel Menschen wie nur möglich anzuziehen. Von 8 Uhr morgens an hatten sich die Arbeiter den Arbeiterinnen angeschlossen; alle gingen aus den Vorstädten auf das Stadtzentrum zu. Diesmal war jedoch die Polizei zur Stelle, um die Demonstranten daran zu hindern, über die Newa-Brücken zu gehen.

Statt dessen überquerten sie den Fluß auf dem Eis und formierten sich am anderen Ufer wieder zu einem Zug. Rote Fahnen wurden vorangetragen, und man stimmte die Marseillaise an. Eine riesige Menschenmenge bildete sich daher am Ende des Newski-Prospekts, am Znamenskaja-Platz, dem heutigen Oktoberplatz. Sie schrien: »Es lebe die Republik!« Die Kosaken ließen ihre Pferde tänzeln, und man applaudierte ihnen. Ein Demonstrant beobachtete, wie einer von ihnen ihm verschwörerisch mit den Augen zublinzelte. Aber nun kam die berittene Polizei und schrie: »Weitergehen!« Sie griffen zu den Waffen, gingen zum Angriff über und machten Verwundete. Mangels weiterer Befehle verfolgten sie die flüchtenden Demonstranten jedoch nicht.

Wieder einmal überraschte das Verhalten der Kosaken.

25. Februar: An diesem dritten Tag waren die Bolschewiken die hauptsächlichen Organisatoren der Streiks und der Demonstrationszüge. Die Streiks hatten wieder einen außerordentlichen Umfang angenommen.

Der Kriegsminister, Beljajew, hatte noch einmal empfohlen, die Demonstranten am Überqueren der Newa zu hindern; es dürfe jedoch nicht geschossen werden, »wegen des Eindrucks den das auf die Alliierten machen könnte, sondern das Eis sei vorher zu zerschlagen«. General Chabalow hatte jedoch keine besonderen Instruktionen erteilt, und wie am Vortag konnten die Vorstadtbewohner ins Stadtzentrum strömen. Hier kam es auf dem Znamenskaja-Platz zu einem Zwischenfall: Ein Redner stachelte die Massen auf, als die berittenen Polizisten ankamen. Sie wollten die Demonstranten auseinandertreiben, aber kein Mensch bewegte sich von der Stelle. Ein Polizist richtete seine Waffe auf den Redner, und die Menge fing an zu schreien, als plötzlich in einer Schnee- und Staubwolke ein Kosak auftauchte und den Pharaonen* niedersäbelte. Die Menge war völlig verblüfft und wußte nicht mehr, was sie denken sollte.

Am Abend gab es im Ministerrat eine äußerst stürmische Auseinandersetzung. Der Innenminister war wütend, weil der Ratspräsident sich mit Rodzjanko, dem Präsidenten der Duma, getroffen hatte, und brüllte: »Ich werde Ihren Rodzjanko festnehmen lassen und die Duma auflösen.« Was dieser Zusammenkunft jedoch vor allem ein besonderes Gewicht gab, war die Ankunft von General Chabalow, der gerade ein Telegramm vom Zaren erhalten hatte:

»Ich befehle, von morgen ab allen Unruhen in der Hauptstadt ein Ende zu setzen, die zu dieser schweren Stunde des Krieges

---

* So nannte man die Polizeisergeanten in der Stadt

mit Deutschland und Österreich nicht toleriert werden können. Nikolaus.«

Später erklärte General Chabalow vor der von der Provisorischen Regierung gebildeten Kommission:

»Dieses Telegramm – wie soll ich es ausdrücken, um ehrlich zu sein – war für mich wie ein Keulenschlag. ›Von morgen ab ein Ende setzen‹, ja, wie denn? Was sollte ich denn machen? Was heißt das: ›ein Ende setzen‹? Wenn sie Brot verlangen, muß man ihnen Brot geben, und fertig. Wenn aber auf den Fahnen geschrieben steht: ›Nieder mit der Autokratie‹, da hilft kein Brot mehr. Was sollte man aber dann tun? Der Zar hatte befohlen: es muß geschossen werden.«

Der vierte Tag war ein Sonntag. Die Petersburger wachten später auf als gewöhnlich. Nachdem sie aber aufgestanden waren, sahen sie zum Kampf gerüstete Soldaten in Bereitschaftsstellungen. General Chabalow hatte dem Zaren bereits ein Telegramm geschickt: »Heute, am 26. Februar, herrscht seit dem Morgen Ruhe in der Stadt.«

Ab 12 Uhr mittags kam Leben in den Vorstädten auf, und im Stadtzentrum war die Bevölkerung auf der Straße. Die Soldaten sperrten die breiten Straßen und sicherten die Bürgersteige. Die Befehle wurden mit Signalhörnern von hinten übermittelt. Die Menge ging jedoch auf die Soldaten zu, sprach freundlich mit ihnen, und diese gingen darauf ein. Die Offiziere wiederholten immer wieder ihre Befehle, um diese Gespräche zu unterbinden. Die Kommandierenden waren irritiert, nervös und sahen ihre Autorität schwinden.

In der Duma legte der Abgeordnete Maklakow einen ›Plan‹ vor: gleichzeitig auf die Abdankung der Regierung hinarbeiten, die Duma drei Tage lang nicht tagen lassen, eine Regierung des Vertrauens bilden, an deren Spitze ein populärer General wie Alexejew steht. Unter einer Regierung des Vertrauens verstand man eine Regierung, die der Duma verantwortlich war. Die Regierung wies diesen Vorschlag jedoch zurück und ordnete den Belagerungszustand an. Überzeugt, daß sie die Lage in der Hand hatte, ließ sie den Zaren wissen, daß es keinen fünften Tag mehr geben werde.

Tatsächlich waren am Abend des 26. Februar die Demonstranten erschöpft und entmutigt.

Die politischen Organisationen ihrerseits waren pessimistisch, und alle glaubten, daß die Revolution wieder einmal gescheitert sei.

»In den frühen Morgenstunden des 27. Februar, am *fünften Tag*«, schrieb Trotzki, »hielten die Arbeiter eine Lösung des Aufstandsproblems für bedeutend weiter entfernt, als sie in Wirklichkeit war. Genauer gesagt, sie glaubten, es bleibe noch fast alles zu tun übrig oder man müsse noch einmal ganz von vorne anfangen, während ihre Aufgabe doch bereits zu neun Zehnteln erfüllt war. Sie wußten es jedoch nicht. Der revolutionäre Ansturm der Arbeiter auf die Kasernen fiel zusammen mit einem bereits begonnenen Ausmarsch der Soldaten auf die Straße.«

Empört über den Schießbefehl, den die Offiziere ihnen am Vortag erteilt hatten, lösten die Soldaten die Arbeiter ab. Sie nahmen ihre Offiziere fest, erschossen einige von ihnen und schlossen sich den Demonstranten an. Der Demonstrationszug der Soldaten traf mit dem der Arbeiter zusammen, und beide marschierten dann zum Taurischen Palais, dem Sitz der Duma: die Revolution hatte sie mitgerissen.

Während nur weniger Stunden brach an diesem 27. Februar der Zarismus zusammen. Das Symbol dieser Niederlage war ein Zug von Soldaten, die mit vorangetragenen Fahnen zum Winterpalais zogen. Ein französischer Zeuge, Graf de Chambrun, berichtete:

»Während der Justizpalast brennt, rückt das Pawlowski-Regiment mit Musik an der Spitze aus seinen Quartieren aus. Ich betrachte diese Bataillone, wie sie in eng geschlossenen Reihen, von ihren Unteroffizieren geführt, vorbeiziehen. Instinktiv folge ich ihnen. Zu meiner Verblüffung ziehen sie zum Winterpalais, verschaffen sich, während die Wachtposten salutieren, Einlaß, verteilen sich und besetzen den Palast. Ich warte ein paar Augenblicke, dann sehe ich, wie die kaiserliche Flagge von unsichtbarer Hand langsam eingezogen wird. Sofort danach – das Herz zieht sich mir zusammen – sehe ich, wie vor diesem verschneiten Platz, auf dem ich allein bin, ein roter Baumwoll-fetzen über dem Palast flattert.«

Als 20 000 Demonstranten in die Gärten des Taurischen Palais eindrangen, verloren die Abgeordneten den Kopf. Einige, die fürchteten, niedergemetzelt zu werden, gingen auf die Straße, um in der Menge unterzutauchen. Andere, wie Miljukow, hielten es für würdevoller, dazubleiben und den Kopf hinzuhalten. Der monarchistische Abgeordnete Schulgin hat die Angst der Abgeordneten gut beschrieben:

»Diese Armee, diese Soldaten, diese Demonstranten, waren sie gekommen, um uns zu beschützen oder um uns anzugreifen? Voller Sorge, innerlich aufgewühlt, suchten wir gegenseitig moralischen Halt beieinander; selbst die, die jahrelang gegen die Autokratie gekämpft hatten, fühlten plötzlich, daß das etwas Schreckenerregendes war, etwas Gefährliches, von dem alle bedroht wurden. Dieses Etwas war die Straße.«

»Waren diese Soldaten gekommen, um uns anzugreifen oder um uns zu beschützen?« Diese Worte beschreiben treffend die Doppeldeutigkeit der Lage. Einerseits hatten diese Abgeordneten der Duma, die das Heraufkommen des Volkszornes voraus-ahnten, den Zaren stets inständig beschworen, ihre Hilfe gegen den gemeinsamen Feind anzunehmen – den äußeren Feind, die Deutschen, wie den inneren, die Revolutionäre. Anderer-seits hatten sie, um Druck auf das Regime auszuüben, auch ständig die Regierung und den Zaren angegriffen und damit zur Erhöhung der Unzufriedenheit der Massen beigetragen.

Herr der Lage war ein sozialistischer Abgeordneter, Alexan-der Kerenski, der auf die Demonstranten zustürzte, um sie in der Duma willkommen zu heißen. In seiner Gegenwart vollzog diese sodann ihren ersten revolutionären Akt: sie bildete ohne Genehmigung ein »Komitee zur Wiederherstellung der Ord-nung und zum Verkehr mit Ämtern und Personen«, dessen Name bereits das Programm definierte. Zur gleichen Zeit bilde-ten in einem Flügel des Taurischen Palais andere sozialistische Abgeordnete zusammen mit den Führern der illegalen Organi-sationen einen vorläufigen Sowjet, der sich aus Vertretern der

Gewerkschaften, der Kooperativen, der Partei der Sozialrevolutionäre (SR), der Menschewiken, der Bolschewiken sowie der anarchistischen Organisationen zusammensetzte. Der Menschewik Tschcheidse wurde zum Präsidenten gewählt, und Kerenski pendelte als Vizepräsident zwischen den beiden Komitees hin und her. Am Tage darauf bildeten sie eine provisorische Regierung, deren Legitimität der Sowjet verbürgte. In dieser Regierung befanden sich Fürst Lwow von der Union der Semstwos als Präsident ebenso wie Gutschkow, Miljukow und Kerenski. Rodzjanko war nicht mit von der Partie. Als Präsident der Duma versuchte er zu erfahren, was im Großen Hauptquartier vor sich ging und wie es wohl um den Zaren stünde.

Die Hauptstadt war inzwischen voll und ganz für die Revolution gewonnen, und man wußte sogar nicht mehr, was mit der Regierung geschehen war.

Ein Zeuge berichtet, daß man, als in der Nacht des 27. Februar während der Schießereien im Mariinski-Palais, dem Sitz der Regierung, das Licht wieder anging, den Kriegsminister Belajew unter einem Tisch versteckt gefunden hatte. So verschreckt waren also alle, und besonders groß war die Angst bei denen, die den Sowjets oder die Provisorische Regierung gebildet hatten. Alle erinnerten sich wieder an die Vorgänge von 1848 in Wien, als der Kaiser von Österreich die Revolutionäre die Macht in der Hauptstadt übernehmen ließ, um danach die Stadt einzukreisen und den Aufstand niederzuschlagen.

Auch in Petrograd war es die Angst, die alle diese ›Klassenfeinde‹ einigte: Angst vor dieser ständig gegenwärtigen Menschenmasse, die immer den Finger am Abzug hatte und ebenso zitterte wie sie: es war vor allem die Angst vor der Vergeltung, die gnadenlos sein würde. Alle möglichen Gerüchte waren in Umlauf: General Alexejew sei zum Ratspräsidenten ernannt worden, der Zar selbst werde an Ort und Stelle den Aufstand unterdrücken, Großfürst Nikolaj sei wieder Oberbefehlshaber und Kommandant der Peter-und-Pauls-Festung. Jedermann fragte sich, wie die Front reagieren würde und was der Zar zu unternehmen gedächte.

»Es ist zu Ende mit uns«, flüsterte Grinewitsch, der Gewerkschaftsvertreter im Sowjet, Suchanow, einem anderen Mitglied des Sowjets, ins Ohr.

»Jetzt geht's an den Galgen«, dachte Peschechonow, auch er ein gewähltes Sowjetmitglied, als er die Stufen zum Taurischen Palais hinaufstieg.

Wie Nikolaus II. reagiert

Was Nikolaus II. angeht, so wußte dieser, als er am Donnerstag, dem 23. Februar – dem Tag der Arbeiterinnen –, in Mogilew angekommen war, nichts von dem, was sich an jenem Tag zugetragen hatte. Er beantwortete den Brief, den Alexandra ihm bei seiner Abreise zugesteckt hatte: »Du schreibst mir, ich solle fest und autoritär sein. Das ist richtig. Aber manchmal genügt schon eine einfache Beanstandung, kühl und schneidend, um die Leute wieder auf ihren Platz zu verweisen. Hier in Mogilew kann sich mein Geist ausruhen.

Keine Minister, keine Probleme. Ich leide jedoch unter unserer Trennung. Ich hasse sie. Ich werde nicht lange hierbleiben.«

Am 24., dem zweiten Tag, weiß er noch immer nichts über die Demonstrationen dieses Tages, aber am 25. erfährt er von ihnen durch einen Brief seiner Frau mit Datum vom 24., in dem sie ihm von der Rede Kerenskis in der Duma berichtet: »Ich hoffe, daß er aufgehängt wird. Wir befinden uns im Krieg. Das ist notwendig.«

Das Große Hauptquartier und der Zar hatten also offiziell Kenntnis von den Unruhen in Petrograd. General Chabalow hatte Alexejew detailliert über die ersten Aufstände unterrichtet, während Protopopow, der Innenminister, Wojekow, dem Palastkommandanten, der mit dem Zaren in demselben Eisenbahnwaggon reiste, telegraphierte, daß die ganze Volksbewegung chaotische Züge trage und man »energische Maßnahmen zur Unterdrückung der Unruhen ergriffen habe«. Der Generalstab und der Zar reagierten identisch. Ersterer erteilte dem Befehlshaber der Nordfront den Befehl, alles daran zu setzen, sofort sichere Truppen zu entsenden: »Unsere Zukunft hängt davon ab.« Nikolaus II. erteilte Chabalow den telegraphischen Befehl, »von morgen ab diesen unzulässigen Unruhen ein Ende zu setzen«.

Diese Botschaft, die General Chabalow so erschütterte, hatte dem Zaren nicht sehr zu schaffen gemacht. »Der Souverän erschien zunächst beunruhigt, machte aber heute einen eher fröhlichen Eindruck«, notierte General Lukomski. In seinem Tagebuch finden sich unter dem Datum des 25. und 26. Februar keine Eintragungen über die Ereignisse, und Nikolaus schreibt an seine Frau: »Ich hoffe, daß Chabalow dieser Unordnung bald ein Ende setzen wird. Protopopow muß ihm klare und präzise Anweisungen geben. Hoffentlich verliert der alte Golizyn nicht den Kopf.« Die Grippe seiner Kinder beunruhigte ihn sehr viel mehr, und er kündigte Alexandra seine Rückkehr nach Zarskoje Selo in zwei Tagen an.

In Petrograd verlief der Sonntag in ganz unerwarteter Weise. Um 12 Uhr mittags war alles noch ruhig. Der Generalstab und der Zar erhielten beruhigende Nachrichten, aber gegen 11 Uhr ließ ihn die Zarin von ihren Ängsten wissen. Am Nachmittag fanden die Schießereien statt. Rodzjanko, der völlig den Kopf verlor und von den Befehlen des Zaren an Chabalow nichts wußte, hatte dem Zaren sein erstes Telegramm geschickt, das Nikolaus II. spöttisch-ironisch so kommentierte: »Da haben wir wieder einmal unseren lieben dicken Rodzjanko, der mir so viel Unsinn schreibt: ich werde ihm einfach gar nicht antworten.«

Sonntag, der 26. Februar, verlief laut General Dubenski ›friedlich‹. Der Zar las wieder einmal im ›Gallischen Krieg‹ von Julius Caesar und nahm an Nachmittag seinen Tee wie gewohnt.

Am nächsten Morgen, dem 27., erhielt er von Beljajew und Chabalow beruhigende Nachrichten: sie teilten dem Zaren zwar mit, daß in der Nacht Meutereien stattgefunden hätten, verlangten aber trotzdem dringend Truppenverstärkungen. Die gnadenlosen Maßnahmen, die der Kriegsminister ins Auge faßte, enthielten jedoch für Nikolaus II. nichts Beunruhigendes.

So war also am Abend des 27., des fünften Tages, als sich

*Der Zar bei einem Besuch im Hauptquartier
des Generals Brussilow 1916.*

gleichzeitig das Komitee der Duma und der Sowjet von Petrograd bildeten, die Position Nikolaus' II. klar. Noch am Vorabend hatte er nichts von einer Empfehlung der Generäle Russki und Brussilow hören wollen, eine Regierung Rodzjanko zu bilden. Am 27. ernannte er General Iwanow zum ›Diktator‹ und kündigte seine Reise nach Zarskoje Selo an. Er hatte sich also für die Niederschlagung entschieden. Er teilte seinem Bruder Michail mit, daß er seine Rückkehr nach Zarskoje Selo nicht mehr aufschieben, daß er das Kabinett nur auswechseln werde, wenn es ihm nötig erscheine, und daß, wenn General Iwanow erst einmal in Petrograd sei, es diesem schon gelingen würde, die Unruhen zu unterdrücken, und daß bald zuverlässige Truppen kämen.

Die drei Phasen der Agonie

Nichts von alledem trat ein. General Iwanow konnte sich der Hauptstadt nicht nähern: der Generalstab hatte ihm den Lebensmittelnachschub verweigert, weil er glaubte, daß in Petrograd die Duma die Lage kontrollierte. Was den Zaren anging, so gelang es ihm auch nicht, nach Zarskoje Selo zu kommen, weil die Eisenbahner die Gleise auf seiner Strecke, ebenso wie auf der Iwanows, unterbrochen hatten. Er kehrte nach Pskow zurück, wo er erfuhr, daß die Armee und die Regierung seine sofortige Abdankung verlangten.

1. Die Abenteuer eines ›Diktators‹

Als sich die Hauptstadt völlig in den Händen der Aufständischen befand, diskutierte der Zar noch immer mit General Iwanow, der ihm erklärte, wie er 1906 in Charbin eine Meuterei beendete. Ein anderes Mal, als in Kronstadt die Matrosen sich schlugen, habe er zwei von ihnen am Kragen gepackt und ihnen befohlen, »in die Knie zu gehen«, und die Matrosen hätten gehorcht. Die Schlägerei sei damit zur großen Verblüffung aller Anwesenden beendet gewesen.

General Iwanow rechnete damit, ohne Blutvergießen in Petrograd einziehen zu können. »Aber gewiß doch«, sagte der Zar zu ihm, als er um 3 Uhr morgens schlafen ging. Während dieser Nacht vom 27. auf den 28. Februar soll er sich nach Zeugenaussagen »liebenswürdig, milde und schweigsam« gezeigt haben.

Während des ganzen 28. hatte der Oberbefehlshaber Alexejew, der nicht wußte, welchen Verlauf die Ereignisse in der Hauptstadt genommen hatten – die Bildung einer Regierung im Einvernehmen mit dem Petrograder Sowjet –, an alle Befehlshaber der Armee ein Rundschreiben verfaßt, in dem er den geschichtlichen Ablauf der Februarereignisse beschrieb, die Aufständischen der Hauptstadt als Meuterer bezeichnete und jedem seine Pflicht gegenüber dem Souverän ins Gedächtnis rief. So konnte es also geschehen, daß zu einem Zeitpunkt, als die Revolution bereits voll und ganz triumphiert hatte, sich der Zug des Zaren nach Zarskoje Selo in Bewegung setzte, denn von dem weiteren Verlauf der Ereignisse hatte man keine Ahnung. Der Zar und sein Generalstab stimmten also überein. Nikolaus II. hat es nicht an wirklichen Informationen gemangelt, er hatte jedoch nicht vor, dem Aufstand eine politische Lösung entgegenzusetzen: lediglich Maßnahmen militärischer Natur sind ergriffen worden.

Der ›Diktator‹ verließ Moghilew am 28. Februar früh. Er hatte vor, sich mit einem Bataillon der Ritter von Sankt Georg per Eisenbahn nach Zarskoje Selo zu begeben. Dort würde er die Lage mit der Zarin prüfen und auf die Verstärkungen warten, die aus Pskow oder Reval eintreffen sollten. Der erste Zwischenfall ereignete sich auf dem Bahnhof von Dno. Dort kreuzte sich der Zug General Iwanows mit einem aus Petrograd kommenden Zug. Zivilisten und Soldaten erzählten den Truppen des ›Diktators‹ von den außergewöhnlichen Vorgängen in der Stadt. Innerhalb weniger Augenblicke leerte sich der Zug des Generals, während die Menge der Neugierigen sich auf dem anderen Bahnsteig einfand. Von seinem Salonwagen aus hörte General

Iwanow, wie alle ständig wiederholten: »Alle gleich, Freiheit.«
Er versuchte, seine Soldaten wieder zusammenzuholen, sein
Anblick schien sie aber bloß zu erheitern. Der ›Diktator‹ stürzte
also auf die ihm am nächsten stehende Gruppe zu:

»Auf die Knie! Ihr seid Gefangene.«

Der gegenüberstehende Zug setzte sich jedoch auf ein Pfeif-
signal in Bewegung und nahm die Soldaten Iwanows mit in die
Freiheit.

Etwas weiter entfernt waren es die Eisenbahner, die den Zug
des Generals anhielten: »Die Gleise sind kaputt«, sagten sie.
Iwanow brachte sie dazu, sie zu reparieren, doch das dauerte
mehrere Stunden. Nach der Ankunft in Zarskoje Selo erwartete
ihn eine Enttäuschung: Das Regiment Sankt Georg, das den
Ruf hatte, das treueste zu sein, ließ ihn wissen, daß es im Falle
eines Konflikts mit der revolutionierenden Stadtbevölkerung
neutral bleiben werde, da ihr Eid sie lediglich verpflichte, »die
Person des Zaren« zu verteidigen. Der Zar war jedoch nicht da.
Das Regiment hißte also eine weiße Fahne, und Iwanow hielt es
in Übereinstimmung mit der Zarin für richtiger, sich an einen
anderen Ort abzusetzen, wo er die dringend benötigten frischen
Truppen erwarten würde.

Anstatt frischer Truppen erhielt Iwanow zwei Telegramme
aus dem Großen Hauptquartier in Moghilew und dann aus
Pskow, eines vom Oberbefehlshaber, das andere von Nikolaus II. Beide erlegten ihm auf, seine Operationen einzustellen
und die Ankunft des Zaren abzuwarten. Außerdem erfuhr er,
daß sich Gutschkow im Namen der Provisorischen Regierung
irgendwo auf der Strecke mit ihm treffen werde. Ohne Truppen
und ohne Instruktionen wußte der ›Diktator‹ nicht mehr, was er
tun sollte. Die Eisenbahner hatten die Bahnschwellen, die sich
hinter seiner Linie befanden, entfernt, damit keine Truppen
mehr zu ihm stoßen konnten. Nach der Ankunft in Semrino
wurde der General ›Diktator‹ ungeduldig und verlangte eine
neue Lokomotive. Muß dann das Wassernachfüllen so lange
dauern? Wenn schon! Da er, jetzt sofort, eine Lokomotive verlangte, gaben die Arbeiter sie ihm, eine ganz zufällig ausgesuch-
te. Eine Stunde später, kurz hinter Semrino, blieb der Zug des

›Diktators‹ stehen, da kein Wasser mehr in der Lokomotive war. Er sollte nicht mehr weiterfahren können – und das war das Ende des Abenteuer Iwanows.

2. Die Militärs werden ungeduldig

Unterdessen hatte angesichts der Verschärfung der Lage am 27. Februar der Kriegsminister Beljajew, ehe er verschwand, an den Generalstabschef der Armeen, General Alexejew, ein letztes Telegramm, mit einer Kopie an den Oberbefehlshaber der Nordfront, General Russki, geschickt: »Die Lage in Petrograd ist sehr ernst geworden. Die paar treuen Einheiten sind nicht mehr in der Lage, die Rebellion zu unterdrücken. Eine immer größere Anzahl von ihnen läuft zu den Rebellen über. Es ist unbedingt notwendig, daß sichere Einheiten in ausreichender Zahl hierher geschickt werden.« Gleichzeitig schickte der Präsident der Duma, Rodzjanko, ein alarmierendes Telegramm an General Russki. Er wies auf die Nahrungsmittelkrise, die Streiks und die Lähmung aller wichtigen Aktivitäten hin.

»Wenn die Ordnung nicht wiederhergestellt wird, drohen Rußland Scham und Demütigung, denn unter diesen Bedingungen kann es den Krieg nicht fortführen. Die einzige Lösung ist, einen Mann mit der Regierungsbildung zu beauftragen, der das Vertrauen des Landes hat. Es ist unmöglich, noch länger zu warten; warten bedeutet den Tod.«

In diesem Text war nicht mehr die Rede von einer Verantwortlichkeit vor der Duma. Und dies hatte seinen Grund: in Petrograd konnte diese nichts mehr ohne Zustimmung der Sowjets unternehmen.

Sofort nachdem er diese Telegramme erhalten hatte, telegraphierte General Russki an den Zaren, um ihm seine Sorge wegen der Unordnung darzulegen. Er führte ins Feld, daß in der Armee alle Gesellschaftsschichten vertreten seien und er sich somit einen Rat erlauben könne. Dann schloß er: »Unterdrückungsmaßnahmen könnten die Lage nur noch verschlimmern.«

Zum gleichen Zeitpunkt erhielt der Zar ein Telegramm, das von einundzwanzig Mitgliedern des Staatsrats unterzeichnet war, darunter auch Graf Tolstoi und Fürst Trubetzkoi. Letztere empfahlen Seiner Majestät »mit allem Respekt, die Innenpolitik radikal zu ändern und einen Ministerpräsidenten auszuwählen, der das Vertrauen des Landes besitzt«.

Unter dem Druck dieser vielen und in allen Punkten übereinstimmenden Nachrichten schickte Nikolaus II. nun seinerseits ein Telegramm an General Iwanow, das diesem befahl, »nichts bis zu seiner Ankunft in Zarskoje Selo zu unternehmen«. Er wußte jedoch nicht, daß der Generalstab das gleiche getan hatte; er hatte Iwanow festgehalten, weil man glaubte, daß in Petrograd die Duma die Situation in der Hand habe. Das Vorrücken Iwanows aufzuhalten, kam implizite einer Anerkennung des Parlaments als Inhaber der neuen Macht gleich.

Währenddessen rollte der Zug Nikolaus' II. nach Zarskoje Selo. Am 28. Februar, gegen 3 Uhr nachmittags, hatte er an seine Frau telegraphiert: »Ich hoffe, daß alles in Ordnung ist. Herrliches Wetter. Große Truppenverstärkungen kommen von der Front. Ich liebe Dich – Nicky.«

Er erfuhr von dem Dumakomitee, das vor zwei Tagen unter dem Vorsitz Rodzjankos gebildet worden war, versicherte aber nichtsdestoweniger der Zarin, daß er »morgen früh zuhause sein werde«.

Am 1. März vermied man es im kaiserlichen Zug, von den Ereignissen zu sprechen. »Welche Schande«, schrieb Nikolaus II. in sein Tagebuch, »es ist mir unmöglich, zu meinem Palais in Zarskoje Selo zu gelangen, aber mein Herz und meine Gedanken sind ständig dort; wie schwer muß es für meine arme Alix sein, ganz allein diese Ereignisse zu durchleben.«

Die Zarin ihrerseits wandte sich an Paul, den Onkel des Zaren und Kommandanten der Garde. »Warum versucht er denn bloß nicht, sich mit Gewalt durchzusetzen?« Paul hatte es jedoch vorgezogen, zusammen mit den anderen Großfürsten ein Manifest an den Zaren zu entwerfen.

»Wir haben uns vorgenommen, sobald der Krieg zu Ende ist, ein neues Regime einzusetzen. Wir empfinden es als äußerst schmerzlich, feststellen zu müssen, daß, während sich auf den Schlachtfeldern das Schicksal Rußlands entscheidet, eine Agitation das Volk von seiner Arbeit abhält, die so notwendig ist, um den Krieg zu einem siegreichen Ende zu führen. Fest auf die Hilfe der Vorsehung bauend, haben wir die Gewißheit, daß das russische Volk sich zum Wohle seines Vaterlandes wieder fassen und den feindlichen Intrigen nicht zum Sieg verhelfen wird.

Indem wir das Zeichen des Kreuzes machen, gewähren wir dem russischen Staat ein konstitutionelles Regime und befehlen, daß die durch unseren Ukas unterbrochene Arbeit des Staatsrates und der Duma wiederaufgenommen wird. Wir beauftragen den Präsidenten der Duma, sofort ein provisorisches Kabinett zu bilden und im Einvernehmen mit uns eine gesetzgebende Versammlung rufen, die den Auftrag hat, so schnell wie möglich eine Verfassung zu entwerfen, die dann von der Regierung vorgelegt werden soll.

Die Großfürsten Paul, Michail, Kyrill
den 1. März 1917«

Paul schreibt in seinen ›Memoiren‹, daß die Zarin diesen Text und sein Vorhaben gutgeheißen hat. Das ist nicht sehr wahrscheinlich, denn sie hat an Nikolaus II. folgende Nachricht geschickt, die er vielleicht erhalten hat: »Paul will uns durch ein edles, aber unsinniges Vorgehen retten. Er hat ein idiotisches Manifest verfaßt, in dem er verspricht, daß man nach dem Krieg eine Verfassung bewilligen werde.« Sie hat auch noch einen weiteren Brief geschrieben, ihren letzten als Zarin; dieser sollte aber den Zaren nicht mehr erreichen:

»Alles läuft uns zuwider, und die Ereignisse überstürzen sich mit rasender Geschwindigkeit. Es ist jedoch klar, daß sie Dich nicht zu mir lassen wollen, damit Du irgendein Papier, eine Verfassung oder etwas anderes, unterschreibst. Und Du bist allein, ohne Deine Armee, wie eine Maus in der Falle. Was wirst Du bloß tun?«

Am 1. März um 8 Uhr abends traf der Zar endlich in Pskow ein. Ungeduldig erwartete ihn General Russki, der Befehlshaber der Nordarmeen, auf dem Bahnsteig. Den ganzen Tag über hatten sich die Telegramme von Rodzjanko, Alexejew und Iwanow angesammelt. Jedes von ihnen mußte beantwortet werden.

»Gehen wir zunächst einmal essen«, schlug der Zar vor.

General Russki war verblüfft über die Tatsache, daß Persönlichkeiten wie der Großfürst Sergej, General Brussilow oder der englische Militärattaché Hanbury Williams alle dem Zaren nahelegten, eine verantwortliche Regierung und eine Verfassung zu bewilligen. Noch verblüffter war er über den Aufstand in Moskau und darüber, daß Admiral Nepenin sich den Revolutionären angeschlossen hatte. Überzeugt, daß Nikolaus II. schon zuviel Zeit verloren hatte, drängte er ihn zu schnellem Handeln. Er wußte, daß Nikolaus und seine Umgebung sich nicht über das Ausmaß der Katastrophe im klaren waren und daß sie vor allem General Chabalow dafür verantwortlich machten, weil er die Unruhen nicht beenden konnte. Glücklicherweise gab es immer noch Iwanow, dem man Instruktionen zukommen lassen würde.

Als er jedoch die Telegramme sah, die ihm die Revolution in Moskau, in der Baltischen Flotte und in Kronstadt meldeten, erlitt Nikolaus II. einen Schock. Und doch hatte der Zar, sobald Russki ihm von einer verantwortlichen Regierung sprach, den Vorschlag zurückgewiesen – »ruhig, kalt, aber zutiefst überzeugt«. »Und danach werden diese Minister, wenn sie erst einmal gescheitert sind, davongehen und sich die Hände in Unschuld waschen. Ich werde nicht gegen mein Gewissen handeln«, sagte er.

Als um 11 Uhr ein Telegramm von General Alexejew ankam, in dem dieser vom Zaren ebenfalls die Bildung einer verantwortlichen Regierung verlangte, gab der Zar schließlich nach, behielt sich jedoch in dem ›Manifest‹ das Recht vor, den Kriegsminister und den Außenminister selbst zu ernennen. General Russki ging wieder zum Angriff vor, als er einen Aufruf Rodzjankos erhielt. Er sagte diesem sogleich, der Zar werde ihn zum Ministerpräsidenten ernennen. Der Präsident der Duma antwortete jedoch: »Es ist klar, daß Seine Majestät und Sie keine Ahnung haben, wie die Lage hier ist. Nur die Abdankung kann die Lage noch retten.«

Rodzjanko nahm an der gemeinsamen Sitzung von Sowjet und Duma teil, die die Provisorische Regierung mit Zustimmung des Sowjets bildeten. Er erklärte General Russki, selbst mit Abänderungen oder Zusätzen genüge das ›Manifest‹ von nun an nicht mehr den Erfordernissen der Lage. Die Abdankung sei notwendig, wenn man das Land vor der Anarchie bewahren wolle. Unter diesen Umständen hielt es also Russki für klüger, das ›Manifest‹ nicht zu verteilen.

General Alexejew seinerseits hatte von der Meuterei der Luga-Bataillone erfahren, die sich geweigert hatten, sich dem Befehl des ›Diktators‹ Iwanow zu unterstellen. Um 10.15 Uhr wandte sich der Oberkommandierende an die übrigen Befehlshaber, unterrichtete sie über die Gespräche, die er geführt hatte, und legte ihnen nahe, dem Zaren die Abdankung zu empfehlen, »um die Unabhängigkeit des Landes zu retten und die Erhaltung der Dynastie zu sichern«. Alle Generäle folgten dem Vorschlag, außer General Ewert. Voller Sorge ersuchte der General um eine Audienz. Der Zar empfing ihn im Beisein von Graf Frederiks, General Danilow und General Sawitsch. Er hatte die Telegramme der Generäle bei sich, die seine Abdankung verlangten, aber auch ein weiteres Telegramm des Großfürsten Nikolaj Nikolajewitsch.

Nikolaus II. rauchte nervös eine Zigarette nach der anderen, die Atmosphäre war gespannt. Plötzlich sagte er: »Ich habe meine Entscheidung getroffen, ich werde zugunsten von Alexej abdanken.« Danach bekreuzigte er sich. Er drehte sich zu General Russki um, umarmte ihn und dankte ihm für seine wertvollen Dienste. In dem für Rodzjanko bestimmten Text bat er, bei seinem Sohn bleiben zu dürfen, bis dieser den Thron besteigen könne.

General Wojekow, Admiral Nilow und Graf Frederiks verlangten wütend die Festnahme von General Russki.

Nikolaus zeigte ihnen die Telegramme. »Was könnte ich denn

anderes tun, sie haben mich alle verraten, selbst Nikolaschka.«
Er konsultierte seinen Arzt, um die Wahrheit über die Gesundheit seines Sohnes zu erfahren, und erhielt die Bestätigung, es bestehe nur wenig Aussicht, daß er am Leben bleibe.
Er änderte also die Bedingungen seiner Abdankung und wählte
seinen Bruder Michail zum Nachfolger aus.

3. Der Zar dankt ab

Wieder einmal war aber ein unerwartetes Ereignis der Grund
dafür, daß das ›Manifest‹ der Abdankung nicht erscheinen
konnte: Als Abgesandte der Duma trafen Gutschow und Schulgin in Pskow ein. Das Gefolge des Zaren, hauptsächlich General Wojekow, wiegte sich in Hoffnung, wurde aber enttäuscht.
Sie waren im Namen der Duma gekommen, um Nikolaus II.
zur Abdankung zu veranlassen. Ebenso wie die Militärs hielten
sie es für notwendig, schnell zu handeln, »im Interesse der
Dynastie«.

»Wir verneigten uns«, erzählt Schulgin, »der Zar begrüßte uns
und reichte uns die Hand. Die Gesten waren eher freundschaft-
lich. Er setzte sich an einen kleinen Tisch neben einer mit grüner
Seide bespannten Wand. Gutschkow setzte sich ihm gegenüber, und ich nahm neben ihm an einer Ecke Platz.

Graf Frederiks war auch da. Gutschkow redete, er war ganz
außer Fassung. Zweifellos brachte er seine Gedanken klar zum
Ausdruck, es fiel ihm jedoch schwer, seine Gefühle zu beherrschen, seine Stimme war heiser. Der ihm gegenübersitzende
Zar schaute starr vor sich hin. Sein Gesichtsausdruck war ruhig,
undurchsichtig, ich ließ ihn nicht aus den Augen. Gutschkow
sprach über die Ereignisse in Petrograd. Er bedeckte sein Gesicht mit den Händen, als ob er sich besser konzentrieren wollte.
Er schaute den Zaren nicht an und sprach so, als ob er zu sich
selbst redete.

Er sagte die Wahrheit, übertrieb nichts und verbarg nichts. Er
erzählte, was man in Petrograd erlebt hatte. Etwas anderes

Die Abdankung des Zaren im Hofzug zu Pskow.

konnte er nicht sagen. Wir wußten nicht, was sich anderswo in
Rußland zutrug. Wir waren durch Petrograd besiegt worden
und nicht durch Rußland. Das einzige, was sein Gesicht auszu-
drücken schien, war, daß diese langen Reden überflüssig
waren. Dann kam Russki dazu und verneigte sich vor dem
Zaren, ohne Gutschkow zu unterbrechen. Er setzte sich zwischen den Grafen Frederiks und mich. Gutschkow beendete

seine Rede mit mehr Bestimmtheit: ›Vielleicht‹, sagte er, ›wäre die Abdankung die Lösung.‹

Der Zar antwortete ihm mit einer wie von weither kommenden ganz fremden Stimme: ›Ich habe beschlossen, abzudanken. Gestern habe ich bis 3 Uhr zunächst noch geglaubt, daß die Abdankung zugunsten meines Sohnes Alexej erfolgen würde. Ich habe meine Meinung aber zugunsten meines Bruders Michail geändert. Ich hoffe, daß Sie die Gefühle eines Vaters verstehen werden.‹

Diese letzten Worte wurden mit sehr leiser Stimme gesprochen. Wir waren absolut nicht darauf vorbereitet. Wir hatten uns auf Widerstand gefaßt gemacht, vielleicht auf Ausbrüche, wobei wir natürlich nicht wußten, daß bereits vor unserer Ankunft alles entschieden war. Die Ruhe des Zaren und seine äußerliche Unbeteiligtheit verblüfften uns. Er hatte seinen Abschied vom Reich genommen wie ein Rittmeister von seiner Schwadron.«

Nachdem der Abdankungstext noch einmal stilistisch überarbeitet worden war, reiste der Zar nach Moghilew ab. Auf dem Bahnsteig hielten die Offiziere nur mühsam die Tränen zurück. Nikolaus salutierte und bestieg schnellen Schrittes den Zug. In seinem Tagebuch notierte er lediglich: »Ich verlasse Pskow, das Herz schwer von dem, was ich durchmachen mußte. Um mich herum nichts als Verrat, Feigheit und Betrügerei!«

Betrachtungen zu einer Abdankung

Einige Wochen später berichtete Anna Wyrubowa in einem Brief an ihre Mutter alles, was der Zar, ›Papa‹, ihr über seine Abdankung gesagt hätte:

»»Müde, von beunruhigenden Geräuschen gequält, um meine Familie, hauptsächlich Mama und den Kleinen, zitternd‹, sagte er zu mir, ›fürchtete ich und fürchte ich noch immer am meisten, daß Mamma ein Opfer des Hasses werden könnte. Und der Kleine – ob man ihn retten kann? Dieser Gedanke hat mir derart zu schaffen gemacht, daß ich nur noch Ruhe im Gebet finden konnte. In diesem Augenblick kamen Schulgin und Gutschkow an. Allein beim Anblick Gutschkows wußte ich, daß es ein schrecklicher Schlag sein würde. Es war Schulgin, der sprach. Seine Stimme zitterte. Tränen traten ihm in die Augen. Er sagte, daß ich abdanken müßte zugunsten des Kleinen, dem Michail zur Seite stehen werde. Ich habe nicht gleich begriffen. Dann verstand ich das Wichtigste: Der Kleine lebte. Mit großer Anstrengung fragte ich: ›Ist meine Familie gesund und in Sicherheit?‹ Gutschkow antwortete mit Furcht in den Augen. ›Ja, Majestät, solange wir können, werden wir alles tun, damit Ihre Familie in Sicherheit ist.‹ ›Papa‹ ging dann hinaus und sagte, er brauche ein paar Minuten, um nachzudenken. Dann kam ihm der rettende Gedanke: Baby mußte in Sicherheit gebracht werden. Und danach der schrecklichste: man würde ihn von ›Papa‹ und ›Mama‹ trennen. Das könnte ihn töten. Besser wäre es, ihn gleich vor der Gefahr in Sicherheit zu bringen. Deshalb hat er sich entschlossen, selbst und im Namen Babys abzudanken. Er hat noch gesagt: ›Man hat mich zu diesem Entschluß gezwungen, über mir hängt ein Fallbeil, das könnte ich jederzeit beweisen, wenn man mich danach fragen sollte. Und wenn nicht, wird es eine Erholung für uns alle sein. Wir werden alle zusammen sein, weit von allem entfernt. Wir haben genug Qualen, genug Ängste ausgestanden.‹

Indem er das Kreuz des Starez küßte, erinnerte er sich an seine Worte: ›Tu nach einem Schicksalsschlag immer das, was Dir zuerst in den Sinn kommt. Der erste Gedanke führt zum Heil, er kommt von Gott. Was danach kommt, kommt vom Teufel.‹

Indem ich mich an all das erinnerte, habe ich für Baby und für mich unterzeichnet. Sie waren alle ganz verwirrt. Gutschkow hat zu mir gesagt: ›Majestät, Du bist mehr Vater als Zar.‹«

Diese Worte werfen ein bezeichnendes Licht auf den Charakter des Zaren, der irgendwie eine zwiespältige Natur war – Autokrat und Mensch – und der durch die Abdankung diese grundsätzliche Unvereinbarkeit offenbarte, die zur Revolution geführt hat.

Als Inkarnation eines Prinzips, der Autokratie, die zu verewigen er für seine Pflicht hielt, gab es für Nikolaus II. keinen anderen Ausweg als seinen Rücktritt, zu einem Zeitpunkt, zu dem er hätte nachgeben müssen, was ihm aber sein ›Gewissen‹ untersagte. Eine Regierung im Einvernehmen mit den Volksvertretern zu bilden, hätte gegen das Prinzip der Autokratie verstoßen. In diesem Punkt war er völlig unzugänglich, schon seit seiner Thronbesteigung, und die Konzessionen, die er machte, hatte man ihm immer abringen müssen, ganz abgesehen davon, daß er sie mehrere Male wieder in Frage stellte. Die Geradlinigkeit seiner Haltung ließ keine Ausnahme zu. Weder 1906, noch 1911 oder 1915 denkt er daran, seine Macht zu teilen, bestenfalls wäre er bereit, Ratschläge anzuhören. Aber selbst das ist ihm im Hinblick auf seinen Zareneid unerträglich.

Er hat diese Duma nicht gewollt, und alle diese Kontrollfunktionen, diese Dialoge mit der Regierung sind für ihn ein Angriff auf die Prärogativen, die Gott ihm gewährt hat.

Von nun an litt er, wenn diejenigen, die diesem Schicksal mitverpflichtet und verbunden waren, ihn mit seinen Entschlüssen allein ließen.

In der Erziehung seines Sohnes Alexej legte er die ganze Sorgfalt, die er sich von seiten seines Vaters bei der Erlernung seines kaiserlichen Handwerks gewünscht hätte – er, der nur dessen äußere Erscheinungsformen kannte und sich oft unsicher fühlte.

Das einzige, was er glaubte zu können, nämlich ein guter Vater zu sein, hatte keinen Sinn mehr, seitdem über seinen Sohn das Todesurteil gesprochen war.

Die Tragödie dieses Mannes war, daß er es für seine Pflicht hielt, seinem Sohn ein ›intaktes‹ Machtgefüge zu hinterlassen, und daß diese Übertragung nicht mehr stattfinden konnte.

Also gab er diese Macht, die ihn so belastete, behinderte und langweilte, auf, jedoch ohne seine Meinung zu ändern und ohne sich auch nur im geringsten der Verbrechen bewußt zu sein, die er im Namen der Autokratie begangen hatte.

Die Symbolik des geschlagenen Zaren

Alte Filme haben die Erinnerung an die außergewöhnliche Fröhlichkeit erhalten, von der Rußland nach Bekanntgabe der Abdankung der Romanows erfaßt wurde. Marschierende Soldaten, die ihre Gewehre in die Luft abfeuern, willkürlich bestimmte Volkstribunen, die zur Ordnung riefen, ein glückliches Volk, das ungeduldig darauf wartete, sich äußern zu können. Jeder Russe hatte in seiner Tasche einen fix und fertigen Plan, wie man Rußland wieder aufbauen konnte. Arm und reich, Kutscher und Offiziere, Männer und Frauen bestiegen einer nach dem anderen die Tribünen. Alle waren aufgeregt und strahlten vor Glück. Überströmende Erregung erhellte die Gesichter. Bilder der Freude und des Neuanfangs: am 23. März 1917 fand die Gedenkfeier für die Opfer der Revolution statt. Der Trauermarsch ließ während dieser ersten außerkirchlichen Beisetzung im orthodoxen Rußland die Weise erklingen: »Lebt wohl, Brüder, die ihr eure ruhmreichen Wege beendet hat.«

Eine außerkirchliche Beerdigung, eine Versammlung, ein freies Wort – das waren die ersten Zeichen einer umgewandelten Welt.

»Rußland ist zum freiesten Land der Welt geworden«, sollte bald Lenin erklären. Tatsächlich waren in Stadt und Land, in der Kirche wie in der Universität die traditionellen Behörden verhöhnt worden, doch sie hatten überlebt.

»Eines der wesentlichsten Dinge währen dieser Tage«, notierte Kerenski, »war das Verschwinden jeglicher Regierungsmacht. Im Verlauf von wenigen Tagen gab es keine Stadt, keine Gemeinde mehr, die sich nicht anstelle der früheren Behörden ein revolutionäres Organ, einen Sowjet oder ein Komitee gegeben hätte. Die alte Regierung war während der Februartage ebenso verschwunden wie die alten Gouverneure und die verhaßte Ochrana. Wenn man von den Gewalttätigkeiten absieht, die besonders gegen die Offiziere während der Revolutionstage begangen worden waren, wurden lediglich die für viele Pogrome verantwortlichen Polizisten von Elisabetgrad Sühneopfer der Februarrevolution. Die Botschaft, die sie hinterließen, bevor man sie erschoß, gibt treffend die ganze Atmosphäre wieder, die während der Februartage 1917 herrschte:

›Wir Polizisten von Elisabetgrad grüßen den Sowjet, die Regierung, die der Freiheit zum Triumph verholfen haben. Ehe wir in den Tod gehen, werfen wir uns vor dem russischen Volk nieder und bitten es um Verzeihung für das Böse, das wir ihm in unserem Dienst, weil es uns so befohlen war, ohne unseren Willen antun mußten.

Oh, wie herrlich wäre es gewesen, unter den Kugeln des Feindes zu fallen, so daß unsere Seelen Frieden gefunden hätten und unsere Kinder auf uns stolz sein könnten.‹«

»Jetzt fürchten wir weder Gott noch Teufel« – dieser Ausspruch der Gemeindemitglieder gegenüber ihrem Popen am Tage nach der Abdankung gibt einen Hinweis auf die Natur des Zarismus, wie die Muschiks ihn sich vorstellten. Der Zarismus war für sie die Wurzel allen Unglücks; der Zarismus, nicht die Person des Zaren, denn es gab nur wenige Bauern, Arbeiter oder Soldaten, die in ihren Bittschriften an den Sowjet von Petrograd verlangten, daß Maßnahmen gegen Nikolaus ergriffen würden. Die Schuld trugen das Regime und seine Werkzeuge. Ein Feldgeistlicher berichtete über die Beschwerden seiner Schäflein, der Frontsoldaten: »Wir haben kein Vertrauen mehr zu dir, du bist ein Werkzeug des alten Herrschaftssystems. Hau' ab, das ist das beste für dich, wenn du nicht willst, daß man dir an den Kragen geht.«

Ein weiterer Zeugenbericht: »Wir sind vom Zarismus mit Beleidigungen überschüttet worden, an Händen und Füßen zusammengebunden«, sagt ein Bauer zu seinem Popen, »und ihr, die ihr mit ihm gegangen seid, ihr werdet uns nicht mehr an der Nase herumführen und uns blind machen, so daß wir unsere Henker nicht einmal mehr sehen können. Alles, was ihr könnt, ist im Chor singen ›Lang lebe der Zar‹.«

Die orthodoxe Geistlichkeit wurde also als Werkzeug der Tyrannei betrachtet und erfreute sich nicht des Glorienscheins der Mildtätigkeit, den zum Beispiel die katholische Geistlichkeit in Frankreich während der Revolutionen von 1789 und 1848 trug.

Der Thronfolger Alexej
in der Offiziersuniform eines russischen Garderegiments.

Auch das Offizierskorps begriff nicht, daß die Soldaten alle Disziplinarmaßnahmen der Autokratie zuschrieben und überzeugt waren, diese würden nach dem Fall des Zarismus gemildert. Denn die Soldaten stellten nicht die militärische Disziplin an sich in Frage, sondern lediglich deren übermäßige Anwendung: sie begriffen schnell, daß sie ein Garant der sozialen Ordnung war und daß die Offiziere, indem sie eine Milderung der Vorschriften ablehnten, einen Zarismus ohne Zaren für immer erhalten wollten. Dies war einer der Gründe für die Meutereien im Frühjahr 1917. Diese hatten nichts damit zu tun, daß die Soldaten nicht kämpfen wollten – es sei denn, man wurde sich darüber klar, daß das Oberkomando Offensiven startete, um Gelegenheit zu haben, die Truppen wieder in die Hand zu bekommen, und zwar gerade durch diese Disziplin, die auf dem Schlachtfeld ihre Berechtigung hatte, da sie der Garant für die gute Haltung der Truppe war.

Auf dem Land traten nach Bekanntwerden der Abdankung Nikolaus' II. sofort die örtlichen Bodenbesitzer zusammen. Der Mir, die Dorfgemeinde, lebte sofort wieder auf. Nachdem sie dem Rechtskundigen oder dem Lehrer die Wünsche diktiert hatten, die sie für sich selbst und zum Heil des Landes hegten, warteten sie auf eine Antwort aus Petrograd. Da diese nicht kam, bemächtigten sie sich der nicht bestellten Länderein, die entweder dem Zaren gehörten oder Leibgedinge waren.

Was hatten sie denn schon von einer Entscheidung der Verfassunggebenden Versammlung zu erwarten?

Es war nur gerecht, daß diese Ländereien wieder an sie zurückfielen, und die Abdankung des Zaren bedeutete, daß endlich wieder Recht herrschte.

Der Haß und die Verbitterung gegen Offiziere, Popen und Großgrundbesitzer, weniger gegen die Person Nikolaus' II., zeigten sich, als er von Ort zu Ort transportiert wurde, besonders deutlich in Tobolsk.

Diese Region war verhältnismäßig wohlhabend, es hatte dort niemals große Streiks oder Unterdrückungen gegeben. Hauptsächlich in den Vorstädten wurde der Zar ›Nikolaus der Blutige‹ genannt.

Aber selbst in diesen Arbeitervierteln schrie man bei seiner Durchreise nicht nach ›Rache‹. Jedenfalls nicht während der Februarrevolution. Erst als die herrschenden Klassen sich den Reformen widersetzten oder die Wirtschaft sabotierten, konnte die Gegenrevolution ihr Haupt erheben, konnten sich die Diskussionen über die Schuld des Zaren in feindselige Akte verwandeln und die kaiserliche Familie zum Opfer der Zeitumstände werden.

Was die Symbolik angeht, die der Zar selbst verkörperte, so war sie verschwunden – und die neuen Machthaber ersetzten das Zeremoniell des Ancien régime durch ein neues Ritual: feierliche Bestattungen, Demonstrationen, Massenvorbeizüge. Die symbolische Macht des Zarismus war von solcher Art, daß beim Sturz des Zaren alles, was eine Beziehung zu ihr hatte, schon aus diesem Grund in Verruf kam.

Ein gutes Beispiel ist, von diesem Gesichtspunkt aus betrachtet, das Schicksal der Duma. Sie hatte ständig Forderungen gestellt, und Nikolaus II. hatte diese ständig ignoriert. Aber das war bereits zuviel.

Ab Februar machte sie sich unsichtbar, ihre Abgeordneten wagten nicht mehr, sich zu zeigen oder zusammenzukommen, außer vielleicht ein- oder zweimal im Verlauf von mehreren Monaten.

Und am Tage ihres scheinbaren Triumphs – als sie sich zum Komitee zusammenschloß und danach zur Provisorischen Regierung, kündigte sie ihr Ende an: irgendwie beging sie Selbstmord, da sie eine Verbindung zwischen der Vergangenheit und der Gegenwart darstellte.

Weder Lenin noch andere Revolutionäre – von Kerenski über Trotzki bis zu Kropotkin – haben sich auch nur ein einziges Mal an den Zaren gewandt. Niemals haben sie mit dem Zarismus verhandelt. Niemals haben sie ihn anerkannt.

Sie allein konnten seine Ablösung vornehmen.

Einige, wie z. B. P. Miljukow – als Historiker –, begriffen das sehr schnell. Dadurch, daß sie Nikolaus fallen ließen, wollten sie das retten, was er verkörperte.

Den Zaren opfern, um die Dynastie zu retten: zweiter Versuch

Als in der Nacht zum 1. März im Taurischen Palais die Verhandlungen zwischen den Abgeordneten des Dumakomitees und den in den Sowjet von Petrograd Gewählten zu Ende gingen, gab einer der Minister, Miljukow, die Namen seiner Kollegen bekannt: Kerenski als Justizminister, Fürst Lwow als Präsident usw.

»So, das ist alles, was Sie interessiert«, sagte er. Einige riefen: »Und das Programm?« »Ah, das Programm«, antwortete Miljukow, »nun ja, das einzige Dokument, auf dem davon etwas steht, befindet sich augenblicklich in den Händen des Sowjets, wir haben darüber mit ihm diskutiert, aber ich kann Ihnen einige Informationen geben.«

Es wurde sehr laut gerufen: »Und die Dynastie?«

Miljukow: »Sie sprechen von der Dynastie? Ich weiß schon im voraus, daß meine Antwort nicht alle zufriedenstellen wird. Ich werde aber trotzdem reden. Der alte Despot, der Rußland in den Ruin geführt hat, muß freiwillig auf den Thron verzichten, andernfalls wird er abgesetzt.« Es gab prasselnden Beifall.

Miljukow fuhr fort: »Die Macht wird vom Regenten übertragen werden, dem Großfürsten Michail Alexandrowitsch.« Daraufhin erhoben sich entrüstete Rufe, bis schließlich geschrien wurde: »Es lebe die Republik! Nieder mit der Dynastie!«

Miljukow fuhr fort: »Thronerbe wird Alexej.«

Einige schwache Beifallskundgebungen gingen unter in erneuten, empörten Rufen: »Die alte Dynastie ist die alte Dynastie.«

Miljukow antwortete: »Ja, es ist die alte Dynastie, aber man kann nicht immer das tun, was man wünscht. Es wird eine Verfassunggebende Versammlung zusammengerufen werden mit allgemeinem Stimmrecht und geheimer Wahl.«

Tatsächlich hatte Miljukow gelogen: Die Abschaffung der Monarchie, die von einigen Abgeordneten des Sowjet verlangt worden war, wurde auf seinen eigenen Wunsch wie auch auf den anderer Abgeordneter abgelehnt. Miljukow hatte ins Feld geführt, daß vor Verkündigung des allgemeinen Stimmrechts eine Entscheidung dieses Ausmaßes ungesetzlich sei. Und er hatte sich, zumindest fürs erste, durchgesetzt.

Miljukow, Rodzjanko und andere mußten jedoch bald den Rückzug antreten. Die Regierung ließ wissen, daß Miljukow am Tage zuvor nur seine persönlichen Ansichten über das Schicksal der Dynastie bekanntgegeben habe. Die neuen Minister und Mitglieder der Duma verspürten wieder einmal, daß der Wind in Richtung Bürgerkrieg wehte. Die Abgeordneten wußten sehr wohl – und waren auch entsetzt darüber – daß das Volk um keinen Preis erfahren durfte, daß Michail die Nachfolge von Nikolaus II. antreten würde. Außerdem gelangte die Nachricht auch nach Moskau, von wo sofort Hunderte von Protesteletelegrammen an den Sowjet geschickt wurden.

Zwei Telegramme waren an Gutschkow und Schulgin adressiert und erreichten sie, als sie aus dem Zug stiegen. Man fürchtete, daß sie in Unkenntnis der in der Hauptstadt vorherrschenden Meinung die Informationen, die sie aus Pskow mitbrachten, öffentlich bekanntmachen könnten. »Bis zur Sitzung der Verfassunggebenden Versammlung wäre es besser, nicht mehr über die Romanows zu sprechen«, erklärte Rodzjanko. Wenn man in der Hauptstadt erfahren sollte, daß die Duma und der Generalstab sich darüber einig seien, Michail II. anzuerkennen, könne man nicht für die Folgen garantieren. Alexejew und Russki ließen sich überzeugen und versuchten, ihr Telegramm zurückzuhalten. Trotzdem erhielt man in Paris und London davon Kenntnis, nicht aber in Petrograd.

Inzwischen glaubten Gutschkow und Schulgin am Petrograder Bahnhof, eine gute Nachricht zu überbringen, indem sie mitteilten, daß Nikolaus II. abgedankt habe und Michail II. seine Nachfolge antreten werde. Nur knapp entgingen sie dem Gelynchtwerden. »Nieder mit den Romanows, mit Nikolaus und Michail, die gleichen sich wie ein Haar dem anderen, nieder mit der Autokratie!« Die Regierungsbeauftragten konnten gerade noch rechtzeitig eingreifen, sie beruhigten die aufgebrachte Menge, machten Gutschkow die Abdankung verständlich und retteten die Lage.

Nachdem er von dem weiteren Verlauf der Ereignisse erfahren hatte, spürte Michail sofort, daß er nicht zum Helden taugte. Er stellte den Delegierten der Duma, die ihn aufgesucht hatten, eine einzige Frage: »Können Sie für mein Leben garantieren, falls ich die Krone annehme?«

Von nun an stand der Ausgang der Unterredung zwischen Rodzjanko, Kerenski und Michail fest, und die Beschwörungen Miljukows konnten nichts daran ändern. Ein Jurist, Nabokow, faßte die Abdankungsurkunde so ab, daß eine eventuelle Wiederherstellung der Monarchie im Bereich des Möglichen lag (dies war eine weitere Konzession an Miljukow und Gutschkow). Die Regierung beschloß, die beiden Abdankungsurkunden, die von Nikolaus und die von Michail, gleichzeitig zu veröffentlichen. Tief bewegt stimmte der letzte Romanow diesem Verfahren zu, ergriff ohne Zögern die Feder und unterschrieb.

Nach Bekanntwerden der Nachricht erfaßte ein Freudentaumel die ganze Stadt. Die Menschen strömten wieder zusammen, es wurde geschrien und gesungen. »Jetzt ist Schluß«, sagte ein Mitglied des Sowjets zu einem Freund inmitten der begeisterten Menge.

Neben ihm hörte er eine leise Frauenstimme: »Du irrst dich, Väterchen, es ist noch nicht genug Blut geflossen.«

Der getäuschte Generalstab

Niemand war auf eine so schnelle Revolution gefaßt gewesen, auf eine derart gewalttätige Bewegung, und der Generalstab noch weniger als alle anderen. Als er seinen Soldaten die Bildung einer neuen Regierung bekanntgab, ließ Großfürst Nikolaj sie im unklaren darüber, was diese Umwälzungen bedeuteten, und beschloß seine Rede, indem er die Truppe »Gott schütze den Zaren« singen ließ. Er warnte sie außerdem – und hier fand er Formeln, die ihm geläufiger waren –, daß »jeder Versuch des Ungehorsams gegenüber den Befehlen der Regierung mit der ganzen Strenge des Gesetzes bestraft« würde. Die Familie Romanow setzte übrigens auf den Großfürsten, daß er die

›gesamte‹ Lage wieder in die Hand bekommen würde – ein Brief von Marie Pawlowna, der Tante Nikolaus' II., an ihren Sohn Boris bezeugt dies –, so daß die Sieger des Februar glauben konnten, er werde seine Kaukasus-Armee einsetzen. Der Sowjet und Kerenski erreichten seine Absetzung, danach auch die von General Ewert, der sich geweigert hatte, mit dem neuen Regime zu paktieren.

Da der Hof den Verdacht hatte, er wolle sich die Umstände zunutze machen, um eine Diktatur errichten zu können, verhielt sich der Oberbefehlshaber Alexejew zweideutig. Er erklärte, Großfürst Nikolaj sei auf Wunsch des Zaren zum Oberbefehlshaber ernannt und die Regierung aufgrund einer Übereinkunft zwischen Duma und Senat gebildet worden, obwohl er wußte, daß dies eine Lüge war. Was General Brussilow angeht, so erklärte dieser, die Ereignisse seien der Wille Gottes gewesen. Heute wie gestern hätten die Soldaten ihm gegenüber ihre heilige Pflicht zu erfüllen: »Möge Gott uns helfen, das Heilige Rußland zu schützen«, beschloß er seine Rede.

Das Oberkommando benahm sich so, als ob dank des Eingreifens der Menschen auf der Straße eine Palastrevolution niedergeschlagen worden sei.

Die Unruhen gingen weiter, und das machte sie nervös. Alexejew wollte keine alarmierenden Nachrichten mehr hören. General Kornilow, der als Republikaner galt, gebrauchte, als er seine Ernennung zum Kommandierenden der Petrograder Region bekanntgab, die Formel, die der Duma so teuer war: »Da das alte Regime sich als unfähig erwiesen hat, übernahm eine neue Regierung die Macht.« Die einen wie die anderen versuchten die Soldaten glauben zu machen, diese Bewegung sei von oben gekommen und ändere nichts an der etablierten Ordnung.

Es sind Morde in der Hauptstadt vorgekommen, wo eine ganze Reihe von Offizieren erschossen wurden.

Die meisten Grausamkeiten kamen jedoch in der Marine vor: In den Festungen von Reval und Helsingfors wurden noch immer die Meuterer von 1905 festgehalten.

Der Haß der Matrosen auf die Offiziere war heftiger als anderswo. Das Offizierskorps blieb jedoch, mehr als in der Armee,

Nikolaus II. treu. Lieber starben sie, als daß sie dem Zaren untreu wurden.

Ein Dialog zwischen den meuternden Matrosen und den Offizieren war unmögich. Es floß Blut, und es gab 40 Opfer, darunter Admiral Nepenin, obwohl er sich dem neuen Regime angeschlossen hatte. Admiral Wiren in Kronstadt starb einen tapferen Tod: »Ich habe mein Leben in treuem Dienst für meinen Zaren und mein Vaterland verbracht. Ich bin bereit. Jetzt sind Sie an der Reihe. Versuchen Sie, Ihrem Leben einen Sinn zu geben.«

Als man ihn erschoß, wünschte er, mit dem Gesicht zur Erde zu fallen.

Die sich am meisten der Gunst des Zaren erfreut hatten, schlossen sich am schnellsten dem neuen Regime an. Großfürst Kyrill gab das Beispiel, gefolgt von den Kosaken der Garde, der Palastwache und dem Leibregiment Seiner Majestät. Nur wenige blieben beständig und treu: Großfürst Paul, der bei Alexandra blieb, die berittene Garde von Nowgorod, Graf Keller, die Benckendorffs, Graf Samojski, der zu Fuß nach Zarskoje Selo ging, um der Zarin seine Dienste anzubieten. Bunting, der Gouverneur von Twer, beging Selbstmord. Der frühere Ernährungsminister Bark, der viele Freunde in der neuen Regierung hatte und dem man vorschlug, in ihr zu verbleiben und das Finanzministerium zu übernehmen, lehnte ab: »Es ist eine Frage des Prinzips«, sagte er.

Nachdem sie aus einem langen Schlaf erwacht waren, hatten Großfürsten und Generäle, die ihrem Zaren alles verdankten, diesen leichten Herzens seinem Schicksal überlassen. Als sie es einige Monate später wiedergutmachen wollten, war es zu spät.

Der Zar seiner Freiheit beraubt

Die Reise Bublikows, der vom Sowjet beauftragt war, den Zaren vom Großen Hauptquartier in Mogilew nach Zarskoje Selo zu bringen, verlief triumphal: »Auf jeder Station kamen die Einwohner in Mengen herbeigeströmt, um uns zu begrüßen, Reden zu halten und ›Hurra!‹ zu schreien. Ich antwortete darauf. In Moghilew wurden wir ebenfalls mit großem ›Hurra!‹ begrüßt. Der Delegierte des Sowjets verlangte von General Alexejew, daß er dem Zaren sage, von nun an sei er ein Gefangener. Da er sich nicht so direkt ausdrücken wollte, gebrauchte er eine Umschreibung, die Nikolaus allen gegenüber, die er traf, wiederholte: ›Wissen Sie, daß der Zar von nun an seiner Freiheit beraubt ist?‹«

Alexandra wußte von nichts. Da sie von Zarskoje Selo aus nicht mit dem Zaren in Verbindung treten konnte, hatte sie die Personen ihres Gefolges um sich geschart, die ihr als die treuesten erschienen: Protopopow, der den Geist Rasputins anrufen wollte, und Paul. Letzterer war »überzeugt, daß es von nun an sinnlos sei, auf die Truppe zurückzugreifen, da die ja doch zur Provisorischen Regierung überlaufen«.

Sie schrieb an Nikolaus, ohne zu wissen, daß er abgedankt hatte: »Ganz allein, schutzlos, in einer Mausefalle gefangen, was kannst Du tun? Es ist die größte Schändlichkeit, die jemals in der Geschichte vorgekommen ist. Wenn man Dir Konzessionen abverlangt, darfst Du Dich keinesfalls an sie gebunden fühlen, denn sie wurden Dir durch unwürdige Mittel entrissen.«

Als Großfürst Paul sie am nächsten Tag besuchte mit der ›Iswestija‹ in der Hand, um ihr die Abdankung des Zaren mitzuteilen, rief sie: »Das ist unmöglich, es ist eine Journalistenlüge. Ich habe Vertrauen zu Gott und der Armee. Er hat uns noch nicht verlassen.« Sie schrieb einen weiteren Brief, in dem sie General Russki als ›Judas‹ beschimpft. »Es ist zum Verrücktwerden, man könnte den Verstand verlieren. Wir werden ihn aber nicht verlieren. Ich schwöre, daß wir Dich wieder auf dem Thron sehen werden. Du wirst von Gott wieder auf ihn erhoben werden.«

Der Zar hatte General Alexejew gebeten, daß ihm kein Hindernis bei seiner Rückkehr nach Zarskoje Selo in den Weg gelegt werde. Weiter hatte er darum gebeten, sich bis Kriegsende auf die Krim zurückziehen zu dürfen, um dann, nach dem Krieg, ganz dort zu bleiben. Die Provisorische Regierung entsprach diesen Bitten.

Ein von Anna Wyrubowa hinterlassener Brief berichtet über die Wiedervereinigung des Zaren mit seiner Familie:

»Im Augenblick denkt Er an gar nichts mehr. Hauptsache, die Familie ist in Sicherheit. Die Mutter ist immer bei ihm. Sie pflegt ihn wie einen Kranken. Nicht ein Wort des Vorwurfs, auf wen auch immer es sich beziehen möge. Er beklagt sich über nichts, aber ich weiß von Fjodorow (dem Arzt, der in der Stawka war), daß er einen schweren Herzanfall hatte. Jetzt bemüht er sich, ihn auszukurieren. Sein Gefolge macht einen entsetzlichen Eindruck. Sie sind wie betäubt. Sie leiden bis zur Trostlosigkeit; hauptsächlich leiden sie um ihn. Sie lassen jedoch keine Klage hören. Ein einziges Mal hat er gesagt: ›Wenn ich kein Christ wäre, wäre es einfacher, dem allem gleich ein Ende zu setzen. Vielleicht wäre ein solcher Abgang besser für die Familie.‹ Ich versuchte ihn zu überzeugen, daß ein solcher Abgang, ganz zu schweigen von der Beeinträchtigung seiner Würde, Mama töten würde. ›Das ist es, was ich fürchte.‹ Und dann gab er mir mit einem schmerzlichen Lächeln sein Ehrenwort, daß er nicht mehr daran denken werde.«

Kerenski sucht das Leben Nikolaus Romanows zu retten

Kerenski, der neue Justizminister, wollte nicht der Marat der Russischen Revolution sein. Wenn er die Gefängnisse geöffnet hatte, so nicht, um neue ›Schuldige‹ hineinzusperren. Gewiß hatten viele Polizisten und Mitglieder der Ochrana schwere Verbrechen auf dem Gewissen. In einer Anwandlung von Großmut entschied der Revolutionär des Februar 1917 jedoch, daß diese Schuldigen Unschuldige seien. »Was hast du angestellt, weshalb bist du hier?« pflegte der Gefängniswärter vor der Revolution den Häftling zu fragen. »Ich bin hier, damit *du* nicht mehr geschlagen und gedemütigt wirst«, antwortete der Häftling dem Wärter.

Und im Februar 1917 befreite der Häftling den Wärter von seiner schändlichen Aufgabe.

Kerenski einigte sich mit Miljukow, dem Außenminister, darauf, daß ›auf Bitten der Provisorischen Regierung‹ die britische Regierung ihre Zustimmung zu einer Ausreise der kaiserlichen Familie nach England geben solle. Dort sollte sie ›aus humanitären Gründen‹ aufgenommen werden. Tatsächlich wäre dieser Akt des Wohlwollens auch für England eine Garantie gewesen, daß reaktionäre Kreise nicht versuchten, eine Wiederherstellung der Monarchie durch irgendeinen Erben Nikolaus' II. zu bewerkstelligen. Ein solcher hätte dann einen Sonderfrieden schließen können, der im Frühjahr 1917 ein Alptraum für Lloyd George gewesen wäre.

Lloyd George handelte also entschlossen. Sofort nachdem am 2. März 1917 seine Zustimmung durch Botschafter Buchanan übermittelt worden war, stellte die Provisorische Regierung Nikolaus II. vor die Wahl: abreisen oder in Rußland bleiben.

Es hieß auch – aber hier gibt es keine überzeugenden Beweise –, der Ex-Zar habe bereits seine Zustimmung zu einer Einladung Willys gegeben, die ihm heimlich übermittelt worden sei. Um seine Frau und seine Kinder zu retten, habe er sogar akzeptiert, sich dem Feind auszuliefern, aber auch dies sei wiederum zum Scheitern verurteilt gewesen, wegen des Streiks der Eisenbahner, die ohne es zu wissen, ihn daran gehindert hätten, den Finnischen Meerbusen zu erreichen. Wie dem auch immer sei: Nikolaus nahm den Vorschlag Kerenskis, nach England abzureisen, an, und dieser teilte es dem Militärattaché Hanbury-Williams mit. Am 6. März wurde die Reiseroute über Murmansk ausgearbeitet. Nikolaus II. notierte in seinem Tagebuch, daß er beim Kofferpacken sei.

Am 9. März beschloß jedoch das Exekutivkomitee, nachdem es erfahren hatte, daß die Provisorische Regierung Nikolaus Romanow die Möglichkeit, nach England auszureisen, eingeräumt hatte und dieser sich bereits auf dem Weg nach Petrograd befand, »sofortige Maßnahmen zu ergreifen, damit er auch weiterhin in Haft bleibt«.

Hier die Beschlüsse, die das Komitee an diesem Tag traf:

»Es ist soeben eine Anordnung erlassen worden, wonach alle Bahnhöfe in Alarmbereitschaft zu versetzen sind, damit unsere bewaffneten Kontingente die durchfahrenden Züge kontrollieren können. Es wurde ein Sonderkommissar mit absoluten Vollmachten für die Bahnhöfe Zarskoje Selo, Tosno, Zwanka (hier handelt es sich um Mstislawski) eingesetzt. Es wurden Telegramme an alle Bahnhöfe geschickt, um Nikolaus festzunehmen. Die Provisorische Regierung wurde sodann über den Einspruch des Sowjets gegen eine Ausreise von Nikolaus Romanow nach England in Kenntnis gesetzt. Es wurde beschlossen, diesen in die Peter-und-Pauls-Festung zu verlegen. Zu diesem Zweck hat man dort die Garnison ausgewechselt.«

Etwas weiter unten, unter Punkt 13 des Sitzungsprotokolls vom 9. März finden sich folgende Hinweise auf die Lage in Zarskoje Selo:

»Die Palastgarde ist fest unter Kontrolle der revolutionären Kontingente. Ein Erlaß bestimmt, daß niemand mehr in den Palast hinein- noch aus ihm herausgehen darf. Die Telephonleitungen sind abgeschnitten worden. Nikolaus befindet sich unter strenger Bewachung. Für diese sind etwa 300 Soldaten des 3. Schützenregiments abgeordnet worden. Im Palast verbleiben dürfen die Dolgorukis und die Benckendorffs. Briefe und Telegramme unterliegen der Zensur. [...] Man hat uns wissen lassen, daß in dem in Zarskoje Selo stationierten 1. Reserveregiment gegen den Sowjet agitiert wird, daß die Truppen eine konstitutionelle Monarchie verlangen. Diese Agitation geht von den Offizieren aus.«

In Wirklichkeit gab, nachdem der Abgesandte des Sowjets von Petrograd, Mstislawski, den ›Ex-Souverän‹ ›sehen‹ konnte – ihn mit eigenen Augen in seinem Palast von Zarskoje Selo mit seiner Frau und seinen Töchtern sehen konnte –, der Sowjet der Argumentation Kerenskis nach, der gegen die Verbringung in eine Festung war. Der romantische Held und Vorsänger der Februarrevolution wollte kein Blut fließen sehen. Er hatte bereits den Ex-Ministern des Zaren das Leben gerettet, indem er sie mit seinem eigenen Leib gegen aufgebrachte Aufrührer verteidigte. Man ließ ihnen heimlich Pässe zustellen, mit denen sie ins Ausland reisen konnten. Er wollte auch das Leben der Ex-Souveräne retten, was von Zarskoje Selo aus einfacher zu bewerkstelligen gewesen wäre als von einer Festung inmitten der Arbeiterviertel.

Einige Wochen später war die Situation jedoch völlig verändert, und es war nicht die Provisorische Regierung, die Probleme hatte, sondern die Seiner Majestät.

In England wurde die Ankunft des Ex-Souveräns und seiner Familie durch eine Pressekampagne vorbereitet, in der man an seine ›Treue gegenüber den Alliierten‹ erinnerte. Der Sowjet von Petrograd, dem dies zu Ohren gekommen war, verlangte eine Erklärung. Nikolaus II. sollte also nicht vor ein Gericht kommen – so wie es bei Ludwig XVI. der Fall gewesen war und wie es bei seinen Ministern sein würde, denen man bereits den Prozeß machte. Miljukow ließ die Engländer sofort wissen, daß eine Ausreise des Zaren und seiner Familie in Rußland Wellen der Empörung aufkommen ließe, und Kerenski ließ durchblicken, man dürfe keinen zu offensichtlichen Druck ausüben, wenn man Wert darauf lege, daß der ehemalige Zar rechtzeitig abreisen könne. Erinnern wir uns daran, daß Miljukow sich als Monarchist bezeichnete und Kerenski Republikaner war.

Lloyd George sah sich mit einer starken Oppositionsbewegung konfrontiert: die Mitglieder der Labour Party und die Gewerkschaften protestierten gegen die Einreise Nikolaus' ›des Blutigen‹ und seiner Frau, der deutschen Zarin, nach England. Es drohte ein Generalstreik als Sympathiekundgebung für die fast unglaublichen Nachrichten, die aus Rußland kamen und die in Gewerkschafts- und Pazifistenkreisen außergewöhnliche Begeisterung hervorriefen. Die Ankunft des Zaren in England wäre als Provokation empfunden worden. Sofort trat die Regierung den Rückzug an. Im Unterhaus dementierte Lord Cecil, daß es jemals ›die geringste Einladung‹ gegeben habe – was dem Buchstaben nach nicht einmal unrichtig war. Angesichts der Stärke der Protestbewegung und der Streiks griff König Georg V. persönlich ein und veranlaßte die Regierung, ihr Asylangebot zurückzuziehen.

In Rußland hatte Botschafter Buchanan die delikate Aufgabe,

die Provisorische Regierung davon in Kenntnis zu setzen, daß England seine Meinung geändert habe.

Später sollte Muriel Buchanan, die Tochter des Botschafters, enthüllen, daß man ihrem Vater, den das Gebot der Diskretion zum Schweigen verpflichtete, gedroht habe, ihn ohne Pension vom Dienst zu suspendieren, falls er die Rolle des Monarchen bei dieser Meinungsänderung durchsickern ließe. Inzwischen waren die Streiks nämlich beendet, der Zar ermordet worden, und in England machte man Buchanan für diesen Tod verantwortlich.

Aber Nikolaus schenkte von nun an den Regierungen und ihrer Politik keine Beachtung mehr oder wollte sie einfach nicht zur Kenntnis nehmen. »Ich schäme mich für Georgie und für England«, sagte er, als er von der Kehrtwendung seines Verwandten erfuhr.

Der Zar von allen verlassen, außer von der französischen Presse

Einer der schmerzlichsten Augenblicke für den Zaren war der, als er in Gegenwart seines Sohnes Alexej von Kerenski einen Befehl erhielt, dem er wie ein Untergebener gehorchen mußte. Ein anderes Mal während des Spaziergangs, Mitte April, hielt der Wachtposten den Zaren vor der Tür an und sagte zu ihm: »Herr Oberst, hier können Sie nicht reingehen.« Der Offizier, der den Zaren und seinen Sohn begleitete, hatte dann eingegriffen. Alexej war heftig errötet, als er sah, wie der Soldat seinen Vater anhielt.

Sein Tagebuch ist, sei er nun Zar oder gestürzt, noch immer das gleiche, ganz egal, was geschieht. Am 9. Juni heißt es darin: »Jetzt sind es gerade drei Monate, seit ich aus Moghilew zurück bin und wir hier wie Gefangene eingesperrt sind. Wie schwer es mir fällt, ohne Nachricht von meiner lieben Mama zu sein; alles andere ist mir gleichgültig. Heute ist es noch heißer als gestern (25 Grad im Schatten und 36 Grad in der Sonne). Alles riecht verbrannt. Nach dem Spaziergang habe ich Alexej Geschichtsunterricht erteilt. Wir haben fleißig gearbeitet, am gleichen Ort wie gestern. Alexandra ist nicht ausgegangen. Vor dem Diner machten wir einen Spaziergang zu fünft.«

Der Ex-Zar notierte auch, was er las. Im April ›Die Geschichte des Byzantinischen Reichs‹ von Uspenski, »angefangen am 4. April, diese 870 großformatigen Seiten beendet am Dienstag, den 25. April. Dann ›Das Tal der Angst‹ von Conan Doyle und ›A Millionaire Girl‹, beendet am 28.«. Zwischenzeitlich hat er das Buch von Kasso ›Rußland und die Donau‹ begonnen und sich mit General Kuropatkins ›Die Probleme der russischen Armee‹ befaßt. Abends liest er laut ›Das Geheimnis des gelben Zimmers‹ vor, dann ›Das Parfüm der Dame in Schwarz‹ und ›Der Spukstuhl‹, danach ›The Luck of the Veils‹ und dann noch ›Alexander I.‹ von Mereschowski.

Zar Nikolaus II. mit dem Zarewitsch in roter Gefangenschaft.

Der einzige Hinweis auf das, was draußen in der Welt vorging, war vom 22. Juni: »Heute ist der Jahrestag der Offensive der Südwest-Armeen. Wie wohl wir uns damals fühlten und welcher Unterschied zu heute.«

»Herr, komm uns zu Hilfe und rette Rußland!« (Hinter das Ausrufungszeichen hatte Nikolaus ein Kreuz gesetzt.)

Der Hauslehrer von Alexej, Pierre Gilliard, der bis zum Ende bei der Zarenfamilie geblieben war, berichtete, daß der einzige Trost des Ex-Zaren während seines Zwangsaufenthaltes in Zarskoje Selo die Lektüre der französischen Presse gewesen sei. Natürlich der republikanischen Presse.

Zweifelsohne hatte er sich von der monarchistischen Presse nicht weniger erhofft, die mit der ›Action Française‹ schrieb, der Zar habe »aus freiem Willen und um das Volk vor einer Revolution zu bewahren« abgedankt. Alexandra machte sich dieses Argument mehrmals während des Aufenthaltes ›im vergoldeten Käfig‹ von Zarskoje Selo zu eigen. Immer, wenn sie meinte, sich über die ständig strenger werdende Beaufsichtigung beschweren zu müssen, sagte sie, »der Zar habe abgedankt, um dem Volke Blutvergießen zu ersparen«.

Gewisse englische Zeitungen stellten fest, daß »diese Revolution weder anti-dynastisch noch anti-aristokratisch ist, sondern lediglich anti-deutsch«. Die Engländer hatten jedoch keine so warmen Gefühle dem Zaren, ›dem treuesten der Alliierten‹, gegenüber wie die Franzosen.

»Zunächst gilt es, sich vor dem edlen Souverän zu verneigen, dessen Name mit der Allianz unserer beiden Länder verbunden bleibt«, schrieb Alfred Capus in ›Le Figaro‹ und danach in ›Le Gaulois‹.

Alle diese Presseauszüge waren im ›Journal des débats‹ erschienen, das von Nikolaus gelesen wurde und das diejenigen Artikel zitierte, in denen festgestellt wurde, man werde »nicht an die Dynastie der Romanows rühren« – und es stimmt auch, daß, solange die Verfassunggebende Versammlung nicht zusammengetreten war, die Abschaffung der Monarchie nur Wunschdenken war – vielleicht einmal! –, aber eben noch keine Wirklichkeit.

Selbstverständlich sollte sich alles dies ändern, und ›Le Canard Enchainé‹ ließ auch nicht lange mit ironischen Bemerkungen über die, die ihr Fähnchen nach dem Wind hängten, auf sich warten: »Gestern war der Zar noch unberührbar, heute...« Und eine Karikatur zeigte Nikolaus II. mit nackten Füßen in einer Gefängniszelle, Unterschrift »Ah, ah, wenn doch Gustave (Hervé) käme, um mich zu befreien!«

Gustave Hervé, Sozialist und ›Patriot‹, hatte gleich nach der Abdankung einen lyrischen und begeisterten Artikel geschrieben, den die gesamte Presse übernahm. Es wurde kein Wort gegen den Ex-Zaren gesagt. Gewiß »die Autokratie lag am Boden, aber der Slawismus stand aufrecht da. Die Sache der Alliierten hat hier ihren schönsten Sieg davongetragen, endlich wird hinter der Armee eine moderne Verwaltung stehen, redlich und patriotisch. Welcher Keulenschlag für den Kaiser. Was für ein Beispiel für das deutsche Volk!«

Alles war laut Hervé durch den Haß der Russen auf die germanophile Bürokratie à la Protopopow zu erklären, aber deren Herrschaft war zu Ende.

Nikolaus II. war intakt aus all diesen Übertreibungen hervorgegangen. Der Beweis? Sobald seine Festnahme bekanntgeworden war, wurden Gustave Hervé und alle, die sich für den allgemeinen Umsturz begeisterten, unruhig: »Werden unsere russischen Freunde uns erlauben, ihnen in aller Offenheit zu sagen, daß die Inhaftnahme des Zaren uns ein bißchen ›mit den Ohren schlackern‹ läßt. Wer diesen Weg beschreitet, weiß, wo er anfängt, aber nicht, wo er zu Ende geht.«

Er begann, das zum Ausdruck zu bringen, wovor sich, ohne es öffentlich zu sagen, die Mehrzahl der französischen Staatsmänner – Ribot, Painlevé, Pétain – fürchteten: daß die Unruhen die Kriegsanstrengungen beeinträchtigen könnten, daß die Revolution die in Aussicht genommene russische Offensive in Frage stellen – und, wer weiß, die Russen vielleicht eines Tages einen Separatfrieden unterzeichnen könnten.

Der Tenor der französischen Presse täuschte die Leser in einem solchen Maß, daß sie sogar für den Ex-Zaren zu einem wirklichen Trost wurde.

Den Zaren oder das Ancien régime retten?

Als Kerenski sich bemühte, das Leben Nikolaus' II. zu retten, war er gewiß durch humanitäre Erwägungen dazu motiviert worden, er hatte jedoch auch seine eigenen Ideen hinsichtlich der Revolution: sie sollte vor allem Blutvergießen vermeiden, den Demütigungen ein Ende setzen, die Henker nicht zu Gefolterten und die Opfer nicht zu Folterknechten machen. Er war nicht der einzige, dem dieses Ideal vor Augen stand, er hatte es aber mit mehr Kraft und Überzeugung verinnerlicht als die anderen Revolutionäre. Dies erklärt auch seine Popularität. Wie alle russischen Sozialisten war er Republikaner, und was diese Sache – das Schicksal des Zaren – betraf, hat ihm keiner jemals unterstellt, aus politischen Absichten gehandelt zu haben.

Dies war nicht bei allen führenden Persönlichkeiten der Februarrevolution der Fall. In der Provisorischen Regierung hegte Miljukow, der Außenminister und Vorsitzende der Kadettenpartei, durchaus Hintergedanken. Ebenso wie Fürst Lwow und einige andere war er Monarchist, und als Gegner der Autokratie wünschte er – wie übrigens alle KD-Mitglieder – eine Verfassung, die als Bremse für den Absolutismus diente, doch ganz gewiß nicht die Demokratie der Sowjets, dieser Arbeiterräte und Soldatenkomitees, nicht einmal die Republik. Man hatte ihn gesehen in der Nacht vom 1. auf den 2. März, als die Vereinbarung zwischen dem Dumakomitee und dem Exekutivkomitee des Petrograder Sowjets ausgehandelt wurde: es war ein hartes Feilschen nach einer Woche der Revolution, als Soldaten und Arbeiter im Taurischen Palais kampierten. Damit der Sowjet seine Zustimmung zur Bildung einer Provisorischen Regierung gab, mußte man seinen Forderungen entsprechen: Amnestie und politische Freiheit. Aber hinsichtlich des dritten Punkts – Nichtfestlegung auf die Form des zukünftigen Regimes, Republik oder Monarchie – blieb Miljukow unerschütterlich fest. »Ich wunderte mich nicht einmal so sehr, daß er die Romanows verteidigte«, berichtete Suchanow, der dem Exekutivkomitee des Petrograder Sowjets angehörte, »sondern darüber, daß er sie zum wichtigsten Verhandlungspunkt machte. Jetzt (es handelt sich um eine Aussage aus dem Jahre 1920) ist mir seine Einstellung klar, aber auch seine Hartnäckigkeit. Er begriff, daß er den bevorstehenden Kampf nur mit einem Romanow bestehen würde, der Rest würde sich dann ergeben. Er hatte also gar nicht so viel Angst vor der Freiheit der Armee oder den Forderungen einer Verfassunggebenden Versammlung.«

Miljukow und Gutschkow waren wütend über die Abdankung Michails II.: Die Person Nikolaus' II. oder Michails war ihnen nicht so wichtig wie das, was sie verkörperten. Das Unumkehrbare trat jedoch nicht ein, weil man die Republik nicht ausgerufen hatte und weil, dank Nabokow, der die Abdankungsurkunde für Michail verfaßt hatte, eventuelle Chancen für eine Wiederherstellung der Monarchie bestehen blieben.

Wer aber würde der Erbe sein: Olga, die jüngste Schwester von Nikolaus und Michail? Olga, die älteste Tochter des Ex-Zaren, oder aber Kyrill, der den ersten Platz in der Thronfolge innehatte als Sohn Wladimirs, eines Bruders Alexanders III. und Cousins von Nikolaus und Michail?

Die hohen Militärs fühlten sich getäuscht. Hätten sie den Zaren auf diese Art zur Abdankung gezwungen, wenn sie das ganze Ausmaß der Revolution in Petrograd gekannt hätten? Die Nachrichten von Rodzjanko an Russki – das Dumakomitee habe die Lage in der Hand – hatten die Militärs, die sich schon seit langem mit dem Gedanken einer Übergabe der Macht in andere Hände vertraut gemacht hatten und Illusionen über den Fortgang der Ereignisse hegten, überzeugt. Die Proklamation des Befehls Nr. 1 über die Rechte der Soldaten offenbarte ihnen ganz plötzlich das Ausmaß der Katastrophe. Gutschkow, der Kriegsminister, und Fürst Lwow hatten nur scheinbar die Macht; sie regierten *in dem Maß, wie* der Petrograder Sowjet ihre Handlungen billigte. Es waren kaum zwei Wochen seit der Abdankung des Zaren vergangen, als der Sowjet auch schon von einem ›Frieden ohne Annexionen und Kontributionen‹ sprach.

Gewiß widerstanden die neuen Machthaber der Idee eines ›Friedens ohne Annexionen und Kontributionen‹, die vom Petrograder Sowjet ausging; aber welchen Weg hatte der Generalstab hinter sich: Er hatte sich auf ein Komplott zum Sturz des

Zaren eingelassen, um Verhandlungen mit Deutschland zuvorzukommen und besser Krieg führen zu können. Doch kaum war Nikolaus II. gestürzt, sprach man bereits vom Frieden. Die Aprilkrise, begleitet vom Sturz Gutschkows und Miljukows, zeigte, in welchem Ausmaß sich die revolutionäre Bewegung radikalisierte. Der neue Regierungschef Kerenski sah sich außerstande, die Lage zu stabilisieren. Zum einen hatte vor allem die bolschewistische Propaganda die annektionistischen Ambitionen der Provisorischen Regierung enthüllt, die mit der Notwendigkeit der Einhaltung bestehender Verträge begründet wurde. Dazu kamen die Verbrüderungsbewegungen, das Infragestellen der geplanten Offensive, ohne von den sich immer mehr ausweitenden Ansprüchen der Arbeiterschaft und den Aktionen der Bauernkomitees zu reden.

Die seit dem Frühjahr 1917 freien Bürger wiesen alles, was den Staat repräsentierte, als zaristische Überbleibsel zurück: zunächst einmal die Provisorische Regierung, die als mehr oder weniger aus der Duma hervorgegangene Institution in erster Linie verdächtig war. Man stellte ihr den Sowjet entgegen, selbst wenn die führenden Sowjetmitglieder, also die Sozialisten, seit April 1917 Minister waren. Jede Stadt ihrerseits spielte ihren eigenen Sowjet gegen den Sowjet der Hauptstadt aus: schließlich war der ihre dem Petrograder rechtlich gleichgestellt, weshalb sollte er also nicht seine eigenen Angelegenheiten verwalten? Aber auch jedes Kollektiv, sei es nun ein Fabrikkomitee oder ein Wohnviertelkomitee, stellte dem Sowjet der Abgeordneten die ›Basis‹ gegenüber. Es wurden Instanzen gebildet, die in direkter Opposition zur Politik der Exekutivkomitees standen, und irgendwie wurde auch das Repräsentativsystem selbst in Frage gestellt: Revolution, das war die Direktregierung. Jegliche Delegierung von Macht wurde als schändlich angesehen, jegliche Autorität als untragbar. Der Staatsapparat flog also in Fetzen davon, und die bolschewistische wie auch die anarchistische Propaganda bestärkten diese Entwicklung.

Nach Meinung des Großbürgertums und der Militärbefehlshaber steuerte Rußland auf seinen Ruin zu, lag Rußland in Agonie. Der doppelten Macht mußte ein Ende gesetzt werden, man mußte die Sowjets loswerden, die Bolschewiken festnehmen und ihre Anführer erschießen. Der Gedanke an einen Cavaignac* kam ihnen ganz natürlich in den Sinn und fand Ausdruck in den Offiziersligen, die sich seit Mai bildeten.

Es breitete sich also ein antirevolutionäres Modell aus, das Ähnlichkeiten mit dem in der damaligen Zeit in Italien gebildeten faschistischen Modell aufwies: eine Abwehrreaktion gegen die soziale Revolution, eine Aktion der Militärs und der Kirche gegen den Klassenkampf, ein Appell an die Männersolidarität der Frontsoldaten, ein Zurückgreifen auf besondere, den Kommandos ähnelnde Aktionsgruppen, das Auftreten neuer Männer, oft früherer Revolutionäre, die sich zur nationalen Verteidigung zusammenschlossen, wie B. Sawinkow, Antisemitismus, Unterwanderung des Staats, Anwendung von Gewalt gegen demokratische Institutionen, Anprangerung der Schwäche der Regierung, Sympathie und aktives Eingreifen alliierter Regierungen.

Kein einziges Wort wurde über die Monarchie verloren, geschweige denn über die Romanows. Innerhalb von sechs Monaten war jedoch soviel Neues in den Köpfen vorgegangen, daß die Menschen, die sich zusammenschlossen, um irgendwie wieder eine Art Zarismus ohne Zaren einzuführen, ihre Organisation ›Republikanisches Zentrum‹ nannten.

Kerenski hatte nach und nach zuerst General Alexejew, der zu eng mit dem alten Regime liiert war, abgesetzt, danach General Brussilow, der, da er für Reformen offen war, das Vertrauen seiner Standesgenossen verloren hatte. An seiner Stelle wurde General Kornilow, ein ›republikanischer‹ General, ernannt.

Ein Republikaner, der nur davon träumte, sich der Sowjets zu entledigen und Kandidat des ›Republikanischen Zentrums‹ war, ein Kandidat für die Diktatur.

»Ich hoffe sehr, daß er Erfolg haben wird«, sagte Alexandra zu ihrem Mann, als sie durch Vermittlung Anna Wyrubowas und

---

* Louis-Eugène, franz. General, Chef der Exekutive im Jahre 1848, unterdrückte den Juni-Aufstand, trat danach ohne Erfolg als Präsidentschaftskandidat gegen Louis Napoléon an. (Anm. d. Ü.)

Alexander Kerenski bei einer Truppeninspektion 1917.

monarchistischer Kreise erfuhr, was sich da zusammenbraute. »Ich auch«, sagte Nikolaus.

Anfang Sommer 1917 versuchte Kerenski, die Armee wieder in die Hand zu bekommen, und ließ zur Wiederherstellung der

Disziplin die Todesstrafe an der Front wieder einführen – ohne daß sie auch nur ein einziges Mal angewandt worden wäre.

»Hoffen wir, daß diese Maßnahme nicht zu spät ergriffen wurde«, war der Kommentar des Ex-Souveräns.

Seit einigen Wochen hatten die Monarchisten, nachdem sie sich wieder gefangen hatten, versucht, eine Operation in Gang zu setzen, um den Ex-Zaren und seine Familie zu retten. »Gesegnet sei die Heilige Ikone, wenn er zustimmt, daß sich das Zarenreich erhebt«, ließ der Anna Wyrubowa verbundene N. Markow wissen. Als Antwort ließen ihm Alexandra und Nikolaus die Ikone des heiligen Nikolaus – des Wundertäters – überbringen. Doch dieser Markow konnte nichts tun, ebensowenig wie jener Markow, der dem ›Republikanischen Zentrum‹ angehörte und der ein Komplott angezettelt zu haben scheint, um Nikolaus zu befreien. Diese Gruppe suchte nach Unterstützung im Ausland, hauptsächlich in London, wo sich damals Dmitri Pawlowitsch, einer der Mörder Rasputins, befand – was ihren Bemühungen eine gewisse Glaubwürdigkeit verlieh. Er wandte sich auch nach Madrid, Nizza und Lausanne, wo die ersten Aufrufe für eine Rückkehr Nikolaus' II. gedruckt worden waren. Auf der Krim konnten auch die Zarinmutter, Großfürst Nikolaj und Großfürst Michail eine Aktionsgruppe zusammenstellen, der die Gräfin Keller, Baron Korff und Senator Tanejew, der Vater Anna Wyrubowas, angehörten. Die Broschüren ›Wperiod za Tsarja i Swiatuju Russ‹ (›Vorwärts für den Zaren und das Heilige Rußland‹) wurden auch in Yalta verteilt.

Während des Juli-Aufstandes, mit dem selbst die Bolschewiken nicht mehr fertig wurden und der auf den Sturz der Regierung Lwow-Kerenski abzielte, wurde die drohende Wolke, die über dem weiteren Schicksal der Zarenfamilie lastete, noch größer. Die Beschuldigungen gegen Lenin und die Bolschewiken, sie seien von Deutschland ausgehaltene Agenten, stimmte eine Reihe von Soldaten um, was den Aufstand zum Scheitern brachte. Kerenski, der als einziger die Macht in den Händen hielt, meinte, es sei erforderlich, die Zarenfamilie vor einem erneuten Auflodern der Volkswut, das ebenso unvorhersehbar wie im Juli sein könnte, in Sicherheit zu bringen. Er war auch der Meinung, ein monarchistischer Handstreich sei nicht mehr auszuschließen. Diese Gründe sprachen für ein weiter entferntes Exil: nicht auf der Krim, wo die öffentliche Meinung sich nur schwer damit abfinden könnte, daß der Ex-Zar wieder in einem Palast residierte und wo die nicht ganz vertrauenswürdige Marine ihn ebensogut hinrichten wie befreien könnte, sondern in Westsibirien, zum Beispiel in Tobolsk, weit entfernt von allen Gefahren der Revolution oder der Reaktion. Der sowjetische Historiker G. Joffe hat das Telegramm ausfindig gemacht, das die Abreise der ganzen Familie zu ihrem entfernten Bestimmungsort festlegte:

»Sonderzug nach dem Ihnen bekannten Zielort fährt am 31. Juli ab und kommt am 3. August in Tjumen an. Deshalb für diesen Tag das Schiff nach Tobolsk und Unterkünfte vorbereiten.«

Eine Eskorte von 330 Soldaten und Offizieren war für die Sicherung des Transports abgestellt worden, der unter der Ägide des Japanischen Roten Kreuzes durchgeführt werden sollte. Die Regierung erlaubte Michail, Nikolaus vor seiner Abreise ins Exil zu umarmen. Kerenski war auch anwesend. Damit sie ungehindert sprechen konnten, sagte er zu ihnen: »Ich verstopfe mir die Ohren und werde nicht zuhören. Sprechen Sie also ganz frei!« Danach ging er ans Fenster und ließ sie allein.

Kein Oktober in Tobolsk

Tobolsk hat keinen Oktoberaufstand gekannt. Genauer gesagt, die bolschewistische Macht hat sich dort erst viel später etabliert. Wenn man ein Datum angeben müßte, wäre der 15. April 1918 zweifelsohne das exakteste: die Realität ist jedoch komplexer, da sich die verschiedenen Parteien im Reich nicht überall gleich entwickelt haben. Wenn man vom Grad der Radikalisierung ausgeht, so stand Petrograd an ihrer Spitze, und Tobolsk war das Schlußlicht.

Kaum hatte Kerenski Nikolaus II. und seine Familie weit weg

gebracht von den drohenden Gewittern, die er voraussah, kam der Putsch des Generals Kornilow, den er nicht voraussehen konnte, da er selbst ihn zum Oberkommandierenden der russischen Armeen ernannt hatte.

Der Gegenangriff erfolgte sofort. Er ging von Kerenski selbst aus, der sich an die Gefühle der Bevölkerung wandte, stützte sich jedoch auf das weitverzweigte Netz der Sowjets und Revolutionskomitees jeglicher Art, die sich seit der Februarrevolution in der Hauptstadt gebildet hatten. Nach der Unterdrückung des Juli-Aufstands hatten sich die Bolschewiken in den Untergrund zurückgezogen. Lenin befand sich in einem Versteck. Die bolschewistischen Arbeiter und Soldaten waren jedoch zugleich überrascht und empört darüber, daß man ihre Partei beschuldigen konnte, ein Agent Deutschlands zu sein. Nach dem Kornilow-Putsch und dem Aufruf der Menschewiken und SR-Regierung ›An alle‹ tauchten die Bolschewiken wieder aus dem Untergrund auf. Sie hatten diese militärische Reaktion vorausgesehen, und da die Analysen und Vorhersagen ihrer Führer sich als richtig erwiesen, verzehnfachte sich ihre Stärke in den Sowjets. In Petrograd war es einer von ihnen, Leo Trotzki, der Ex-Menschewik, der zum Präsidenten gewählt wurde.

Die Niederlage Kornilows war das Werk aller sozialistischen Parteien gewesen. Sie schwächte jedoch auch Kerenski, der sich von da an nicht mehr auf die gemäßigten Elemente und die Kadettenpartei stützen konnte, um die zunehmende Macht der Bolschewiken zu bekämpfen. Vor allem begannen die verzweigten Netzwerke der Sowjets durch ihre Radikalisierung eine Art Staat im Staat zu bilden, dem es wahrscheinlich an einem Kopf mangelte – im Oktober war es dann die Bolschewistische Partei. Der legale Staat dagegen hatte ganz gewiß einen Kopf, die Provisorische Regierung, aber die Organe reagierten nicht mehr auf seine Anordnungen, da die Sowjets das Leben des Landes kontrollierten.

In Petrograd, wie auch in anderen Städten und in der Armee, hatten die Bolschewiken von nun an die Mehrheit in den Sowjets: Abgeordnetensowjet, Sowjet der Fabrikkomitees, Sowjet der Wohnviertelkomitees usw. Sie konnten also die Macht übernehmen und sich dank eines bewaffneten Aufstands konsolidieren, was ihnen in gewisser Weise die Kontrolle über das Land ermöglichte.

Es gab aber auch Gebiete, wie z. B. das von Tobolsk, wo die Führer des Abgeordnetensowjets keine Bolschewiken, sondern Menschewiken und Sozialrevolutionäre waren. So lagen die Dinge bereits, als Nikolaus mit seiner Familie dorthin überführt worden war, und so blieb es auch bis zum Oktober und danach. In Tobolsk lag die wirkliche Macht in den Händen einer Schutzwehr, in der die Bolschewiken nur eine kleine Minderheit waren. Der von Kerenski für die Bewachung des Ex-Zaren ernannte W. Pankratow stellte sicher, daß Nikolaus II. und die Seinen einem toleranten Regime unterworfen waren, mit begleiteten Spaziergängen in der Stadt und einigen Priesterbesuchen. Das ging so weit, daß die mit der Bewachung beauftragten Soldaten sich, ebenso wie die Gefangenen, in einer feindlichen Stadt isoliert fühlten. Sie teilten dies nach Petrograd mit und ließen dringlich wissen, daß unter diesen Bedingungen eine Entführung oder eine Flucht der Romanows möglich werden könnte: »Wir sterben, aber sie werden nicht lebend hier herauskommen«, teilten sie dem von Swerdlow geleiteten Provisorischen Revolutionskomitee mit.

Damit erreichten sie die Ablösung von W. Pankratow und dessen Ersatz durch den Kommissar Pignetti. Viel änderte das jedoch nicht, und die Bolschewiken im Ural, die in den anderen Städten sehr viel stärker vertreten waren als in Tobolsk, konnten nicht verstehen, daß ohne eine Reaktion von seiten der Machthaber so viele Verbindungen zwischen dem Ex-Zaren und Besuchern, deren Absichten ziemlich klar zutage traten, geknüpft werden konnten.

Die Korrespondenz der Zarin mit Anna Wyrubowa belegt die große Passivität des Ex-Zaren gegenüber allem, was mit ihm geschah.

Es gibt etwa zwanzig in Tobolsk geschriebene Briefe der Zarin an ihre Vertraute, Anna Wyrubowa, die meisten in Russisch, einige in Englisch und einen in Altslawisch. Sie sind alle von dem gleichen Mystizismus geprägt und vermitteln gleichermaßen das Gefühl der Liebe und Zuneigung.

»Meine liebe Märtyrerin«, schreibt die Zarin an die im Gefängnis gehaltene Anna, »ich kann nicht schreiben, mein Herz quillt über, ich liebe Dich, wir lieben Dich, wir danken Dir, wir segnen Dich und verneigen uns vor Dir. Wir küssen Deine Stirnwunde und Deine leiderfüllten Augen; ich finde die Worte nicht, aber Du weißt alles, und ich weiß alles, die Entfernung kann unsere Liebe nicht ändern.« »Unsere Seelen sind vereint, und durch das Leid verstehen wir uns nur noch besser. Die Meinen segnen Dich und beten ohne Unterlaß für Dich. [...] Die Liebe kennt keine Entfernung, und wir sind in unseren Gedanken wie auch im Gebet immer bei Dir. Wir leben weit weg von allen, ruhig, und lesen alle Neuigkeiten, die im Land vor sich gehen. Ihr durchlebt dieses Grauen, und das genügt. Hier läßt man niemanden zu uns. Eine solche Kälte, 23 Grad. Unsere Zimmer sind kalt, der Wind pfeift. Wir haben Frostbeulen an den Fingern. Dein kleiner Hund Jimmy sitzt neben mir, während seine Herrin Klavier spielt. Wir versuchen, kleine französische Einakter aufzuführen, das lenkt ab und ist gut für das Gedächtnis; wir spielen Karten. Er liest uns vor, und ich erteile den Kindern Unterricht, weil man den Priester nicht zu uns läßt. Liest Du in der Bibel, die ich Dir geschenkt habe? Es gibt noch vollständigere, eine davon habe ich den Kindern geschenkt und habe mir selbst eine besorgt, in der wunderbare Dinge von Jesus Sirach stehen, die er über die Weisheit Salomos gesagt hat. Ich schlage überall nach, um etwas zu finden, was sich auf uns beziehen könnte, und die Psalmen sind mir ein großer Trost. Er ist erstaunlich, eine solche Charakterstärke, trotz allem, was er leidet. Es erstaunt mich, ihn so zu sehen. Alle anderen Mitglieder der Familie sind tapfer und beklagen sich niemals.«

Im Januar 1918 erfährt die Ex-Zarin, daß Anna Wyrubowa die Bekanntschaft Gorkis gemacht hat, und daß dieser versuchen will, etwas für sie zu tun. »Sei vorsichtig, mein Liebes. Ich bin erstaunt, daß Du seine Bekanntschaft machen konntest. Früher war er abscheulich, ein Anormaler, er schrieb ekelerregende Bücher und Stücke. Als er in Italien war, hat er gegen Papa und

Rußland gekämpft. Ist es derselbe?« Ende Januar dann wieder: »Sei vorsichtig gegenüber denen, die Dich besuchen. Ich bin sehr beunruhigt wegen Bitter (das russische Wort ›Gorki‹ bedeutet sowohl im Deutschen als auch im Englischen ›bitter‹). Er gibt eine abscheuliche Zeitschrift* heraus. Sprich nicht über ernsthafte Dinge mit ihm, auch nichts über Deine Freundinnen, sie könnten verfolgt werden. Bitter ist ein richtiger Bolschewik. Hier geht es uns jetzt viel besser, da man einen Priester zu uns ließ.«

Die Ankunft dieses Priesters, die Verbindungen zum Bischof von Tobolsk würden nicht ohne Konsequenzen bleiben.

Was ging nun wirklich vor, und weshalb reagierten die bolschewistischen Machthaber nicht? Die Wahrheit ist, daß sie dazu nicht in der Lage waren und es ihnen zum Beispiel nicht einmal möglich war, den Zaren nach Kronstadt zu überführen, was die energischsten ihrer Gesinnungsgenossen verlangten. Sie glaubten, daß nichts passieren könnte, bevor die Flüsse wieder eisfrei waren, und daß der Zar mindestens bis zum Frühjahr in Tobolsk festsäße. In Moskau, der neuen Hauptstadt, war mehrere Male beschlossen worden, »das Problem des Ex-Zaren stehe nicht auf der Tagesordnung«.

Zwischen Monarchisten und Bolschewiken: die Deutschen

In den monarchistischen Kreisen wurden viele Fäden geknüpft, die auch viel Geld einbrachten – über 200 000 Rubel laut Benkkendorff, und vielleicht außerdem noch einmal 175 000. Die Geistlichkeit von Tobolsk und der Bischof Hermogen bauten am Ort ein richtiges Netzwerk von Informationen auf, das die Kontakte knüpfte und gleichzeitig die Zarenfamilie gut unterrichtet hielt. Dies wird auch in Alexandras Tagebuch angedeutet, in dem sie im Januar 1918 auf einen »Jarossinski, der uns nicht ver-

---

* Gemeint ist ›Nowaja Schisn'‹ (›Neues Leben‹), eine links-menschewikische Zeitschrift, bis Oktober bolschewistenfreundlich, später -feindlich.

gessen hat« hinweist. Dieser hatte früher die Lazarette finanziert, deren Patinnen Maria und Anastasia waren. Im März machte sie sich Sorgen um das Schicksal von Boris Solowjow, der der Schwiegersohn Rasputins war und dem man natürlich vertraute. Er bereitete, wie man sagte, etwas vor, um sie zu retten. Es gab auch eine Gruppe von Monarchisten um den Ex-Senator Tugan-Baranowski, dem es gelungen war, ein Haus gegenüber der Residenz des Gouverneurs, wo die Familie Nikolaus' wohnte, zu mieten. Sie hatten bereits begonnen, einen unterirdischen Gang zur Vorbereitung seiner Flucht auszuheben, konnten ihn aber nicht rechtzeitig fertigstellen, weil Nikolaus II. bald nach Jekaterinburg verlegt wurde.

Die wichtigste Rettungsaktion wurde jedoch von einer Bewegung organisiert, die sich ›Rechtes Zentrum‹ (Prawy Zentr) nannte. Deren führende Köpfe waren vor allem Kriwoschein, Gurko, A. Trepow, General Iwanow, die Prinzessin Pawlowna und diejenigen, die am 1. März vorgeschlagen hatten, ein ›Manifest‹ zur Einführung einer konstitutionellen Monarchie zu verbreiten. Markow gehörte ihr an und stellte die Verbindung zu Anna Wyrubowa und der Geistlichkeit von Tobolsk her. Aber eine doppelte Spaltung hinderte sie daran, zu handeln: einige hielten die Abdankung für null und nichtig, andere akzeptierten sie, waren aber geteilter Meinung, ob Michail, Paul oder ein anderer Regent des jungen Alexej sein sollte. Eine weitere Spaltung war die zwischen den Anhängern der Entente und den Germanophilen.

Zu Beginn und während der Verhandlungen von Brest-Litowsk hatten die Germanophilen die bessere Position, um unter der Hand mit den Vertretern des Kaisers zu verhandeln, die nach Moskau gekommen waren. »Die russischen Monarchisten überstürzen sich«, schreibt Major F. Bothmer. Sie schlugen eine Restauration vor mittels einer wirtschaftlichen Zusammenarbeit, für die sie garantieren würden, da sie – vor allem Jarossinski – Verbindungen zu deutschen Banken unterhielten. Wilhelm II. wollte jedoch nichts davon hören: zunächst einmal müßten die Verhandlungen mit den Bolschewiken abgeschlossen sein, was ihm ermöglichen würde, seine Truppen an die

Westfront zu verlagern. Er hatte bereits den dänischen König wissen lassen, daß jegliche Hilfe für die Familie Romanow, selbst aus rein humanitären Erwägungen, als ein Versuch zur Wiederherstellung der Monarchie erscheinen könnte und den Friedensprozeß in nicht wiedergutzumachender Weise gefährden würde.

In Moskau sagte und wiederholte Graf Mirbach dies allen denen gegenüber, die über das ›Rechte Zentrum‹ Fäden für die Befreiung der Familie Romanow knüpften. Im Augenblick stehe ein Sturz der Bolschewiken nicht zur Debatte.

Die Deutschen könnten den Monarchisten lediglich dabei behilflich sein, sich zu organsieren und eine Wiederherstellung der Monarchie für später, wenn ein Friedensvertrag unterzeichnet war, vorzubereiten.

Trotz aller Widrigkeiten – auf der einen Seite die von den Deutschen erhobenen Forderungen und auf der anderen die Opposition einer großen Mehrheit von Russen gegen derartige Konzessionen – schlossen Lenin und Trotzki, Kamenew und Joffe schließlich im März 1918 den Frieden von Brest-Litowsk.

Gleichzeitig änderten sich Anfang April die Mehrheitsverhältnisse im Exekutivkomitee des Ural-Sowjets: nun hatten die Bolschewiken diese inne. Sie lösten die örtlichen Dumas und die Semstwos auf und übernahmen die Macht.

Auf den ersten Blick hatten diese beiden Ereignisse nichts miteinander zu tun, sie hingen aber beide eng mit dem Schicksal der Zarenfamilie zusammen, denn in dem Augenblick, in dem die Monarchisten meinen konnten, eine mit Unterstützung der Deutschen vorgenommene Befreiungsaktion habe Erfolg, waren die Ural-Bolschewiken der Ansicht, der Gefahr dieser ständig drohenden Flucht des Zaren müsse ein Ende bereitet werden. Pignetti und Swerdlow in Moskau fanden, diesmal sollte das Problem der Romanows auf der Tagesordnung stehen. Am 2. Mai beschloß das Präsidium des Zentralkomitees, sie von Tobolsk nach Jekaterinburg zu bringen.

Ein beunruhigender Plan: die Mission Jakowlews

Zwischenzeitlich hatte sich das erste der ungeklärten Ereignisse dieser Geschichte zugetragen: die Mission von W. Jakowlew – demselben, der an der Seite von Mstislawski bei der Inhaftierung des Ex-Zaren in Zarskoje Selo beteiligt gewesen war. Im April kam dieser Abgesandte Swerdlows mit 30 Mann und 4 Maschinengewehren nach Ufa, Jekaterinburg und Tobolsk. Er hatte den Auftrag, die Verlegung der Familie Romanow sicherzustellen. Er hatte nicht das Recht zu sagen, wohin, und behauptete, es nicht zu wissen: neue Instruktionen sollten ihm auf jeder Zwischenetappe zugestellt werden. Aber alle nur denkbaren Zufälle vereitelten den Plan. Bei Alexej kam die Bluterkrankheit wieder zum Ausbruch, und er war zeitweilig nicht transportfähig.

In der ganzen Region herrschte Unsicherheit, weil sich mehrere Städte wegen der Kontrolle des Nachrichten- und Verkehrswesens, der Lagerbestände usw. stritten, und dies manchmal sogar mit Waffengewalt, während irreguläre Truppen zur allgemeinen Unordnung beitrugen. Die Abreise erfolgte dann in zwei Konvois. Der des Ex-Zaren brach als erster auf, und die Zarin folgte ihm mit den Ihren. Die Bahntransporte und Konvois erregten das Mißtrauen verschiedener Instanzen und anderer bewaffneter Gruppen, die sich in der Region befanden, was Reisen bald in Richtung Moskau, bald in Richtung Omsk – das damals noch halb unter Kontrolle der Sozialrevolutionäre stand – nötig machte. Letzten Endes konnte Jakowlew nach fünf abenteuerlichen Tagen den Zaren und seine Familie nach Jekaterinburg überführen und sie an Beloborodow, Goloschtschekin und andere Mitglieder des Ural-Exekutivkomitees übergeben. Hier würde der Zar in einem streng bewachten Haus, seiner letzten Wohnung, eingeschlossen bleiben.

Nichts ist jedoch klar an dieser ganzen Geschichte, obwohl mehrere Einzelheiten glaubwürdig bezeugt sind:

– Die Zarin, der Zar und ihre Töchter sind überzeugt, daß sie nach Moskau reisen und daß man sie von dort aus zweifelsohne zu einem skandinavischen Hafen oder nach England geleiten wird. Dies hat ihnen Jakowlew zu verstehen gegeben, ohne es ausdrücklich auszusprechen.

– Alsbald nach seiner Ankunft in Jekaterinburg hatte Jakowlew Beweise dafür in der Hand, daß er während dieser ganzen abenteuerlichen Reise ständig in direkter Verbindung mit Swerdlow (oder Lenin) war und seinen Instruktionen gefolgt war.

– Diese Mission konnte als verlorene Partie angesehen werden, da die örtlichen Gegebenheiten Jakowlew daran hinderten, an einen anderen Ort als Jekaterinburg zu reisen, wo er mit Einverständnis Moskaus die Ex-Zarenfamilie in den Händen des dortigen Sowjets ließ.

– Hinterher versteckte sich Jakowlew. Später wollte er wieder zu den Sozialrevolutionären gehen, die von Anfang an seine politische Heimat waren.

So wird die ganze Affäre immer dunkler, denn dieser Abstecher nach Omsk, wo sich die Weißen befanden, blieb zum Teil ungeklärt. Der Hinweis auf Riga, der mehrere Male auftaucht, läßt darauf schließen, daß die Abreise nach Skandinavien von einem Hafen hätte ausgehen können, der von den Deutschen kontrolliert wurde. Andererseits erzählte die Zarin während der Reise, daß sie Sedow getroffen habe, einen der Abgesandten von Markow, der mit Solowjow und anderen Monarchisten liiert war. Für die Sowjets war Jakowlew ein Verräter. Ist es aber so einfach?

Stellen wir also eine doppelte Hypothese auf, die auch nur einen Hauch von Schlüssigkeit bei diesem ungeklärten und ziemlich merkwürdigen Abenteuer aufkommen läßt.

Im April 1918 übten die Deutschen nach Brest-Litowsk einen sehr starken Druck aus, und ebenso wie Wilhelm II. ein doppeltes Spiel mit den Monarchisten und den Bolschewiken trieb, spielten auch Lenin, Trotzki und Swerdlow ein doppeltes Spiel mit den Deutschen und den Alliierten. Die erste Intervention der Engländer in Murmansk war nicht bloß antibolschewistisch, zumindest nicht von Anfang an. Sie bezweckte auch, einer Ausweitung des Machtgebiets der Deutschen im hohen Norden und in Finnland zuvorzukommen. Trotzki und Sadul wußten dies und bereiteten den Truppen, die die Rolle einer Gegenkraft spielten, einen schönen Empfang. Den Zaren nach Norden entweichen zu lassen, über Moskau oder irgendeinen anderen Ort, wäre nicht unvorstellbar gewesen, wenn es sich darum handelte, ihm ein Exil im Ausland zu garantieren. In diesen Tagen hatte in Moskau niemand wirklich die Frage einer Exekution des Ex-Zaren aufgeworfen, höchstens hatte man daran gedacht, ihn vor ein Gericht zu stellen. War das die Mission Jakowlews? Wollte er mit allen Mitteln das Leben des Zaren retten, selbst mit denen, die man sich noch nicht ausmalen konnte?

Es sei denn – und das ist die zweite Hypothese – daß, im Gegenteil, das heißt im Einverständnis mit den Deutschen, Swerdlow den Zaren nach Riga entweichen ließe, von wo aus er nach Skandinavien und dann nach England weiterreisen könnte, was die öffentliche Meinung – wenn sie denn davon erführe – und auch den Zaren selbst weniger schockieren würde. Er selbst glaubte, daß man ihn mit den Deutschen verhandeln lassen wollte, und er wies diesen Gedanken weit von sich. Er sah in Jakowlew sowohl einen bolschewistischen als auch einen deutschen Agenten. Vielleicht hatte er sich nicht einmal getäuscht! Er wußte jedoch nicht, welche Verbindungen die Deutschen zu seinen eigenen Anhängern hatten!

Wie dem auch sei, wir haben keinen Beweis. Und Jakowlew gelang es, zu verschwinden. Es gibt nicht die geringste Gewißheit, nur wenige Indizien.

Am beunruhigendsten ist, daß von nun an, schrittweise, in dem Maße, in dem diese Nachforschung fortschreitet, die Indizien immer ungewisser werden, immer unkontrollierbarer, und wir uns wie in einem riesigen Wald verloren finden werden, vom Nebel bedeckt, der einen daran hindert, klar zu sehen.

Der Ex-Zar erzählt von seiner Ankunft in Jekaterinburg:
»17. April: Es war ein herrlicher, warmer Tag, Um 8.40 Uhr trafen wir in Jekaterinburg ein. Wir sind drei Stunden auf einem Bahnhof aufgehalten worden. Zwischen den örtlichen Kommissaren und den unseren entspann sich eine lebhafte Diskussion. Schließlich haben die örtlichen Kommissare gewonnen, und man hat unseren Zug auf einen anderen Bahnhof geleitet, einen Güterbahnhof. Durch verlassene Straßen hat man uns zu dem für uns vorbereiteten Haus Ipatjew geführt.«

»Das Haus ist schön und sauber. Vier große Zimmer sind für uns reserviert worden: ein Eckzimmer als Schlafzimmer, ein Waschraum, ein Speisezimmer, dessen Fenster auf einen kleinen Garten hinausgehen und von wo aus man den untern Teil der Stadt sehen kann, und dann noch ein geräumiger Salon. [...] Die Gepäckkontrolle war äußerst streng, eine regelrechte Zollkontrolle. Sie haben alles untersucht, bis hin zum letzten Flacon der Reiseapotheke von Alix. Darüber war ich empört, und ich habe dem Kommissar sehr barsch gesagt, was ich davon halte.«

»18. April: Wir haben wunderbar geschlafen. Danach hörten wir einen Festzug anläßlich des 1. Mai mit Musik vorbeiziehen (das Notizbuch von Nikolaus ist noch nach dem alten Kalender datiert und bleibt 13 Tage hinter dem Gregorianischen Kalender zurück). Man hat uns nicht in den Garten gehen lassen. Ich habe frische Luft durch eine Fensterklappe geschnappt.«

»21. April – Ostersamstag: Man hat uns die Genehmigung erteilt, einen Priester und einen Diakon kommen zu lassen. Um 8 Uhr haben sie die Ostermesse zelebriert, schnell und gut. Es war ein großer Trost, beten zu können, selbst unter diesen Umständen, und zu hören: ›Christ ist erstanden.‹ Die Wachsoldaten nahmen am Gottesdienst teil.«

»1. Mai: Um 12 Uhr ist die Wache abgelöst worden, die neue setzt sich aus Russen und Letten zusammen. Man hat uns sagen lassen, daß wir nur eine Stunde am Tag spazierengehen dürfen, ›damit das Regime dem in einem Gefängnis ähnelt‹. Danach hat ein alter Maler sämtliche Fenster unserer Zimmer mit Kalkfarbe angestrichen. Wenn wir spazierengehen, überwachen uns Kommissare.«

Im Tagebuch werden die Eintragungen immer spärlicher, im Mai liest man noch:
»28. Mai: Heißer Tag. Im Schuppen öffnet man unsere Kisten aus Tobolsk. Sie nehmen die Sachen heraus, und das bringt einen auf den Gedanken, daß sie ohne weiteres alles wegtragen können, was ihnen gefällt, und daß wir es nie wieder sehen werden. Das ist abscheulich.

Ebenso hat sich auch ihre Haltung uns gegenüber geändert: unsere Gefängniswärter geben sich Mühe, nicht mit uns zu sprechen. Man hat das Gefühl, daß sie beunruhigt sind, irgend etwas befürchten. Da kann man nichts mehr verstehen.«

»20. Juni: Man hat uns die Wachen ausgewechselt. Der unangenehme Andrejew ist durch Jurowski ersetzt worden. Er hat uns unseren Schmuck weggenommen, und dann hat er ihn in einem versiegelten Kasten wiedergebracht und uns gebeten, den Inhalt nachzuprüfen. Danach hat er ihn uns zur Aufbewahrung dagelassen. Jurowski hat begriffen, daß die Leute um uns herum den größten Teil unserer Lebensmittel für sich selbst behielten. Ich bin beim 7. Band der Werke von Saltykow-Schtschedrin angelangt, er gefällt mir sehr gut.«

Und noch ein letzter Eintrag im Tagebuch:
»30. Juni: Alexej hat sein erstes Bad seit Tobolsk genommen: Sein Knie ist besser, er kann es jedoch immer noch nicht ganz beugen. Das Wetter ist mild und angenehm.

Keine Nachrichten aus dem Ausland.«

Einige Tage danach ist der Ex-Zar hingerichtet worden.

4

Weltereignis oder ›Vermischte Nachricht‹?
Ein Tod, der Rätsel aufgibt

Die Archivmaterialien

1989. »Moskau betet für den unschuldigen Zaren«, »Die Russen müssen die Wahrheit über den Tod des Zaren erfahren« – diese vor einigen Jahren noch völlig unvorstellbaren Überschriften in sowjetischen Zeitungen sagen viel über das Wahrheitsbedürfnis einer Gesellschaft aus, die von nun an im Zeichen von Glasnost lebt!

Jede Gelegenheit ist willkommen, um einen Teil des Schleiers zu lüften, der über einer verbotenen Geschichte liegt – der des sowjetischen Regimes in seinen Anfangszeiten.

Im April 1989 erklärte der Schriftsteller Geli Rjabow in den ›Moskowskie Nowosti‹ (›Moskauer Nachrichten‹), er habe vor zehn Jahren die Leichen der Romanows, zumindest ihre Schädel, aufgefunden, was bestätigen würde, daß sie nicht durch Säure zerstört wurden, sondern weit entfernt von Jekaterinburg begraben worden sind.

Was bei dieser ›Entdeckung‹ auf dem Spiel steht, ist klar:

»Wenn es wirklich die Leichen der Zarenfamilie sind, die man da entdeckt hat, könnte man sie an einen anderen Ort verbringen, ihrer gedenken und eine Totenmesse für sie lesen«, sagen bereits die Popen Wadim und Wladimir Anischenko, von denen einer der Leiter des ›Komitees für die Rehabilitierung des letzten Zaren‹* ist.

Der gleiche Geli Rjabow veröffentlichte im Mai 1989 in den Nummern 4 und 5 von ›Rodina‹ (›Vaterland‹) einen langen Artikel, in dem unveröffentlichte Auszüge aus dem Geständnis von Jurowski zitiert werden. Dieser war verantwortlich für die Exekution der Romanows und Chef des Bewachungspersonals im Haus Ipatjew, dem ›Haus der besonderen Bestimmung‹, in dem die Romanows getötet wurden. Der Text scheint im Juli 1920 geschrieben worden zu sein, das heißt, zwei Jahre nach ihrer Ermordung. In den gleichen Nummern von ›Rodina‹ wirft der Historiker G. Joffe, der sich auf diese Geschichtsperiode spezialisiert hat, Fragen über die Umstände dieser Exekution auf, z. B. ob die Verantwortung dafür bei örtlichen oder zentralen Stellen lag.

Gewiß stellt das Bedürfnis nach Wahrheit, unabhängig davon, ob es sich um Fragen der Schuld oder Unschuld handelt, eine Erklärung für das Wiederauftauchen von Zeugenberichten und Dokumenten zu diesen Ereignissen dar. Den Russen waren sie vorenthalten worden. Sagen diese sensationellen Artikel aber mehr aus als das, was zumindest im Westen bereits bekannt war? Kann man außerdem sicher sein, daß die Version, die wir im Westen von der Exekution der Romanows haben, der Wirklichkeit entspricht? Kann man z. B. den Geständnissen Jurowskis, selbst wenn sie aus den Archiven stammen, mehr Glauben schenken als anderen Geständnissen, die in der Geschichte der UdSSR so häufig sind? Bei diesem Rätsel sind die Zeugenaussagen manchmal absolut gegensätzlich, sie befinden sich aber alle in den Archiven.

Was sind nun aber tatsächlich die Informationsquellen, über die wir verfügen? Über die Ermordung selbst war lange Jahre der von N. Sokolow – welcher, neben anderen, 1919, als die Untat von den Weißen entdeckt wurde, mit den Untersuchungen beauftragt war – veröffentlichte Untersuchungsbericht mit

---

* Am 12. November 1989 hat sich eine Orthodoxe Monarchistische Konstitutionelle Partei Rußlands (die PKMPR) in einem Kloster der Moskauer Region gebildet.

dem Titel ›Eine gerichtliche Untersuchung über die Ermordung der russischen Zarenfamilie‹ das Kernstück. Zuvor hatte sein Chef, General Dieterichs, 1922 ›Ubistwo Zarskoj Semi‹ (›Die Ermordung der Zarenfamilie‹) publiziert, in dem er von der gleichen Untersuchung ausgehend zu Schlußfolgerungen kommt, die in einem Artikel in der ›Revue des deux mondes‹ im August 1920 erschienen sind.

Auf seiten der Roten ist das Hauptwerk ein Auszug aus der kleinen Schrift von P. Bykow ›Rabotschaja Revoljuzia na Urale‹ (›Die Arbeiterrevolution im Ural‹), die 1922 in Jekaterinburg selbst herausgegeben wurde und dann 1926 erweitert unter dem Titel ›Poslednie dni Romanowich‹ (›Die letzten Tage der Romanows‹) erschien. Bykow war eines der Mitglieder des Sowjets von Jekaterinburg, der nach den Ereignissen des Sommers 1918 die Exekution anordnete.

Man wird auch feststellen können, daß diese von beiden Seiten veröffentlichten Texte Gemeinsamkeiten aufweisen, und letztendlich wird man sich die Vulgata, die allgemein als authentisch anerkannte Wahrheit, von ihnen beiden ausgehend bilden können.

Inzwischen hat das Auftauchen einer jungen Frau, die vorgab, Anastasia, die Tochter des Zaren, »die einzige, die das Massaker überlebte«, zu sein, die Chronik dieser Toten ohne Grabstätte bereichert. Die namhaftesten Experten bestehen jedoch darauf, daß die Umstände der Exekution derart waren, daß niemand ihr entkommen konnte. Da man von einem Betrug überzeugt war, ihn aber auch nicht als solchen zugeben konnte, ist die ›Affäre‹ Anastasia dann von den politischen Kolumnen in die Spalten der ›Vermischten Nachrichten‹ geraten.

So war die Lage noch 1975, als es zwei Journalisten der BBC, Summers und Mangold, gelang, die gesamte Akte über die gerichtliche Untersuchung in die Hand zu bekommen – also genau die, welche Sokolow als Vorlage für sein Werk gedient hatte. Nach Prüfung des Tatbestandes haben sie aufgezeigt, daß die 1924 von Sokolow veröffentlichte ›gerichtliche Untersuchung‹ systematisch alle Dokumente ausgelassen hat, die die These eines Überlebens der Töchter des Zaren und seiner Frau stützen könnten. Man hatte letzten Endes einfach vergessen, daß das ursprüngliche Kommuniqué über die Exekution des Zaren einen Zusatz hatte: »Seine Frau und seine Kinder sind an einen sicheren Ort verbracht worden.«

Was sind diese Feststellungen also wert?

Jetzt, seitdem die fast vollständige Untersuchungsakte von Nikolaj Ross in Deutschland unter dem Titel ›Gibel Zarskoj Semi‹ (›Der Untergang der Zarenfamilie‹) herausgegeben wurde, kann man besser darüber urteilen. Vom ›Volumen‹ her entspricht der von Sokolow veröffentlichte Untersuchungsbericht etwa einem Zehntel der von Ross veröffentlichten Akte, was allein schon ein Hinweis darauf ist, welches Interesse der letzteren, mit großer Sorgfalt zusammengestellten Veröffentlichung entgegengebracht wird.

Diese Dokumente, ebenso wie die vorangegangenen, liefern die Elemente einer Analyse der unmittelbaren Umstände der Ermordung, denn es handelt sich um Untersuchungsberichte; aber sie allein erlauben noch nicht, das Problem in einen politischen Rahmen einzufügen. Um dahin zu kommen, müssen noch andere Zeugenaussagen und Archive herangezogen werden.

Werfen wir aber zunächst einen Blick auf die Informationen über das Ende der Romanows und seine Umstände.

Bekanntgabe und nähere Umstände des Todes von Nikolaus II.

»In der Nacht vom 16. auf 17. Juli wurde in Jekaterinburg nach einem Beschluß des Regionalsowjets der Arbeiter, Bauern und Rotarmisten der Uralregion der Ex-Zar, Nikolaus Romanow II., erschossen. Dieser gekrönte Mörder hatte zu lange gelebt, dank des Wohlwollens der Revolution.«

Auf Seite 3 der gleichen Nummer von ›Uralski Rabotschi‹ vom 23. Juli 1918 konnte man auch unter der Rubrik ›Telegramme‹ lesen:

»Moskau: Präsident Swerdlow teilt mit, daß er über einen direkten Draht das Telegramm erhalten hat, das ihn über die Exekution des Ex-Zaren Nikolaus Romanow unterrichtete. In letzter Zeit ist durch ein Näherrücken tschechoslowakischer Truppen eine ernste Bedrohung Jekaterinburgs, der Hauptstadt des Roten Urals, eingetreten. Zur gleichen Zeit wurde ein neues konterrevolutionäres Komplott entdeckt; es zielte darauf ab, den Zaren aus den Händen derer zu befreien, die ihn festhielten, nämlich des Sowjets der Region. Infolgedessen hat dessen Präsidium beschlossen, ihn am 16. Juli zu exekutieren. *Die Frau und der Sohn Nikolaus' wurden an einen sicheren Ort verbracht.* Die Dokumente, die sich auf dieses Komplott beziehen, wurden mit Spezialkurier nach Moskau geschickt. Es ist kürzlich vorgeschlagen worden, dem Zaren wegen aller von ihm begangener Verbrechen den Prozeß zu machen. Die Umstände verhinderten jedoch ein Zusammentreten des Gerichtshofs. Nachdem das Präsidium über die Gründe debattiert hat, die den Sowjet des Urals zu der Entscheidung veranlaßten, die Romanows zu füsilieren, hat das Exekutivkomitee befunden, daß der Sowjet des Urals den Notwendigkeiten entsprechend gehandelt hat.«

Am 20. Juli stand in der Moskauer ›Iswestija‹ folgender Kommentar zu dieser Information:

»Durch diesen revolutionären Bestrafungsakt hat das sowjetische Rußland eine ernste Warnung an alle Feinde ausgesprochen, die von der Wiederherstellung des alten Zarismus träumen oder gar wagen, mit Waffengewalt gegen es vorzugehen.«

Dieser erste Text bringt also die Exekution mit einem drohenden Komplott oder einer Entführung in Verbindung – ein erneuter Versuch nach Art der Affäre Jakowlew? Er weist auf die Ankunft tschechischer Truppen hin, die mehr oder weniger eng mit den Weißen verbunden waren und die Absicht hätten haben können, den Zaren zu entführen. Er ist so abgefaßt, daß es aussieht, als ob sowohl die Initiative zur Exekution als auch deren Modalitäten auf die örtlichen Behörden zurückgingen: »Sie haben den Notwendigkeiten entsprechend gehandelt.« Alle diese Punkte müssen nachgeprüft werden.

1930 hat der englische Agent Bruce Lockhart behauptet, er sei als erster über diese Nachricht informiert gewesen, und zwar durch Karachan, den Vize-Außenminister und Stellvertreter Tschitscherins, des Volkskommissars für Auswärtige Angelegenheiten:

»Die erste Mitteilung, die ich am Abend des 17. Juli erhielt, betraf die offizielle Haltung der Regierung zu diesem Verbrechen. Mein eigener Eindruck ist der, daß der Ural-Sowjet, beunruhigt durch das Herannahen tschechischer Truppen, die sich seitdem in offenem Krieg mit den Bolschewisten befinden, die Initiative zu dem Mord ergriff und die Zentralregierung ihn nachträglich billigte. Sicher ist, daß sie ihn weder mißbilligte noch tadelte. Uns gegenüber brachte Karachan seine Mißbilligung zum Ausdruck und verwies auf die mildernden Umstände.«

Diese Umstände waren tatsächlich dramatisch, sowohl für die Regierung als auch in noch höherem Maße für die Bolschewiken der Uralregion. Während ihrer ganzen Geschichte waren die kommunistischen Machthaber tatsächlich niemals vergleichbaren Gefahren ausgesetzt, nicht einmal später, nach den Siegen Admiral Koltschaks im Jahr 1919.

Im Juni und Juli 1918 kontrollierten die Bolschewiken nur ein Territorium, das dem des alten Moskowien entsprach – über den Rest des Landes hatten sie keine Gewalt. Seit April 1918 befand sich die Ukraine in den Händen des Hetman Skoropadski, der unter der Kontrolle der Deutschen stand. Zahlreiche russische Monarchisten wie Miljukow, der frühere Außenminister, der mit ihnen verhandelt hatte, aber auch mit der Freiwilligenarmee der Generäle Alexejew und Denikin und dem Ataman Krasnow, waren nach Kiew geflüchtet. Sie alle beherrschten zusammen den gesamten Süden des Landes bis zum Kaspischen Meer. Eine weitere Bürgerkriegsfront hatte sich in Westsibirien aufgetan, wo die Mitglieder der alten, von Lenin *manu militari* aufgelösten Verfassunggebenden Versammlung sich wohl oder übel mit den Konterrevolutionären verbündet hatten und versuchten, eine heimliche Armee aufzustellen. Ein unvorhergesehenes Ereignis stand Pate bei der Geburt dieses Projekts: die Revolte der tschechischen Soldaten, ehemaliger österreich-ungarischer Kriegsgefangener, denen Trotzki erlaubt hatte, sich nach Wladiwostok zu begeben. Angesichts des allgemeinen Chaos,

Der Zar zusammen mit seinen Töchtern Tatjana und Olga
bei der Gartenarbeit in Zarskoje Selo, wo er nach seiner Abdankung von der
Kerenski-Regierung gefangen gehalten wurde.

des mangelnden guten Willens und des Mißtrauens der örtlichen Sowjets, die mehr oder weniger bolschewistisch waren, unternahmen sie einen Gewaltstreich und besetzten mit Hilfe antibolschewistischer Eisenbahner Omsk. Nach und nach wurde die tschechische Armee des Generals Gayda zur einzigen wirklich organisierten Kraft in dieser Region Sibiriens.

Ende Juni, Anfang Juli 1918 wurden diese Soldaten, die seitdem sie in Wladiwostok waren, die Unterstützung der Alliierten hatten, immer stärker und besetzten nach und nach die verschiedenen Bahnhöfe der Transsibirischen Eisenbahn. Sie marschierten von Omsk nach Jekaterinburg, wo die Zarenfamilie residierte.

Zur gleichen Zeit kämpften verstreute Geheimgruppen sozialistischer Revolutionäre gegen die bolschewistischen ›Usurpatoren‹. Sie operierten wie vor 1914: Strafexpeditionen, Massenstreiks – wie in Ijewsk – mit der Unterstützung von Demokraten und Kleinbürgern, die Opfer von Ausschreitungen der Rotgardisten waren. Unter ihnen befand sich Boris Sawinkow, der Altterrorist der Jahre 1900–1905, danach Minister unter Kerenski und Verbündeter von Kornilow, der die »Union zur Verteidigung der Mutter Rußland und der Freiheit« gegründet hatte. Mehr oder weniger mit General Denikin zusammen beherrschte er nahezu ganz Rußland und hatte die Unterstützung der Franzosen, die ihm von Archangelsk im hohen Norden aus zu einem Marsch nach Moskau Hilfestellung leisten sollten. Aber im entscheidenden Augenblick blieb die französische Hilfe aus, und Boris Sawinkow nahm ganz allein Jaroslawl in einem Überraschungsangriff ein. Dies war ein einmaliger Vorgang. Das Fest, das zu seinen Ehren gegeben wurde, und die Niedergeschlagenheit der Bevölkerung, nachdem die Stadt wieder von den Bolschewiken eingenommen worden war, offenbarten die Unbeliebtheit des Regimes in den kleinen Provinzstädten.

Man kann auf der Karte nachsehen, daß Jaroslawl, Ijewsk und Omsk sich in der gleichen Region wie Jekaterinburg befinden, wo die Zarenfamilie eingekerkert war. Alle diese Ereignisse fanden im Juni und Anfang Juli statt. Jaroslawl wurde am 6. Juli 1918 eingenommen. Am gleichen Tag verübten die linken sozialistischen Revolutionäre, die an dem bolschewistischen Staatsstreich vom Oktober und der Auflösung der Verfassunggebenden Versammlung beteiligt waren, dem Frieden von Brest-Litowsk aber feindlich gegenüberstanden – denn dieser Frieden war ein Dolchstoß in den Rücken des deutschen Proletariats, da er den Kaiser stärkte –, ein Attentat auf den Grafen Mirbach, den deutschen Botschafter bei der Sowjetischen Regierung. Sodann unternahmen sie einen Angriff auf die Tscheka. Das Ziel war klar: den revolutionären Krieg gegen die Deutschen wiederaufnehmen, wodurch in den besetzten Gebieten das alte Regime wiederhergestellt werden würde.

Alle diese Umstände zusammen spielen in bezug auf die von

dem Jekaterinburger Sowjet ergriffene Maßnahme eine Rolle, ebenso wie die direkte Bedrohung durch das Herannahen der Tschechen. Sie exekutierten den Zaren am 16. Juli und evakuierten die Stadt in den darauffolgenden Tagen. »Das Exekutivkomitee des Sowjets verließ in der Nacht des 25. Juli die Stadt als letzter, wie ein Kapitän sein Schiff«, in Richtung Perm.

Zweifelsohne rechtfertigen alle diese Geschehnisse des Monats Juli als solche und für sich allein genommen noch nicht die Exekution der Mitglieder der Zarenfamilie: sie erklären aber zumindest zwei Merkmale, die Improvisation und auch das Tempo. Gewiß, der Gedanke, die Romanows zu exekutieren, lag in der Luft; noch am 4. März 1918 wurde die Hinrichtung von den Bolschewiken der Stadt Kolomna ›gefordert‹, weil »die deutschen und die russischen Bourgeoisien in den von ihnen besetzten Gebieten das zaristische Regime wiederherstellen«. Mehrere Male ist in Moskau die Frage eines Prozesses, dessen Ausgang und Urteil man sich vorstellen kann, aufgeworfen worden. Die Behörden von Jekaterinburg sind notwendigerweise auf dem laufenden: der Präsident des Sowjets, Beloborodow, war übrigens mit Trotzki liiert, der, wie man hörte, als öffentlicher Ankläger auftreten sollte. Anscheinend haben die Umstände den Sowjet zu schnellem Handeln gebracht, und Moskau hat die Operation hinterher gedeckt. All dies erscheint wahrscheinlich, ist aber noch nicht wirklich bewiesen.

Kaum waren die Weißen in Jekaterinburg eingezogen, als sie im Wald der Vier Brüder die verkohlten Reste der Kleidungsstücke und anderer persönlicher Gegenstände der Romanows entdeckten. Darauf setzte alsbald die Untersuchung ein.

Zum gleichen Zeitpunkt, als im Roten Rußland, wie es Bruce Lockhart ausdrückt, »die Moskauer Bevölkerung die Nachricht vom Tod des Zaren mit verblüffender Gleichgültigkeit aufnahm«, erfuhr der Westen am 22. durch die ›Times‹ davon: *»Ex tsar shot. Official approval of crime.«* Diese Überschrift und der darauf folgende Nachruf nahmen anderthalb Spalten ein, und es gab keine weiteren Hinweise auf die Familie des Zaren, da die Information sich lediglich auf seine Exekution bezog. Das Schicksal des Zaren wurde auf den Seiten 4 und 5 der ›Times‹

kommentiert, und der ihm gewidmete Leitartikel vom 26. Juli betraf hauptsächlich die Hilfe, die die Tschechoslowaken der alliierten Sache entgegenbrachten. Bildeten sie nicht eine Art zweiter Front im Rücken der Bolschewiken, die seit Brest-Litowsk, wie es die Alliierten sahen, ›Alliierte‹ der Deutschen waren? Es ist richtig, daß zu diesem Zeitpunkt für die Alliierten die Veränderungen auf der Generalstabskarte von größerem Interesse waren als das persönliche Schicksal der Romanows: die zweite Marneschlacht − wo wieder einmal der Ausgang des Krieges auf dem Spiel stand − war gerade in vollem Gang, und diese Ereignisse fanden tatsächlich gleichzeitig statt.

Die Chronik über den Tod der Romanows wird jedoch gleich nach Beendigung des Krieges wieder fortgesetzt.

Echo und Gerüchte

Gleich nach dem Waffenstillstand gab Außenminister Stephen Pichon von der Tribüne des Pariser Abgeordnetenhauses den ersten öffentlichen Bericht über den Mord an den Romanows ab. Er hatte ihn vom Fürsten Lwow persönlich, dem ersten Präsidenten der Provisorischen Regierung im März 1917, erhalten:

»Fürst Lwow befand sich in einer Zelle, die neben der der Mitglieder der Zarenfamilie lag. Die Bolschewiken haben sie zusammengelegt und ließen sie sich hinsetzen, dann haben sie sie während der ganzen Nacht mit Bajonettstichen gepeinigt, um sie dann am nächsten Morgen einen nach dem anderen mit Revolverschüssen zu töten, so daß, wie mir Fürst Lwow sagte, in diesem Raum ein wahres Blutmeer war.«

Diese öffentliche Rede hatte naturgemäß ein beträchtliches Echo: der Bericht eines Ministers, der sich auf das Zeugnis des ersten Chefs der Provisorischen Regierung stützte!

In Wahrheit − und das sollte man erst sehr viel später erfahren − hat Fürst Lwow niemals im Haus Ipatjew gewohnt, in dem die Zarenfamilie eingeschlossen war. Er hat es nicht einmal je betreten − und in diesem Haus gab es keine Zellen, da es ein bürgerliches Wohnhaus war. Pichon hatte etwas falsch verstanden. Gewiß war Fürst Lwow in einer Gefängniszelle eingesperrt gewesen, aber vier Kilometer vom Haus Ipatjew entfernt, und er war nicht Zeuge der Ereignisse gewesen, von denen er erzählte. Aber von da an wollte er nicht mehr davon Abstand nehmen.

Wie dem auch sei, die bolschewistischen Führer stritten einer nach dem anderen die Ermordung der gesamten Familie ab, zuerst Tschitscherin in der ›New York Times‹ vom 20. September 1918, danach Maxim Litwinow, sein Nachfolger, der damals in demselben Ministerium war, am 17. Dezember 1918 in einer Erklärung; schließlich auch Sinowjew am 11. Juli 1920 in der ›San Francisco Sunday Chronicle‹.

Die eindeutigste und am klarsten formulierte Erklärung ist jedoch das Interview mit Tschitscherin in der ›Chicago Tribune‹, während der Genfer Konferenz, das dann von der ›Times‹ am 25. April 1922 übernommen wurde:

»FRAGE: ›Hat die sowjetische Regierung die Ermordung der Töchter des Zaren angeordnet oder genehmigt, und falls nicht, sind die Schuldigen bestraft worden?‹

ANTWORT: ›Das Schicksal der Töchter des Zaren ist mir zum gegenwärtigen Zeitpunkt unbekannt. Ich habe in der Presse gelesen, daß sie in Amerika seien. Der Zar ist von einem örtlichen Sowjet exekutiert worden, ohne daß die Zentralregierung vorher davon in Kenntnis gesetzt worden wäre. Das Ereignis fand am Tage vor der Besetzung der Region durch die Tschechoslowaken statt. Es war gerade ein Komplott bekanntgeworden, durch welches man dann den Zaren und seine Familie befreien und sie zu den Tschechoslowaken bringen wollte. Später, nachdem es über die wesentlichen Tatsachen dieser Affäre unterrichtet worden war, hat das Exekutivkomitee die Hinrichtung des Zaren gebilligt. Es hat keinen Hinweis auf seine Töchter gegeben. Da die Verbindungen zu Moskau seit der Besetzung dieser Zone durch die Tschechoslowaken unterbrochen waren, sind die Umstände dieser Affäre nicht geklärt.«

Waren diese Erklärungen für die ausländische Presse bestimmt? Die erste wurde jedenfalls mitten im Krieg abgegeben, zu einem Zeitpunkt, auf den später hingewiesen werden wird. Diejenige von Sinowjew und die zweite Erklärung Tschitscherins wurden nach dem ›Wiederauftauchen‹ Anastasias in Deutschland abgegeben, Ende 1919 und im Februar 1920.

Jedenfalls hat General Dieterichs alle diese Aussagen widerlegt: er sprach als informierter Mann, denn er hatte N. Sokolow zum Richter ernannt, der die Untersuchung über die Ermordung der Romanows bis zum Ende führte. Sein Artikel ist am 1. August 1920 in der ›Revue des deux mondes‹ erschienen und verweist lediglich auf die beiden früheren Erklärungen Tschitscherins und die von Litwinow.

»Die Bolschewiken gaben den Mord des Zaren bekannt, dementierten aber den der anderen Mitglieder der kaiserlichen Familie und ihres Gefolges. Sie setzten alles in Gang, um die Gutgläubigkeit der Öffentlichkeit zu täuschen. Zum Beispiel fuhr am 20. Juli, drei Tage nach dem Verbrechen, ein Zug offiziell von Jekaterinburg ab, und man ließ mit viel Lärm bekanntmachen, daß in ihm die kaiserlichen Gefangenen abtransportiert würden. In Wirklichkeit waren aber in diesem Zug, der nach Perm geleitet wurde, nur die Vorleserin und Freundin der Zarin, Fräulein Schneider, die Gräfin Hendrikow, der Hofmeister Nagorny sowie die Lakaien Wolkow und Trupp. Alle, mit Ausnahme eines Domestiken, der durch Zufall entfliehen konnte, wurden in der Nähe von Perm am 22. August 1918 erschossen.

Möge diese Widerlegung ein für allemal die Gerüchte und immer wieder auftauchenden Fabeln − die alle aus bolschewistischer Quelle stammen −, nach denen der Zar noch immer leben soll, zum Schweigen bringen. Einer dieser Artikel ist am 17. Dezember 1918 in Moskau erschienen. Litwinow (Finkelstein) gibt in Kopenhagen einen Teil des Mordes zu und leugnet den anderen. In einer deutschen Zeitung ist im April 1920 die Korrespondenz eines sogenannten deutschen Kriegsgefangenen erschienen, der behauptete, dabeigewesen zu sein, als in Jekaterinburg Nikolaus II. ermordet wurde.

Der Grund für diese tendenziösen Gerüchte ist jedem klar, der die russische Seele kennt: so viel Verwirrung wie nur möglich schaffen, Diskussionen, Befürchtungen, abergläubische

Hoffnungen, die nur in dieser Mentalität möglich sind, die bereits zutiefst zerrüttet und bis in ihre Wurzeln hinein krank ist.«

Diese Zeugenaussage wird zum größten Teil widerlegt durch die seitdem veröffentlichten Dokumente: so war z. B. Wolkow am 23. August 1919 durchaus noch am Leben, da er von Sokolow in Omsk vernommen wurde, und seine Zeugenaussage findet sich in den Archiven (vgl. Ross, Nr. 256) – immer unter der Voraussetzung, daß sie nicht erfunden worden ist. K. Nagorny wurde zwar erschossen, aber im Mai oder Anfang Juni 1918, also vor der Exekution der Romanows (vgl. Ross, Nr. 15).

Und schließlich sagte die Gräfin Radziwill, die von diesen Erklärungen General Dieterichs gehört hatte, am 11. Juli 1920 zu einem Journalisten der ›San Francisco Sunday Chronicle‹, der sie gebeten hatte, über die sibirischen Ereignisse vom Sommer 1918 zu berichten, und ihr die ersten Photos der Entdeckungen im Wald der Vier Brüder gezeigt hatte:

»Diese Juwelen sind nicht die, welche die Zarenfamilie mit sich genommen hat. Sie sind in St. Petersburg verblieben . . . Vor allem . . . zwei laut General Dieterichs exekutierte Personen, die Prinzessin Dolgorukow und die Gräfin Hendrikow, leben.«

Aus Sorge um ihre Sicherheit konnte sie jedoch nicht sagen, wo sie sich befanden. Sie nahm an, daß die Zarenfamilie zum Teil gerettet werden konnte und daß die Bolschewiken eine Scheinexekution inszeniert hätten.

Die amerikanische Zeitung stellte die Frage: »*Was tsars' family really slain? Proofs of death ineffective*« (Wurde die Familie des Zaren wirklich ermordet? Keine überzeugenden Beweise).

Danach kam das Gerücht auf, die *ganze* Zarenfamilie habe sich retten können. In einem 1920 geschriebenen und G. Clemenceau gewidmeten Werk schrieb Kommandant Lasies von der französischen Militärmission in Sibirien:

»Am 12. Mai 1919 bin ich mit General Janin, einem der Chefs der französischen Militärmission in Rußland, nach Jekaterinburg abgereist und kam im Hauptquartier von General Pepeljajew an. Ich sagte zu einem seiner Offiziere, ich sei am Haus Ipatjew vorbeigekommen, und man hätte mir vom Tod des Zaren

und seiner ganzen Familie erzählt, ich hätte aber in mein Notizbuch geschrieben, ich bliebe skeptisch, ob sich alles so zugetragen habe, wie man es mir erzählte.

›Wenn Sie am Tod der Zarenfamilie zweifeln, haben Sie
Recht‹, sagte er zu mir. Und er las mir einen Brief eines Mitglieds
seiner Familie vor: ›April 1919. Der Zar ist hier! Wie soll man es
verstehen! Ich meine, Du wirst verstehen, so wie wir selbst verstanden haben. Wenn es sich bestätigen sollte, wird das Christ-
fest für uns alle strahlend und voll unendlicher Freude sein.‹

Danach ein weiterer Brief, einige Tage später datiert: ›Während der letzten Tage haben wir eine Bestätigung betreffend die
Gesundheit derjenigen, die wir lieben, erhalten. Gott sei ge-
lobt.‹

Währenddessen schrieb mir der Stellvertretende Chef des Eh-
renbüros beim Staatsrat, der frühere Repräsentant der französischen Militärmission in Jekaterinburg, Bolifraud, am 24. März
1920: ›Sie bitten mich, Ihnen die Unterhaltung, die wir im
Mai 1919 auf dem Bahnsteig in Jekaterinburg führten, wieder
ins Gedächtnis zu rufen. Ich habe wirklich an das Drama geglaubt, so wie es mir erzählt worden war, obwohl ich niemals
einen direkten Zeugenbeweis erhalten konnte. Ich fing erst an,
Zweifel zu hegen, nachdem ich den offiziellen Bericht der Un-
tersuchungsbehörde gelesen hatte.‹«

»Schließlich«, notiert Lasies nach einem zweiten Besuch in Jekaterinburg, »glaube ich an den Tod des Zaren. Denn gab es da
nicht auch noch diese Worte, die in Deutsch auf eine Mauer geschrieben waren: ›Diese Nacht ist der Zar erschossen worden‹?
Wenn die ganze Familie erschossen worden wäre, ist doch anzunehmen, daß das auf der Inschrift vermerkt worden wäre.*

---

* In Wirklichkeit war der an die Mauer geschriebene Text folgender:
BelsaZar ward in selbiger Nacht von seinen Knechten umgebracht.
In dem Gedicht von Heine ist es Belsazar, der hier zu BelsaZar wurde. Diese Inschrift zeigt
aber zumindest, daß ihr Urheber aus dem deutschen Kulturkreis stammen könnte, folglich
einer der Kriegsgefangenen oder ein Lette war; er weist auf die Ermordung des Zaren hin,
des Zaren allein. Bedeutet das, daß der Urheber wußte, daß die Exekution stattgefunden
hatte oder stattfinden würde? Bedeutet dieser Text, der die Exekution bekanntgibt, daß die
Henker sich nicht zu verstecken suchten? Beweist er, daß der Zar an diesem Ort exekutiert
wurde?

›Ich will gerne glauben, daß die Mörder einen Körper spurlos verschwinden lassen konnten, aber es ist unvorstellbar, daß sich dreizehn in Luft auflösten! Und dann glaube ich auch nicht, daß man die Leichen der Opfer an mehreren Orten begraben, ausgraben und wieder begraben konnte, wie Kuxtenkow behauptet.‹

›Nein‹, sagte mir der Richter, ›sie sind *verbrannt* worden.‹«

In seinem Bericht hatte der Untersuchungsrichter geschrieben, daß bald einer der am Verbrechen Beteiligten, einer der Mörder der Zarenfamilie, vernommen werden solle.

»Nun«, sagte ich zu ihm, »es gab also einen direkten Zeugen, der Ihnen Enthüllungen machen konnte. Was hat er gesagt?«

»Bedauerlicherweise«, sagte *mir* der Untersuchungsrichter mit düsterer Stimme, »ist er an Typhus gestorben, ohne *irgend etwas* enthüllt zu haben.«

Alle am Leben? Alle tot? Verbrannt oder enthauptet, worauf Essad Bey besteht, der folgende Zeugenaussage des Mönchs Iliodor aus Moskau mitbrachte:

»Eines Tages mußte ich mich in den Kreml begeben, zu Kalinin (dem Präsidenten des Exekutivkomitees der Sowjets), um mit ihm über eine bedeutsame religiöse Reform zu sprechen. Als ich einen düsteren Korridor entlangging, öffnete mein Führer plötzlich die Tür eines kleinen Geheimgemachs. Ich ging hinein. Auf einem Tisch befand sich unter einer Glasglocke der Kopf von Nikolaus II. Er hatte eine tiefe Wunde am linken Auge. Ich blieb wie erstarrt stehen.

Der abgeschnittene Kopf sei auf Anordnung des Ural-Sowjets nach Moskau verbracht worden, sagte Essad Bey, und zwar von der Prostituierten Gussjewa, der Geliebten eines der angeblichen Mörder.

Diese Reise in Begleitung des Kopfs des letzten Zaren habe die Nerven der jungen, etwas einfältigen Frau zerrüttet. Sie verlor den Verstand.

Im Winter rannte sie mit nackten Füßen, in Lumpen gehüllt und mit wild im Wind flatternden Haaren durch die Moskauer Straßen, rief die Menschenmassen zusammen und erzählte, sie habe das Haupt des Gekrönten in die heilige Stadt, in der er zum Zaren gesalbt wurde, zurückgebracht. Sie wurde erschossen, und mit ihr verschwand die letzte Spur dieser Legende.«

Dieser Text, der aus einer Chronik der Epoche Iwans des Schrecklichen stammen könnte, enthält klassische Elemente der Legendenliteratur: den abgeschnittenen Kopf, den düsteren Korridor, die Prostituierte, das Umherirren, den Wahnsinn.

Er wird jedoch von zwei Zeugenaussagen bestätigt, der von General Dieterichs und der seines Freundes Robert Wilton, dem Korrespondenten der ›Times‹, die schrieben, daß »Jurowski alle Köpfe mit sich nahm, als er nach Moskau abreiste«.

Der Tod der Zarenfamilie nach dem offiziellen Bericht der Weißen

1924 wurden endlich die Schlußfolgerungen des Richters N. Sokolow: ›Die Ermordung der Zarenfamilie‹ gedruckt. Sie erwähnen den Namen des Organisators des Mordes:

»Der mit der Organisation des Massakers beauftragte Mann war ein Jude, Jakob Jurowski, Photograph, dann Krankenpfleger und Mitglied des Ural-Sowjets. Die zunächst vorgesehenen Arbeiter wurden durch Tscheka-Leute, in erster Linie Letten, ersetzt.«

Sie berichten über die Exekution auf Grund der Zeugenaussagen von P. Medwedew, einem Schweißer und dem ›einzigen Augenzeugen‹. Man vergleiche diese Aussage mit der der Bolschewiken:

»Am Abend des 16. Juli trat ich meinen Dienst an. Gegen 8 Uhr befahl mir Jurowski, ihm alle Nagan-Revolver zu bringen. Ich habe den Wachtposten und anderen ihre Nagans abgenommen und sie dann alle, es waren zusammen zwölf, ins Büro des Kommandanten gebracht. Der hat mir dann erklärt: ›Heute wird man sie alle erschießen, sag der Wache, sie sollen sich nicht aufregen, wenn sie Schüsse hören.‹ Ich habe erraten, daß Jurowski alle Häftlinge meinte, ich habe ihn aber nicht gefragt, von wem und wann der Beschluß ausgegangen ist, sie zu erschießen. Ich muß Ihnen sagen, daß seit dem Morgen der kleine Küchenjunge auf Befehl Jurowskis in die Wachstube des Hauses Popow gebracht wurde.

Im Erdgeschoß waren die Letten der ›lettischen Kommune‹ einquartiert, die nach der Ernennung Jurowskis zum Kommandanten angekommen waren. Es waren zehn. Ich kenne weder die Namen noch die Vornamen irgendeines von ihnen.

Um 10 Uhr abends habe ich, wie von Jurowski angeordnet, dem Wachkommando gesagt, sie sollten sich nicht aufregen, wenn sie Schüsse hörten.

Um Mitternacht hat Jurowski die Häftlinge geweckt.

Eine Stunde später war die ganze Familie bereit. Ehe sie geweckt wurden, sind im Haus Ipatjew zwei Tschekisten angekommen. Von einem habe ich später den Namen erfahren: Pierre Jermakow, vom andern kenne ich weder Namen noch Vornamen.

Um 2 Uhr verließen alle Häftlinge ihr Zimmer: der Zar trug Alexej in seinen Armen. Beide trugen Offiziersjacken und Schirmmützen. Die Zarin und ihre Töchter trugen weder Mäntel noch Hüte. Der Zar und sein Sohn gingen voran, hinter ihnen kamen die Zarin und ihre Töchter, dann das Gefolge. Jurowski, sein Gehilfe und die beiden Tschekisten begleiteten sie. Ich war dabei.

Sie gingen in den Hof hinunter und dann ins Erdgeschoß. Jurowski hat den Weg gewiesen. Er führte sie in das Zimmer neben dem Abstellraum und ließ Stühle bringen. Sein Helfer hat drei gebracht, die er dem Zaren, der Zarin und Alexej gab. Die Zarin setzte sich nahe an die Wand, wo ein Fenster ist, neben einen Stützpfeiler. Hinter ihr standen drei ihrer Töchter. (Ich kannte sie alle ganz genau dem Gesicht nach, weil ich sie fast jeden Tag während des Spaziergangs gesehen habe, wußte aber nicht den Namen von jeder.) Der Zar und sein Sohn saßen nebeneinander, fast in der Mitte des Zimmers. Botkin stand hinter Alexej. Die Kammerzofe (ich kenne ihren Namen nicht, sie war groß) stand aufrecht neben dem linken Pfosten der Tür, die in den Abstellraum führt, und neben ihr stand die vierte der Großfürstinnen. Zwei Domestiken hielten sich in der linken

Ecke gegenüber dem Eingang nahe an der Zwischenwand zum Abstellraum auf.

Die Dienerin hielt ein Kissen in der Hand. Die Großfürstinnen hatten auch kleine Kissen mitgebracht. Sie legten eins auf den Stuhl der Zarin und eins auf den Stuhl des Zarewitschs.

Zur gleichen Zeit kamen elf Männer ins Zimmer: Jurowski, sein Stellvertreter, die beiden Tschekisten und sieben Letten. Jurowski sagte mir: ›Geh auf die Straße und paß auf, ob jemand da ist und ob man die Schüsse hört.‹ Ich bin in den Hof gegangen, und noch ehe ich auf der Straße war, habe ich die Detonationen gehört. Ich bin gleich zurückgegangen (das Ganze hat zwei oder drei Minuten gedauert), und ich sah den Zar, die Zarin, ihre vier Töchter und den Zarewitsch mit vielen Wunden auf dem Boden liegen, ihr Blut floß in Strömen.

Der Arzt, die beiden Domestiken und die Kammerzofe waren auch tot. Als ich ankam, hat der Zarewitsch noch geatmet und gestöhnt. Jurowski ging zu ihm und feuerte aus nächster Nähe zwei oder drei Schüsse auf ihn.

Dieser Anblick und der Blutgeruch verursachten mir Übelkeit. Nach dem Mord verteilte Jurowski wieder die Nagans und gab mir auch eine, aber, ich wiederhole es, ich habe nicht an der Exekution teilgenommen. Außer seiner Nagan hatte Jurowski eine Mauser-Pistole. Nach dem Mord hat er mich weggeschickt, um Männer zu holen, die den Boden aufwischen sollten. Als ich zum Haus Popow ging, bin ich den Chefs der Wache, Starkow und Dobrynin, begegnet, die herbeigelaufen kamen.

›Man hat wohl Nikolaus II. erschossen?‹ fragte mich Dobrynin. ›Paß bloß auf, daß man nicht einen anderen an seiner Stelle erschossen hat. Du mußt sonst dafür geradestehen.‹ Ich bestätigte, daß der Zar und alle seine Angehörigen getötet worden seien!

Ich ließ zwölf bis fünfzehn Mann kommen, deren Namen mir jetzt entfallen sind. Sie trugen die Leichen auf Bahren aus Bettüchern, die über die Deichseln eines Schlittens aus der Remise gespannt waren, auf einen vor dem Hauseingang stehenden Lastwagen. Die Leichen waren in Militärstoffe aus dem Abstellraum eingewickelt. Der Chauffeur des Lastwagens war Ljuchanow, ein Arbeiter aus der Slokasow-Fabrik. Pjotr Jermakow und der andere Tschekist sind in den Wagen gestiegen. Ich weiß nicht, in welche Richtung sie gefahren sind, und auch nicht, was sie mit den Leichen gemacht haben.

Man hat das Blut im Zimmer und im Hof aufgewischt und alles wieder in Ordnung gebracht. Um drei Uhr morgens war alles beendet.

Jurowski ging in sein Büro, und ich zurück zu meinen Leuten. Ich bin um 9 Uhr morgens aufgewacht und ins Büro des Kommandanten gegangen. Dort war der Präsident des Regionalsowjets, Beloborodow, Kommissar Goloschtschekin und Iwan Starkow, der Chef der Wache. In allen Zimmern herrschte große Unordnung; alle persönlichen Gegenstände waren ringsum verstreut, alle Koffer waren offen, und auf allen Tischen lag Gold- und Silberschmuck aufgehäuft.

Ich habe mich nicht dafür interessiert zu erfahren, wer über das Schicksal der Zarenfamilie entschied und mit welchem Recht. Ich habe lediglich die Befehle derer ausgeführt, denen ich diente. *

Beloborodow und Goloschtschekin waren diejenigen der Führer der Bolschewiken, die oft ins Haus Ipatjew kamen.«

Diese sehr präzise Zeugenaussage wirft nichtsdestoweniger folgende Frage auf: Hat Medwedew aktiv an der Ermordung der Zarenfamilie teilgenommen oder war er – wie er vorgibt – nur ein Zuschauer?

Als er Jekaterinburg mit den Roten verließ, hat Medwedew seine Familie in Syssert zurückgelassen. Seine Frau Maria wurde am 9. November 1918 verhört.

Sie sagte wie folgt aus:

»Das letzte Mal, als ich meinen Mann in der Stadt besuchte, war in den ersten Julitagen (nach dem alten Kalender). Als wir allein waren, hat er mir erzählt, daß vor einigen Tagen der Zar und sein Gefolge massakriert worden sind.

Damals hat er mir überhaupt keine Einzelheiten erzählt.

Am Abend hat er sein Wachkommando auf den Bahnhof geschickt, und am nächsten Tag sind wir zusammen zu uns nach

---

* Im Text kursiv.

Hause gefahren, weil er zwei Tage Urlaub hatte, um Geld an die Familien der Roten Garden zu verteilen.

Als wir zu Hause waren, hat mir Paul einige Einzelheiten über die Ermordung erzählt. Er hat mir gesagt, daß die Zarenfamilie um zwei Uhr morgens geweckt wurde. Die Häftlinge standen auf, wuschen sich, zogen sich an und wurden ins Erdgeschoß geführt, wo man sie alle in denselben Raum setzte. Dort hat man ihnen ein Papier vorgelesen, auf dem stand: ›Die Revolution wird zugrunde gehen, auch Sie müssen zugrunde gehen!‹

Man fing gleich an zu schießen; *mein Mann hat auch geschossen.* Er hat mir gesagt, daß er von allen Arbeitern aus Syssert der einzige gewesen sei, der an der Exekution teilnahm.

Die Leichen wurden weit weg in den Wald gebracht und in Gruben geworfen.

Er hat mir das alles ganz ruhig erzählt. In letzter Zeit ist er schwierig geworden. Er wollte niemand mehr kennen und hat selbst seine Familie nicht mehr gern gehabt.«

Diese Zeugenaussage wurde drei Monate vor der von P. Medwedew aufgezeichnet. Es fällt auf, daß – im Gegensatz zur Aussage ihres Mannes – die Zeugin erklärt, daß auch er geschossen habe, so wie die anderen. Darüber hinaus sagte Medwedew, er wisse nicht, was man mit den Leichen gemacht habe. Als Unterstützung der Hypothese, daß diese begraben wurden, haben wir die Zeugenaussage von P. Kuxtenkow. Am 13. November 1918 hat Kuxtenkow vor dem Richter Sergejew ausgesagt:

»Im Oktober sind es zehn Jahre gewesen, seit ich in der Werch-Issetzki-Fabrik arbeitete. Dem Ingenieur Dunajew war die Leitung der Fabrik übertragen worden, und das Fabrikkomitee hat mich zum Kommissar ernannt, um ihn zu kontrollieren. Ich hatte aber nicht die Fähigkeiten dazu, und anderthalb Monate später bin ich in die Rote Armee eingetreten, nachdem ich im Januar 1918 Mitglied der Bolschewistischen Partei geworden war. An der Front wurde ich gegen die Armeen von General Dutow in Troits eingesetzt, dann wurde ich krank und lag im Hospital. Schließlich wurde ich aus der Armee entlassen. Danach wurde ich dem Klub der Partei zugeteilt, die Mitglieder gingen aber kaum dorthin. Es waren hauptsächlich die Mitglieder des Präsidiums dort: Paramonowitsch – oder Parmenowitsch –, Sibrina, I. Frolow, A. Kukusow und noch andere. Manchmal konnten sie die ganze Nacht dableiben; es war eine Wache da. Am 18. oder 19. Juli sind gegen 4 Uhr morgens Malskin, der Präsident des Sowjets, Jermakow, der Militärkommissar, und andere bekannte Parteimitglieder gekommen. Als ich durchging, um das Licht auszumachen, sagte einer von ihnen zu mir: ›Geh raus, Kuxtenkow, wir haben etwas Wichtiges zu besprechen.‹ Ich bin rausgegangen und habe einiges erledigt, weil ich gleich nebenan wohne. Als ich zurückkam, waren sie weggegangen.

Am nächsten Tag um vier Uhr sind die gleichen, außer Malskin, in den Klub gekommen, als ob sie vorhätten, etwas zu unternehmen. Das hat mich verwundert, und ich wollte wissen, worum es sich handelte. Es war schon hell, ich kam näher, um das Licht auszumachen, ich hörte: ›Alle zusammen sind das dreizehn!‹ Nachdem sie mich gesehen hatten, sagte einer von ihnen zu mir: ›Geh raus, oder nein, wir gehen in den Garten, du kannst hier Ordnung machen.‹ Ich tat so, als ob ich ein bißchen aufräumte, ging ins Badezimmer und dann durch den Hühnerstall in ein kleines Stück Garten hinter dem, wo sie sich versammelt hatten. Dort konnte ich alles mithören. Kowtowzow sagte: ›Der zweite Tag des Klamauks, gestern wurde eingegraben, heute graben wir wieder aus.‹ Den Rest habe ich nicht verstanden. Ich begriff, daß sie am Massaker teilgenommen hatten, denn ich hörte: ›Die Leichen waren noch warm. Ich habe die der Zarin befühlt, die war noch heiß.‹ Dann: ›Sie waren alle in Hosen. Einer hat gesagt, der Zarewitsch sei in Tobolsk gestorben. Ein anderer sagte, Nikolaus, Saschka, Tatjana, der Thronerbe und Wyrubowa seien dabeigewesen.‹

Einige Tage danach kamen die Tschechen an. Ich bin aus der Stadt gegangen, um Milch zu holen, und wurde verhaftet.« (Vgl. Ross, Dok. 65)

Was bei dieser Zeugenaussage auffällt, ist zunächst der Lebenslauf dieses Arbeiters, der beispielhaft für das Jahr 1918 ist. Tatsächlich wurden Arbeiter für Kontrollfunktionen benannt, die sie nicht ausfüllen konnten. Die ausgesagten Tatsachen verwirren jedoch, denn die erwähnten Namen tauchen nirgendwo anders auf, außer dem von Jermakow, der laut einer anderen Zeugenaussage in Odessa hingerichtet worden sein soll. Sollte auch Medwedew tot gewesen sein, ehe Richter Sokolow ihn verhören konnte?

Wie die Jekaterinburger Bolschewiken die Ermordung Nikolaus' II. darstellen

Vergleichen wir jetzt diese Zeugenaussagen mit den Angaben der Mitglieder des Jekaterinburger Sowjets, die dem Bericht Bykows, der selbst Mitglied des Exekutivausschusses war, zugrunde lagen.

Diese Version läßt die Angaben völlig außer acht, die Tschitscherin, Sinowjew und Litwinow gemacht hatten. Sie besteht darauf, daß *alle* Romanows exekutiert worden seien, und stimmt im wesentlichen mit der Version Sokolows überein, weicht jedoch in einigen bedeutenden Punkten von dieser ab.

Sie stammt aus dem Jahr 1921, also der gleichen Zeit wie der Untersuchungsbericht, zumindest vor dessen Veröffentlichung.

»Die Frage der Romanows und ihrer Hinrichtung wurde an der Sitzung des Sowjets Ende Juni behandelt. Chotinski, Sakowitsch und andere Mitglieder des Sowjets, alles linke Sozialrevolutionäre, sprachen sich für eine sofortige Exekution aus. Wirklich entschieden wurde über die Frage in den ersten Tagen des Juli, und der genaue Tag der Hinrichtung wurde vom Präsidium des Sowjets festgelegt. Der Urteilsspruch wurde in der Nacht vom 16. auf den 17. Juli vollstreckt.

Auf der Sitzung des ZIK*-Präsidiums vom 18. Juli gab Swerdlow die Exekution Nikolaus' II. bekannt. Nachdem das Präsidium alle Gründe angehört hatte, die den Ural-Sowjet zur Er-

---

* Zentrales Exekutivkomitee

schießung des Ex-Zaren veranlaßten, erkannte es die Entscheidung des Sowjets als begründet an. Die Organisation der Exekution und die Beseitigung der Leichen war einem erprobten Revolutionär anvertraut worden, der bereits an der Dutow-Front gekämpft hatte, dem Arbeiter der Werch-Issetzki-Fabrik, Jermakow. Die Exekution sollte unter solchen Umständen stattfinden, die ein Eingreifen von Anhängern des Zarenregimes unmöglich machten. Deshalb hat man diesen Weg beschritten.

Die Zarenfamilie wurde aufgefordert, aus den Zimmern der Etage, die sie bewohnte, ins Erdgeschoß herunterzukommen. Alle Romanows kamen herunter, das heißt der Ex-Zar, seine Frau, sein Sohn, seine Töchter, Botkin, der Arzt der Familie, ›Diadka‹, der Arzt des Thronfolgers, sowie eine Hofdame, die sich bei ihnen befand. Es war etwa 10 Uhr abends. Alle trugen Hauskleidung, da sie immer sehr spät schlafen gingen.

Dort, in einem der Zimmer des Zwischengeschosses stellte man sie an die Wand. Der Kommandant las das Todesurteil vor, das verhängt worden war, und fügte hinzu, daß ihre Hoffnung auf Befreiung nichtig sei, sie müßten alle sterben.

Diese unerwartete Nachricht bestürzte sie sehr, und nur der Ex-Zar konnte etwas sagen, so als wolle er eine Frage stellen: ›Also bringt man uns nicht irgendwohin!‹

Das Urteil wurde mit Revolvern vollstreckt. Vier Männer von denen, die mit dieser Aufgabe betraut worden waren, vollführten es.

Gegen ein Uhr morgens wurden die Leichen in den Wald nahe bei der Werch-Issetzki-Fabrik verbracht, nicht weit von dem Dorf Palkina. Dort wurden sie am nächsten Morgen verbrannt.

Die Erschießung ging unbemerkt vor sich, obwohl sie mitten in der Stadt stattfand. Man konnte nichts hören wegen des Lärms eines Automobils, das in der Nähe der Fenster des Zimmers, in dem die Exekution stattfand, aufgestellt war. Selbst der Wachtposten wußte nicht, was vorgefallen war, und zwei Tage danach ist er auf seinen Posten zurückgekehrt.

Später, als die Militärs die Leichen suchen wollten, hat die von ihnen geführte Untersuchung nichts gebracht.

Die Romanows hatten ihre Kleider an, als man sie erschoß. Sie wurden ausgezogen, damit man die Leichen verbrennen konnte. In einige der Kleider war Schmuck eingenäht. Ein Teil davon ist auf diese Weise also in den Scheiterhaufen gefallen.«

Bykow erklärt anschließend, daß Michail Alexandrowitsch, der Bruder des Zaren, ebenfalls erschossen wurde, und er spricht von der Ausrottung der Großfürsten, die sich in Alapajewsk befanden.

»Man muß in Rechnung stellen«, fügte er hinzu, »daß man in den Dokumenten dieser Epoche keine vollständigen Informationen über die Exekution der Familie der Romanows veröffentlicht hat. Man hat nur von der Exekution des Ex-Zaren gesprochen; die Großfürsten sollen den Informationen nach entweder entflohen, weit weggebracht oder entführt worden sein – von wem, weiß man nicht. Das sagt man auch von seiner Frau, seinem Sohn, seinen Töchtern, die an einen sicheren Ort geschickt worden seien. Das hatte nichts mit Unentschlossenheit der örtlichen Machthaber in Perm oder Alapajewsk zu tun. Sie hatten beschlossen, ein für alle Male alles zu beseitigen, was dem autokratischen Thron nahestand.«

Variation zur Vulgata

Beim Vergleich der Darstellung der Weißen mit der der Bolschewisten fallen einem, um die Wahrheit zu sagen, mehr Ähnlichkeiten als Gegensätzlichkeiten auf: in beiden Aufzeichnungen wurde die gesamte Familie ermordet, nachts, und danach wurden die sterblichen Hüllen weit weggebracht.

In beiden Texten spielt Jermakow eine zentrale Rolle, zumindest als der, der die Exekution durchführte. Während er aber im ›weißen‹ Text von dem ›Juden Jurowski‹ unterstützt wird, erscheint dieser im ›roten‹ Text nicht.

Darüber hinaus ist in dem veröffentlichten Text die Rede von vier Henkern und nicht von elf, wie in dem von Medwedew. Er weist hauptsächlich auf die linken Sozialrevolutionäre beim

Handlungsablauf hin, ohne den Vorsitzenden des Präsidiums, A. Beloborodow, zu nennen.

Der etwas ausführlichere Text von 1926 spricht ausdrücklich von Leo Trotzki als Ankläger in einem Prozeß, der nicht stattfinden sollte. Goloschtschekin, gleichzeitig Präsidiumsmitglied des Exekutivkomitees des Ural-Sowjets und des Militärkomitees, spielte anscheinend eine zentrale Rolle, indem er sich im Juni 1918 nach Moskau begab, um dort unter anderem über das Schicksal Nikolaus' II. zu sprechen. Er kehrte am 14. Juli – zwei Tage vor der Exekution – zurück und war am 18. und 19. während der Leichenverbrennung anwesend. Dieser Text läßt die Hypothese noch zweifelhafter erscheinen, nach der die örtlichen Behörden von Jekaterinburg einen unabhängigen und improvisierten Entschluß gefaßt hätten. Er weist auch auf die Zuteilung von J. Jurowski und G. Niklin zur örtlichen Tscheka hin und läßt einen Teil der Verantwortung für die begangenen Taten auf die linken Sozialrevolutionäre und die Anarchisten zurückfallen: »Diese, die nicht sicher waren, ob die Bolschewisten den ehemaligen Zaren erschießen würden, beschlossen, auf eigene Initiative und mit eigenen Mitteln zu handeln.« Aber weder die Kommandos der Weißen, noch die Sozialrevolutionäre, noch die Anarchisten waren in der Lage zu handeln, und schließlich »faßte der Sowjet nach Prüfung der militärischen Lage den Beschluß, den Prozeß nicht abzuwarten und Nikolaus II. zu exekutieren«. Man wird bemerken, daß der Auszug aus der Zeitung ›Uralski Rabotschi‹ (›Ural-Arbeiter‹) vom 23. Juli, der in dieser Broschüre veröffentlicht ist, nur von der Hinrichtung Nikolaus' II. sprach, während der volle Text eindeutig von der Exekution der gesamten Familie spricht.

Einige Punkte in diesen in Jekaterinburg-Swerdlowsk veröffentlichten Texten werfen Probleme auf.

Zunächst wird in dem Buch von 1926 als Informationsquelle das ›weiße‹ Werk des Generals Dieterichs herangezogen und mehrere Male zitiert.

Dann fehlt jeglicher Hinweis auf die Erklärung von Litwinow, Sinowjew und Tschitscherin auf das Überleben der Töchter und der Gemahlin Nikolaus' II. Die Auflage von 1921 läßt jedoch durchblicken, daß man glauben machen wollte, ein Teil der Familie ›sei in Sicherheit gebracht worden‹. Dies sei jedoch eine Art Vorsichtsmaßregel gewesen, um nicht auf einmal sagen zu müssen, daß alle ermordet wurden. Sokolow hat diese These unterstützt, indem er sich auf ein zweites Telegramm berief, das nach Moskau übermittelt worden sein soll, »daß die Prinzessinnen bei einem Fluchtversuch erschossen wurden«. Wie jedoch Summers und Mangold aufzeigen konnten, hat sich dieses Telegramm hinterher als falsch erwiesen.

Vor allem aber ist die Beharrlichkeit, die linken Sozialrevolutionäre in die Sache mit hineinziehen zu wollen, ziemlich überraschend, da die Bolschewiken ja schließlich das erreicht hatten, was sie wollten. Will Bykow zeigen, daß die linken Sozialrevolutionäre den Bolschewiken nicht die Macht entrissen hatten, daß die Kirche im Dorf geblieben ist und daß es ganz allein die Bolschewiken waren, die beschlossen und handelten.

Andererseits ist nicht einsehbar, weshalb es – wenn man schon die Exekution des Zaren ebenso wie die der Großfürsten und Großfürstinnen Sergej Michajlowitsch, Elisabeth Fjodorowna, Konstantin Konstantinowitsch, Igor Konstantinowitsch, Wladimir Pawlowitsch Paley (nach offizieller Version von aufständischen Banden hingerichtet) oder die von Michail, dem Bruder des Zaren, in Alapajewsk öffentlich bekanntgab – keinerlei Hinweise auf das Schicksal Alexandras und ihrer Töchter gab. Es wird lediglich gesagt, sie seien in Sicherheit, oder aber in dem Telegramm bemerkt, die ganze Familie sei tot – aber dieses Telegramm soll ja gefälscht sein.

Eine weitere Frage ist, welche Rolle die Zentralmacht spielte. Die bolschewistischen Texte von 1922 und 1926 aus Jekaterinburg schreiben einen Teil der örtlichen Initiative zu und einen weiteren den aus Moskau erhaltenen Instruktionen, ohne jedoch deren Inhalt bekanntzugeben.

Man weiß, daß ein Prozeß zur Debatte stand, daß Trotzki einen öffentlichen Prozeß vorgeschlagen hatte und daß dieser in ganz Rußland über Lautsprecher übertragen worden wäre. Lenin entschied jedoch, daß in diesem Sommer 1918 andere Dinge vordringlicher seien. Laut Trotzki, der sich auf eine Unterhaltung mit Swerdlow bezieht, ist der Beschluß, den Zaren zu exekutieren, im Juli gefaßt worden: »Wir haben es hier beschlossen«, sagte ihm Swerdlow. »Iljitsch hat gesagt, wir dürfen den Weißen keinesfalls ein Banner hinterlassen, das sie noch vor sich hertragen könnten, erst recht nicht unter den augenblicklichen Umständen.«

Bedeutet dies, daß man eine ausdrückliche Anordnung erteilt hat, den Zaren zu exekutieren, oder daß man den Befehl gab, ihn hinzurichten, falls die Umstände es erforderlich machten? »Es war *richtig, so zu* handeln, wie ihr es getan habt«, lautete das Telegramm Swerdlows an den Jekaterinburger Sowjet.

Lenin spielte öffentlich auf den Tod des Zaren an, als er im November zu den armen Bauern sprach. Währenddessen, um es genau zu sagen: im Juli – August, beschuldigte er die linken Sozialrevolutionäre, sie *wollten* gemeinsam mit den Tschechoslowaken und den Imperialisten den Zarismus (*sic*) wiederherstellen. Er fügte hinzu, daß alles in allem er es sogar vorziehen würde, sich gegen sie mit den Deutschen zu verbünden (22. August 1918): eine erstaunliche Formulierung.

Eine unzulässige, verpönte Hypothese

Eine Hypothese wäre, daß die Bolschewiken von Jekaterinburg gehandelt haben, um genau das zu verhindern, was die linken Sozialrevolutionäre von sich aus allein gemacht hätten: sie haben den Zaren, Alexej und einige andere hingerichtet, die Frauen aber gerettet, *noch ehe* die linken Sozialrevolutionäre versuchen konnten, alle umzubringen. Diese Hypothese, deren Wahrheitsgehalt wir nachspüren wollen, würde erklären, weshalb man später so großen Wert auf die Behauptung legte, alle seien hingerichtet worden. Die Botschaft bedeutet: »Es ist sicher, daß es keine Romanows mehr gibt.« Sie diente aber auch dazu, die linken Sozialrevolutionäre auszuschalten; sie wurden dann sowieso bald festgenommen. Was Chotinski und Sakowitsch, auch linke Sozialrevolutionäre, anbetrifft, so wurden sie nach Angaben der Roten von den Weißen erschossen. Rufen wir uns die Umstände ins Gedächtnis.

Am 6. Juli hatten die linken Sozialrevolutionäre gerade den Grafen Mirbach ermordet. Die Bolschewiken mußten befürchten, daß sie in Jekaterinburg auch die deutsche Gemahlin Nikolaus' II. und die Töchter, die alle mit der hessischen Familie verwandt waren, ermorden würden. Der Bruder der Zarin, Ernst von Hessen – Onkel Ernie –, hatte noch eine weitere Schwester in Rußland, die Witwe des Großfürsten Sergej, der 1905 ermordet worden war. Was Alexandra betrifft, so war ihre Schwester Irene mit dem Bruder Wilhelms II., Heinrich Albert von Preußen, verheiratet, und Wilhelm II. war der Pate einer der Töchter Nikolaus' II.

Man kann sich gut vorstellen, daß Berlin dem Schicksal der ›Deutschen‹ gegenüber nicht gleichgültig geblieben wäre.

Man kann sich aber auch vorstellen, daß ihr Tod – wenn er zugegeben worden wäre – dem Frieden von Brest-Litowsk ein Ende bereitet hätte. Botschafter Graf Mirbach hatte es bereits wissen lassen. Mirbach begab sich am 4. Juli in seiner Eigenschaft als Botschafter in den Sowjetkongreß, wo er von den linken Sozialrevolutionären ausgepfiffen wurde. Seine Ermordung war für Lenin und Swerdlow eine Katastrophe, und zusammen mit Radek überschlugen sie sich mit Kundgebungen des Bedauerns bei den Berliner Behörden. Die mit dem Kaiser verbundenen Mitglieder der Zarenfamilie durften nicht das gleiche Schicksal erleiden wie Mirbach.

Die ›unzulässige‹ Hypothese wäre also die, daß die Bolschewiken den Zaren tatsächlich ermordeten, jedoch die Zarin und ihre Töchter retten wollten, um den Deutschen entgegenzukommen. Das konnte nur insgeheim geschehen, derart, daß die linken Sozialrevolutionäre nichts davon erfuhren, und man mußte um so vorsichtiger vorgehen, als die Affäre Jakowlew bereits zuviel Verdacht erregt hatte. Diese Hypothese – ob sie nun begründet ist oder nicht – läßt das Rätsel, was mit den Leichen geschehen ist, ungelöst. Wir werden darauf noch zurückkommen. Kommissar Wojekow hat sich übrigens damals damit gebrüstet, daß bezüglich dieses Punktes »die Welt niemals wissen wird, was wir mit ihnen gemacht haben«. Eine ungewöhnliche Feststellung, wie man zugeben wird, die jedoch nichts über die Anzahl der verschwundenen Leichen aussagt.

Für die Roten stand mit diesem Geheimnis sehr viel auf dem Spiel, so daß diese Hypothese etwas für sich haben könnte. Für die Weißen ist sie jedoch ein Sakrileg. Denn zu dieser Zeit wäre sie eine Bestätigung aller Verdächtigungen gewesen, die die Zarin noch immer mit den Deutschen in Verbindung brachten. Nach der Niederlage Wilhelms II. hätte eine vom Kaiser und den Bolschewiken – ›den beiden Feinden des Menschengeschlechts‹ – gerettete Familie vor den Siegern mit Schande befleckt dagestanden.

Diese Hypothese, die für die einen unzulässig, für die anderen ein Sakrileg ist, kann nur die Neugierde wecken.

Natürlich kann sie nur unter zwei Voraussetzungen sinnvoll und nachprüfbar sein: 1. wenn festgestellt werden könnte, was aus den Überlebenden geworden ist, und 2. wenn man erfahren könnte, wie Nikolaus II. gestorben ist, allein oder mit Alexej und dem Gefolge, denn in diesem Fall wäre er auf andere Weise umgebracht worden, als es die ›Vulgata‹ will.

1. Eine wirkliche beunruhigende Verbindung

Die erste Person, die diese Hypothese sofort nach der Entdekkung des Mordes und nachdem er vor Ort erste Feststellungen getroffen hatte, aufstellte, war Hauptmann Malinowski.

Rufen wir uns zunächst die Situation ins Gedächtnis:

Am 25. Juli 1918 rückten die tschechischen Truppen und die unter dem Befehl des Generals S. Wojtsechowski stehenden russischen Kontingente in Jekaterinburg ein. Zuvor hatten die Roten die Stadt evakuiert und die Archive und Akten nach Perm mitgenommen. Auch das Exekutivkomitee des Ural-Sowjets und die Tscheka waren nach Perm aufgebrochen. In Jekaterinburg etablierte sich eine aus verschiedenen Körperschaften zusammengesetzte Macht: den Militärs, einem tschechischen Nationalkomitee und einem Zivilkomitee, an dessen Spitze der ehemalige Präsident der Börse von Jekaterinburg, P. Iwanow, ein Mitglied der Kadettenpartei, stand.

Die neuen Besatzer wußten, daß sich die Zarenfamilie in der Stadt befand. Deshalb hatten sich auch die Weißen mit ihrem Angriff auf die Stadt beeilt. Sie kamen jedoch zu spät. Man hatte ihnen gesagt – und sie erfuhren es auch aus den Zeitungen –, *daß der Zar erschossen wurde und seine Familie verschwunden war.* Das Haus Ipatjew, in dem sie gewohnt hatten, war leer: Die Nachbarn, weiße Offiziere, hatten dort bereits nach Erinnerungsstücken gesucht.

Am 27. Juli morgens meldete sich ein Leutnant bei Hauptmann Girs, dem Komandanten des Stadtviertels, um ihm mitzuteilen, daß man 18 Kilometer von der Stadt entfernt, nahe bei dem Ort, den man ›Vier Brüder‹ nennt, Rote gesehen habe, die sich dort zu schaffen machten und etwas verbrannten. Der Kommandant der Garnison begriff, daß es sich mit Sicherheit um Gegenstände handelte, die der Zarenfamilie gehört hatten, und wollte sofort das Richteramt übernehmen. Ohne ausdrückliche Anordnung eines Staatsanwalts wollte jedoch niemand eingreifen. Die ungeduldigen weißen Offiziere unter dem Kommando des Hauptmanns Malinowski warteten jedoch diese behördliche Genehmigung nicht ab und zwangen den Stellvertreter des Staatsanwalts, Nametkin, ein Protokoll über alles aufzunehmen, was sie in der Nähe des Waldes der Vier Brüder gefunden hatten, wohin man ihn unter Zwang geführt hatte. Es handelte sich um vielerlei Gegenstände und Kleidungsstücke, die der Zarenfamilie gehört hatten.

Hauptmann Malinowski führte sechs Tage lang eine Untersuchung durch und verfaßte einen Bericht, in dem er zu dem Schluß kam, daß man mehrere Personen im Haus Ipatjew erschossen hatte, um die Ermordung der Zarenfamilie zu *simulieren.* Man habe diese ausgekleidet den Koptjaki-Weg entlanggeführt und danach ihre Kleider verbrannt. »Das war mein Eindruck«, sagte er, »und ich meine, daß das deutsche Kaiserhaus in keinem Fall eine solche Untat zugelassen hätte.« Dieser Text, der sich in den Archiven befindet, ist nur von Summers und Mangold veröffentlicht worden. Er kommt bei Sokolow nicht vor, und merkwürdigerweise bricht bei Ross die Zeugenaussage Malinowskis vor dieser Schlußfolgerung ab.

Die zweite beunruhigende Tatsache ist, daß Malinowskis Assistent, der Zivilist A. Nametkin, der der gleichen Überzeugung war wie er, wegen Feigheit und Unfähigkeit angeklagt und dann exekutiert wurde.

Die dritte störende Tatsache ist, daß der erste Richter, Sergejew, der mit der *Untersuchung* vom Staatsanwalt betraut wurde, bald danach durch General Dieterichs wieder von dieser Aufgabe entbunden wurde, weil er keine feste Meinung hatte. Einerseits wies er die Hypothese eines Kollektivmordes nicht von sich, hatte jedoch das Gefühl, es sei anders gewesen. Nach Anhörung zahlreicher Zeugen, darunter auch Medwedew, glaubte er, daß die Zarin und ihre Töchter nicht exekutiert, sondern irgendwohin verbracht worden seien.

Ehe er jedoch im Januar 1919 seines Amtes enthoben wurde, hat Richter Sergejew Herman Berstein von der ›New York Tribune‹ ein Interview gewährt, das am 5. September 1920 erschien. In diesem sagte er:

»Ich glaube nicht, nachdem ich alles untersucht habe, daß alle diese Personen – der Zar, seine Familie – hier exekutiert worden sind. Es ist meine Überzeugung, daß die Zarin, der Zarewitsch und die Großfürstinnen nicht im Hause Ipatjew hingerichtet wurden. Ich glaube jedoch, daß der Zar, Doktor Botkin, der Arzt der Familie, zwei Diener und eine Kammerzofe durchaus hier getötet worden sind.«

Auch der Richter Sergejew ist einen Monat nach dem Interview, am 23. Januar 1919, erschossen worden. Nach Angaben General Dieterichs wurde er ›von den Bolschewiken‹ exekutiert. So gibt es also bereits fünf unter verdächtigen Umständen Getötete: Chotimski und Sakowitsch, von den Weißen exekutiert, wie die Roten sagen; Medwedew, zwischen zwei Verhören an Typhus gestorben, wie Sokolow und der Kommandant Lasies sagen; Nametkin und der Richter Sergejew, von den Roten exekutiert, wie die Weißen sagen.

2. Spuren von Überlebenden in Perm

Die Amtsenthebung Richter Sergejews fand zugunsten des Richters Sokolow statt, der seinerseits von der Ermordung aller Romanows überzeugt war. Das war jedoch nicht die Überzeugung der militärischen Untersuchungsrichter, die im Juli 1918 als erste an Ort und Stelle waren. Es war auch nicht die Meinung der Gegenspionage, die unabhängig von der Untersuchung durch die Justiz ihre eigenen Nachforschungen in Perm anstellte, nachdem die Truppen General Pepeljajews die Stadt im Dezember 1918 eingenommen hatten. Ihr Chef, Kirsta, führte von Januar bis April 1919 Untersuchungen durch. Zum Schluß hatte jedoch auf Anordnung des Generals Dieterichs und des Admirals Koltschak Sokolow allein das Sagen bei der Untersuchung über die Ermordung der Romanows.

In die von ihm 1924 veröffentlichten Schlußfolgerungen bezog aber auch Sokolow nicht die Schlußfolgerungen der Dienststellen Kirstas mit ein.

Tatsächlich waren diese in Perm auf eine Spur eines Teils der Zarenfamilie gestoßen.

Hier zunächst drei Dokumente, die lediglich indirekte Zeugenaussagen sind, jedoch das Problem der Verlegung der Romanows und der Identität derer, die sie begleiteten, aufwerfen.

Alle drei Dokumente stammen aus der gleichen Zeit, zu der die in ihnen erwähnten Ereignisse stattfanden.

Das erste, das von Summers und Mangold entdeckt wurde, stammt von einem englischen Agenten, der damals in Jekaterinburg war. Die beiden anderen, die in dem von Ross herausgegebenen Band vorkommen, gehören zu der Untersuchungsakte, die Richter Sergejew vor seiner Amtsenthebung zusammengestellt hatte.

Alle drei stellten fest, daß ein Abtransport stattgefunden hat, aber man weiß nicht, von wem. Alle drei lassen die Hypothese offen, daß der Zar allein hingerichtet wurde – mit seinem nächsten Gefolge, aber nicht mit seiner Frau und seinen Töchtern. Der ersten Zeugenaussage kann man auch entnehmen, daß die Haare geschnitten wurden, so als wolle man das äußere

Erscheinungsbild verändern. Hatten sie sich alle auf eine Abreise vorbereitet? Man erinnert sich an den Ausruf Nikolaus' II., der den Bolschewiken zufolge gesagt haben soll: »Wir reisen also nicht ab?«

Hier zunächst die Zeugenaussage, die Summers und Mangold in den britischen Archiven gefunden haben: sie stammt von Sir Charles Eliott, dem britischen Hochkommissar für Sibirien.

»Die Einschußstellen der aufgefundenen Kugeln lassen vermuten, daß die Opfer kniend exekutiert wurden und noch andere Schüsse abgegeben wurden, als sie auf dem Boden lagen. Sie wollten wahrscheinlich kniend sterben. Man kann annehmen, daß es fünf Opfer waren: der Zar, Dr. Botkin, die Dienerin der Zarin und zwei Domestiken. Es wurde keine Leiche gefunden, nur ein Finger von Dr. Botkin in einem Brunnen. Am 17. Juli hat ein Zug mit heruntergelassenen Vorhängen Jekaterinburg mit unbekanntem Ziel verlassen. Man nimmt an, daß sich in ihm die Überlebenden der Zarenfamilie befanden. Da keinerlei Spuren von ihm aufgefunden wurden, kann auch nicht ausgeschlossen werden, daß der Zar noch am Leben ist. Es ist jedoch die vorherrschende Meinung in Jekaterinburg, daß die Zarin, ihr Sohn und ihre vier Töchter nicht ermordet worden sind, sondern nach Norden oder Westen abgereist sind. Die Geschichte, sie seien verbrannt worden, ist eine reine Fabel; sie kommt daher, daß man ihre verbrannten Kleider gefunden hat und einen Diamanten, der im Futterstoff eingenäht war, ferner die Haare einer Prinzessin.

Wahrscheinlich wurde die Zarenfamilie verkleidet, ehe man sie abtransportierte. Ich habe in Jekaterinburg nicht einen einzigen Hinweis auf ihr Schicksal erhalten können, aber was man über die Ermordung der Fürsten und Fürstinnen sagt, kann einem nur Furcht einjagen.«

Das zweite Dokument ist widersprüchlich und ungenau, da es durchblicken läßt, daß nur der Zar tot ist und ein Zeuge glaubt, der Anschlagzettel mit dieser Nachricht sei nichtssagend. Immerhin weist er jedoch klar auf einen Zugtransport hin.

Zeugenaussage von Fjodor Iwanowitsch Iwanow vom 13. September 1918:

»Ich bin Besitzer eines Friseursalons im Neuen Bahnhof von Jekaterinburg und erinnere mich noch sehr gut daran, daß mir ein oder zwei Tage, ehe die Bolschewiken die Exekution von Nikolaus bekanntgaben, der Bahnhofskommissar Guljajew sagte, er habe viel Arbeit.

›Was für Arbeit?‹

›Heute bringen wir Nikolaus weg!‹

Weil viele Leute da waren, habe ich mich nicht getraut, ihn zu fragen, wohin.

Abends habe ich ihn noch einmal gefragt, weil kein Zug im Bahnhof war, und er sagte mir, dieser Zug werde von Jekaterinburg II abfahren. Er hat mir aber keine Einzelheiten verraten.

Am nächsten Tag habe ich den Kommissar der Roten Armee, Kutscherow, gesehen und ihn gefragt: ›Stimmt es, daß der Zar von der Station II abgereist ist?‹

›Ja, das stimmt.‹

›Und wohin?‹

›Was geht denn dich das an?‹

Nachdem ich Guljajew wiedergesehen habe, fragte ich ihn, was aus dem Zaren geworden sei.

›Ist er schon *Chalymuz* (kaputt)?‹

›Was soll das heißen?‹

Er hat mir gesagt: ›Es ist zu Ende.‹

Nach dieser Antwort begriff ich, daß er getötet wurde.

Zwei Tage später, als ich die beiden am Buffet traf, habe ich sie gefragt, was der Anschlagzettel bedeuten sollte. Sie antworteten mir: ›Man schreibt irgendwas da drauf.‹

Ich habe dann den Matrosen Grigori gefragt, mit dem ich oft zusammenkam: ›Sie haben ihn also erschossen?‹

›Da habe ich meine Zweifel.‹

›Also haben sie ihn weggebracht?‹

›Sie haben ihn lebend aus der Stadt gebracht.‹

Er hat mir aber nicht gesagt wohin.

Alle haben bedeutungsvoll geschwiegen. Niemand hat von

der Familie gesprochen, und ich hatte Angst, zu viele Fragen zu stellen.«

F. I. Iwanow weiß nicht, wohin der Zug fahren soll.

Die dritte Zeugenaussage, die ebenfalls bei Sokolow nicht vorkommt, deutet es an und weist auf den Tod des Zarewitschs hin.

»Ich hatte eine intime Verbindung mit Konuzew von der Tscheka. Er gefiel mir nicht, aber ich habe mich ihm körperlich hingegeben. Da ich mich für seine bolschewistischen Angelegenheiten nicht interessierte, habe ich ihn auch nicht über seine Geheimnisse ausgefragt. Ich erinnere mich, daß er einen oder zwei Tage vor der Bekanntgabe der Ermordung des Zaren gegen vier Uhr zu mir kam, um mir zu sagen, daß die Bolschewiken den Zaren getötet hätten. Er hatte Tränen in den Augen und hat sich umgedreht, als ich ihn anblickte. Auf meine Fragen antwortete er, sie hätten ihn draußen begraben, und er hätte zweiundfünfzig Kugeln im Körper gehabt. Er sagte mir, die Familie sei nach New'jansk abgereist. Es wurde gesagt, der Thronerbe sei tot. Am nächsten Tag ist er abgereist, angeblich nach Perm, wegen Gold.

Gez.: Sinaida Andrejewna Mikolowa
um den 9. August 1918«

Die folgenden Zeugenaussagen weisen auf die Anwesenheit der Familie in Perm und eine eventuelle Flucht Anastasias hin:

Zeugenaussage von Natascha Wassiljewna Mutnych (8. März 1919):
»Es ist mir durch Zufall zu Ohren gekommen, daß die Familie des ehemaligen Zaren – seine Frau und seine vier Töchter – mit großer Heimlichkeit nach Perm verbracht worden sind, in einen Keller des Hauses Berjosin, wo sich eine Werkstatt befand. Aus diesem Keller ist im September eine der Töchter geflohen, sie wurde ein Stück hinter dem Kamafluß wieder eingefangen und dann zurückgebracht. Die Familie war inzwischen schon anderswohin abtransportiert worden.

Die Anwesenheit der Zarenfamilie in Perm hat mich natürlich

interessiert. Da ich wußte, daß mein Bruder dort zur Bewachung abgestellt war, habe ich ihn gebeten, mich dorthin zu führen und sie mir zu zeigen. Er hat zugestimmt, und wir gingen los. Das war im September, und im Haus Berjosin haben wir das schwach beleuchtete Zimmer gesehen, in dem man die Zarin und ihre vier Töchter erkennen konnte. Sie waren in einem schrecklichen Zustand, aber ich habe sie gut wiedererkennen können. Mit mir war Anna Kostina dort, die Sekretärin Sinowjews, die dann nach Petrograd abgereist ist. Die Zarenfamilie wurde danach in einer Kaserne irgendwo auf dem Land versteckt.» (Vgl. Ross, Dok. 116)

Dies war der Fluchtversuch Anastasias, der eine Treibjagd auslöste. Sie wurde wieder eingefangen, geschlagen, zweifelsohne vergewaltigt und wieder in ihr Kellergeschoß zurückgebracht.

Hierzu die Zeugenaussage des Notarztes, der von der Tscheka gerufen wurde:

Zeugenaussage des Dr. Utkin, 10. Februar 1919:
»Ende September 1918 wohnte ich Ecke Petrograder/Owinskijer Straße in dem Gebäude der Landwirtschaftsbank, wo zu dieser Zeit die ›Sonderkommission zum Kampf gegen Konterrevolution, Spekulation und Sabotage‹ (Tscheka) untergebracht war. Ich, Dr. Utkin, wurde abends zwischen 5 und 6 Uhr eilig zu einer ärztlichen Hilfeleistung gerufen. Als ich den Raum betrat, sah ich auf dem Diwan, nur halb bei Bewußtsein, ein junges, gut genährtes Mädchen liegen, dem die Haare *geschoren* worden waren. Bei ihr befanden sich einige Personen, darunter Woronzow, Malkow, Trofimow, Lobow und noch einige, die ich nicht kannte. Unter all diesen Männern war auch eine Frau von 22 bis 24 Jahren, mittelgut ernährt und blond. Auf meine Bitte hin haben sich alle Männer entfernt. Die Frau blieb da und erklärte, daß sie als Frau ja nicht stören könne. Ich als Arzt habe sehr gut begriffen, daß sie die Rolle eines Spitzels spielte.

Auf die Frage: ›Wer sind Sie?‹ hob die Kranke den Kopf und sagte leise: ›Ich bin die Tochter des Souveräns, Anastasia.‹ Danach verlor sie das Bewußtsein.

Die Kranke wies folgende Merkmale auf: Das gesamte Gewebe um ihr rechtes Auge war geschwollen und hatte einen etwa anderthalb bis zwei Zentimeter langen Riß. Sie wies weder am Kopf noch auf der Brust Wunden auf. Als ich sie weiter unten untersuchen wollte, hat man es mir verboten.

Ich habe ihr dann einen Verband angelegt und ein Medikament verschrieben. Danach hat man mich gebeten, die Wohnung zu verlassen.

Abends bin ich gegen 10 Uhr auf eigene Initiative noch einmal zu der Kranken gegangen. Sie phantasierte, sprach sinnlose Worte und Sätze. Nach dieser Visite habe ich die Kranke nicht mehr gesehen. Nachdem ich ihr den Verband angelegt hatte, sah sie mich freundlich an und sagte: ›Herr Doktor, ich bin Ihnen sehr, sehr dankbar.‹«

Der Hinweis auf die ›geschorenen Haare‹ bestätigt, was man bereits über den Haarschnitt weiß, der bei den Töchtern des Zaren vorgenommen worden sein soll. Später deutet der Arzt an, daß er den Unterleib und die Geschlechtsorgane der jungen Frau untersuchen wollte, daß ihn die Aufsichtsperson jedoch daran hinderte. Zweifelsohne ist sie vergewaltigt worden, darauf werden wir noch zurückkommen.

Eine zweite Zeugenaussage von Dr. Utkin befindet sich in den Archiven:

Zeugenaussage des Dr. Utkin vom 14. – 15. Juni 1919 (unveröffentlichter Teil – Schluß –)

»Nach dem Verhör (vom Februar; Anm. d. A.) begab ich mich in die Apotheke, die für mich die Arzneien zubereitete. Die Rezepte blieben in der Apotheke, wo ich sie vom Provisor Korepanow wieder zurückerhielt. Ich erinnere mich noch, daß ich mich, während ich das Rezept ausschrieb, fragte: Soll ich den Namen Romanow schreiben oder nicht? Ich fragte die Bolschewiken; sie sagten, ich solle irgendeinen Buchstaben draufsetzen. Ich habe dann den Buchstaben N. auf das Rezept gesetzt. Deshalb blieb das Rezept liegen und wurde nicht in das Buch aufgenommen.«

Danach wurde Dr. Utkin eine ganze Reihe von Photographien

vorgelegt, und er identifizierte unter ihnen Anastasia und das junge Mädchen, das als Spitzel gedient hatte.

Im Augenblick, als er unterzeichnen sollte, fiel Dr. Utkin ein, daß beim Protokoll ein Fehler unterlaufen war: sie hatte nicht gesagt: »Ich bin die Tochter des Zaren, Anastasia«, sondern: »Ich bin die Tochter des Souveräns *(Gossudar)*, Anastasia.« Zu einem anderen Punkt seiner Aussage meinte Utkin, sie sei geistig verwirrt gewesen.

Das kann man sich vorstellen, zumindest wenn sie tatsächlich geschlagen, ausgepeitscht, belästigt, wenn nicht gar vergewaltigt wurde. Sie war noch keine 18 Jahre alt.

Diese Zeugenaussage wurde von Sokolow und Dieterichs nicht in ihre Berichte aufgenommen. Sie hielten den Arzt für nervös und wenig glaubwürdig. Zweifelsohne war er nervös, weil man ihn zu Beginn des Verhörs fragte, weshalb er nach der Befreiung durch die Weißen ihnen diese Geschichte nicht sofort erzählt habe.

Nach den Zeugenaussagen von Natalia Wassiljewna Mutnych einen Monat später wurde die junge Anastasia – oder Tatjana, sie ist sich da nicht sicher – nach Glasow und danach in die Gegend von Kasan gebracht.

Ihrem Bruder Wladimir zufolge soll sie gewußt haben, daß die Leichen des Ex-Zaren und des Thronerben in Jekaterinburg verbrannt wurden.

»Danach ist sie gestorben, ob an ihren Wunden oder den Mißhandlungen, weiß ich nicht. Ich weiß aber, daß man ihr ein Begräbnis organisiert hat, um 1 Uhr morgens, nicht weit vom Hippodrom entfernt. Die Bolschewiken haben alles ganz heimlich gemacht.«

Diese Zeugenaussage gibt einige Hinweise auf das Ende von Alexej und darauf, was der zweite Tod Anastasias hätte sein können. Andererseits erinnert dieses Begräbnis um 1 Uhr morgens eher an die nächtlichen Ereignisse in der Nähe von Jekaterinburg. Die Schwachstellen dieser Zeugenaussage, schon die Wortwahl, lassen jedoch Zweifel aufkommen.

Vor allem kann man also feststellen, daß je nachdem, wer die Untersuchung geführt hat – die Militärs, der Richter Sergejew, der Richter Sokolow oder die Kriminalpolizei –, die Aussagen sich mal in die eine, mal in die andere Richtung bewegen.

Die unzulässige Hypothese gewinnt jedoch seit Perm an Gehalt, da die Dokumente, die sie erhärten könnten, nicht nur aus einer der Untersuchungsakten stammen, sondern auch aus anderen Quellen, die dort, wo sie sich überschneiden, schärfere Erkenntnisse ermöglichen.

3. Die Abreise nach Moskau und Kiew

Die Untersuchungsakte weist bereits darauf hin, daß nach der Zeugenaussage von Jewgenia Sokolowa, Lehrerin in Perm, »die Zarin und ihre drei Töchter nach dem September mit dem Zug aus Perm abfuhren« (Zeugenaussage vom 17. März 1919). Interessant an diesem Text ist, daß die Rede von drei, nicht von vier Töchtern ist. Das deckt sich mit anderen Informationen.

Das wichtigste Dokument, in dem dies bestätigt wird, stammt von Alexis de Durazzo, Prinz von Anjou, Enkel einer Prinzessin, die behauptete, Maria, eine der Töchter des Ex-Zaren, zu sein. Sie hinterließ eine handschriftliche Aussage vom 10. Februar 1970 »In zehn Jahren zu öffnen«. Alexis de Durazzo veröffentlichte sie 1982.

»Am Morgen des 6. Oktober 1918 wurden in der Stadt Perm, wo wir uns seit dem 19. Juli befanden, meine Mutter und meine drei Schwestern voneinander getrennt (*sic* – man hat richtig gelesen: *meine drei Schwestern* – Anm. d. A.) in einen Zug geführt. Ich bin am 18. Oktober (*sic*) in Moskau angekommen, wo Tschitscherin, der Cousin des Grafen Tschupski, mich (*sic*) einem Vertreter der Ukraine anvertraut hat, um nach Kiew abzureisen.«

Dieser Text, der 1970 mit zitternder Hand von einer einundsiebzigjährigen Frau geschrieben wurde, soll also, wie ihr Enkel, der ihn 1982 veröffentlichte, sagt, von Maria stammen, die sich als eine der Zarentöchter bezeichnete. Er fügt die mündliche Äußerung seiner Großmutter bei, die ›aus Sicherheitsgründen‹ Schweigen bewahrt hat. Er gibt Informationen über den Aufenthalt in Perm, die Trennung der Zarin und ihrer vier Töchter in zwei Gruppen. Sie selbst, Maria, befand sich im Haus Berjosin zusammen mit Anastasia. »Diese verschwand am 17. September. Sie war geflohen.«

Zum zweiten Mal also. Seitdem gibt es aber keine Nachrichten mehr.

Verhandlungen zwischen Bolschewiken und Deutschen fanden tatsächlich statt

Die Zeugenaussage von ›Maria‹ verknüpft die verschiedenen Fäden der Affäre. Nach der Verlegung von Jekaterinburg nach Perm teilte ihr Beloborodow einige Tage später mit, »man reise nach Moskau«, und sie solle sich darauf vorbereiten. Man ließ sie in kleinen Gruppen reisen: »Bereiten Sie sich vor, ohne großes Gepäck, nur mit einem kleinen Handkoffer oder einem Bündel.« Am 6. Oktober wurden sie zu Fuß zum Bahnhof von Perm geführt. Die Bolschewiken kamen dem Wunsch der Zarin nach, Tatiana bei sich zu behalten. Olga schaute Maria an und sagte auf englisch zu ihr: »Was macht das jetzt schon. Viel Schlimmeres kann uns nicht mehr passieren. Des Herren Wille geschehe.« Sie stieg in den Waggon ein, Maria in einen anderen.

Maria erzählte, daß während der Reise ein brutaler Kerl ihr befahl, die Ohrringe abzunehmen. Als ihr dies nicht gelang, habe er sie ihr mit Gewalt abgerissen, was eine Wunde hinterließ. Maria kam am 18. Juli in Moskau an, wo sie in dem ehemaligen Haus von Bruce Lockhart untergebracht wurde. Lunatscharskis Frau hat sie dort empfangen. Bald stellte sich Tschitscherin ein, höflich, küßte ihr die Hand und sagte ihr, »ausländische Botschaften bemühten sich um ihre Ausreise und die ihrer Familie«. Sie werde nach Kiew reisen.

»Wir Kommunisten haben die Tyrannei Ihrer Familie abgeschafft, wir respektieren jedoch das menschliche Leben.« Er fügte hinzu, man werde sie der ukrainischen Regierung überstellen, »natürlich alles Marionetten, aber dort sind auch die Vertreter Ihrer deutschen Familie«.

Nach einiger Zeit schickte General Skoropadski einen Sonderzug, den Maria auf sein Geheiß mit einem auf den Namen Gräfin Szapska, geborene Czapski – dies war der Name eines polnischen Grafen und Cousins von Tschitscherin – ausgestellten Paß bestieg. (Vgl. *Ich, Alexis* . . ., S. 180 – 183)

In der gleichen Woche, um den 22. Oktober 1918, wurde Karl Liebknecht durch Wilhelm II. und den Kanzler Max von Baden aus dem Gefängnis entlassen. Danach wurde Jogisches entlassen, ein Spartakist polnischer Abstammung. War es ein Zufall, oder handelte es sich um den ersten Geiselaustausch in der Geschichte der West-Ost-Beziehungen? Zumindest weiß man mit Bestimmtheit, daß während des Sommers Karl Radek, der zusammen mit Joffe die bolschewistische Macht in Berlin vertrat, die Initiative zu einem Austausch der Zarin und ihrer Töchter gegen die vom Kaiser festgenommenen ultralinken Gefangenen ergriff. Er hatte den Deutschen die Garantie gegeben, daß sich die Zarin und ihre Töchter in Sicherheit befanden.

Diese Zeugenaussage Marias und die der Sokolowa sind die einzigen, die ausdrücklich auf die Abreise aus Perm und danach die Weiterreise in die Ukraine, nach Kiew, hinweisen.

Sie bestätigen andere Dokumente spanischer, deutscher oder vatikanischer Herkunft, die sich auf die *Verhandlung* über eine Verlegung *beziehen*, nicht aber auf eine *tatsächliche* Verlegung. Sie stammen alle aus den Monaten August und September 1918, einem Zeitpunkt, als man bereits offiziell Kenntnis von der Exekution des Zaren hatte, aber auch von der der Großfürsten, die in Alapajewsk im Norden von Jekaterinburg interniert waren.

Man kann sich die Aufregung an den europäischen Höfen von Berlin, Kopenhagen und Westminster vorstellen. Der Hof des neutralen Madrid versuchte zu intervenieren, um von den Bolschewiken die Freilassung der Zarin und der Prinzessinnen zu erreichen, da man glaubte, sie seien noch am Leben.

Vor allem der König von Spanien.

Der König von Spanien, Alfons XIII., war durch seine Frau

direkt mit Queen Victoria und somit auch mit Alexandra verwandt.

In den spanischen Archiven konnte der Historiker Carlos Seco Serano feststellen, daß am 4. August 1918 der spanische Hof meinte, der Zar sei ermordet worden, daß seine Frau und seine Töchter jedoch noch am Leben seien.

Hierzu folgender Text:

Brief des spanischen Botschafters in London, Alfons Merry del Val, an Eduardo Dato, Minister des Auswärtigen.

4. August 1918

»Die Unterbrechung unseres gestrigen Gesprächs hat mich daran gehindert, Eurer Exzellenz eine Idee von gewisser Bedeutung und großer Dringlichkeit vorzutragen, die in Zusammenhang steht mit der von Ihnen unternommenen Demarche zugunsten der Zarinwitwe* (sic) und der Töchter des unglücklichen Ex-Zaren von Rußland. Wäre es nicht möglich, den Fall dieser hochgeborenen Dame in die vorgesehene Verhandlung einzubeziehen? Sie ist, wie Sie wissen, die Schwester der Königin Alexandra, der Mutter Georgs V., und eine Intervention zu ihren Gunsten würde für die britische Königsfamilie und die Meinung des englischen Volkes die Bemühungen annehmbarer machen, die zur Befreiung der Zarin Alice in Vorbereitung sind. Letztere hat hier kein gutes Ansehen, man sieht sie als bewußte oder unbewußte Agentin Deutschlands und wegen der schlechten Ratschläge, die sie ihrem von ihr völlig beherrschten Gatten erteilte, in erster Linie – und sei es auch nur unfreiwillig – Verantwortliche für die Revolution. Die sehr starke Abneigung gegen die Zarin Alice geht so weit, daß jede Möglichkeit eines Aufenthalts im Vereinigten Königreich für sie ausgeschlossen werden muß.«

Der zweite Text, einen Monat später, bezieht sich auf die Verhandlungen mit Tschitscherin:

---

* A. d. Ü.: Gemeint ist die Mutter Nikolaus' II., die Witwe des Zaren Alexander III., Dagmar-Maria Fjodorowna.

(6. September 1918, Telegramm 858)

Der von Madrid mit den Verhandlungen über die Verlegung der Zarin und ihrer Kinder beauftragte Fernando Gomez Contreras reiste in Begleitung des Geschäftsträgers der Niederlande von Petrograd nach Moskau. Er führte zwei Unterredungen mit Tschitscherin, am 1. und 5. September 1918.

»Der Volkskommissar hat uns eine Stunde später als verabredet in verkommenen Räumlichkeiten empfangen, die als Außenministerium dienen. Er war *begleitet von einem anderen Israeliten*, seinem Stellvertreter* (dieser letztere Satzteil kommt im Telegramm nur in Spanisch vor: *accompanado de otro israelito es su adjunto*). Ich habe ihm den humanitären Wunsch unseres Souveräns unterbreitet und hinzugefügt, daß es sich nicht darum handelt, in die inneren Angelegenheiten Rußlands einzugreifen, daß die Zarenfamilie in Spanien unter Aufsicht gestellt und von jeglicher Politik ferngehalten würde. Der Kommissar ließ sich seine Unzufriedenheit anmerken, daß wir zugunsten derjenigen intervenierten, die dem Volk soviel Leid zugefügt hätten. Er verlangte von mir mit bitteren Worten, offiziell die Sowjetmacht anzuerkennen, und fügte hinzu, daß beide Seiten sich, um diese Frage behandeln zu können, gegenseitig anerkennen müßten. Er fügte noch hinzu, daß er aus diesem Grund unseren Beteuerungen mißtraue, wonach die Zarenfamilie von jedweder konterrevolutionären Betätigungen abgeschnitten bleibe. Indem er auf die Festnahme Trotzkis in Spanien hinwies (1915) (*aludo a detención de Trota o Trots en España*), behauptete er, unser Land entwickle sich zu einem Herd der Reaktion und der Konterrevolution gegen das internationale Proletariat.

Das unnötige Martyrium dieser schutzlosen Frau wird ihnen den Tadel der ganzen Welt einbringen. Nach einer schwierigen Diskussion und großen Anstrengungen konnte ich erreichen, daß unsere Bitte dem Zentralen Exekutivkomitee bei seiner ersten Sitzung vorgetragen wird.«

Unter Berufung auf die Instruktion seines Ministers vom

---

* Es handelt sich um Karachan, der in Wirklichkeit ein armenischer Jude war. Während der Stalinzeit wurde er umgebracht.

22. August, »die Verlegung der Zarenfamilie nach Spanien zu verlangen«, fügt Gomez Contreras am 15. September hinzu, Tschitscherin (und Karachan) habe gesagt, »er bemühe sich um eine Lösung des Problems der kaiserlichen Damen im Sinne einer Befreiung«.

Gewisse aus russischen oder deutschen Quellen stammende Hinweise geben Aufschluß über diese Verhandlungen.

In seinen ›Memoiren‹ berichtet der ehemalige Außenminister Miljukow, der sich im Sommer 1918 in Kiew befand, daß es Unterredungen mit den Deutschen gegeben habe. Aus ukrainischer Quelle weiß man, daß er vorhatte, Olga oder Tatjana, die älteste Tochter Nikolaus' II., mit Dmitri Pawlowitsch zu verheiraten, damit ein ukrainischer Staat ›unter dem Schutz‹ Deutschlands und Rußlands gebildet werden könne. Diese Unterredungen fanden bis August 1918 statt, fast zwei Monate nach dem vermuteten Tod der Zarentöchter. Ist es möglich, daß Miljukow in Kiew, einer zu diesem Zeitpunkt von den Deutschen kontrollierten Stadt, nicht weiß, was mit der Familie des Zaren geschehen ist?*

Die Deutschen jedenfalls zeigten sich informiert. In den Berliner Archiven sind Summers und Mangold auf Äußerungen des Grafen Alvensleben gestoßen, der bei den Verhandlungen zwischen den Deutschen, Russen und Ukrainern eine zentrale Rolle spielte. Er war ›das Auge Wilhelms II.‹, wie der in Kiew stationierte französische Journalist Jean Pelissier bemerkte. »Zwischen dem 16. und 20. Juli«, ließ Alvensleben am 5. des gleichen Monats wissen, »wird man das Gerücht über den Tod Nikolaus' II. verbreiten. Es wird eine falsche Nachricht sein«, sagte er zu General Dolgorukow. Und als das Kommunique herauskam, wurde in Kiew eine Totenmesse gefeiert, desgleichen auch in Kopenhagen. Dort sagte der russische Botschafter in Dänemark, wo man von dem Gerücht in Kiew gehört hatte,

---

* In einem aus Wologda abgeschickten Brief vom 26. Juni/1. Juli 1918 schrieb Großfürst Nikolaj Michajlowitsch (am 28. Januar 1919 hingerichtet) an Frédéric Masson, die Zarinmutter sei am 1./14. Mai von den Deutschen aus den Händen der Bolschewiken befreit worden. Sie weigere sich, unter ihrem Schutz nach Dänemark auszureisen, und habe erklärt, sie ziehe es vor, von den Russen getötet zu werden.

zum französischen Botschafter, dies sei ein Täuschungsmanöver, um das Leben des Zaren zu retten.

Hofften die Deutschen, so wie es der Kaiser verlangt hatte, die ganze Familie zu retten, den Ex-Zaren eingeschlossen? Man kann es sich vorstellen, aber in Jekaterinburg hatten die Bolschewiken beschlossen, ihn zu exekutieren und lediglich die deutschen Frauen zu evakuieren. Dabei gingen sie so vor, daß die linken Sozialrevolutionäre glauben mußten, alle seien tot. Der Bruder der Zarin, Ernst von Hessen, hatte sich mit Wilhelm II. getroffen, und es waren, wie Nikolai Michajlowitsch in seinem Brief vom 26. Juni/1. Juli schrieb, »Anordnungen aus Berlin an Lenin und Trotzki bezüglich des Herrschers und seiner Familie ergangen«.

Schließlich schickte Ernst, der natürlich weitere Nachrichten haben wollte, über eine Mittelsperson eine Botschaft an den englischen Hof, in der er schrieb: »Ernie telegrafiert, er habe aus zwei sicheren Quellen erfahren, daß Alice und alle Kinder am Leben sind.«.

Dieses von Summers und Mangold aufgespürte Telegramm trägt das Datum vom 27. September 1918, also über zwei Monate nach dem vermuteten Tod der ganzen Familie.

Es existiert eine weitere Quelle, die *Vatikan Archive*.

Ein an Seine Eminenz Kardinal von Hartmann, Erzbischof von Köln, gerichteter Brief des Außenministeriums in Berlin vom 21. September 1918 bestätigt, daß »die Russen (den Deutschen) zu verstehen gaben, sie sollten sich nicht in ihre Angelegenheiten einmischen, sie beschützten die Großfürstinnen vor dem Volkszorn, und es sei vorgesehen, sie auf die Krim zu verbringen.«

Tatsächlich haben der Vatikan und die Kirche ebenfalls eine Vermittlerrolle bei dem weitverzweigten Unternehmen zur Rettung der Töchter und der Gemahlin des Zaren gespielt. Am 10. Oktober – also nach der Verlegung, wenn sie denn stattgefunden hat – haben die ›Bolschewiken‹ zum ersten Mal dem Heiligen Stuhl über den österreichisch-ungarischen Konsul in Moskau eine Antwort erteilt, »daß ihnen unbekannt sei, wo sich die Zarin und ihre Töchter befinden«.

Das war eine diplomatische Lüge: denn hätten sich die Frauen in der Ukraine befunden, konnten die Bolschewiken tatsächlich erklären, daß ihnen unbekannt sei, wo sie sich aufhalten.

Ein weiteres unveröffentlichtes, sehr seltsames Dokument weist auf die Abreise der ganzen Familie aus der Ukraine im Jahr 1919 hin. Es ist an den König von England gerichtet. Es spricht vom Zaren, als ob er überlebt habe – falls es sich nicht um einen Übertragungsfehler handelt. Interessant ist es deshalb, weil es Olga, Tatjana und Maria ausdrücklich als Teilnehmer an der Reise erwähnte, nicht jedoch Anastasia:

From Lord Hardinge of Penhurst, Permanent Under-Secretary for Foreign Affairs. (handwritten date) Third or Fifth June 1919.
The King
Your Majesty,
In response to Your Majesty's enquiry, I have ascertained from the Chargé d'Affaires in Vienna that the route taken by His Imperial Majesty the Csar and the Grand Duchesses Olga, Tatiana and Maria was as you were informed by Her Majesty the Queen Mother from Odessa – Constantinople arriving February 26th.

From Constantinopel by train arriving Sofia February 28th.

From Sofia to Wien on March 3rd arriving Wien March 7th.

From Wien to Linz by car arriving 8th.

From Linz to Wrosclau or Breslau on May 6th arriving Wroclav May 10th.

I am your Majesty's obedient servant

Hardinge

Es ist schon seltsam, daß der Zar genannt wird. Andererseits hatte man schon mehrere Male geglaubt, daß auch er von Jekaterinburg nach Perm gereist sei. Weiß man im Foreign Office noch immer nichts von dem, was zwischen Moskau und Berlin im Gange ist? Ist dieser Brief ein Ablenkungsmanöver? Wie dem auch sei, er wirft das Problem Anastasia auf.

Hypothese hinsichtlich der Wahrheit über Anastasia

Was Anastasia angeht, so scheint – falls der Draht Perm – Kiew wirklich funktionierte – eine mögliche Hypothese die folgende zu sein:

Nachdem sie mit ihren anderen Schwestern nach Perm verbracht worden war, entfloh sie mit einem jungen Wachtposten. Sie wurde von Soldaten wieder eingefangen, gewalttätig behandelt oder sogar vergewaltigt und danach von Dr. Utkin untersucht. Sie verschwand wieder, man wußte nicht, wie. Jedenfalls war sie nicht bei dem Transport vom Bahnhof Perm dabei, und seit September wußten ihre anderen Schwestern nicht, was aus ihr geworden war. Da sie selbst nicht wußte, daß ihre Schwestern am 6. Oktober 1918 abgereist waren, konnte Anastasia später auch sagen und es glauben, sie sei die einzige ›Überlebende‹. Trotzdem wiederholte sie, »daß sich in Jekaterinburg nichts so zugetragen hat, wie man es erzählt«. Sie konnte auch nicht viel mehr über sich selbst aussagen: unserer Meinung nach war der Grund dafür, daß sie mit 18 Jahren unter Schockwirkung durch die Vergewaltigung und ihre Verletzungen stehend, all dies niemals erklären, ›es zugeben‹ konnte aus einem Schuldgefühl heraus, das ihre viktorianische Erziehung – und ihr Rang – noch verstärkten. Vielleicht schämte sie sich auch, daß sie die Ihren ›verlassen‹ (*sic*) hatte, um alleine zu fliehen.

War ihr Gefährte Deutscher oder Österreicher? Sie fand sich in Deutschland wieder, schwanger. Als sie 1919 wiederauftauchte, lag sie im Sterben, und ein großer Teil ihrer Familie identifizierte sie und erkannte sie an – vor allem ihre beiden Tanten, Olga und Xenia, die Schwestern Nikolaus' II., und noch viele andere. Aber wer wußte zu diesem Zeitpunkt, was aus ihren Schwestern geworden war? Vielleicht Ernst von Hessen, der Bruder Alexandras, der am 27. September 1918 ein Telegramm mit der Bestätigung schickte, er wisse, daß sie am Leben seien; man habe aber keine weiteren Informationen. Während man ihre Schwestern in Kiew oder in Podolien in der Hand hatte, wurde Anastasia lästig. Wider alle Erwartungen wurde sie wieder gesund, wurde Madame Tschaikowski und erhob, da sie sich für die einzige Überlebende der Familie hielt, Anspruch auf das Erbe der Romanows, das Kyrill und seine beiden Tanten, Olga und Xenia, für sich beanspruchten. Für diesen Punkt liefert die Aussage Gleb Botkins einen überzeugenden Hinweis. Als Sohn Dr. Botkins, des in Jekaterinburg ermordeten Arztes des Zaren, hat er die vier Schwestern gut gekannt, war bis Jekaterinburg mehrere Jahre lang ihr Spielgefährte. Er hat Anastasia sofort in der Gestalt von Madame Tschaikowski wiedererkannt. Wie er sagte, änderten die Tanten Olga und Xenia ihre Einstellung und erklärten, sie würden Anastasia als solche so lange nicht anerkennen, bis ein Gericht darüber entschieden habe. Durch Kyrill und Ernst von Hessen unterstützt, begannen sie von Betrug zu reden. Und Anastasia erklärte auf Befragen, sie erinnere sich, daß Ernst mitten im Krieg, als er deutscher General war, seine Schwester besucht habe: was eine Unschicklichkeit war.

Die anderen Schwestern waren diskreter; und da sie ängstlicher waren, konnten sie überleben. Auch sind die Schocks, die sie erlitten, die Unsicherheit, die 1919 in ganz Mitteleuropa herrschte, ihre Angst, von den Bolschewiken ›wieder aufgefunden‹ und wie ein großer Teil ihrer Familie ermordet zu werden, eine hinreichende Erklärung dafür, daß sie sich versteckt hielten. Maria sollte sich erst Jahrzehnte später entschließen, ›ihre‹ Wahrheit zu enthüllen. Nach Ansicht von Alexis de Durazzo wurde Anastasia aus dynastischen Gründen geopfert: da Kyrill sich als Chef des Hauses Romanow vorstellte, wurde Anastasia lästig. Es wurde geflüstert, die vier Mädchen seien vergewaltigt worden – eine wirkliche Entehrung. Den anderen Mädchen wurde Hilfe zuteil, hauptsächlich durch die Königin von Rumänien und den Kaiser während seines Exils in Holland.

Alle diese Tatsachen sind mehr oder weniger miteinander verknüpft. Gewiß, man konnte sehen, daß Maria ihre drei Schwestern in ihrer handschriftlichen Aufzeichnung erwähnte – und daß sie in ihrer mündlichen Aussage auch das Verschwinden Anastasias erwähnte. Man wird aber auch bemerken, daß die bolschewistischen Führer, die mit diesem Abenteuer zu tun

Großfürstin Anastasia, die Tochter des Zaren.

haben, gerade diejenigen sind, die offen von dem Überleben der
Töchter Romanow und ihrer Mutter gesprochen haben.

– G. Tschitscherin zunächst, der eine zentrale Rolle spielte,
  wozu ihn seine Funktionen im Jahre 1918 ermächtigten.
– Sodann Sinowjew, da sich seine Mitarbeiterin zum Zeitpunkt der Verlegungen dienstlich in Perm befunden haben
  soll.
– Litwinow, der mit Tschitscherin zusammenarbeitete und zu

seinen Aussagen über das Überleben stand, und zwar bereits seit Dezember 1919 nach dem Waffenstillstand, als es nicht mehr nötig war, die Deutschen über das Schicksal der Töchter Nikolaus' II. und seiner Frau zu täuschen.

Dieser Punkt ist bedeutsam, weil man – so besonders der antibolschewistische russische Historiker Melgunow – sich vorstellen konnte, daß die Verhandlungen zwischen Bolschewiken und Deutschen ein Täuschungsmanöver waren, wobei die Bolschewiken so taten, als bemühten sie sich um die Freilassung der Töchter, als sie bereits genau wußten, daß sie tot waren.

Tatsächlich gibt es handfeste Informationen über Anastasia und Maria. Sie bestätigen einander – was kein unwiderleglicher Beweis ist, da die Aussagen Marias erst hinterher veröffentlicht worden sind. Alexis de Durazzo hat seine Beweise veröffentlicht, nachdem er Summers und Mangold gelesen hatte, die ihm bereits den Weg freigeräumt hatten. Er hatte jedoch nicht ›Gibel Tsarskoj Semi‹, 1987 veröffentlicht, gelesen.* Aber die nur äußerst spärlichen Informationen über die Zarin und Tatjana verweisen Anspielungen auf das Überleben in das Gebiet der Spekulation. Er schreibt, daß Alexandra in ein Kloster in Podolien gebracht wurde, sagt aber so gut wie nichts über Tatjana, außer, daß sie mit seiner Großmutter korrespondiert habe. Tatsächlich gibt es unveröffentlichte Informationen über Maria und Anastasia. Zunächst bescheinigt eine direkte Zeugenaussage des Fürsten Ghika, daß er 1920 Kenntnis von der Heirat der Großfürstin Maria mit dem Fürsten Dolgoruki erhielt. Vor allem bezeugt er, daß Großfürst Kyrill die Königin Maria von Rumänien – die Enkelin Alexanders II. und Viktorias – gebeten habe, »nicht mehr über die Durchreise der beiden Großfürstinnen (Maria und Anastasia)« im Jahr 1919 durch Bukarest zu sprechen, und zwar ›aus familiären Gründen‹. Über das gleiche Jahr berichtet Hanna Pakula in ihrem Buch ›Marie de Roumanie‹, der englische Hof habe die Königin von Rumänien wissen lassen, daß Maria Nikolajewna, die Tochter des Zaren, nicht

---

* Wir haben ihn im März 1989 in Madrid eingehend dazu befragt.

willkommen sei, falls sie nach London käme. Dies ist erklärlich, weil man am englischen Hof nicht mehr an das Verhalten Georgs V. von 1917–1918 erinnert werden mochte, selbst wenn später der König zur Finanzierung der Pläne für eine Rettungsaktion über den Hohen Norden beitrug. Ist dies der Auftakt zu einer Allianz des englischen Hofs mit dem anderen Zweig der Romanows – sind es die letzten Zuckungen der gescheiterten Palastrevolution von 1917?

»Sie haben alle beschlossen, sich wie wilde Tiere aufzuführen«, war der Kommentar der Königin von Rumänien. Das sagte auch ein sowjetischer Diplomat zu Dr. Botkin jun., der sich damals in den Vereinigten Staaten befand: die Romanows haben sich als grausamer erwiesen als die Bolschewiken.

Darüber hinaus gibt es noch eine Photographie von Maria und Olga zusammen, aber aus dem Jahr 1957; sind sie es wirklich? Noch eine Zeugenaussage, aus dem Jahr 1983: Schwester Pasqualina Lehnert, die Haushälterin Pius' XII., bestätigt, daß der Papst tatsächlich die beiden Prinzessinnen Olga und Maria im Vatikan empfangen hat – »sie waren es wirklich«. Sie kann aber auch kein genaues Datum angeben – irgendwann zwischen 1939 und 1957.

Alle diese Zeugenaussagen werfen das Problem des wirklichen Todes Nikolaus' II. auf und das, was bei diesem Schweigen auf dem Spiel stand.

Gab es einen anderen Tod für Nikolaus II.?

›Die unzulässige Hypothese‹ geht davon aus, daß Nikolaus II. einen anderen Tod gestorben ist. Gehen wir also auf die Zeit Mitte Juli 1918 zurück. Die Version, die Alexis de Durazzo, Prinz von Anjou, ausgehend von den Aussagen seiner Großmutter, vorbringt, legt die Ereignisse folgendermaßen fest:

»Am 23. Juni 1918 (das heißt am 6. Juli) wurde der Zar von Jurowski zu Gesprächen aus dem Haus Ipatjew geführt. Er traf sich mit zwei aus Moskau gekommenen Personen, von denen ihm angeboten wurde, er könne ins Ausland ausreisen, falls er gewisse Bedingungen akzeptiere. Der Zar nahm sie an, um die Seinen zu retten.

Er wurde am 9. Juli zurückgebracht. Am 12. Juli teilte Jurowski der Zarenfamilie mit, sie solle sich auf eine lange Reise vorbereiten, die unter größter Geheimhaltung vor sich gehen werde. Zu diesem Zweck verlangte er von ihnen, ihr Äußeres zu verändern. Am 15. Juli teilte er dem Zaren mit, er werde als erster, zusammen mit Alexej und getrennt vom Rest der Familie, fortgebracht. Meine Großmutter (Maria) bestand auf diesem Punkt. Sie wurden in der Nacht des 15. Juli fortgebracht. Wohin man sie gebracht hat, wußte meine Großmutter nicht.«

Was diese Zeugenaussage bestätigt, sind die abgeschnittenen Haare und die Barthaare, die man angeblich im Hause Ipatjew gefunden hat. Das junge Mädchen, das von Dr. Utkin untersucht wurde, hatte ebenfalls kurze Haare, was eine weitere Bestätigung ist; auch wenn die vier Mädchen bereits schon einmal, ein Jahr zuvor, kurz geschoren worden waren, wie auf einer Photographie zu sehen ist.

Was geschah danach? Lediglich die Zeugenaussage von T. Tschemodurow, der in ›Gibel Tsarskoi Semi‹ vorkommt – es soll sich um einen Domestiken handeln, der dem Massaker entkam –, gibt eine detaillierte Schilderung des weiteren Verlaufs der Ereignisse. Sie ist von K. Ackerman, dem Korrespondenten der ›New York Times‹ unterzeichnet und im ›Westnik Mandschurii‹ Nr. 31 erschienen.

Zeugenaussage von Parfen Alexejwitsch Domnin, in Wirklichkeit Terenti Iwanowitsch Tschedmodurow:

»In den ersten Julitagen begannen Flugzeuge die Stadt zu überfliegen, sie flogen ziemlich tief, warfen Bomben ab, die aber keinen Schaden anrichteten. Zur gleichen Zeit nahm das Gerücht zu, daß die Tschechoslowaken sich darauf vorbereiteten, die Stadt einzunehmen. An einem dieser Abende schien Nikolaus, als er von seinem üblichen Spaziergang im Garten zurückkam, ungewöhnlich erregt zu sein. Er kniete vor der Ikone Nikolaus' des Wundertäters zum Gebet nieder, dann warf er sich auf sein Bett, ohne sich auszuziehen.

›Erlauben Sie mir, Sie auszuziehen‹, sagte ich zu ihm.

›Mache Dir keine Sorgen, mein Herz ist schwer, und ich fühle, daß ich nicht mehr lange leben werde. Vielleicht heute . . .‹

Der Ex-Zar führte seinen Satz nicht zu Ende.

›Gott sei mit Dir‹, antwortete ich.

Und er erzählte mir, daß er während seines Spaziergangs Nachricht über die Zusammenkunft des Kosakenkomitees und der Uralsoldaten erhalten habe, wo ein Beschluß über sein Schicksal gefaßt werden sollte; man habe gesagt, daß er vorhabe, zu den Tschechoslowaken zu fliehen oder daß die Tschechen vorhätten, ihn aus den Händen der Sowjets zu befreien. ›Ich weiß nicht, was geschehen wird‹, fügte Nikolaus schließlich noch hinzu.

Der Zar war unter strenger Bewachung; er konnte sich keine Zeitungen beschaffen, nicht einmal ausgehen, außer zu seinem kurzen Spaziergang. Der Zarewitsch war während dieser ganzen Zeit krank. An diesem Tag kam er tränenüberströmt ins Zimmer seines Vaters gelaufen, schluchzte und warf sich ihm an den Hals: ›Papa, sie wollen Dich erschießen!‹

›Beruhige Dich, Gott segne Dich‹, antwortete Nikolaus, ›was macht denn Deine Mutter?‹

›Sie weint.‹

›Geh und tröste sie.‹

Und Nikolaus kniete nieder und fing an zu beten. An diesem Abend, dem 15. Juli, kam der Kommissar der Wache herein und sagte: ›Bürger Nikolaus Alexandrowitsch Romanow, Sie müssen mit mir zur Sitzung des Sowjets kommen!‹

›Sagen Sie es mir offen‹, antwortete der Zar, ›Sie wollen mich wegbringen, um mich zu erschießen.‹

›Nein, fürchten Sie nichts‹, sagte der Kommissar lächelnd, ›man verlangt Ihre Anwesenheit im Sowjet.‹

Nikolaus erhob sich von seinem Bett, zog sein Militärhemd, seine Schuhe und sein Koppel an und ging mit dem Kommissar weg.

Er kam nach zwei Stunden zurück, er war leichenblaß, und sein Kinn zitterte nervös.

›Gib mir ein Glas Wasser‹, sagte er zu mir.

Ich brachte es ihm, und er trank es in einem Zug aus.

›Was ist passiert?‹

›Sie haben mir gesagt, daß ich in drei Stunden erschossen werde.‹«

Im weiteren Verlauf erklärte Tschemodurow:

»Auf der Sitzung, an der Nikolaus II. teilnahm, wurden alle Details über das konterrevolutionäre Komplott verlesen. Es wurde von einer Geheimorganisation geschürt, die sich ›Verteidigung des Vaterlandes und der Freiheit‹ nannte. Man legte dar, daß diese Organisation die Arbeiter- und Bauernrevolution im Keim ersticken und die Massen gegen die Sowjetmacht aufwiegeln wollte. Sie wollten die Sowjets für alles gegenwärtige Unglück verantwortlich machen, sogar für den Vormarsch der deutschen Truppen. Zu dieser Organisation gehörten alle nichtsowjetischen Fraktionen, von den Sozialisten bis zu den Monarchisten. An ihrer Spitze stand ein Freund des Zaren, General Dogert. In diese Organisation sind auch die sogenannten Arbeiterkreise des Fürsten Kropotkin eingetreten, General Sukart und Ingenieur Ili. Man hätte meinen können, Sawinkow habe in Verbindung mit dieser Organisation gestanden und würde als Militärdiktator an die Spitze der Regierung gestellt. In letzter Zeit sollte ein neues Komplott mit General Dutow an der Spitze den Zaren befreien, usw.

Angesichts all dieser Tatsachen und angesichts des Beschlusses, Jekaterinburg zu evakuieren, beschloß der Sowjet, Nikolaus Romanow ohne weiteren Aufschub zu exekutieren.

›Bürger Nikolaus Romanow‹, sagte der Präsident, ›ich mache Sie darauf aufmerksam, daß Sie noch über drei Stunden verfügen, um Ihre Angelegenheiten zu regeln. Die Wache wird Sie nicht aus den Augen lassen.‹

Nach seiner Rückkehr kamen Alexandra und der Zarewitsch zu ihm, sie weinten. Die Zarin fiel in Ohnmacht, und man rief einen Arzt. Nachdem sie wieder zu sich gekommen war, warf sie sich vor den Soldaten nieder und flehte um Gnade, aber die Soldaten erklärten, sie seien machtlos.

›Ich bitte Dich, Alice, beruhige Dich um Christi Willen‹, sagte Nikolaus mit leiser Stimme zu ihr.

Er umarmte seine Frau und seinen Sohn, rief mich und sagte, nachdem er auch mich umarmt hatte, zu mir:

›Mein Guter, verlaß Alexandra Fjodorowna und auch Alexej nicht. Du weißt, ich habe niemanden mehr, und es wird niemanden mehr geben, der ihnen hilft, wenn sie mich weggeführt haben.‹

Außer ihnen hat danach niemand mehr Abschied vom Zaren genommen. Sie blieben allein bei ihm, bis der Präsident des Sowjets in Begleitung von fünf Soldaten und zwei Arbeitern kam.

›Zieh Deinen Mantel an‹, sagte der Präsident zum Zaren.

Nikolaus bewahrte Haltung und begann, sich anzuziehen. Er umarmte noch einmal seine Frau, seinen Sohn und seinen Diener und sagte zu den Neuangekommenen: ›Ich stehe zu Ihrer Verfügung.‹

Die Zarin und Alexej erlitten eine Nervenkrise, und als ich ihnen zu Hilfe eilte, sagte der Präsident zu mir: ›Sie werden das später tun, nicht jetzt.‹

›Erlauben Sie mir, hinter meinem Herrn zu gehen.‹

›Nein, niemand darf ihn begleiten.‹

Sie führten ihn, ich weiß nicht wohin, und er wurde von zwanzig roten Soldaten erschossen.

Noch vor der Morgendämmerung, das heißt immer noch in der Nacht des 15. Juli kam der Präsident des Sowjets, mit einigen Soldaten, dem Arzt und dem Kommissar der Wache zurück. Sie gingen ins Zimmer des Zaren, und der Arzt kümmerte sich um die Zarin und den Zarewitsch, die das Bewußtsein verloren hatten. Dann wandte er sich an den Arzt:

›Kann man sie jetzt wegbringen?‹

›Ja.‹

›Man wird Sie wegbringen‹, sagte der Präsident, ›bereiten Sie ihr Gepäck vor, nur das Allernötigste, dreißig bis vierzig Pfund.‹

Während Sie sich fertigmachten, sagte er zu mir:

›Und du, Alter, scher dich weg, hier wird keiner bleiben, hier gibt es nichts mehr zu tun.‹

Sie nahmen die Zarin und ihren Sohn im Wagen mit, ich weiß nicht wohin.«

Das Seltsame an dieser Geschichte ist, daß es Parfen Alexeje-witsch Domnin, ihren Autor, gar nicht gibt: es könnte das Pseudonym von Tschemodurow sein, das der amerikanische Journalist ihm aus Sicherheitsgründen beigelegt hat. Zumindest ist das die von Summers und Mangold vorgetragene Hypothese. Jedenfalls ›paßt‹ dieser Bericht vom März 1919 sehr gut zu den anderen Stückchen des Puzzles. Die beiden Journalisten haben auch noch andere Zeugenaussagen vorgelegt, die diese Aufzeichnung bestätigen. Gewiß, der alte Diener des Zaren, wenn er es wirklich ist, war seit mehreren Wochen krank und wurde im Gefängnishospital behandelt. Er konnte sich also gar nicht an Ort und Stelle befunden haben, es sei denn, er wäre zu einem Spaziergang ausgegangen und danach wieder ins Hospital zurückgekehrt und somit dem Schicksal der anderen Diener des Zaren entgangen. Er hat später vor dem Richter Sergejew ausgesagt, daß die im Haus Ipatjew aufgefundenen Haare die der vier Prinzessinnen waren, die man ihnen abgeschnitten hatte. Ebenso wie er den Bart des Zaren wiedererkannte, den dieser sich zur Hälfte abgeschnitten hatte – gerade so, als ob die gesamte Familie bereits damit begonnen hätte, ihr Äußeres zu verändern. Aber weder Richter Sergejew noch Richter Sokolow haben diese Zeugenaussage wiedergegeben. Geschah dies, weil man davon ausging, daß er zum Zeitpunkt des Verbrechens gar nicht an Ort und Stelle war? Immerhin wird diese Zeugenaussage von einem Text in der ›Prawda‹ bestätigt, nach dem der Zar *außerhalb der Stadt* von Rotgardisten erschossen wurde, was sich mit dem Text von Bykow deckt.

Was überrascht, ist, daß Ross, der gewöhnlich so genau in seinen Aufzeichnungen ist, lediglich feststellt, Domnin habe es nicht gegeben, ohne auch nur auf die Darlegungen von Summers und Mangold einzugehen, die sich bemühten aufzuzeigen, daß es sich um Tschemodurow handelt – den er übrigens kennt und an anderer Stelle zitiert. Er zerstört die Glaubwürdigkeit dieser Zeugenaussage und weist lediglich darauf hin, daß es zu diesem Zeitpunkt keine tschechoslowakischen oder russischen Flugzeuge in Sibirien gab. Er hat die Hypothese des Hauptmanns Malinowski nicht gestützt und darauf hingewiesen, daß Richter Sergejew der These der kollektiven Ermordung Glauben schenkte. Außerdem ist er, da er seine Veröffentlichung der Dokumente vom 21. Februar 1920 an einstellte, nicht mehr auf die Hinweise von Alvensleben Dolgoruki gegenüber eingegangen, die um den 5. Februar 1921 datiert sein dürften.

Schließlich mißt Ross auch der Gesamtheit der Zeugenaussagen, die sich auf Perm beziehen, keinerlei Bedeutung bei; er notiert lediglich, Dr. Utkin sei die letzte Person gewesen, die vorgab, mit der sogenannten Anastasia gesprochen zu haben.

Kurz gesagt, auch wenn er die Texte veröffentlichte, die Sokolow beiseite ließ, hielt Ross sie letztlich doch für wenig bedeutsam und nur ungenügend durch Fakten abgestützt, um ›im Interesse der Wahrheit‹ ein Wiederaufgreifen des Falles in Betracht zu ziehen.

Die Texte, die sich auf die Ermordung der gesamten Familie beziehen, sind jedoch genauso widersprüchlich.

Keine dieser Zeugenaussagen stimmt mit anderen überein. Mal sollen die Leichen verbrannt worden sein, mal beerdigt – oder man hatte angeblich die Köpfe abgeschnitten – es sei denn, jemand könnte zum Beweis dafür heute noch Photos der Schädel vorlegen. Mal sind die Mörder Tschekisten, mal Soldaten; hier sind es vier, dort elf; die Opfer betreten auch nicht in der gleichen Reihenfolge das Zimmer usw.

Außerdem kann man sich darüber wundern, daß für ein im geheimen begangenes Verbrechen etwa 200 Zeugen in der weißen Zone vorgeladen wurden, während die Roten sich weiter nach Westen abgesetzt hatten und die mit der Erschießung Beauftragten sich logischerweise bei ihnen befanden.

Eine große Anzahl der Aussagen enthält konkrete und genaue Informationen, als habe sich der Zeuge an Ort und Stelle befunden. Trotzdem sind es widersprüchliche Zeugenaussagen, in denen einmal von der Ermordung der ganzen Familie die Rede ist, während ein anderes Mal zu Protokoll gegeben wird, daß ein Teil der Familie überlebt habe. Oder sogar, daß alle, auch der Zar, davongekommen seien.

Wir haben gesehen, daß die ersten Untersuchungsrichter an einen Bluff geglaubt haben, daß auch Richter Sergejew glaubte, nur der Zar und sein Sohn seien hingerichtet worden; daß die Militärpolizei auf Anordnung der Tschechen Beweise für das Überleben der Romanow-Töchter in Perm vorgelegt hat, daß aber auch sie von General Dieterichs abgesetzt wurden. Dieser hatte Sokolow an die Stelle Sergejews gesetzt, von dem man annahm, er sei Sozialrevolutionär und schon aufgrund seiner Schlußfolgerungen wenig glaubhaft; Kirsta wurde abgesetzt, weil er mit seinem Chef, General Gayda, in Konflikt stand.

Wir haben auch gesehen, daß alle, deren Zeugenaussage mehr oder weniger die These einer kollektiven Ermordung widerlegt, eines tragischen Todes gestorben sind.

Andererseits fallen auch die Beweise für das Gegenteil nicht ins Gewicht. Sie lösen zwar nicht das Rätsel des Todes von Alexej, passen aber wenigstens zusammen. Sie haben jedoch die Macht der Apparate gegen sich – den Apparat der Weißen wie der Roten.

Die Verschwörung des Schweigens: Was steht für sie wohl auf dem Spiel?

Die Verbissenheit der Weißen, mit der sie auf der Ermordung der gesamten Zarenfamilie bestehen, läßt sich mit dynastischen Interessen erklären, sie ist aber davon auch unabhängig.

Gewiß konnten die Romanows, die sich um Kyrill, den selbsternannten Chef des Hauses Romanow, gruppierten, nicht den Gedanken an ein Überleben ertragen – weder das Anastasias, noch das einer ihrer Schwestern –, denn es hätte die Zukunft ihres Familienzweigs in Frage gestellt. Die Gründe der Weißen, besonders die des Admirals Koltschak, waren jedoch andere. Schon seit 1917 wat Koltschak – ebenso wie Konilow – kein Monarchist mehr. Er wollte das alte Standessystem wiederherstellen, gewiß, aber ohne den Zarismus. Wenn es auch für einen Teil der Militärs, der Oktobristen und der Kadettenpartei seit Ende 1916 denkbar war, sich einer Palastrevolution zugunsten eines anderen Romanows anzuschließen, so hatte sich die Lage mit der Februarrevolution völlig geändert. Mit Ausnahme von Miljukow und einigen anderen hatten diese Konterrevolutionäre den Gedanken einer konstitutionellen Monarchie aufgegeben, um welchen Zweig des Hauses Romanow es sich auch immer handelte. Sie waren antibolschewistisch, standen aber seitdem einer Wiederherstellung der Monarchie feindlich gegenüber und setzten eher auf die Bildung eines Militärregimes oder sogar auf eine Art ›faschistisches‹ Regime.*

Angesichts des schlechten Ansehens von Alexandra hätte ihre Anwesenheit sie jegliche Glaubwürdigkeit verlieren lassen und sie bei ihrem Kampf gegen den Bolschewismus behindert. Vor allem hätte sie ihnen die Regierungen von Paris und London entfremdet, von denen sie unterstützt wurden. »Selbst wenn sie noch leben, muß man sagen, sie seien tot«, wiederholte R. Wilton, der Ex-Korrespondent der antibolschewistischen ›Times‹. Auf Anordnung Koltschaks mußte Sokolow also beweisen, daß alle tot waren. Und zweifellos hat er es bewiesen und zum Schluß selbst daran geglaubt. Sein militantes Vorgehen machte ihn jedoch einem Teil der Romanows verhaßt, die seinen Übereifer scharf verurteilten und sich weigerten, ihn zu empfangen.

Seit dieser Zeit wurde das Kollektivverbrechen als tatsächliches Geschehen angesehen, die Affäre Anastasia als Betrug abgetan und – da andere Romanows zwischenzeitlich ebenfalls ermordet worden waren – konnte sowohl aus dynastischen als auch aus antibolschewistischen Gründen, ohne daß man seine Meinung ändern mußte, an der traditionellen Version kein Zweifel mehr gelassen werden. Und doch wurde Marina Grey, die Tochter General Denikins, schließlich noch vom Zweifel befallen.**

Das Paradoxe daran ist, daß es so aussieht, als ob seit einem halben Jahrhundert die bolschewistische Räson der dynastischen Räson die Hand reichte. Noch heute sind in der Sowjet-

* S. Seite 317
** Sie meint, diejenigen Familienmitglieder, die nach Perm verbracht wurden, seien ebenfalls erschossen worden, aber später (vgl. Seite 370).

union neue Enthüllungen nur Wiederholungen der Version der Weißen mit irgendeinem neuen Gewürz, um sie schmackhafter zu machen.

Wie läßt sich das erklären?

Der erste dafür bereits angeführte Grund wäre, daß es, da es sich um die Ermordung der ganzen Familie handelte, nicht mehr nötig war, den Deutschen etwas vorzutäuschen, weil es seit November 1918 keine Hohenzollern mehr gab. Danach war es auch nicht mehr nötig, gute Figur bei den Engländern zu machen, denn nach der Genfer Konferenz war die Sowjetunion dem geschlossenen Klub der Großmächte beigetreten – das Ausmaß der Ausrottung spielte daher keine Rolle mehr.

In Rußland – wo man keine Kenntnis von den Aussagen Sinowjews, Tschitscherins und Litwinows hatte – ist es günstiger, zu sagen, alle Romanows seien ausgelöscht worden, als zu enthüllen – wenn es denn wahr wäre –, daß eine Verhandlung zur Befreiung Alexandras und ihrer Töchter – die als Deutsche galten – führte, während der russische Zar hingerichtet wurde. Das Regime kann sich auch nichts davon erhoffen, wenn es enthüllt, ob eine Verhandlung stattgefunden hat – was immer ihr Ausgang gewesen sein mag.

In einem Land, in dem mehr als anderswo die Geschichtsforschung überwacht wurde, ist es auch bis heute keinem professionellen Historiker in den Sinn gekommen, sich Fragen über das Warum und Wie der Informationen zu stellen, die die Hypothese des Überlebens von Alexandra und ihren Töchtern untermauern: zum Beispiel die Verhandlungen zwischen den Bolschewiken und den Deutschen im April 1918 genauer zu untersuchen, die Rolle Radeks, Tschitscherins usw. Wir verfügen nur über deutsche oder spanische Quellen.

Heutzutage, wo die Glasnost nach mehr Licht verlangt, scheint dies noch immer so zu sein. Die Diskussionen drehen sich um die materiellen Seiten des Verbrechens, wie etwa die Einäscherung oder Beerdigung. Kurz gesagt, man debattiert über technische Gegebenheiten oder Details, die bereits mehr oder weniger in den von den Weißen veröffentlichten Werken vorkommen. Das Geständnis Jurowskis hat merkwürdige Ähnlichkeiten mit der von Medwedew hinterlassenen Zeugenaussage. Hier geht es um das Wiederaufleben religiöser Ideen, die Aufwertung des zaristischen Regimes usw. Der Name Jurowski ist wiederaufgetaucht – er war Jude und kam in der Sowjetunion im Text Bykows von 1926 nicht vor. Er tauchte sicherlich wieder auf, um, falls nötig, antisemitische Strömungen zu nähren. Zur Zeit Nikolaus' II. war, wie wir gesehen haben, jeder Terrorist angeblich Jude: der in ›Rodina‹ (›Vaterland‹) veröffentlichte Text Rjabows ist typisch dafür; implizite geht daraus hervor, daß die Ermordung des russischen Zaren von zwei Juden bewerkstelligt wurde – Swerdlow und Jurowski; der Name Lenins ist verschwunden.

Aus diesen Archiven wird sich die Hypothese vom Überleben nicht nachweisen lassen, denn sie lügen genauso wie die Institutionen und Behörden, die die Texte geheimhalten. Wem soll man glauben: Medwedew, Jurowski, Dr. Utkin oder Maria Nikolajewna? Man kann auch der Analyse der persönlichen Gegenstände, der Zähne oder der Schädel nicht mehr trauen, da man seit langem weiß, daß eine Expertise die andere überholt.

Lediglich eine vollständige Gegenüberstellung der russischen *und* der ausländischen Dokumente würde eine genauere Festlegung auf das ermöglichen, was wirklich in Jekaterinburg geschah, im Gegensatz zu dem, was in den Bereich der Legende gehört. Gewiß könnten die Engländer und die Dänen auch dazu beitragen, da sie über Informationen verfügen, die sie noch in Gewahrsam halten. Die Sowjets übrigens auch.

Über welche Mittel verfügen jedoch diejenigen, die daran interessiert sind, in dieser Geschichte tiefer zu schürfen?

Und auf welchem Planeten wird die Geschichte ›das, was geschehen ist‹, ohne Behinderungen dargelegt werden können, nicht von einem Gerichtshof oder politischen Machtapparaten, sondern von den Historikern?

Ereignis ohne Bedeutung oder ›Vermischte Nachricht‹?

Während der Tod Karls I. oder Ludwigs XVI. große historische Ereignisse waren, gehört der Nikolaus' II. zu den ›Vermischten Nachrichten‹, er ist ein Nicht-Ereignis.

Die sowjetische Geschichte hüllt sich über ihn in Schweigen.

Die westlichen Historiker, die ihn behandelten – selbstverständlich in mehr als nur einer Zeile –, taten dies, entweder um die Version Sokolows wieder aufzugreifen oder um ihr zu widersprechen. Sie taten es nicht, um ihn in die russische Geschichte zu integrieren.

Die Art und Weise, wie Lenin auf ihn eingeht, ist typisch: in Klammern, und auch dies nur, um darauf hinzuweisen, daß Rußland sich im Verhältnis zum Westen verspätet hatte – denn in England wie auch in Frankreich hatte man seine Monarchen schon vor langer Zeit hingerichtet. Ohne wirkliches Ereignis übrigens, da eine Wiederherstellung der Monarchie schon bald darauf folgte. Das Entscheidende, erklärte Lenin, war, die Grundbesitzer zu beseitigen, die Kulaken. Der Tod Nikolaus' II. war ihm keine Erklärung, keinen Hinweis oder gar eine Rechtfertigung wert. Lenin erwähnt ihn wie eine Information über eine ihm fernliegende Angelegenheit.

Sie war jedoch so unwichtig, daß es nicht lohnte, sich lange darüber aufzuhalten.

Das hinderte ihn im übrigen jedoch nicht daran, mit den Deutschen über das Schicksal der Zarin und ihrer Töchter zu verhandeln. Aber diese geheimen Verhandlungen – die man kurz zuvor noch gänzlich ausgeschlossen hatte – wurden sorgfältig unter dem Mantel einer Geschichtstheorie versteckt, die gehalten war, das Individuum zu ignorieren und nur Klassen oder Produktionsmethoden zu kennen. So konnten also eine solche Verhandlung, eine solche Hinrichtung zu Nicht-Ereignissen werden, aus der Geschichte verschwinden.

Paradoxerweise war dies auch im gegnerischen Lager der Fall. Das Schicksal der Zarenfamilie spielte politisch keine Rolle, da die Weißen wußten, daß die Unpopularität des Zarismus ihrer Sache schaden würde. Es genügte, die Verbrechen der Roten klar herauszustellen und ihnen dazu auch noch den Mord an den Romanows anzulasten. Selbst die europäischen Höfe wurden von dem Ereignis nicht sonderlich berührt und intervenierten nur aus humanitären, nicht aus politischen Gründen, von den Hohenzollern einmal abgesehen.

Da es ein Nicht-Ereignis für die Roten, ebenso aber auch ein Nicht-Ereignis für die Antibolschewiken war, gelangte das Verbrechen von Jekaterinburg lediglich in die Spalten der ›Vermischten Nachrichten‹.

Zwischen der Idee, die man sich – ausgehend von den heiligen oder geheiligten Texten – gebildet hatte, und der Wirklichkeit dieser Revolution klafft ein ebenso großer Spalt wie zwischen der Wirklichkeit des Mittelalters und dem Leben der Heiligen. Wenn man es mit den Reden der bolschewistischen Führer auf dem triumphalen Marsch zur Macht vergleicht, scheint

Lenin spricht zur Feier des 1. Jahrestages der Oktoberrevolution auf dem Roten Platz in Moskau.

das Bild der neuen Gesellschaft nur ein Zerrbild zu sein. Jede Stadt will ihre eigene Eisenbahn kontrollieren, die Eisenbahner bilden eine autonome Macht, die Kriegsgefangenen machen das Gesetz, die Kommunistische Partei kommt nirgendwo vor; nur die Tscheka und der Sowjet erinnern daran, daß die Revolution Lenin die Macht übertragen hat.

Auch in den weißen Zonen weiß man nicht einmal, wer die Macht hat, die Militär- oder die Zivilbehörden. Vier Instanzen teilen sich die gerichtliche Untersuchung über das Ende der Romanows. Besser gesagt: sie ignorieren sich gegenseitig oder bekämpfen sich.

In diesem Zusammenhang gehört das Ende der Romanows nicht nur in die Spalten der ›Vermischten Nachrichten‹, es hat auch deren Qualität.

Kaum hat man in Jekaterinburg die Nachricht von der Hinrichtung gehört, als auch schon die weißen Offiziere, die gerade in die Stadt einmarschiert sind, das Haus Ipatjew durchwühlen und die Stadtbewohner kommen, um Andenken zu suchen und die Gegenstände zu befingern, die den Opfern gehörten.

Wie bei einem banalen Kriminalfall zanken sich die verschiedenen Instanzen des Staates um die letzten Fetzen der Untersuchung, ein Richter nach dem anderen wird abgesetzt.

Jede Instanz hat ihre eigenen Methoden, sucht sich ihre eigenen Zeugen aus, legt völlig unterschiedliche Schlußfolgerungen vor. Die wichtigsten Zeugen verschwinden, werden hingerichtet oder ermordet, immer unter mysteriösen Umständen. Man weiß auch nicht, wer die Verantwortung für die Exekutionen trägt: die Tscheka, der Sowjet, der militärische Sicherheitsdienst?

Man weiß nicht, weshalb die Zeugenaussagen der Anführer im Gegensatz zu denen der Teilnehmer stehen – was übrigens auch niemandem auffällt.

Kurz gesagt, siebzig Jahre danach ist – wie bei der Ermordung Kennedys – eine solche Überfülle von Zeugenaussagen vorhanden, daß man nicht mehr feststellen kann, um welches Verbrechen es sich handelt.

Außerdem hat nie jemand ausdrücklich die Verantwortung für das Verbrechen selbst übernommen.

Gewiß, das Kommuniqué rechtfertigt es, aber niemand übernimmt die Verantwortung. *Ihr* hattet recht, daß ihr ›so‹ gehandelt habt, sagte Moskau, und man weiß nicht wirklich, wer die Anordnung gab, zur Tat zu schreiten, der Sowjet, die Tscheka, die Zentralgewalt, alle drei? Für die Bolschewiken sind die linken Sozialrevolutionäre daran schuld oder die Tschechoslowaken oder die Imperialisten. Für die Weißen sind es die Juden, die österreichisch-ungarischen Kriegsgefangenen.

Und für beide, die Weißen wie die Roten, wurde das Verbrechen von den Letten begangen. In keinem Fall jedoch von guten Russen.

Die ›wahren‹ Russen, die Arbeiter von Syssert, haben nicht dran teilgenommen, außer einem, der es leugnet.

Bis heute hat sich daran nichts geändert; man holt wieder den Namen Jurowski hervor, der Jude sein soll, es jedoch, wie Beloborodow, nicht ist. Rjabow zitiert den Zaren aus dem Jahr 1918, der gesagt haben soll:

»Ah, er ist kein Jude, ich habe gedacht, alle Bolschewiken seien Juden.«

Es ist klar, daß sowohl für die Weißen wie für die, die heute die Erinnerung an den ermordeten Zaren hochleben lassen, er nicht von wahren Russen hingerichtet worden sein konnte.

Das heißt aber vergessen, daß die wahren Russen Nikolaus den Namen ›der Blutige‹ gaben. Es sind auch die wahren Russen, diese 300 000 Arbeiter, die im Januar 1917 das Massaker des ›blutigen Sonntags‹ feierten.

Und noch heute nannte in der Sendung ›Das 5. Rad‹ ein Teilnehmer als Datum für den Beginn des Terrors gegen die Russen den Todestag des Zaren. Der sei der Ausgangspunkt gewesen. Das heißt vergessen, daß der rote Terror gegen Russen und Nicht-Russen schon sehr viel früher begann, der weiße Terror übrigens auch.

Diese Formulierung ist jedoch interessant, da sie die bolschewistische Revolution mit einer antirussischen Bewegung in Verbindung bringt.

Zur Zeit der Glasnost wäre es paradox, wenn die Gesichtsfälschung schneller voranschreiten würde als die Recherchen darüber, was wirklich geschehen ist.

Wenn man von der Voraussetzung ausgeht, daß lange Zeit hindurch in der Sowjetunion die Geschichte manipuliert worden ist, würde jede Feststellung – und sei sie auch noch so absurd – wie ein geflügelter Bote der Freiheit willkommen geheißen werden, mit Liebe und Respekt. Man müßte sie ernst nehmen.

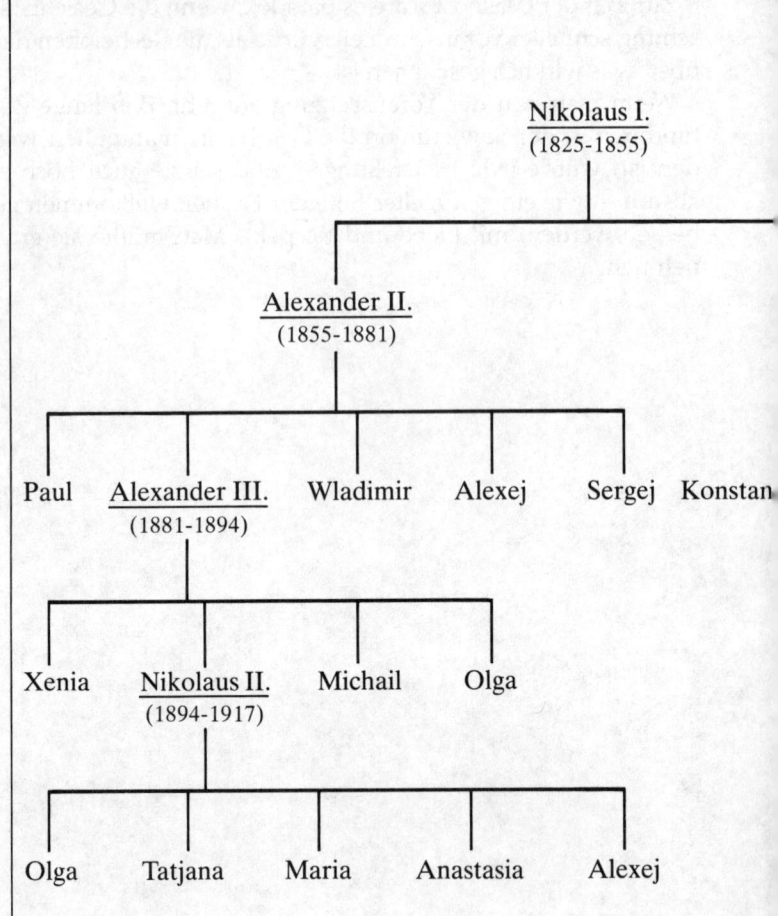

Nikolaus I.
(1825-1855)

Alexander II.
(1855-1881)

Paul Alexander III. Wladimir Alexej Sergej Konstan
(1881-1894)

Xenia Nikolaus II. Michail Olga
(1894-1917)

Olga Tatjana Maria Anastasia Alexej

*Großfürst Nikolaj,
der Oberbefehlshaber der russischen Streitkräfte

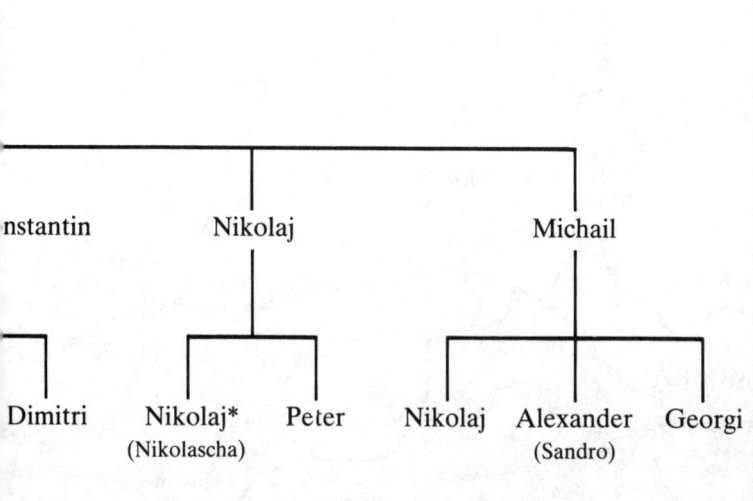

nstantin   Nikolaj   Michail

Dimitri   Nikolaj*   Peter   Nikolaj   Alexander   Georgi
          (Nikolascha)   (Sandro)

Stammtafel der Romanow-Dynastie im 19./20. Jahrhundert

(Die Namen der Zaren sind unterstrichen;
in Klammern ist ihre Regierungszeit angegeben.)

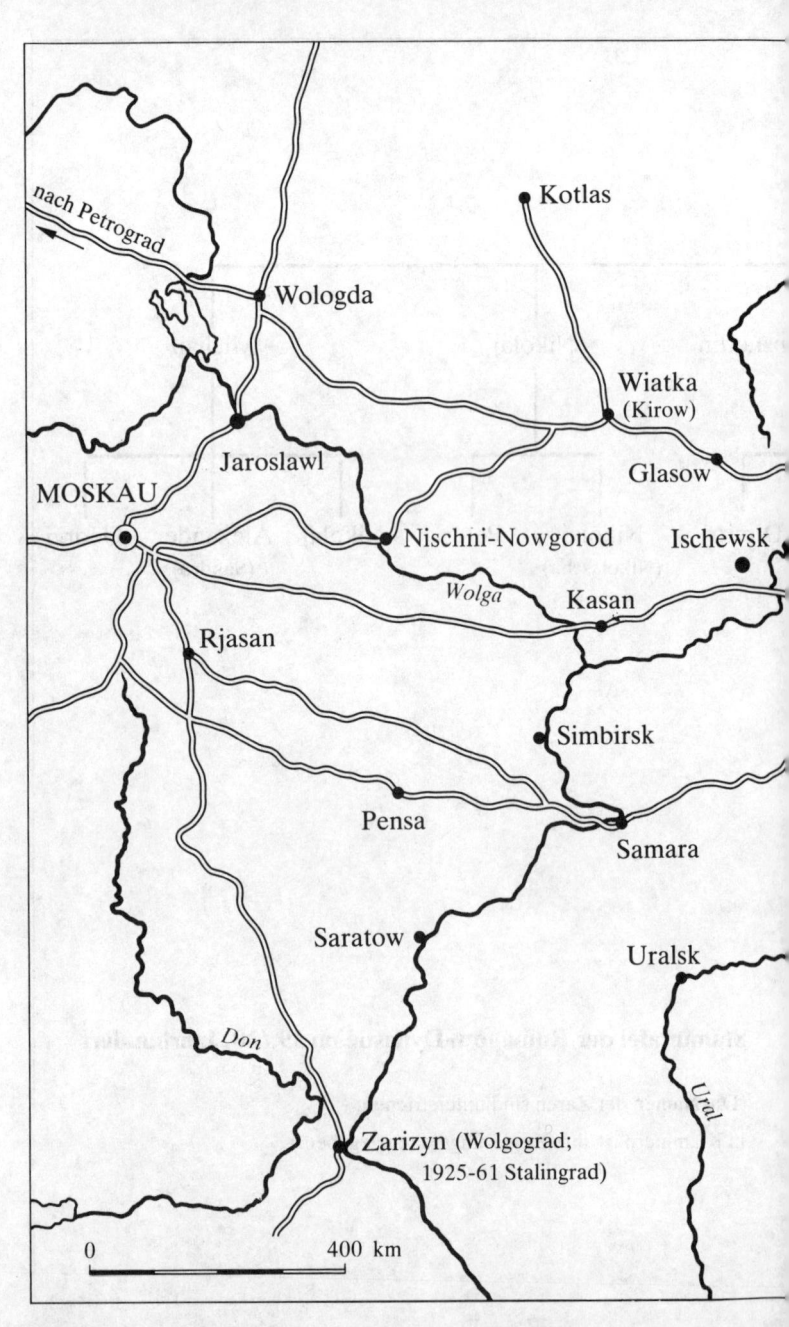

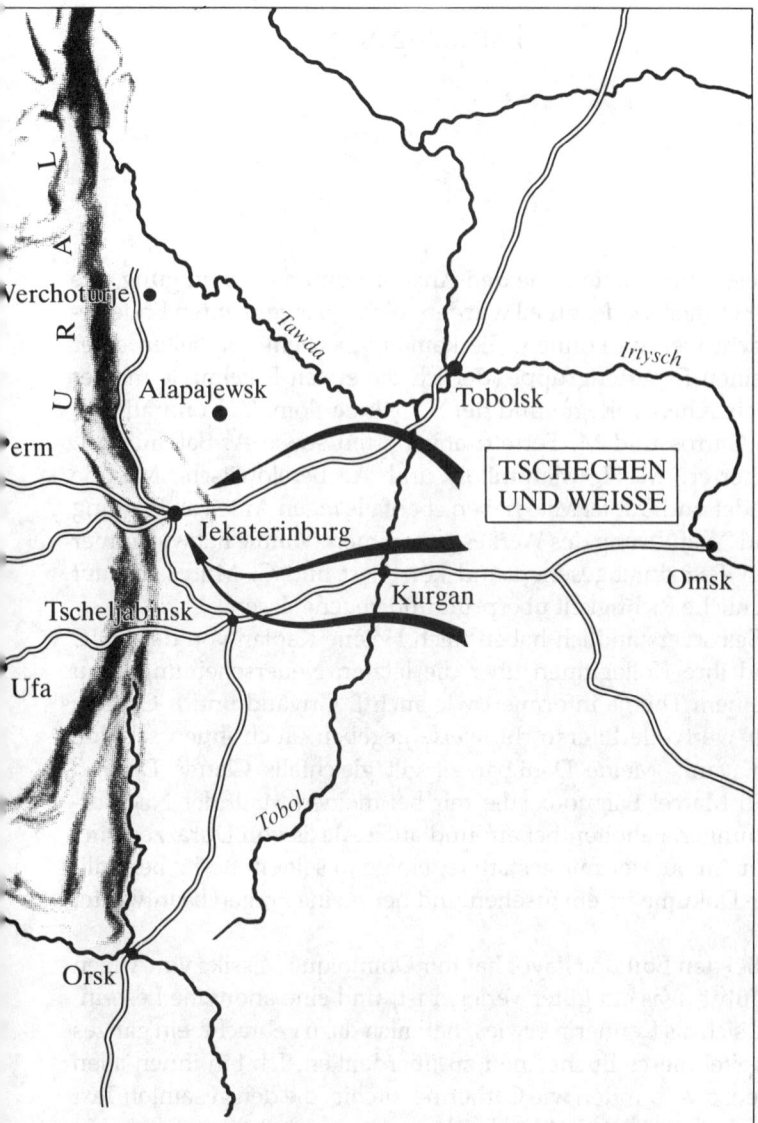

Verchoturje

Alapajewsk

Perm

Jekaterinburg

Tscheljabinsk

Ufa

Orsk

Tawda

Irtysch

Tobolsk

TSCHECHEN
UND WEISSE

Kurgan

Omsk

Tobol

as Gebiet zwischen Moskau und dem Ural im Sommer 1918

Die Städte, in denen sich historische Ereignisse abspielten, sind unterstrichen;
ei Namensänderungen steht in Klammern der heutige Name der Stadt.)

Danksagung

Dieses Buch hätte ohne den Ansporn und die Ermutigung, die mir immer wieder zuteil wurden, nicht zu einem guten Ende gebracht werden können. Sie kamen vor allem von seiten einer kleinen Expertengruppe, der ich die ersten Ergebnisse meiner Recherchen vorlegte und der S. C. Ingerflom, T. Kondratjewa, V. Garros und M. Ferretti angehörten sowie A. Salomoni, J. Scherrer, M.-H. Mandrillon und A. Berelowitsch. Martine Godet und Daniel Milo haben ebenfalls regen Anteil an Planung und Ausführung des Werkes genommen. Vonnie hat wie immer den Text durchgesehen und korrigiert und C. Murco ihn auf sachliche Richtigkeit überprüft und gegengelesen.

Selbstverständlich haben mich Hélène Kaplan von der BDIC und ihre Kolleginnen über die letzten Neuerscheinungen zu meinem Thema informiert wie auch J. Grivaud und J. Catteau mir wertvolle Literaturhinweise gegeben; auch ihnen schulde ich Dank. Meine Dankbarkeit gilt gleichfalls Claude Durand und Marcel Laignoux, die mir bei meinen Madrider Nachforschungen geholfen haben, und auch Alexis von Durazzo Prinz von Anjou, der mir gestattete, einige in seinem Besitz befindliche Dokumente einzusehen und der meine Fragen beantwortet hat.

Bei den Editions Payot hat mir Dominique Missika vor Augen geführt, was ein guter Verleger ist, und eine anonyme Leserin, die sich als Kennerin erwies, hat mich dazu gebracht, ein ganzes Kapitel dieses Buches neu zu überdenken. Ich bin ihnen allen ebenso verbunden wie Catherine Ritchie, die den gesamten Text auf Vollständigkeit hin durchgesehen und diesem Essay ein Ende gesetzt hat.

M. F.

ANHANG

Bibliographie

(Hier sind diejenigen Bücher, Zeitungs- und Zeitschriftenartikel sowie anderen Dokumente aufgeführt, die vom Autor für die Erstellung dieses Werkes benutzt wurden. Die für unser Thema wichtigsten Quellen sind mit einem vorangestellten Sternchen [*] gekennzeichnet. Die nachgestellten Ziffern [1, 2, 3 oder 4] zeigen an, für welches Kapitel des Buches die angegebene Literatur Verwendung gefunden hat.)

Archive (UdSSR):
CGAORSSR (Staatliches Zentralarchiv der Oktoberrevolution der UdSSR): Faszikel 130, 398, 406, 1244
CGAORSSS Mo (Staatliches Zentralarchiv der Oktoberrevolution der Sowjetrepubliken, Moskau) Faszikel 1, 3, 66, 914
GAORSS Lo (Zentralarchiv Zarismus und Revolution, Leningrad) Faszikel 6384, 7384
CGIAL (Auswärtiges Zentralarchiv, Leningrad) Faszikel 1278
Weitere Hinweise enthalten die in den nachstehend angeführten Büchern von Sokolow, Ross, Seco Serrano und des Prinzen von Anjou enthaltenen Dokumente sowie die bei Ferro, a. a. O., Band 1, Seite 561 ff. angegebenen wichtigsten Quellen.

Actes du Colloque 1905, Hrsg. F. X. Coquin und C. Gervais-Francelle, Publications de la Sorbonne et de l'Institut d'Études Slaves, Paris 1984 (1 + 2)
Akashi, M.: Rakka Ryusmi (Geheimer Rapport über die Beziehungen zwischen Japan und den russischen Revolutionären), Helsinki 1988
Alexandrow, V.: La fin des Romanov, Paris, Alsatia, 1968 (4)
Anweiler, O.: Les soviets en Russie 1905 – 1921, frz. Übers. 1972 (2 + 3)
Archives secrètes de l'empereur Nicolas II, Paris, Payot, 1928 (2)
Awerk, A.: Stolypin i Tretja Duma (St. und die Dritte Duma), Moskau 1968 (2)
Baynac, J.: Les socialistes-révolutionnaires, Paris, Laffont, 1979 (1 + 2)
Berard, V.: L'Empire russe et le tsarisme, Paris 1906 (1 + 2)
Botkin, G.: The Real Romanow, London, F. H. Revell Co., 1927 (4)
Bruce-Lockhart: Mémoires d'un agent britannique, Paris 1930 (4)

Buchanan, Sir G.: My Mission to Russia, London 1923 (3 + 4)

Buchanan, M.: La dissolution d'un Empire, Paris, Payot, 1933 (2 + 3)

Buxhoeveden, Baronin: Left behind – Fourteen months in Siberia during the Revolution, London 1928 (4)

Bykow, P./Niporskij, N.: Rabotschaja Revoluzia na Ural (Die Arbeiterrevolution im Ural), Jekaterinburg 1921 (4)

Bykow, P.: Posledjne dni Romanowik (Die letzten Tage der Romanows), Swerdlowsk, 1926 (4)

Cantacuzène-Speransky, Fürstin: Revolutionary days, New York 1919 (2 + 3)

Chamberlin, W.: The Russian Revolution, 2 Bde., 1935 (3 + 4)

Charques, R.: The Twilight of Imperial Russia, Oxford 1958 (1 + 2)

Cherniavsky, M.: Prologue to Revolution, New York, Prentice Hall, 1967 (3)
    ders.: Tsar und People, New Haven, Yale University Press, 1961 (1)

Chmielewski, E.: Stolypin's Last Crisis, in: California Slavic Studies, Berkeley University Press, 1964, S. 94–127 (2)

La chute du régime Tsariste, Paris, Payot, 1928

Le Cinéma russe avant la révolution, Aufsätze versch. Autoren, Paris, Ramsay, 1989

Coquin, F. X.: La révolution russe manquée 1905, Brüssel, Complexe, 1988 (1 + 2)

Correspondance entre Nicolas II et Guillaume II 1894–1914, Paris, Plon, 1924 (1 + 2)

Debo, R. K.: Revolution and Survival. The foreign Policy of Soviet Russia 1917–1918, Liverpool University Press, 1979 (4)

Dehn, L.: The real tsarina, London 1922 (2)

Dictionary of the Russian Revolution, Hrsg. G. Jackson und R. Devlin, New York, Greenwood Press, 1989 (2 + 3)

Dieterichs, Gl.: Ubijstwo karskoj Semji (Die Ermordnung der kaiserlichen Familie), 2 Bde., Wladiwostok 1922 (4)

Essad Bey: Devant la Révolution. La vie et le règne de Nicolas II, Paris 1935 (4)

Fedyshyn, O. S.: Germany's Drive of the East and the Ukrainian Revolution, Rutgers University Press, 1971 (3 + 4)

Ferro, M.: La Révolution de 1917, février-octobre, 2 Bde., Paris, Aubier-Montaigne, 1967–1976 (3)

Field, D.: Rebels in the name of the Tsar, Houghton Mifflin Co., 1976 (2)

Freeze, G. L.: A national liberation movement and the shift in Russian Liberalism 1901–1903 in: Slavic Review, März 1969 (1)

Gaida, R.: Mje Pameti, Prag 1924 (4)

Geyer, D.: Der russische Imperialismus, Göttingen 1977 (1 + 2)

Gilliard, P.: Le tragique destin de Nicolas II et de sa famille, Paris, Payot, 1921 (4)

Girault, R.: Emprunts russes et investissements français en Russie, Paris 1973 (1)

ders.: Diplomatie européenne et impérialisme, 1871–1914, Paris, Masson, 1979 (2)

Gitermann, V.: Geschichte Rußlands, 3 Bde., Zürich 1944, 1945 und 1949 (1–4)

Grey, M.: Enquête sur le massacare des Romanow, Paris, Perrin, 1987

Grunwald, C. de: Le tsar Nicolas II, Paris 1965 (1 + 2)

Harcave, S.: The day of golden Cockerel, London 1963

Hasegawa, T.: The February Revolution, Seattle 1983 (3)

Haimson, L.: Changement démographique et grèves ouvrières à Saint-Pétersbourg 1905–1914, in: Les Annales, Paris 1985, Nr. 4

Histoire de la littérature russe, Hrsg. E. Etkind, G. Nivat u. a., Paris, Fayard, 1987–1988

Hosking, G. A.: The Russian constitutional Experiment – Government and Duma 1907–1914, Cambridge University Press, 1973 (3)

Ingerflom, S. C.: Les socialistes russes face aux pogroms 1881–1883, in: Les Annales, Paris 1982, Nr. 3 (1)

Joffe, G. S.: Welikij Oktjabr i epilog zarisma (Der Große Oktober und der Epilog des Zarismus), Moskau 1987 (4)

Jones, D. R.: Nicholas II and the supreme command, an investigation of motives, Sbornik 11/1985

Le Journal de la Général Bodganovitch, Paris 1928 (1)

Katkov, G.: Russia 1917, the February Revolution, Oxford 1967 (3)

Kerensky, A.: La verité sur le massacre des Romanov, Paris 1928 (3 + 4)

Koefoed, C. A.: My Share in the Stolypin Agrarian Reforms, Odense University Press 1985 (2)

Kokovtsov, Graf W. N.: La verité sur la tragédie d'Ekaterinbourg, in: Revue des deux mondes, Paris, Oktober 1929 (4)

ders.: Aus meiner Vergangenheit (russisch; 2 Bde.), Paris 1933 (2 + 3)

Kondratieva, T.: Bolcheviks èt Jacobins, Paris, Payot, 1989 (1)

Kyril, Vl.: My Life in Russia's Service, London 1939 (3 + 4)

Laran, M./Van Regenmorter, J. L.: Russie – URSS 1870–1984, Paris, Masson, 1986 (1 + 2)

Lasies, J.: La tragédie sibérienne, Paris 1920 (4)

Legras, J.: Mémoires de Russies, Paris 1921 (3)

Lenin, W. I.: Gesammelte Werke (frz. Ausgabe), Paris, Éditions Socials, 1973

Leontovitsch, V.: Histoire du Liberalisme russe, dt. Ausgabe Hamburg 1957 (Geschichte des russischen Liberalismus), frz.: Ausgabe 1986 (1)

Leroux, G.: L'agonie de la Russie blanche 1905, Neuauflage Paris 1978 (2)

*Leroy-Beaulieu, A.: L'Empire des tsars et les Russes, 3 Bde, Paris 1898 (1)

Leyda, J.: History of the Russian and Soviet Film, London, George Allen & Unwin, 1960 – 1973

Löwe, H.-D.: Antisemitismus und reaktionäre Utopie. Russischer Konservativismus im Kampf gegen den Wandel von Staat und Gesellschaft 1890 – 1917, Hamburg 1978

Maklakow, V. A.: The First State Duma, Hrsg. A. Belkin, Indiana University Press, 1964 (2)

Manning, R. T.: The crisis of the old order in Russia, New York, Colombia, 1982 (2)

Marcadé, J.-C.: Le Futurisme russe, Paris, Dessain et Tolra, 1989 (2)

Markov, V.: Russian Futursim – a history, Berkeley University Press, 1968 (2)

Massie, R. K.: Nicholas and Alexandra, London, Atheneum, 1967 (1 + 2)

Max Prinz von Baden: Erinnerungen und Dokumente, Stuttgart 1928 (4)

Melgunow, S.: Sudba Imperatora Nikolaja II posle otretschenija (Das Schicksal von Zar Nikolaus II. nach seiner Abdankung), Paris 1951 (4)

Mikhaïlovitch, grand-duc Alexandre: Quand j'etais grand-duc, Paris 1928 (1)

Miljukow, A. N.: Dnewnik-Peregowory s nemzamy v 1918 (Tagebuch – Verhandlungen mit den Deutschen 1918), Novij Zurnal, Moskau 1961 (4)

Monas, S.: The Third Section, Harvard University Press, 1961 (1)

Musée pittoresque du voyage du tsar, Paris 1896 (1)

Nicolas II: Archives secrètes, Paris, Payot, 1928 (3)
   Dnewnik imperatora Nikolaja II (1890 – 1906) (Tagebuch Zar Nikolaus' II.), Berlin 1923 (1 + 2)

Nicolas II: Journal, Hrsg. A. Pierre, Paris 1925 (1, 2 + 3)
   ders.: Journal intime 1914 – 1918, Paris, Payot, 1934 (3)
   ders.: Lettres à sa mère et de sa mère, Paris 1928 (2)

Nivat, G.: Aspects religieux de l'athée russe, in: Cahiers du Monde Russe et Soviétique, 1988, S. 415 – 427 (2)

Noguez, D.: Lénine dada, Paris, Laffont, 1989

*Oldenbourg, S. S.: Karstwowanje Imperatora Nikolaja II (Die Regierungszeit Zar Nikolaus' II.), 2 Bde., Belgrad/München 1939 – 1949 (1 + 2)

Oukhtomsky, prince: Voyage en Orient de S. A. I.le tsarevitch, Paris 1895 (1)

Palat, M.: Police Socialism in Tsarist Russia 1900 – 1915, in: Studies in History, New Delhi, 1986, Nr. 2, S. 71 – 136

Paléologue, M.: La Russie des tsars pendant la Grande Guerre, Paris, Payot, 1928

Pamjatnaja Kniga na 1900 (Almanach für das Jahr 1900), St. Petersburg 1900 (2)

Pares, B.: The Fall of the Russian Monarchy, London 1961 (1 + 2)

Pearson, R.: The Russian moderats and the crisis of tsarism 1914 – 1917, London 1977 (3)

Pellissier, J.: La tragédie ukrainienne, Paris 1919 (Neuauflage 1988)

Philippot, R.: La modernisation inachevée 1855–1900, Paris, Hatier, 1974 (1)

Pipes, R.: P. Struve – Liberals on the Left, Harvard University, Press 1970 (1)

Prince Alexis de Durazzo, prince d'Anjou: Moi, Alexis, arrière petit-fils du tsar, Paris, Fayard, 1982 (4)

Proyart, J. de: Le Haut Procureur du Saint Synode Pobiedonostsev et le coup d'État du 29 avril 1881, in:. Cahiers du Monde Russe et Soviétique, III, 3 (1)

Proshektor (Projektor), Moskau 1929, Heft 4 (4)

Radziwill, Pr.: Was the tsar's family really slain? in– San Francisco Sunday Chronicle vom 11. Juli 1920 (4)

Renouvin, P.: La question d'Extrême-Orient, Paris 1940 (1 + 2)

Riabow, G./Joffe, G.: Prinusdenij Bac Rasstreljat! (Sie sollen erschossen werden!) in Rodina, Nrn. 4 und 5, Moskau 1989 (4)

Rodzianko, M. V.: Le règne de Raspoutine, Paris, Payot, 1927 (2 + 3)

*Rogger, H.: Russia in the age of modernisation and revolution 1881–1917, London 1983 (1 + 2)

ders.: The Formation of the Russian Right 1900–1906, in: California Russian Studies, 1964, S. 66–95 (2)

*Ross, N. (Hrsg.): Guibel Zarskoj Semi (Die Ermordnung der Zarenfamilie), Frankfurt/M., Possev, 1987 (4)

Sazonov, S.: Les années fatales, Paris 1927 (3)

Seco Serrano, C.: Vinetas Historicas, Madrid o. J. (4)

Serebnikow, A.: Ubijstwo Stolypine (Das Attentat auf Stolypin), New York 1986 (2)

Seton-Watson, H.: The decline of Imperial Russia, London 1952 (1 + 2)

Shavelskii senior: Mémoires, Paris, Publications Paris IV, 1989

Sokolov, N.: Enquête judiciaire sur l'assassinat de la famille impériale russe, Paris, Payot, 1924 (4)

Solovev, J. B.: Samodershavij i dworjanstwo v konze 19 weka (Autokratie und Adel zu Ende des 19. Jahrhunderts), Moskau 1981 (1)

Speranski, V.: La maison à destination spéciale, Paris 1929 (4)

Spiridovitch, A.: Les dernières années de la Cour à Tsarkoie Selo, 2 Bde., Paris 1928/29 (1 + 2)

Staryi, Prof.: Imperator Nikolaj II i evo karstwowanie 1894–1917 (Zar Nikolaus II. und seine Regierungszeit), Nizza 1928 (1 + 2)

Stavrou, G. T.: Russia under the last tsar, Minnesota University Press 1969 (bes. die Beiträge von T. Riha u. D. W. Treadgold) (2)

Surgucev, I.: Deztwo Imperatora Nikolaja II (Die Jugend Zar Nikolaus' II.) Paris 1953 (1)

Stone, N.: The Front 1914–1917, Oxford 1975 (3)

Summers, A./Mangold, T.: The File on the Tsar, London 1976 (frz. Ausgabe Le Dossier Romanov, Paris, Albin Michel) (4)

Testimoni Silenziosi – Filme Russi 1908–1919, Hrsg. Y. Tsivian, Reihe Biblioteca dell'imagine, Mailand 1989

Trotzki, L.: 1905, Neuausgabe Paris o. J. (2)

ders.: Journal d'Exil, 1er cahier, Paris, o. J.

Vernadsky, G. (Hrsg.): A Source book for Russian History from early times to 1917, 3 Bde., Yale University Press 1972 (1 + 2)

Vyroubova, A.: Journal de ma vie, Paris, Payot, 1927 (3 + 4)

dies.: Journal secret 1909–1917, Paris, Payot, 1928 (3)

Walicki, A.: A history of Russian Thought from the time of Enlightment to Marxism, Stanford University Press 1979 (1)

Waters, W. H. N.: Secret and Confidential, London 1926 (2)

Wildman, A. K.: The end of the Russian Imperial Army, 2 Bde., Princeton 1979 (2 + 3)

Wilton, R.: The last days of the Romanov, London 1920 (3 + 4)

Witte, S.: The Memoirs of Count Witte, London 1921 (1 + 2)

Wortman, R.: Moscow and Petersburg: The problem of political Center Tsarist Russia 1881–1914, in: Rites of Power since the Middle Ages, Hrsg. S. Wilentz, University of Pennsylvania Press 1985, S. 245–271 (1)

Youssoupov, Prinz: La Fin de Raspoutine, Paris 1927 (3)

Zenkovsky, A.: Stolypin, Russia's last great reformer, Neuauflage Princeton 1986 (2)

Bildnachweis

Süddeutscher Verlag, Bilderdienst, München
Seiten 16, 34, 49, 53, 59, 67, 74, 92, 97, 130, 143, 149, 164, 207, 214, 229, 240, 259, 281, 291, 297, 311, 318, 338, 380, 394

I. Gourvitch, Paris
Seite 112

Constantin de Grünwald, Paris
Seite 173

Namensregister

Kursiv gedruckte Seitenzahlen verweisen auf Abbildungen

411